MÉMOIRES MILITAIRES

DU GÉNÉRAL

B^{ON} BOULART

SUR LES GUERRES

DE

LA RÉPUBLIQUE ET DE L'EMPIRE

Ouvrage orné d'un portrait de l'auteur

PARIS

A LA LIBRAIRIE ILLUSTRÉE

8, RUE SAINT-JOSEPH, 8

Tous droits réservés

MÉMOIRES MILITAIRES

DU GÉNÉRAL

B^ON BOULART

ÉMILE COLIN — IMPRIMERIE DE LAGNY

LE GÉNÉRAL BOULARD

MÉMOIRES MILITAIRES

DU GÉNÉRAL

Bon BOULART

SUR LES GUERRES

DE

LA RÉPUBLIQUE ET DE L'EMPIRE

PARIS
A LA LIBRAIRIE ILLUSTRÉE
8, RUE SAINT-JOSEPH, 8
—
Tous droits réservés

LE GÉNÉRAL BARON BOULART

Le sentiment de la famille se rencontre développé, au suprême degré, parmi les officiers de la Révolution et du premier Empire. Ils sentaient qu'ils étaient des ancêtres et ils voulaient léguer à leurs enfants, avec une réputation pure, le récit de leur vie et de leurs actes militaires.

Quand on parle à son fils pour lui servir d'exemple, on ne ment jamais. Le général baron Boulart a écrit, pour son fils (qui est devenu colonel d'artillerie), ses souvenirs de 1776 à 1816 ; il les a écrits avec beaucoup d'aisance et de facilité, ne mettant point en relief les faits d'armes personnels qui lui ont mérité cependant un brillant avancement : il était général, baron, commandeur de la Légion d'honneur à l'âge de trente-sept ans. Il a raconté la vie qu'il a menée dans les camps, dans les garnisons et sur les champs de bataille avec la simplicité et la sincérité d'un homme qui parle d'un contemporain. Il a été partout et partout il a fait son devoir ; partout, il a rempli amplement les ordres de ses chefs, et s'il n'a pas remporté de victoires, il peut se vanter d'avoir contribué largement à les gagner.

C'est donc le récit d'une existence bien remplie que l'on va lire.

Boulart est né à Reims le 31 mars 1776. Il était fils du maître de chapelle de la cathédrale. Son éducation se ressentit un peu de la profession de son père, qui se berçait de l'espoir d'en faire son successeur. La Révolution vint déranger ses projets. Tous les jeunes gens devant marcher à la frontière pour défendre la patrie, chacun tira ses plans pour entrer dans l'armée de la façon qui lui convenait le mieux. En 1791, il dut abandonner le collège où il faisait ses études. Il s'adonna aux mathématiques et se présenta deux ans après à Châlons. Ce fut le savant Laplace qui lui fit passer ses examens ; c'était un bienveillant homme dont la bonté est constatée dans tous les mémoires laissés par les artilleurs de cette époque.

Boulart est reçu le sixième sur soixante. Les événements se pressant, il ne resta qu'un mois sous-lieutenant-élève et fut promu, le 1ᵉʳ juillet 1793, lieutenant en second ; il avait alors dix-sept ans et quatre mois.

Si l'on songe à ce que pouvait être, au point de vue militaire, ce jeune artilleur, ne sachant pas ce que c'était qu'un canon, puisqu'il avait brûlé son temps d'école, on se demande par quel miracle, lui et ses camarades, devinrent de redoutables canonniers, firent l'admiration de l'Europe dont ils soumirent les armées. C'est qu'on avait alors le feu sacré ; les jeunes officiers regardaient faire, le jour, les vieux capitaines et les vieux sous-officiers ; la nuit, ils lisaient les manuels de leur arme et leur instruction pratique marchait du même pas que leur instruction théorique.

Le lieutenant Boulart assiste à la prise des lignes de Wissembourg, à toutes les affaires qui ont précédé le blocus de Mayence et le passage du Rhin, en l'an IV, où il devient capitaine. Alors, il a tout vu, il a tout appris, il sait tout, c'est un artilleur complet, mais il n'a joui d'aucun bonheur militaire et il l'avoue ingénuement. Après diverses autres campagnes, il est à l'armée d'Italie.

Il eut la chance peu commune de remplir successivement, dans le grade de capitaine, toutes les fonctions qu'un officier d'artillerie peut occuper dans toute sa carrière. Il commanda une batterie de siège, une batterie de campagne, fut adjoint au directeur d'une artillerie nombreuse; il eut un parc sous ses ordres. Si bien qu'après la bataille de Novi, Gouvion-Saint-Cyr le proposa à Moreau pour le grade de chef d'escadron. Il était alors capitaine en second et n'avait que vingt-six ans. Mais le lendemain d'une défaite, on n'obtient pas un avancement aussi rapide.

Le 10 juillet 1806, seulement, il fut nommé chef d'escadron. Il avait augmenté encore son instruction en passant du 5e d'artillerie à pied au 5e à cheval. Il partit pour la Grande Armée, assista aux batailles d'Iéna, d'Ostrolenka, d'Helsberg et de Friedland. Pendant la campagne de Prusse, il fut attaché au corps des grenadiers et des voltigeurs réunis, et fut nommé, sur la demande des maréchaux Oudinot et Bessières, chef d'escadron, avec le grade de major, dans l'artillerie de la garde impériale. En 1808, il fut à l'armée d'Espagne et prit part aux affaires de Madrid, Bilbao, Logrono et à la reprise de Madrid. Il était à l'armée d'Allemagne en 1809. Blessé aux batailles d'Essling et de Wagram, trois jours après cette dernière, Napoléon le promut major dans la Garde et l'y maintint, ce qui lui donnait le rang de colonel dans la ligne.

Circonstance remarquable, il avait été nommé chevalier

de la Légion d'honneur à la création comme titulaire d'une arme d'honneur, gagnée dans un combat malheureux pour nos armes. Mais, jeune officier, il s'était si correctement conduit que ses chefs voulurent l'honorer particulièrement. Officier en 1807, il fut créé baron le 15 mars 1810.

Il fit la campagne de 1812. Là, le récit de ses aventures doit émouvoir particulièrement le lecteur. Le général Boulart n'était point un mélancolique ; quoiqu'il ait assisté aux terribles batailles qui nous conduisirent à Moscou, à l'incendie de cette ville, au passage de la Bérésina et au désastre de Krasnoë, il conserve une philosophie qui doit paraître extraordinaire à ceux qui ont lu Ségur, de Chambray Labaume et autres historiens qui n'ont voulu voir, dans nos revers, que le châtiment mérité de Napoléon. Boulart est avant tout un soldat ; il sait que pour vivre, il faut soigner la bête, la nourrir, la vêtir et ne pas la laisser se décourager. C'est un épisode des plus intéressants que son récit de la seconde partie de la campagne de Russie. On peut y juger de la valeur morale des soldats de la Grande Armée. Les hommes qui se laissèrent aller au découragement tombèrent sur la route. Boulart n'était point de ceux-là. Il n'eut pas un instant de défaillance ; il mangea et fit manger ses compagnons. A ceux qui trouveront cela prosaïque, nous répondrons qu'il a pu faire l'année suivante la campagne de 1813 parce qu'il était revenu de Vilna, après avoir tout perdu, chevaux et bagages, mais parce qu'il avait su résister aux fatigues inouïes d'une retraite qui ne dura pas moins de deux mois et demi.

Son courage ne s'était point abattu, son âme vaillante était préparée à de nouveaux efforts. A la bataille de Dresde, où il remplit les fonctions de directeur de l'artillerie de la

Garde, il mérita la croix de commandeur, et quelques jours après, il fut promu au grade de général de brigade (6 novembre 1813) et au commandement de l'artillerie à pied de la vieille Garde. La campagne de 1814 le vit à Brienne et ailleurs

Partout où cet excellent homme a passé, il a laissé le souvenir ineffaçable d'une probité simple, d'une bonté parfois naïve et qui, sans que sa considération en fût atteinte, prêtait même parfois à rire à ses camarades.

Ainsi le colonel Pion des Loches, son compagnon d'armes dans la Garde, qui a aussi écrit ses souvenirs, était une fort mauvaise langue. Il a drapé presque tous les officiers d'artillerie qui ont passé par la vieille Garde. La grande affabilité, le calme d'esprit et les bons services de Boulart l'ont désarmé. C'est à peine s'il lui décoche une épigramme en passant, et cette épigramme est presque un éloge.

Le général baron Boulart avait vu tomber l'Empire avec douleur. Citoyen jusqu'aux moelles, il n'avait point considéré dans le gouvernement impérial que la seule satisfaction de ses intérêts. Il sentait bien que Napoléon avait canalisé les passions les plus saines de la Révolution. Si sa qualité de soldat l'empêchait de prévoir que tant que l'Empereur serait empereur, il voudrait être maître de l'Europe et la trouverait debout devant lui, il entrevoyait aussi que le retour des Bourbons était un recul et ramènerait la société française à vingt ans en arrière. Pion des Loches, ancien séminariste, avait au contraire toujours regretté ceux que nous ramenait l'étranger; il les accueillit donc avec joie : « ... Madame Boulart, dit-il, pleurait sa baronnie perdue. » Et, pourquoi pas? Une baronnie gagnée sur un champ de bataille vaut bien qu'on la regrette.

Louis XVIII conserva à Boulart sa baronnie, mais il le depouilla d'une somme de 50,000 francs que l'empereur lui avait affectée par le traité du 11 avril, en récompense de ses longs et loyaux services. Au mépris de ce traité, consenti par tous les souverains de l'Europe, Louis XVIII distribua cet argent, et toutes les sommes de même nature, à la meute des affamés accourus à sa suite.

Pendant les Cent Jours, Boulart fut appelé à commander l'artillerie du 5ᵉ corps, chargé, sous les ordres de Rapp, de la défense de Strasbourg et de la frontière. Puis après Waterloo, il fut, pour ce fait, question de le mettre à la réforme, mais le 22 février 1816, il fut désigné pour commander l'école de Strasbourg.

Ici, commence pour le général Boulart une nouvelle carrière. Il ne s'agit plus de se battre, nous sommes en paix avec l'Europe. D'ailleurs, il a quarante ans ; la guerre lui a donné toutes les satisfactions et tous les rhumatismes nécessaires à sa gloire personnelle. Il est marié, il est père. Son expérience, ses lumières et son activité, il les doit maintenant au perfectionnement de son arme. Pendant vingt-deux ans on s'est battu, on n'a pas eu le temps de s'occuper du matériel ; tel qu'il était, il suffisait ; mais on avait constaté vingt fois qu'il pourrait être meilleur, plus léger, plus rapide. On voulait aussi ramener l'artillerie de campagne à une uniformité qui existe complète aujourd'hui.

Comme président de commission d'expériences, comme directeur de l'artillerie à Strasbourg, Boulart rendit de véritables services à son arme. Tout entière, elle réclamait pour lui le grade de lieutenant général, mais la Restauration ne pardonnait entièrement à Boulart ni sa fidélité aux souvenirs de la Grande Armée, ni d'avoir été l'objet des faveurs de Napoléon Ier. On lui préféra le baron Evain, le baron Bouchu, le baron Berge ; il n'avait rien à dire, ils étaient ses plus anciens. Mais on nomma Digeon, son cadet, et rien ne justifiait cette promotion que la faveur du roi. Du reste, c'était dans l'esprit des institutions d'alors et Boulart supporta le coup sans sourciller. Cependant, en 1828, il fallut bien avoir l'air de récompenser douze années consacrées modestement à un travail aride et en quelque sorte obscur. On lui donna la croix de grand officier de la Légion d'honneur.

Dans cette bonne ville de Strasbourg, Boulart, quoique Champenois, avait conquis droit de cité en sa qualité d'artilleur. Tous les témoignages d'estime que cette ville, si française et si guerrière, prodiguait aux chefs de l'armée, Boulart en reçut sa large part : il ne se créa pas une institution de bienfaisance ou de progrès intellectuel sans qu'il y concourût. Il fut délégué lors des expositions industrielles à l'examen des produits de la région. C'était l'enfance de ces manifestations, mais c'était un grand honneur d'être appelé à les organiser.

Au commencement de l'année 1830, on transféra à Besançon l'école d'artillerie d'Auxonne. Le général fut appelé à la diriger. La Révolution de 1830 le trouva donc dans cette cité où le contre-coup des idées libérales, triomphantes à Paris, eut un profond retentissement. Il se montra ce qu'il avait toujours été, sage, prudent, résolu. Il salua, on le pense bien, avec un saint enthousiasme, les trois couleurs sous lesquelles il avait parcouru tant de chemin et visité presque toutes les capitales de l'Europe.

Le gouvernement de Juillet oublia encore Boulart pour

faire passer sur ses épaules Corda et Doguereau. Il n'y a qu'une manière d'expliquer ces injustices persistantes. C'est qu'aux princes de la famille des Bourbons avaient succédé les princes de la famille d'Orléans. Une cour est faite pour les courtisans et Boulart, qui avait rencontré Napoléon plus souvent sur un champ de bataille qu'aux Tuileries, restait dans son coin, à Besançon, fortifiant l'instruction de ses artilleurs, soignant son école et ne désespérant pas, qu'un jour où l'autre, lorsque tous les amis du nouveau régime seraient casés, on lui rendrait enfin justice.

Le 1er janvier 1833, comme il descendait son escalier, pour aller rendre les honneurs traditionnels à ses supérieurs, il fit une chute et tomba si malheureusement que la colonne vertébrale fut lésée, ce qui détermina une paralysie des extrémités inférieures. Cette fois, les rêves d'ambition étaient finis; il avait été vingt ans maréchal de camp, il n'était plus bon à faire un lieutenant général et les statuts de la légion d'honneur s'opposaient à ce qu'il fût grand-croix. Désormais, en proie à d'horribles souffrances, son existence se traîna, misérable, pendant dix années. C'est alors qu'il songea à coordonner ses papiers et ses souvenirs, et à écrire ses mémoires. Cette occupation le consola en partie de tous ses maux. Entouré d'une famille qui l'adorait, il vécut jusqu'au 20 octobre 1842 et mourut à Besançon, âgé de 66 ans et demi, sans fortune, mais léguant à ses enfants une réputation de haute probité.

Nous trouvons dans la correspondance de Nodier avec Weiss un passage charmant qui donne une idée bien nette de la physionomie du général Boulart. Étant en excursion à Metz, le célèbre humoriste écrit à son ami Weiss :

« Je vis ici dans la retraite la plus absolue, brochant, au

courant de la plume, une feuille d'impression par jour. Je n'ai donc vu presque personne et le hasard seul m'a procuré la rencontre du jeune Boulart, officier de la garnison (1), qui est le neveu de mon excellente amie, madame Deleley (2), le fils de sa charmante sœur Bathilde et celui d'un des hommes les plus honorables que j'aie connus. Le fils m'a paru digne du père. Comme le général Boulart est à Besançon et que tu dois le rencontrer quelquefois, je te prie de me rappeler à son souvenir, si tu en as l'occasion, et de lui dire que je n'oublierai jamais l'amitié qu'il a daigné accorder à ma jeunesse. C'est le premier homme d'un âge voisin du mien qui m'ait fait concevoir l'alliance de l'affection avec le respect. »

Cette dernière phrase : alliance de l'affection avec le respect, peint bien le sentiment qu'inspiraient ces nobles vieillards que la fatigue des combats avait respectés mais que les infirmités avaient courbés. Ils étaient pleins de la sérénité, de la douceur, de la confiance qu'une vie bien remplie donne aux vieux soldats. Ce n'est pas ici le lieu de venger les vieux débris de la République et de l'Empire des sarcasmes de la littérature facile, mais il est permis de dire en passant que la profession militaire est celle qui respecte le plus, chez l'homme, les sentiments vraiment humains. Ils aiment la patrie, la famille, la jeunesse, surtout la jeunesse qui fera ce qu'ils ont fait, qui servira le pays et qui perpétuera les vertus dont ils ont donné l'exemple.

Pour un homme habitué à commander, à monter à cheval, à remuer les autres et lui-même, c'est une im-

---

(1) Fils aîné du général, mort colonel d'artillerie.
(2) Marraine de Victor Hugo.

mense douleur que l'immobilité. On n'en imagine pas de plus grande; la mort n'est rien, c'est un souffle qui passe sur vous, tandis que se sentir la tête et la volonté aussi ardentes qu'autrefois et ne pouvoir marcher, devient un supplice de tous les instants. C'est l'agonie, c'est le désespoir. Ainsi mourut ce pauvre général Boulart; il y avait dix ans qu'il le demandait peut-être intérieurement et bien en silence pour ne pas désoler les siens. Sa fin fut donc la délivrance. Avant de l'atteindre, il eut une joie ineffable, récompense de toute sa vie et qui venait consacrer au dernier moment tous les honneurs qu'il avait su conquérir. On vint lui annoncer que la commission chargée de choisir les noms devant figurer sur l'Arc de triomphe de l'Etoile, avait admis le sien. Il est inscrit sur la face gauche, côté de Neuilly.

Cette suprême distinction n'a pas été donnée à tous ceux qui la méritaient. Quoique le chiffre des élus s'élève à 386, bon nombre de héros ont été oubliés; beaucoup de plaintes surgirent sur des choix douteux; beaucoup de justes réclamations se produisirent, mais personne ne s'étonna d'y voir le nom de Boulart. Cette récompense était venue le trouver dans son lit sans que personne eût fait une démarche pour lui. C'était la réparation du long oubli où on l'avait laissé pour la troisième étoile.

MÉMOIRES MILITAIRES

DU GÉNÉRAL

BARON BOULART

CHAPITRE PREMIER

1793-1798

Prise des lignes de Wissembourg. — Déblocus de Landau. — Blocus de Mayence. — Passage du Rhin. — Traité de Campo-Formio. — Formation de l'armée d'Angleterre.

A la fin de 1791, je finissais ma seconde au collège de Reims. Alors la presque totalité du clergé ayant refusé de prêter le serment décrété par l'Assemblée Constituante, et les prêtres non assermentés n'ayant pu continuer leurs fonctions, les professeurs du collège qui, tous, étaient des ecclésiastiques, reçurent défense de continuer leurs cours ; le collège fut donc fermé. Déjà, à la même époque, l'émigration s'agitait sur les bords du Rhin, s'armait et s'organisait en corps d'armée; il paraissait difficile d'éviter une guerre générale, tant était grande l'exaltation guerrière des esprits, et tant était violente la haine que l'on portait aux émigrés. C'est au milieu de ces éléments de guerre et de cette désorganisation de la machine sociale, que mon père, me voyant arrêté dans la direction de mes études, et étant embarrassé de ce que je deviendrais, eut à prendre un parti à mon égard et le fit avec un grand discernement.

Je n'avais que quinze ans, je professais un profond respect pour les volontés de mon père; je suivis aveuglément ses bonnes inspirations. Persuadé que cet état de choses ne pouvait se dénouer que par la guerre, il comprenait qu'avant deux ans l'exaltation générale de la jeunesse m'entraînerait fatalement dans les rangs de l'armée, d'autant mieux que tout ce que je voyais, tout ce que j'entendais, me faisait manifester parfois des velléités, telles que peut en éprouver un écolier fraîchement sorti des bancs et plein des auteurs grecs et latins. Il prit donc son parti et me voua à la carrière militaire, mais de manière à m'y faire courir le moins de mauvaises chances possible; il voulut faire de moi un médecin ou un chirurgien d'armée. Que ne peut imaginer la sollicitude paternelle! Son projet arrêté et consenti par moi, il se mit à l'œuvre pour que je suivisse les cours de médecine, car il y avait une école de médecine à Reims; malheureusement les cours étant commencés, mon admission à les suivre fut ajournée à l'année suivante.

Nouvel embarras! Que faire en attendant? Mon père, toujours prévoyant, ne voulait pas que je débutasse par le métier de soldat, si je devais être militaire. Il pensa que l'étude simultanée des mathématiques et du dessin d'architecture pourrait, plus tard, m'épargner d'être dans les rangs inférieurs ou me servir à les traverser rapidement; et, sans renoncer à sa première idée, cela ne dût-il m'être bon qu'à ne pas perdre mon temps, il me fit suivre les cours gratuits de mathématiques et de dessin professés à l'Hôtel-de-Ville par des hommes de mérite, MM. Lallemand et de Clermont.

Dans la suite, mieux renseigné qu'il n'avait été d'abord, il apprit que les études auxquelles je me livrais pouvaient me conduire à être admis dans le génie, dont l'école était à Mézières, ou dans l'artillerie, à l'école de Châlons. Ces études devaient être plus longues pour me présenter à l'examen de Mézières qu'à celui de l'artillerie, et l'on estimait qu'il y avait un an de différence entre leur durée. Il bâtit donc tout mon avenir sur ces données : « Continue, me dit-il, à travailler les mathématiques comme pour entrer dans le génie, si les événements ne te permettent pas d'aller jusqu'au bout, tu te présenteras à l'école de Châlons pour entrer dans l'artillerie. » Sa raison avait tout prévu ; ma destinée tout entière était dans ces paroles ; ce premier pas m'ouvrait doublement la carrière des armes, et devait m'y conduire d'une manière ou d'une autre ; les événements firent le reste.

A la fin de 1792, la défaite des Prussiens à Valmy, le désastre et la retraite de l'armée, la prise d'armes des étrangers en faveur de l'émigration, et contre notre révolution, avaient porté jusqu'au délire l'enthousiasme national. Il n'y avait qu'un cri : aux armes ! et sur tous les points de la France des bataillons de volontaires se formaient comme par enchantement. L'enthousiasme est facilement communicatif ; mon père s'aperçut que je le partageais et jugea qu'il était temps de s'arrêter à un parti définitif. J'étais déjà presque assez instruit pour me présenter à l'examen de l'artillerie qui devait avoir lieu cinq mois plus tard, tandis qu'il m'eût fallu encore plus d'un an pour aller à Mézières. Mon père n'hésita point ; bientôt il négocia mon admission dans une pension préparatoire aux examens pour l'artillerie, quoique ce parti dût lui être très onéreux ; et, dans les premiers jours de décembre, j'étais installé à Châlons dans la pension Desmarets, où de bons professeurs et répétiteurs devaient, jusqu'au 1ᵉʳ mai 1793, époque fixée pour l'examen, achever mon instruction.

Je me mis donc au travail pendant près de cinq mois avec une ardeur qui m'y faisait consacrer au moins quinze heures par jour.

Enfin le moment à la fois si désiré et si redouté, ce moment d'où tout un avenir dépend, arriva ; dans les premiers jours de mai 1793, j'eus à paraître devant notre examinateur, M. de Laplace ; et quelque bien préparé que je fusse, je ne pus me défendre d'une profonde émotion, lorsque mon tour approcha. Cependant, après les cinq premières minutes j'étais rassuré, et mon examen, qui dura deux grandes heures, se passa sans que j'aie été arrêté et sans que je me sois trompé. Au bout de ce temps, M. de Laplace, qui passait pour être impassible et ne laisser jamais apercevoir ni contentement ni mécontentement, me congédia d'un signe de tête en disant : « C'est bien ». C'était court, mais je n'en demandai pas davantage. A entendre les professeurs et mes camarades, mon affaire était sûre ; je me plus à les croire, et me voilà bientôt sur la route de Reims, allongeant le pas pour porter cette bonne nouvelle à mes parents. A la fin de mai, je reçus l'avis de ma nomination au grade de sous-lieutenant avec le 6ᵉ rang de la promotion sur 60. Mes parents étaient heureux ; moi, j'étais au comble de la joie.

Quelques jours plus tard j'appris que les dix premiers de ma promotion étaient nommés lieutenants en 2ᵉ, que j'étais classé au 5ᵉ régiment d'artillerie et devais partir immédiatement pour rejoindre ce corps à Strasbourg. Mes parents furent peinés d'un si brusque éloignement, eux qui s'étaient déjà livrés à l'espoir de me voir passer un an à Châlons et d'avoir de temps en temps ma visite pendant cet intervalle. Moi, j'en pris aisément mon parti, ou plutôt même j'en fus content. Aussitôt l'arrivée de mes ordres, je me mis en route, et c'est de ce moment-là que commence mon journal.

Jusque-là, j'avais toujours agi d'après les inspirations de mon père ; maintenant s'ouvre pour moi un ordre de choses nouveau, une ère qui n'a ni rapports ni ressemblance avec ce qui précéde. Je suis livré à moi-même, affranchi de toutes rênes, de toute tutelle, et pourtant je n'ai que dix-sept ans, je suis sans la moindre expérience des hommes et des choses. Il y aurait eu là de quoi m'effrayer, si j'eusse pu mesurer dans ma pensée toutes les chances de ma nouvelle carrière. Mais j'étais trop inexpert pour voir les choses de si haut. J'eus confiance dans mon étoile et dans cet adage : *A chaque jour suffit sa peine*, et, sans trop de soucis, je vécus au jour le jour. On verra plus tard comment je m'en suis tiré. En attendant, que grâces soient rendues à mon excellent père ! Son infatigable sollicitude pour moi et sa profonde raison m'ont admirablement guidé à travers les écueils de l'époque dont j'ai parlé. Il a su, avec un tact et un jugement parfaits, m'assigner un but et diriger l'emploi de mon temps de manière que pas une heure ne fût perdue pour y arriver.

S'il n'a pas craint de faire des sacrifices pour réaliser ses vues, c'est qu'il avait au fond du cœur des sentiments élevés, et qu'il avait jugé son époque. J'ai répondu de mon mieux à ce qu'il a fait pour moi, mais, encore une fois, que grâces lui soient rendues ; c'est à lui que je dois ce que j'ai été, car des premiers pas qu'il m'a fait faire a dépendu le reste de ma carrière.

Parti de Reims le 15 juin 1793, en qualité de deuxième lieutenant, pour rejoindre le dépôt du 5ᵉ d'artillerie à Strasbourg, je n'avais figuré que nominalement à l'école d'artillerie de Châlons ; je n'étais jamais sorti de dessus les bancs, je n'avais pas la moindre idée du monde ; j'étais encore comme un véritable écolier.

Je reste deux jours à Châlons, pour me mettre en règle avec le commandant de l'école. Mon père m'y avait accompagné, c'est là que nous nous séparons définitivement. Arrivé le 20 juin, le commandant du dépôt m'autorise à rester quelques jours à Strasbourg. Je fais faire mes uniformes ; je parcours la ville et visite les choses les plus remarquables ; je commets d'insignes gaucheries dont je m'étonne encore ; enfin je pars le 28 pour rejoindre mon régiment qui est au camp près de Landau.

J'y arrive le 29 juin. Mon régiment est réuni tout entier au grand parc. J'y suis reçu dans les formes d'usage. Le général Beauharnais commande l'armée ; le général Ravel l'artillerie. L'armée est en marche sur Mayence, la prise de Mayence en arrête le mouvement. Je fais la connaissance de quelques lieutenants de la promotion de 1792, les seuls jeunes officiers qui soient au régiment ; ce sont MM. Lablassière, Zévort, Fautin et Hazard. Je me lie avec eux. L'émigration a enlevé tous les anciens officiers, leurs remplaçants sont de vraies culottes de peau. Nous allons, mes camarades et moi, visiter à Landau le lieutenant du génie Haxo, qui nous fait voir et nous explique les fortifications. C'est la première leçon de fortification que je reçois ; j'étais étranger à cette science et tout honteux de mon ignorance. Je suis témoin, du haut des remparts de Landau, d'une petite escarmouche avec canonnade, la première que j'aie vue ; ce spectacle a excité ma curiosité.

Le 4 juillet, l'armée rétrograde sur Wissembourg et occupe les lignes de la Lauter.

Mon régiment est placé au camp du Geissberg, sur une hauteur qui domine la ville et la rive droite de la Lauter.

Le 8 juillet, parti pour aller occuper une batterie en avant des lignes, près du village de Schweig. Existence tout à fait nouvelle ; placé auprès d'officiers beaucoup plus âgés que moi, aux habitudes de soldat, ignorants, jaloux d'avoir pour camarades de jeunes officiers, obligés de gobelotter avec eux dans les cantines, j'ai trouvé ce début pénible. Je me suis plié par force à leurs habitudes, sans me gâter, et je leur ai plu.

Le 14 juillet, grand émoi pour moi ; étant enfant, j'avais toujours craint d'entendre les détonations de la poudre, même les plus faibles ; mes oreilles n'avaient jamais pu s'y habituer. Or, ce jour-là, on a exécuté des salves d'artillerie à l'occasion de l'anniversaire de la prise de la Bastille. Je ne puis pas dire tout ce qu'il m'en a coûté pour me préparer à faire bonne contenance. Le moment arrivé, je mis force coton dans les oreilles, mais à peine avait-on tiré deux coups de canon que déjà je le retirais en disant : *Ce n'est que cela !* et tout étonné d'avoir été si longtemps et si puissamment sous l'influence d'une impression aussi terrible pour moi.

Parti de cette batterie au commencement d'août pour aller à l'avant-garde construire et occuper une redoute, entre Nieder-Otterbach et Steinfeld, à laquelle on a donné le nom de *grande redoute*. Les Autrichiens occupaient en avant le village de Scheid, que les soldats appelaient le *clocher blanc*. Les avant-postes étaient à portée de canon ; il y avait des engagements très fréquents ; c'est là où j'ai tiré le canon pour la première fois. On se canonnait de loin, je n'ai point été ému, quoique le capitaine Abatucci m'eut fait monter avec lui sur l'épaulement (pour m'éprouver, je suppose).

Cet officier et le capitaine Legros, vieillard respectable, ont été mes premiers guides sur le champ de bataille ; j'en conserverai toujours un bon souvenir. Mes canonniers me faisaient la soupe ; la cantinière y ajoutait fromage et eau-de-vie ; somme toute, je vivais mal, mais cette vie d'avant-garde me plaisait, et mes canonniers, qui m'observaient à cause de ma grande jeunesse, paraissaient m'aimer et ne m'étaient point insoumis.

Un jour, je reçus l'ordre de me disposer à construire, la nuit suivante, une batterie en avant du village de Nieder-Otterbach, à une portée de fusil des vedettes ennemies. On mit à ma disposition tout ce qu'il me fallait de travailleurs d'infanterie, et deux escadrons de cavalerie appuyèrent le travail qui fut de temps en temps troublé par des fusillades. Mon inexpérience, dont je tâchais pourtant qu'on ne s'aperçût point, me rendit ce travail plus fatigant encore au moral qu'au physique. Au point du jour, la batterie était presque achevée, on ne l'occupa point.

Le 13 octobre, attaque générale des lignes ; prise de ma redoute par la gorge. J'y laisse 6 canons de 12, 1 de 24 et 40 canonniers tués ou pris. J'y commandais, ce qui rendait ma responsabilité bien grande et ma position plus pénible. L'infanterie qui la défendait l'a mal soutenue ; je restai dans la redoute jusqu'à ce que l'ennemi y fût entré ; force me fut alors de m'échapper, et je le fis en passant par une embrasure et traversant une fusillade nourrie et des dangers sans cesse renaissants, à cause de la présence de l'ennemi sur le terrain que je parcourais. Je ne rejoignis notre armée qu'à plus d'une lieue de là, au village de Schweikoffen. Cette nuit de désastre m'a beaucoup affecté.

Le même jour, l'armée se retire sur Wissembourg, et le lendemain, elle continue sa retraite par Haguenau sur Strasbourg. Je ne crois pas que de ma vie j'aie été aussi fatigué que dans cette retraite. Les émotions de la nuit du 13, la fatigue de corps et d'esprit, la faim, le manque de sommeil, tout cela m'avait tué et sans l'aide des voitures d'artillerie, sur lesquelles je montai dans cette unique circonstance de ma vie, peut-être serais-je resté sur la route.

Arrivé au camp sous Strasbourg le 20 octobre. Ma compagnie est établie dans un ouvrage extérieur de la place. Les nuits sont froides, il fait mauvais camper. Je retrouve mes amis Zévort, Hazard et Lablassière. Nous sommes tous également contents de nous revoir après ce désastre ; moi surtout j'inspire un intérêt plus particulier aux autres à raison de la difficulté de la position où je me suis trouvé ; on me regarde comme un revenant. Le voisinage de Strasbourg nous tente, nous y allons pour nous y refaire et effectuer quelques emplettes ; mais nous nous y trouvons si bien que nous y passons la nuit, au risque de ce qui pourrait arriver au camp. Le lendemain matin, je rejoins ma compagnie, juste au moment où elle partait pour Saverne. Mon absence passa inaperçue ; je me reprochai souvent cette infraction grave à mes devoirs, et oncques ne m'y laissai plus reprendre.

Parti le 24 octobre pour Saverne avec le commandement d'un parc destiné au corps de gauche commandé par le général Ferino, j'y arrive le 26. Je suis logé en ville assez bien ; mon parc est placé dans les jardins du château du cardinal de Rohan ; le représentant du peuple Lebas est là ; j'en ai une peur terrible.

Après quelques succès, l'armée se reporte en avant ; mon parc va s'établir à Bouxviller, où j'éprouve de la fatigue et une mésaventure. Voici comment : le général Pichegru, commandant l'armée, allant de Strasbourg à Niederbronn, m'envoya un officier d'état-major pour me dire de tenir prêts des attelages pour l'instant de son passage. Je voulus bien en donner, mais j'exigeai un ordre écrit. Cette exigence était légitime, mais pas d'un courtisan. Je n'avais point encore l'expérience des ménagements qu'il faut avoir pour le pouvoir ; j'étais prédominé par l'idée de ma responsabilité ; dans ce temps de terreur, un représentant du peuple faisait plus peur qu'un général en chef. Cette circonstance fâcha beaucoup Pichegru. Il voulut me punir, m'ôter mon commandement. Le général Ravel fut mon défenseur et obtint que je resterais à mon poste, mais en sous-ordre. Il donna donc le commandement à un chef de bataillon, M. de Fonton, dont je devins l'adjoint. Ce M. de Fonton était un ancien officier — car tous n'avaient pas émigré — homme d'une société aimable, près de qui le service me fut agréable. Je logeai et mangeai avec lui. Nous étions chez un tanneur qui avait deux filles, avec lesquelles il voulut absolument que j'apprisse à valser. J'étais timide et gauche, il me faisait la guerre à ce sujet de la manière la plus affectueuse, et me donnait les premiers éléments de la science du monde. Je ne rappelle ces niaiseries que par bon souvenir pour M. de Fonton ; il était le premier chef qui eût eu pour moi des bontés paternelles.

L'importance du commandement que j'avais avant l'arrivée de M. de Fonton, à mon âge et avec mon inexpérience, me remplissait de soucis ; je dormais peu, tant j'étais préoccupé par les devoirs de ma place, et j'étais écrasé de fatigue. Cependant ce qui me peinait le plus dans les marches, c'était, pendant que je pataugeais à pied au milieu des boues, de voir les conducteurs et haut-le-pied de l'équipage, mes subordonnés, monter de très beaux chevaux et m'éclabousser. Je ne pouvais supporter cet air, cette position d'infériorité dans un chef.

Le 26 décembre, l'armée de la Moselle, sous le commandement de Hoche, se réunit à celle du Rhin, d'où résultent la retraite des Autrichiens, leur défaite au Geissberg, et le déblocus de Landau. Elle prend le nom d'armée du Rhin-et-Moselle.

Mouvement de mon parc le 27 décembre par Wœrth et Wissembourg, où je passe le 28 décembre.

Le 29, arrivée à Landau ; mon parc rentre au parc général de l'armée où je suis adjoint au colonel-directeur M. Depautre. J'ai peu de chose à faire, je flâne faute de mieux. Un certain dimanche, je passais devant le temple protestant, au moment où l'on en sortait ; les rues étaient boueuses, les dames étaient obligées de marcher avec précaution ; tout d'un coup, m'apparaissent une jambe, un pied, une chaussure, les plus beaux que j'eusse encore vus ; je suis émerveillé, j'éprouve comme une fascination. Je ne prétends pas que cela soit concluant en faveur de la beauté de la demoiselle ; mais au moins cela indique combien j'étais facile à impressionner et combien mon cœur était vide.

Détaché à une fraction du grand parc qui était à Roth, village à une lieue de Wissembourg près de Geissberg, j'y arrive le 10 janvier 1794. Ce village a été dévasté le jour de la bataille du Geissberg, il est dépourvu de ressources, nous y sommes misérables. Un jour, en essayant, par manière de passe-temps, des fusils prussiens ramassés sur le champ de bataille, je faillis tuer un de mes camarades, le capitaine Termot, qui, du reste, fut pour toujours défiguré par les grains de poudre qui pénétrèrent dans la peau du visage et s'y incrustèrent comme par tatouage.

Je suis envoyé le 20 janvier à Haguenau pour prendre un convoi d'artillerie et le mener au grand parc.

Le 25 janvier, en passant à Wissembourg, je reçois l'ordre du général Verrières, commandant l'artillerie de l'armée de la Moselle, de rester aux arrêts dans cette ville, jusqu'à nouvel ordre. Ce général avait des démêlés avec les représentants du peuple à l'occasion de munitions d'artillerie qui n'avaient pas eu une destination convenable, et il cherchait à qui en attribuer la faute. Le capitaine Andréossy qui était, dès ce temps, un homme considérable près des représentants, mais qui avait refusé les fonctions de général, étant venu à passer par Wissembourg, et ayant su de moi les circonstances de ma position, se chargea de m'en tirer, et effectivement je reçus trois jours après l'ordre de levée de mes arrêts, les premiers et les seuls qui m'aient jamais été imposés. Du reste, j'étais très bien et tranquille d'esprit à Wissembourg, j'avais le sentiment de n'avoir mérité aucun reproche. Je passais les trois quarts de mon temps dans un cabinet de lecture bien chauffé, où se trouvait une demoiselle jolie et gracieuse, avec qui j'aimais à faire mes premiers essais de langue allemande.

Le 2 février, je rejoins le grand parc de l'armée du Rhin à Marlenheim. Le directeur était le colonel Heymès, Alsacien reconnaissable à son accent allemand, homme commun et de peu de capacité ; mais excellent pour les jeunes officiers. J'ai retrouvé là mon camarade Pelletier que je n'avais pas revu depuis l'Ecole.

Dans ce même temps le général Michaux est nommé commandant en chef de l'armée du Rhin.

Le 25 février, je suis détaché à Maikamer, village à trois lieues au delà de Landau, avec un parc dont j'ai le commandement. J'y loge sur la place chez un sieur Wolff, marchand de vins en gros, qui m'accueille et me traite à merveille. Ce cantonnement est parfait, on m'y laisse pendant trois mois. Maikamer est au pied des Vosges, dans un site délicieux ; dès que parurent les premiers beaux jours du printemps, je me mis à explorer les montagnes avec mon garde du parc, un sieur Florin, de Lons-le-Saulnier, jeune homme aimable et bien élevé. Un jour, en cherchant à aborder un vieux château perché très haut, sur le premier plan des Vosges, nous découvrîmes des trous ou cachettes très artistement faits et recouverts, au milieu d'un bois de sapins, dans sa partie la plus fourrée. La curiosité est un puissant excitant ; nous ouvrons un de ces trous, et nous y trouvons quantité d'effets et d'ustensiles à l'usage des habitants de la campagne. Florin y descend, il retourne tout et met enfin la main sur une petite boîte qui contenait environ 300 francs en or. Nous partageons cette somme, puis nous prenons un coupon de toile, et nous nous en revenons, laissant le trou ouvert et ne touchant à aucune des autres cachettes. Le lendemain, nous fîmes la même promenade, mais tous les trous avaient été vidés ; il y en avait cinq ou six. S'il fallait juger notre action aujourd'hui, je la trouverais blâmable ; alors, elle n'avait rien que de légitime. Nous étions en pays ennemi, il nous semblait que tout nous appartînt par le droit de la guerre, droit consacré, tout abominable et monstrueux qu'il est.

L'argent était rare ; nous ne recevions que des assignats ; je profitai de la circonstance qui m'avait mis en possession de quelques louis pour acheter un cheval à un officier de chasseurs. C'est le premier cheval que j'aie eu, et, chose qui peint la misère d'alors, je manquais de moyens pour m'acheter une selle, et je fus encore longtemps sans en avoir une. J'en montais une d'emprunt.

Vers le 20 mai, un léger échec reçu à Kaiserslautern fit rétrograder l'armée sur Landau. Mon parc fut placé sur les glacis de Landau, et moi logé dans une baraque de jardinier. Je n'avais que mes rations pour vivre, je me trouvais mal et regrettais sincèrement le cantonnement de Maikamer et la bonne hospitalité que je recevais de M. Wolff. Le conducteur d'artillerie Moroy, mon compatriote, connaissance d'enfance, arrive à mon parc en qualité de garde ; cette circonstance fortuite m'est agréable.

C'est là que pour la première fois je me raclai la figure avec un rasoir ; de nombreuses balafres attestèrent pendant longtemps ma maladresse ; ce que j'en rapporte n'est que pour rappeler combien j'étais jeune, quoique déjà rassis par la misère, les fatigues, les tourments d'esprit et la responsabilité du commandement, qui, à cette époque, était malheureusement trop réelle et chanceuse.

Le 13 juillet, l'armée se reporte en avant; je retourne à Maikamer. Cette fois je ne logeai plus chez M. Wolff, à mon grand déplaisir, mais dans une plus belle maison, celle du citoyen Vely, avec qui j'ai eu d'assez agréables relations. Sa sœur, une dame Verdurenne, de Versailles, encore jeune, gaie et accorte, était à la tête de notre ménage. Il y avait dans ma troupe un bon maître d'armes ; il me donna les premières leçons de son art.

Un nouveau succès ayant porté l'armée en avant, mon parc s'établit le 3 août à Wintzingen, village à une dizaine de lieues Est de Neustadt. Site frais, charmant, bien arrosé. J'y ai passé six semaines doucement; logé assez bien, même compagnie qu'à Maikamer, Moroy en outre.

Le 21 septembre, je viens m'établir à Edesheim, deux lieues

de Landau, par suite d'un petit revers éprouvé par l'armée dans les montagnes. Nous y sommes très mal, pataugeant dans la boue.

Par un retour offensif, l'armée reprend le dessus. Mon parc revient encore une fois à Maikamer, le 6 octobre, et arrive le 15 à Deidesheim.

Le mouvement en avant se continua par Grünstadt, Ostein et Pfedersheim où je reste quelques jours. De cette dernière bourgade, peu éloignée de Worms, j'allai visiter cette ville dont j'ai été peu ravi, parce que j'y ai trouvé tout hors de prix et plus cher qu'en France.

Le 1ᵉʳ novembre, mon parc arrive à Seltzheim, deux lieues et demie de Mayence.

Le 20, il s'établit à Schwabsbourg, près Oppenheim. Je suis logé chez un pasteur protestant, au milieu d'une famille nombreuse qui m'accueille à merveille ; je suis ravi de pouvoir encore m'exercer à parler allemand, car, outre le père et la mère, il y a deux jeunes personnes très bien élevées. Je connaissais un peu la musique et je m'étais quelquefois exercé sur le clavier du piano, lorsque j'étais chez mon père, si bien qu'on me crut un musicien habile, et qu'un jour, m'étant laissé conduire au temple, pour y voir l'orgue, il me fallut absolument me décider à faire voir que je n'étais qu'un ignorant : je jouai sur l'orgue les airs de *Malbrouck* et de *Ça ira*. O honte ! O profanation !

Le 10 décembre, je change encore une fois de destination. On m'envoie à Odernheim, au parc de l'attaque du centre, sous les ordres du chef de bataillon Philippe, et je suis dépossédé de mon commandement. Plus tard je commandai cette réserve qui était considérable — environ cent voitures et des munitions remplissant l'église protestante. Moroy, resté au parc de Schwabsbourg, vint me rejoindre. Je logeai chez de respectables vieillards, M. et madame Plerch. Je voyais beaucoup les familles Roes et Fuchs. Parties de chasse, premier engagement de cœur, relations agréables, tandis que tout près de là, devant Mayence, l'armée campée au milieu des neiges subissait toutes les privations possibles et les rigueurs excessives d'un hiver remarquable par l'intensité du froid. Tout cela me rendait le séjour d'Odernheim délicieux, et la pénurie à peu près complète où je me trouvais de moyens pécuniaires, par l'extrême dépréciation des assignats, me faisait trouver cette position plus précieuse encore. Je m'occupai beaucoup de l'étude de la langue allemande, et comme j'étais à bonne école, personne ne parlant français dans le monde que je voyais, je devins vite assez fort pour la parler et l'écrire passablement.

Pendant les premiers mois de mon séjour à Odernheim, il y arriva, venant du camp devant Mayence, un capitaine d'artillerie envoyé là pour rétablir sa santé; c'était le capitaine de Carmejane, officier de l'ancien régime, qui avait eu le bon esprit de ne pas émigrer, et qui fut pour moi entièrement gracieux. Sa société m'offrit les ressources d'une instruction avancée et d'un esprit cultivé.

Je n'eus qu'à me louer du commandant Philippe. Quoique plein d'aspérités, il était bon pour moi et peu exigeant dans le service. Comme il me voyait m'amuser tandis qu'il s'ennuyait beaucoup, il se consolait en chantant trois fois ce refrain d'un air connu : « *Cela ne durera pas toujours* » lorsqu'il me rencontrait en partie. C'était là une innocente malice.

J'ai déjà dit que j'avais un cheval et point de selle; honteux de cette mesquinerie de mon équipage et contrarié de ce qu'elle avait d'incommode, je profitai d'une bonne occasion qui s'offrit de revendre mon cheval avec bénéfice, et avec le prix que j'en reçus, je me procurai un petit criquet, commun mais très bon, et enfin une selle avec sa bride; si bien que, cette fois, je me trouvai monté et équipé au grand complet. J'avais été si misérable jusque-là ! C'était un premier pas dans la civilisation, j'étais en progrès.

Je me trouvais si bien à Odernheim que je ne pensais pas le moins du monde que cela dût finir, lorsqu'un jour, jour néfaste, je reçus l'ordre de me rendre au parc général pour y être attaché, en qualité d'adjoint. Jamais, non jamais jusqu'alors, je n'avais été si péniblement affecté.

Mutterstadt, lieu de ma nouvelle destination, est à une quinzaine de lieues d'Odernheim. J'y arrivai le 1er avril 1795. Mon pauvre cheval était écrasé sous le poids du cavalier et de son bagage. Je me trouvai dépaysé, isolé, au milieu de chefs et de camarades que je ne connaissais pas. Point de ressources pour la distraction, mauvais logement, nourriture réduite aux rations de vivres ordinaires, et avec cela, le cœur malade. Le temps me parut horriblement long, car je n'avais presque rien à faire.

Dans ce temps-là, on apprit la conclusion de la paix avec le roi de Prusse. Pichegru revint prendre le commandement de l'armée.

Le grand parc va s'établir à Musbach, où il arrive le 21 avril. Ma position est la même qu'à Mutterstadt. Je fais connaissance plus particulière avec le chef de bataillon Lariboisière et le capitaine Neigre. Ce dernier sortait des compagnies de canonniers volontaires; il était bon enfant et je sympathisai vite avec lui. Ces officiers connurent bientôt mes regrets, mes ennuis et, comme je n'avais véritablement rien à faire à Musbach, ils contribuèrent à me faire renvoyer à Odernheim, d'où le commandant Philippe venait de partir, pour le remplacer, quoique je ne fusse toujours que lieutenant.

Je rentre à Odernheim le 9 mai; je ne puis pas dire combien je suis heureux; on m'y reçoit avec des démonstrations de joie non équivoques. Cette fois mon ancien logement est pris, on me loge chez un M. Samson, célibataire, un des notables du lieu, où je retrouve Moroy établi comme avant mon départ. Nous voilà donc installés l'un près de l'autre; nos deux chambres se touchent.

On apprend la paix avec l'Espagne. — Grande difficulté de m'entretenir. — Les assignats de ma solde d'un mois ne valent plus que 5 francs. — Je reçois quelque argent de mes bons parents.

Le général Saint-Cyr, qui commandait l'attaque de droite devant Mayence, passe à Odernheim. Il descend chez mon hôte et m'admet à dîner avec lui. C'est un homme d'une trentaine d'années, grand, d'un beau physique, grave, peu communicatif, imposant.

Le général Dieudé, commandant l'artillerie devant Mayence, et le capitaine Marmont (depuis maréchal) passent aussi par mon cantonnement et acceptent mon dîner. J'achevais alors un dessin du château Saint-Ange, à Rome, et ces messieurs le virent. Ce petit mérite, ma jeunesse et mon zèle plurent au général qui, un peu plus tard, m'appela à son état-major, à ma grande surprise et à mon grand chagrin. Marmont à qui, à l'occasion de son passage à Odernheim, je prêtai un cheval difficile pour ne pas dire rétif, en le prévenant toutefois de ses vices, voulut le monter sans précaution, se croyant un cavalier solide et nous prenant probablement pour des maladroits qui n'entendaient rien à l'équitation. Son amour-propre et sa présomption ne tardèrent pas à être punis ; deux fois de suite il fut démonté en moins d'un instant ; ses deux chutes sur le pavé furent effrayantes, mais il en fut quitte pour des déchirures dans ses vêtements, quelques contusions et une grande honte. Comme il ne se fit pas grand mal, je ne fus pas fâché de le voir puni par où il avait péché. Cela n'est peut-être pas charitable, mais pourquoi y a-t-il des rodomonts ?

J'arrivai à Oberingelheim le 9 octobre. Mon service à l'état-major du général Dieudé pouvait être plus brillant et mieux convenir à mon âge, mais les amoureux ont leur manière de sentir. Odernheim était pour moi comme la terre promise ; qu'était-ce que la gloire auprès d'Odernheim ? Je vécus et logeai avec Marmont qui me prit en belle affection. Nous allâmes une fois au camp, avec le général, qui visita les redoutes et batteries, établies à environ 800 toises de la place, sur un front très étendu. On me montra la redoute dite *Merlin*, construite par l'ordre de ce représentant, et où il s'était distingué. En somme je vis tout cela avec beaucoup d'intérêt ; c'est la seule fois que j'aie été à ce fameux camp, théâtre de tant de misères, l'hiver précédent.

Oberingelheim est le lieu de naissance de Charlemagne qui y faisait souvent sa résidence. Il n'y reste plus de traces de ces temps reculés.

Lorsque nous apprîmes les événements du 13 vendémiaire, et le rôle que Bonaparte y avait joué, Marmont qui avait déjà servi à l'état-major de Bonaparte, à l'armée d'Italie, me parla de lui avec admiration, et comme d'un homme appelé aux plus hautes destinées ; il en était enthousiaste.

Vers ce temps, Jourdan avait passé le Rhin du côté de Cologne et Pichegru près de Manheim : Le but était de bloquer Mayence sur la rive droite et d'en faire définitivement le siège. Mais Pichegru venait d'être battu près de Geidelberg, et force était de renoncer à ce projet. Le 27 octobre, on me renvoya à mon ancien commandement. Il paraît que dès ce moment, ne pouvant compléter le blocus, on songea à abandonner les lignes de Mayence ; on en parlait déjà sourdement, et, dans cette prévision, ma présence à Odernheim avait été jugée utile.

Marmont, voulant profiter de l'occasion de cette retraite pour se procurer des chevaux à bon marché, prévoyant que je ne pourrais évacuer Odernheim sans avoir de nombreux chevaux de réquisition, ne me laissa pas partir sans me donner des instructions pour l'usage à faire en sa faveur des chevaux que leurs propriétaires abandonneraient. Dans ma naïveté, je trouvai ces propositions un peu éhontées.

Je rentre à Odernheim, le 27 octobre; mon bonheur est de courte durée. Dès le 29, l'ennemi attaque le camp simultanément par une sortie et par un passage du Rhin au-dessus de l'attaque du centre. Les lignes sont enlevées et l'armée obligée à la retraite. Jamais embarras ne fut plus grand que le mien. Cent caissons ou voitures d'artillerie, de nombreuses munitions, remplissant une église, à évacuer, et pour cela pas un cheval, pas une disposition prise à l'avance, surprise complète, pas de temps à perdre. J'envoie des réquisitions dans tous les villages voisins pour avoir des chevaux, il ne s'en présente point. Que faire pourtant de cet immense matériel dont la responsabilité pesait sur moi d'un poids prodigieux? L'abandonner à l'ennemi ou le brûler, il n'y avait absolument pas d'autre parti. Je suis longtemps dans la plus grande perplexité; enfin l'action d'abandonner un matériel si considérable, se présentant toujours à mon esprit comme un crime capital, je m'arrêtai au parti de le faire sauter et brûler, mais seulement à la dernière extrémité, lorsque les premiers éclaireurs autrichiens viendraient à paraître. Je fis disposer les voitures de manière qu'une traînée de poudre leur communiquât le feu. Dès qu'on sut en ville le parti que j'avais pris, on craignit que j'en fisse autant à l'égard des munitions que contenait le temple protestant. L'alarme se répandit bientôt partout, on n'entendait plus que des lamentations, il n'y eut plus qu'un cri de terreur. Le bourgmestre vint me trouver : « La ville, me dit-il, consent à tous les sacrifices pour éviter cette destruction ; demandez ce que vous voudrez. » Je rassurai le bourgmestre, en lui annonçant que je ferais avarier par l'eau les poudres de l'église; que les munitions du parc étaient trop loin pour que la ville fût compromise par leur explosion ; qu'il n'y avait en conséquence rien à craindre pour personne. Je n'ai jamais pensé à cette circonstance sans éprouver un contentement bien doux, celui d'avoir échappé à cette séduction et de m'en être tiré pur. Pendant que cela se passait, quelques corps de troupes en retraite traversaient Odernheim et je prenais près d'eux des renseignements sur l'éloignement présumé de l'ennemi ; enfin le commandant d'une troupe de hussards, formant l'arrière-garde de ce qui s'était dirigé par Odernheim, me déclara qu'il n'y avait plus personne entre lui et les Autrichiens. A partir de ce moment, les yeux furent braqués du côté de la route de Mayence, plus attentifs que jamais. Toutes mes dispositions étaient prises, mes canonniers étaient réunis au parc, prêts à mettre le feu et à décamper au premier signal, et moi j'avais là mon cheval prêt à me recevoir. Cependant rien ne paraissant, au bout d'une heure mes canonniers commencèrent à s'inquiéter d'être ainsi isolés et éloignés des dernières troupes qui avaient passé. Je les entendais murmurer et dire : « Notre lieutenant se moque d'attendre, lui ; il est monté, il se tirera toujours de là ; mais nous, notre affaire est claire : le moins qu'il puisse nous arriver, c'est d'être prisonniers. » Ils avaient raison ; pourtant je tins bon tant que je pus. Enfin, débordé par leurs murmures et criailleries, je me déterminai à faire mettre le feu à la traînée de poudre. J'étais abrité derrière un gros noyer ; je ne puis pas dire l'impression morale déchirante que j'éprouvai en voyant les flammes s'élancer, comme l'éclair, sur cette masse énorme de voitures et de munitions ; j'aurais voulu, plus rapide qu'elles, les devancer et en arrêter le courant ; mais à peine cette pensée m'était-elle venue que déjà l'explosion, une explosion successive et épouvantable, m'annonçait qu'il n'était plus temps, que le mal était sans remède. Le sort en est jeté, advienne que pourra ! me dis-je en moi-même, et aussitôt nous gagnâmes la route d'Alzey. Longtemps encore j'entendis l'explosion plus ou moins tardive des obus dont les fusées, qui n'avaient pas été décoiffées, ne prenaient feu que successivement, et chaque fois je ne pouvais me défendre d'une sensation pénible.

Au bout de quelques heures, je rejoignis nos premières troupes à Alzey ; quoique content de me retrouver avec les nôtres, je regrettais de n'avoir pas été un peu talonné par les Autrichiens, de ne les avoir même pas aperçus, et je commençais à avoir de graves inquiétudes sur les résultats de la mesure que j'avais prise. Je continuai à marcher sur Grünstadt, où j'arrivai le 30. Je fus de suite attaché à l'état-major d'artillerie de la 8ᵉ division. Là, j'appris que le général Saint-

Cyr s'était retiré, le 29, sur Odernheim avec sa division et y avait passé la nuit.

Comme il ne lui avait pas été possible de faire remplacer les munitions qu'il avait consommées dans la journée, la peur me gagna. Je m'imaginai qu'après un désastre pareil, on devait chercher des coupables et faire des victimes ; et persuadé que je serais un des sacrifiés, je tins, pendant deux ou trois jours, mon cheval sellé et chargé, prêt à partir et à émigrer au premier avis que j'aurais reçu du projet de m'arrêter. C'était mon ami Moroy qui allait en reconnaissance pour pouvoir m'avertir à temps. Malheureux ! J'avais les Autrichiens en horreur, et je pensais à me réfugier chez eux. Cruelle extrémité ! Mais heureusement le temps de la Terreur n'était plus. Nous avions encore des représentants du peuple à l'armée, mais plus de bourreaux. Moins d'un an plus tôt, c'eût été fait de moi ; alors il ne m'arriva rien. Le général d'artillerie trouva tout naturel le parti que j'avais pris, et le général Saint-Cyr ne s'en plaignit pas. J'en ai donc été quitte pour les angoisses de la peur. Quand je quittai Grünstadt, le général Dieudé et Marmont n'y étaient pas encore arrivés. Les corps de gauche de l'armée de Mayence avaient été obligés de se retirer dans une autre direction.

De Grünstadt à Spire, je fus chargé de la conduite d'un assez nombreux matériel attelé de chevaux de réquisition, sorte d'attelage qui constitue pour un officier la plus indigne mission qu'il soit possible d'avoir, surtout si l'on n'a pas une escorte nombreuse. Or, je n'avais avec moi que 20 canonniers. J'arrivai, non sans peine, à Mutterstadt. Là, je devais requérir de nouveaux chevaux pour aller à Spire. Je le fis en effet et je pris en même temps des mesures pour que les chevaux qui m'avaient amené ne partissent pas avant d'avoir été remplacés ; mais notre arrière-garde ayant été débusquée vivement d'Oggersheim, sur le soir (affaire où l'artillerie à cheval perdit le capitaine Maillot, officier d'une grande distinction) et ramenée sur Mutterstadt, il en résulta que tous mes paysans trouvèrent à s'évader et qu'aucun des chevaux requis à Mutterstadt et environs n'arriva. Cependant la nuit était venue, et j'étais forcé d'évacuer avant la pointe du jour, n'étant couvert que par quelques escadrons de hussards qui avaient l'ordre de partir avant le jour. Ma perplexité était extrême.

Je montai à cheval pour aller exposer ma position au général Desaix, qui était déjà à une lieue en arrière, au village de Schifferstadt, et le prier de retarder le départ de son arrière-garde à l'effet de protéger l'évacuation de mon artillerie. Le général donna en effet des ordres, mais sans grande confiance dans leur exécution, parce que l'attaque du soir faisait présager que l'ennemi voudrait continuer ses progrès le lendemain. Je reviens donc en hâte à Mutterstadt, je m'établis chez le bourgmestre, je le somme de me fournir de suite des chevaux, et, à défaut de chevaux, tous les hommes pouvant s'atteler et tirer ; je me démène enfin toute la nuit comme un enragé. A mesure qu'il se présente des chevaux ou des hommes, je fais partir des voitures : le rendez-vous est Rehut, à une demi-lieue de là. Au point du jour, tout n'était pas évacué, j'attendais encore des moyens, quand un colonel de hussards, fort en colère du retard que j'apportais à son mouvement de retraite, me pressa de la manière la plus brutale de prendre mon parti, en me menaçant de me faire attacher à un caisson et de me laisser là. Cette dureté sauvage peint l'époque. Je fus indigné de cette menace, mais il n'y avait pas à plaisanter avec un tel rustre ; d'ailleurs j'avais fait tout ce qui était humainement possible, ma responsabilité était désormais à couvert. Je partis peu d'instants après, emmenant encore quelques voitures à bras d'hommes et abandonnant le reste.

Je me réunis, à Rehut, à ce qui m'avait devancé, et je ne quittai cette position que lorsque j'aperçus les vedettes de la cavalerie ennemie, à environ 500 toises. De là à Spire point d'incident.

De Spire, je fus dirigé sur Germersheim où j'arrivai le 10 novembre. Cette petite ville, fortifiée passagèrement, appuyait l'extrémité droite des lignes de la Queisch où l'on s'arrêta en prenant définitivement position. Je fus attaché à l'état-major général d'artillerie (général Dorsner).

Livré aux premiers regrets d'avoir quitté Odernheim, fatigué des récentes et fortes émotions que j'avais reçues, je me trouvais dans une fâcheuse disposition d'esprit.

Enfin j'en partis pour aller commander la réserve d'artillerie de la 4ᵉ division. J'avais pour commandant d'artillerie le chef de bataillon Gervais, homme commun, mais bon.

Sur ces entrefaites une trêve de six mois fut conclue entre les deux armées, ce qui assura le repos de l'hiver.

Rilsheim, où je m'établis le 23 novembre, est un village non loin du Rhin et à deux lieues environ de Germersheim, sur la route de Strasbourg. Il est grand, beau et riche, mais il était alors épuisé par toutes les charges de guerre qu'il avait subies. Logé chez un paysan ivrogne, grossier, dont la femme et la fille étaient rechignées ; ne recevant de ces vilains hôtes ni bonne mine, ni assistance en quoi que ce soit ; payé en assignats qui n'avaient plus de valeur et ne touchant que 8 francs par mois en argent ; réduit à mes rations de pain et de viande, et encore, ces dernières manquaient-elles quelquefois, dénué de linge, car j'en avais laissé à Odernheim ; n'ayant que le strict nécessaire en vêtements râpés et plus ou moins usés, j'étais en souci et ennuyé de ma position, j'en avais honte et pourtant je dissimulais mon dénûment, je puis dire ma misère, par une propreté extérieure dont j'ai toujours eu le goût. J'avais alors deux chevaux, dont un me provenait de ceux abandonnés à mon parc, pendant la dernière retraite, — on voit que j'avais déjà profité des leçons de Marmont — c'était mon seul bien, ma seule consolation. Néanmoins, nécessité faisant loi, je tâchai d'en vendre un pour me procurer quelque argent. Mais je n'y pus parvenir, les officiers étant tous logés à la même enseigne, et les paysans avaient plutôt eux-mêmes à vendre qu'à acheter. Au milieu de ces tribulations, j'appris une mort qui me fut pénible, celle de Buache, l'ami de mes parents, le mien, mon Mentor et mon guide dans l'étude de la géographie, pendant ma première jeunesse, jeune homme de la plus belle espérance dont une balle termina la carrière.

A Rilsheim, je fis connaissance avec M. Ardent, chef de bataillon du génie qui logeait dans la seule maison un peu propre. Ses hôtesses avaient au moins des façons humaines ; j'allais les voir quelquefois. Du reste nul agrément, existence de résignation ; nul souvenir un peu agréable de ce pays, où je restai pourtant six mortels mois.

Le 23 avril 1796, le général Moreau arriva à l'armée pour remplacer Pichegru. A cette époque, les Autrichiens s'agitaient dans leurs cantonnements, c'était le pronostic de l'ouverture prochaine de la campagne. La trêve expirant vers le 28 mai, l'armée s'ébranla de toutes parts. Je partis le 27 de

Rilsheim pour suivre le mouvement de la 4ᵉ division, qui s'établit ce jour-là à Inflingen. Cette direction me rapprochait des montagnes et d'un pays que j'avais déjà parcouru ; je quittais un séjour que je détestais ; les hostilités allaient recommencer ; j'avais deux bons chevaux ; toutes ces circonstances me ravissaient.

On m'envoie le 8 juin à Offenbach, village sur la Queisch, à une lieue en dessous de Landau. Toutes les troupes étaient arrivées de leurs cantonnements ; on s'attendait à une attaque prochaine de l'ennemi. Point du tout ; nos mouvements n'étaient que des démonstrations, le lieu de la scène allait changer. Tout d'un coup de nombreuses troupes sont dirigées, à marches forcées, sur Strasbourg. J'y arrive moi-même le 23 juin, et j'apprends qu'on projette un passage du Rhin très prochain. On apprêtait l'équipage de pont sur la partie du canal qui passe derrière l'arsenal, on y mettait beaucoup de mystère, et on n'admettait à l'arsenal que les indispensables. Effectivement ce passage eut lieu le lendemain 24 à Kehl. Une division devait aussi tenter le passage à trois lieues au-dessous, près du village de Gamsheim, et c'est à cette division que je fus attaché. Les matériaux de l'équipage de pont descendirent l'Ill, pendant la nuit, jusqu'à son embouchure dans le Rhin ; et moi qui étais chargé de tracer et construire des batteries, pour couvrir le point de débarquement, et qui avais à cet effet plusieurs chariots d'outils, je suivis la route de terre. Arrivé à la pointe du jour au point désigné pour le passage, je vis construire un pont volant. Les troupes destinées au passage étaient en bataille sur le bord du fleuve ; on n'avait pas l'air de faire mystère à l'ennemi de ce qu'on projetait ; peut-être aussi ne voulait-on faire qu'une démonstration. Toutefois quelques bateaux furent chargés de troupes et dirigés sur l'île opposée, mais les eaux étaient fortes et l'île en partie inondée, ces troupes revinrent, et on ne fit plus d'autre tentative. Pendant ce temps, nous entendions le canon du corps qui avait passé à Kehl, et nous jugions par son éloignement progressif que ce corps avait eu du succès.

Le lendemain, je rentrai à Strasbourg avec mes chariots d'outils, et je reçus immédiatement l'ordre de me rendre à Sierentz pour commander la réserve de la 1ʳᵉ division de l'armée. Sierentz est un village du haut Rhin, situé entre Mulhausen et Bâle. En m'y rendant je visitai les fortifications de Schlestadt et de Neubrisach. Cette dernière place excita surtout mon attention par la régularité de son tracé, et puis comme application du dernier système de Vauban.

J'arrivai à Sierentz le 29 juin. J'y trouvai une compagnie de mon régiment commandée par le lieutenant Fantin, élève de la promotion avant la mienne. Il y avait longtemps que je n'avais trouvé à qui parler, je me réunis donc avec plaisir à lui, quoique je susse que le cher camarade fût d'humeur un peu morose, bourru et mal léché. Il avait retenu mon logement dans la même maison que lui, chez M. Zœger, maire du lieu ; c'était déjà une prévenance dont je lui savais gré.

Cependant l'armée s'avançait à travers la Forêt-Noire ; son avant-garde était déjà sur le Danube, et la 1re division ne bougeait pas. Mon impatience de traverser cette belle chaîne de montagnes qui se présentait à nos yeux de l'autre côté du Rhin, était grande, et, peu initié que j'étais à l'art de la guerre, je craignais même que nous ne fussions point appelés à partager les chances de cette opération militaire. Heureusement, logé chez le maire du lieu, distrait par la société de ses trois filles, demi-paysannes, demi-bourgeoises, bonnes personnes, disposées à la gaîté et qui voulaient absolument faire mon éducation de valse, j'attendais sans trop m'ennuyer.

C'est là que je reçus sous la date du 2 juin ma nomination de capitaine en troisième. J'en éprouvai du plaisir certainement, mais moins qu'on pourrait le croire. C'était une des vertus de l'époque de servir avec un dévouement et un désintéressement sans bornes, et je puis certifier avoir vu avec calme et sans impatience arriver le moment de ma promotion. Cet avancement ayant lieu exclusivement à l'ancienneté, par régiment, aucun choix ne venait exciter ni l'envie, ni l'ambition. Ce qui me plaisait surtout, c'était d'être dans la ligne des officiers qu'on attachait ordinairement aux établissements, et d'entrevoir qu'un jour, peut-être bientôt, je pourrais aller m'y reposer. Les dures épreuves par lesquelles j'avais passé légitimaient cet espoir. C'était aussi pour moi un besoin du cœur, un désir pressant de revoir mes parents, et j'espérais qu'avec quelques démarches je parviendrais à être placé non loin d'eux.

Ma promotion me tirait aussi de la position équivoque où

j'étais depuis longtemps comme lieutenant. Effectivement les commandements ou emplois que j'avais eus jusqu'alors étaient ceux d'un capitaine et, en me les donnant, on avait privé ma compagnie d'un de ses officiers. Cela avait son bon côté pour moi, et je ne pouvais qu'être flatté de la confiance qu'on m'accordait, mais j'étais une exception à la règle, exception dont je m'accommodais d'autant mieux que ma compagnie, abîmée à la prise des lignes de Wissembourg, rentrée au régiment qui faisait le service du grand parc, était regardée comme ayant fait son tour de batterie et n'avait pas été appelée depuis au service divisionnaire.

Enfin arriva l'ordre de départ tant désiré. Je fis un mouvement sur Bourg-Libre, village entre Huningue et Bâle, où j'arrivai le 20 juillet. Je croyais qu'on n'attendait que moi pour passer le Rhin sur ce point, et que la 1re division irait rejoindre l'armée en passant par les villes forestières, Waldshut, Rheinfeld; grande fut ma mystification, je ne faisais que changer de cantonnement, et avec grand désavantage, car le premier était bon et celui-ci mauvais. J'ai profité du voisinage de Bâle pour aller deux fois visiter cette ville que j'ai trouvée laide et triste et où je n'ai vu, en fait de curiosité, qu'une peinture à fresque, fort ancienne, exécutée sur les murs d'un cloître, et représentant la danse des morts.

J'arrivai à Fribourg le 6 août, après avoir passé le Rhin, au fort Mortier, près Neuf-Brisach. C'était presque un pays neuf, le gros de l'armée n'y ayant pas passé. Le lendemain, j'en partis pour aller à Stockach. Je traversai la forêt noire et le Val d'Enfer. Au col, la route est percée entre deux roches élevées, paraissant se rapprocher en voûte. La sauvagerie de ces localités, l'élévation des sapins, la singulière construction des cabanes et l'habillement des montagnards ont attiré particulièrement mon attention. Lorsqu'on est sur le versant Est, l'aspect est moins sauvage, la nature moins âpre, c'est comme un autre monde; enfin après dix lieues, on se trouve dans un pays charmant, le bassin du Danube.

J'y arrivai le 12 août. Promenade au lac de Constance qui n'est qu'à une lieue de là, voilà tout l'intérêt que m'a présenté cette ville, pendant les dix jours que j'y passai. Parti le 22, je me dirigeai sur Brégenz, en passant par Buchorn et Lindau et côtoyant toujours le lac de Constance. La richesse de la végétation, la variété et la beauté des sites, l'immensité de la vue qui embrasse presque tous les bords du lac et qui est bornée au sud par les montagnes du Tyrol, me tinrent dans un état continuel d'admiration pendant toute cette route. A Brégenz, où je restai un jour, je fis une promenade sur le lac, promenade d'un nouveau genre; cette immense nappe d'eau me représentait la mer et l'agitation de sa surface; le balancement de notre petite embarcation, la voile tendue ajoutaient à mon illusion.

Ma réserve enfin s'établit le 26 août à Jouy, petite ville où je fus logé dans une brasserie bruyante. Le quartier général de la division était à Kempten, ville tyrolienne où j'allai une fois et qui ne m'a offert rien de remarquable. Le 7 septembre, le général Thurreau fut attaqué vivement et obligé d'abandonner cette ville. Le 10 septembre, le mouvement de retraite fut prononcé et se continua jusqu'au 26 octobre, au matin, que nous repassâmes le Rhin à Huningue, après avoir passé par les villes forestières, en longeant la Suisse. Cette retraite a été exécutée à travers un pays insurgé, car partout les paysans étaient en armes et interceptaient les communications, aidés par quelques régiments que l'archiduc avait lancés sur nos derrières. Rien n'arrivait de France et les vivres ne pouvaient se commander à l'avance dans un pays dont la population était hostile. Des pluies fréquentes et froides avaient défoncé les routes et rendaient les bivouacs insupportables ; ce n'est donc qu'au milieu des chances d'être pris et assassinés (et pour mon compte, j'ai failli l'être deux fois), et au milieu de privations et de fatigues de toutes espèces, que nous sommes parvenus à repasser le Rhin. Heureusement, bien que l'armée fût dans un état déplorable, elle conservait un bon esprit et son ardeur pour se battre était la même. Au moment où j'allais passer le fleuve, le 26 octobre, je rencontrai, dans l'intérieur de la tête de pont, le général Abatucci qui avait guidé mes débuts au feu. Il était arrêté et présidait aux dispositions du passage, et j'étais près et en face de lui. Il ne me reconnut pas, ou ne voulut pas me reconnaître. Les honneurs l'avaient-ils changé, ou bien était-il sous le poids d'une grande préoccupation ? J'en éprouvai un sentiment pénible.

Ma réserve, d'abord placée à Geigenheim, village près et au-dessous de Huningue, dont la population est presque toute juive, fut ensuite cantonnée à Sierentz, où je retrouvai avec plaisir mon ancien gîte et mes bonnes hôtesses ; puis on m'envoya à Rixheim, où je m'établis le 26 novembre, avec l'assurance d'y rester longtemps. Là seulement commença pour moi l'état de repos dont j'avais besoin. J'eus le bonheur d'être logé chez de braves gens, je reçus à la fois toutes les lettres de ma famille dont je n'avais aucune nouvelle depuis trois mois ; ce début dans mon cantonnement d'hiver m'offrit beaucoup de jouissances. Plus tard, je me procurai quelques distractions, soit en allant à la chasse, soit en me rendant à Mulhausen ou en me promenant. Je n'avais absolument personne à voir à Rixheim, pas même de camarades suivant mon goût. Il fallait chercher au dehors quelques sensations. J'ai fait là l'épreuve de tout l'ennui qui s'attache à une existence isolée, sans possibilité d'épanchement, et je compris l'insuffisance de la lecture pour remplir tous les instants et tenir lieu de tout à un jeune homme. C'était le deuxième hiver que je passais dans cet état d'isolement, mais celui-ci comparé à l'autre était cependant préférable ; il me présentait beaucoup moins de privations et de misère. Une mission de huit jours qui me mena à Schlestadt et qui avait pour but de requérir et de prendre plusieurs bateaux de l'Ill, pour les envoyer à Huningue, fit une courte diversion à mon ennui. Un peu plus tard, une petite maladie, qui me tint quelques jours au lit, vint rompre, mais d'une manière désagréable, la monotonie de mes habitudes. J'ai besoin de rappeler ici une singulière particularité qui se rapporte à l'époque de ma convalescence. J'ai déjà dit que mon hôte de Sierentz avait trois filles ; toutes trois étaient gentilles, mais l'une d'elles avait ma préférence et quoique je fusse timide, et très peu entreprenant, elle s'en était aperçue. Mon départ de Sierentz empêcha les suites de cette naissante inclination, qui paraissait partagée, et la calma bientôt, comme on peut croire. Je ne pensais donc plus à la demoiselle ou du moins que très peu, lorsqu'un beau matin je la vis arriver chez moi avec son père, qui, disait-il, avait des affaires à régler dans le village. Je les reçus bien ; la demoiselle me témoigna beaucoup d'intérêt à l'occasion de la petite maladie que j'avais eue, et fit beaucoup de frais d'amabilité, même de sentiment. Je me laissai aller au plaisir d'entendre des douceurs et j'en étais déjà touché, quand le père me demanda la permission d'aller à ses affaires et de laisser sa fille près de moi. Si ma surprise fut grande, j'éprouvai un sentiment de défiance non moins prompt, cette démarche me paraissant concertée et couvrir un piège. Me voilà donc seul avec la demoiselle, et seul pendant deux heures ! Mon embarras fut extrême et comment résister à des agaceries et à l'occasion, avec un cœur à moitié pris ! Ma défiance, fortifiée par les raisons que j'avais de croire qu'un officier logé chez elle lui faisait la cour avec succès, l'emporta sur le sentiment et la honte de passer pour un nigaud. Je me tins dans les bornes de la politesse avec affectation de timidité, et bien me prit d'être aussi circonspect ; six mois après la demoiselle accoucha.

J'allais quelquefois à Mulhausen, où j'avais fait la connaissance d'un chef d'établissement, cela me valut d'assister à un très beau bal. Au mois de mars 1797 le général Eblé, commandant l'artillerie de l'armée, vint passer en revue ma réserve, et me témoigna sa satisfaction. Quelque temps après mon garde s'aperçut qu'un vol assez considérable de poudre avait été fait dans nos caissons. Les voleurs avaient vidé bon nombre de sachets et en avaient remplacé la poudre par du sable. Cela me donna de l'ennui ; je craignais d'être réprimandé et obligé de remplacer la poudre à mes frais ; il n'en fut rien ; on admit mes moyens justificatifs. Voilà les seuls incidents à citer qui me soient arrivés pendant tout l'hiver. J'appris là la reddition du fort de Kehl, en janvier, et de la tête de pont de Huningue, en février, et ces circonstances donnèrent carrière à mon imagination : j'avais le cœur français, je déplorais les tristes résultats d'une campagne qui, mieux concertée, eût pu être si belle ! Cependant, par compensation, les succès de l'armée d'Italie vinrent bientôt me consoler et rouvrir mon cœur à l'espoir d'une paix prochaine, et peu après la nouvelle de la signature du traité de Leoben, qui en fixait les préliminaires, me combla de joie. Plus tard un décret du mois de mai fit connaître que la solde serait payée en numéraire, à partir du 1er prairial (17 mai); et disposant d'avance du traitement de 1,600 francs qui allait m'advenir, je bâtis follement les plus beaux châteaux en Espagne. Il y avait si longtemps que nous étions dans la misère ! 133 francs par mois, c'était une fortune.

Ainsi se passèrent les six mortels mois et demi que je restai à Rixheim. J'en partis, le 20 juin, pour me rendre à Chatenoi, près Schlestadt, où je réunis mon parc à celui de la deuxième division, et me trouvai sous les ordres du capitaine Carmejane, mon ancien de beaucoup.

Là au moins je trouvai des camarades, de la sociabilité dans les habitants ; un pays riche, varié et bien arrosé, des sites superbes, des montagnes boisées ; de vieux châteaux, restes de la féodalité, ayant chacun leur chronique, enfin tout ce qui peut remplir doucement le temps. Peu habitué à vivre avec les vivants, mon existence était tout à fait changée.

J'avais peu à faire pour le service, j'employais mes loisirs pour mon agrément. Je me remis à la flûte, et j'allais à Schlestadt (1 lieue de là) trois fois par semaine pour prendre des leçons. Quelques petits bals eurent lieu, j'y figurai le moins mal que je pus et j'y trouvai du plaisir. J'avais acheté à mon départ de Rixheim un char-à-bancs suisse, achat auquel je fus poussé par je ne sais quelle folle idée de bien-être ; j'en profitai souvent, et pour mon plaisir et pour celui des autres, car je trouvai vite des amateurs. J'étais logé chez trois demoiselles orphelines, encore jeunes, ayant de la gaîté, de l'amabilité et un assez bon état de maison ; en échange des politesses que je recevais d'elles, je les admettais au partage de mon char-à-bancs ; enfin je menais une vie douce et exempte d'ennui : c'était mon début dans le monde. Pour l'anniversaire du 14 juillet, je fus convoqué à Colmar à une fête solennelle donnée par la ville et les autorités militaires ; j'y allai et j'y conduisis mes hôtesses qui avaient un oncle dans la ville. C'était la première fête civique à laquelle j'assistais ; ma curiosité était excitée au plus haut degré, cependant je ne vis rien qui m'étonnât, ni qui excitât mon enthousiasme. Une nombreuse population réunie sur le terrain de la promenade, une estrade où étaient placées les autorités militaires et civiles et des dames, de nombreuses troupes, des discours, des chants patriotiques, des musiques militaires, une revue, le défilé des troupes, voilà en quoi consistait la solennité. Beaucoup d'ordre y a présidé, et des cris répétés de *vive la République* indiquaient assez d'enthousiasme. Nous étions alors dans l'époque réactionnaire qui a suivi Thermidor ; on respirait sans crainte, on était plus expansif et d'ailleurs les succès brillants et récents de l'armée, le traité de Leoben, l'espoir d'une paix prochaine exaltaient les esprits. Un beau bal donné par la ville a terminé cette fête ; je n'ai pas manqué d'y porter le tribut de mes jambes ; c'est dire que je m'y suis amusé. Tout cela était si nouveau pour moi !

Je me livrais à toutes les douceurs d'une existence tout à fait nouvelle, lorsqu'on apprit que les négociations pour la paix n'aboutissant à rien, la suspension d'armes finissait prochainement (le 30 vendémiaire ou 21 octobre). De toutes parts les troupes se rapprochaient du Rhin ; Augereau était venu prendre le commandement de l'armée ; tout cela me jetait dans la plus grande anxiété, lorsqu'enfin je reçus l'ordre de me rendre à Strasbourg où je devais connaître ma destination.

Arrivé à Strasbourg le 15 novembre, je fus désigné pour rejoindre à Wittlieh, près Trèves, l'état-major d'artillerie de l'aile gauche de l'armée d'Allemagne. J'allais partir quand un contre-ordre m'arriva en même temps que ma nomination à l'emploi d'adjoint au commandant du personnel de l'artillerie à Strasbourg. C'était, pour le moment, ce que je pouvais désirer de mieux. Mon commandant était M. Guardia, officier de l'ancien régime.

Strasbourg était alors fort brillant ; la présence des armées dans ses environs, depuis plusieurs années, y avait amené beaucoup d'argent et créé des fortunes ; c'était un grand centre de mouvement ; on s'y amusait donc beaucoup. Tout préoccupé que j'étais, je ne restai pourtant pas étranger aux plaisirs de l'époque ; j'y étais d'ailleurs entraîné par mes jeunes camarades, qui étaient nombreux, et parmi lesquels se trouvaient Bureau, les frères Doguerau et Digeon. Je n'y prenais pas, je l'avoue, grand agrément, mais outre qu'il faut un peu faire comme les autres, je sentais que j'avais besoin de me former au monde et d'apprendre à le connaître.

Pendant ce temps, deux circonstances remarquables vinrent singulièrement émouvoir et animer Strasbourg. La première fut le passage de Bonaparte (le 3 décembre) se rendant de Rastadt à Paris, et l'autre la nouvelle de la conclusion de la paix avec l'Empereur. Cette nouvelle donna lieu à une illumination générale dans laquelle fut comprise la flèche de la cathédrale. Cette pyramide de feux se détachant dans les airs à une si grande élévation fut d'un magnifique effet, mais qui dura peu, les brouillards étant devenus épais.

La paix avec l'Empereur remplissait de joie tous les cœurs, mais c'était une paix partielle, et, dans le même temps qu'on la proclamait, on s'occupait avec activité de la formation de l'armée d'Angleterre et d'une armée sur les frontières de la Suisse. Beaucoup d'officiers se mettaient sur les rangs pour être envoyés soit à l'une, soit à l'autre ; moi, au contraire, qui n'avais qu'une idée fixe, je fis des démarches pour rester à Strasbourg. C'était alors le général Dammartin qui commandait l'artillerie de l'aile droite de l'armée ; cet homme m'imposait, je n'avais pas d'entregent, je m'y pris gauchement, je n'en fus pas accueilli. J'ignorais encore que, pour avoir du succès dans ce qu'on entreprend, il ne suffit pas d'avoir de bonnes raisons, il faut encore certain savoir-faire qui ne s'acquiert que par l'habitude de la connaissance des hommes.

Cependant le personnel de l'artillerie de Strasbourg diminuait journellement par les détachements qu'on fournissait aux deux nouvelles armées et, n'ayant plus besoin d'un commandement spécial, le commandant Guardia fut envoyé à l'armée qui se formait sur les frontières de la Suisse et en qualité de son adjoint, je le suivis. Obligé de quitter Strasbourg, cette destination me convint infiniment mieux que si l'on m'eût envoyé à l'armée d'Angleterre, et même le bonheur d'avoir échappé à une plus grande contrariété me fit supporter celle-ci avec une sorte de bonne grâce.

Partis de Strasbourg le 30 décembre et dirigés sur Huningue, puis sur Blotzheim et enfin sur Sierentz, nous arrivâmes dans cette dernière commune le 6 janvier 1798. Mon commandant avait le commandement nominal de l'artillerie de la première division, mais point de personnel, point de matériel à Sierentz. On attendait probablement, pour former la réserve ou le parc, que le résultat des négociations avec la Suisse y obligeât et on se bornait à étaler des noms.

Mon séjour à Sierentz ne m'offrit rien d'intéressant, mais aussi rien de désagréable. Je vivais et logeais avec mon commandant, homme instruit et d'un commerce doux ; je lisais beaucoup et nous faisions journellement de longues promenades. Ce n'était plus pour moi le Sierentz d'autrefois ; je me rappelais la visite du maire et de sa fille à Rixheim, la rouerie de ces deux personnages; je me bornai donc à les voir une fois, mais plutôt pour jouir de la honte de la jeune nourrice que dans un but de politesse.

Au bout de 5 semaines, l'armée du Rhin ayant été dissoute, nous revinmes à Strasbourg où je fus attaché à l'arsenal. Ce retour et cette destination étaient ce que je pouvais désirer de mieux. Heureux du présent, confiant dans l'avenir, je menais une vie calme, quand je reçus l'ordre ministériel de me rendre à Douai, à l'état-major de l'artillerie de l'aile droite de l'armée d'Angleterre.

CHAPITRE II

1798-1799

Séjour à Douai. — Armée de Naples. — Blocus et combat d'Aquila. — Retraite. — Bataille de la Trébia. — Bataille de Novi. — Rentrée en France.

Le 11 mars, je quittai Strasbourg, je m'arrêtai une douzaine de jours à Reims chez mes parents que je n'avais pas vus depuis près de cinq ans et dans les embrassements desquels j'éprouvai quelques instants de bonheur. Le 5 avril, j'étais à Douai. Le général Dulauloy commandait l'artillerie de l'aile droite ; le colonel Allix était son chef d'état-major, et le chef d'escadron Bourgeat son sous-chef. Je retrouvai là les chefs d'escadron Foy et Massel que j'avais connus à l'armée du Rhin ; tous les autres officiers m'étaient inconnus. — Mes camarades de l'état-major étaient Desvaux, Démanel, Sirodot et Pierson, tous jeunes gens aimables, spirituels, de très bonnes façons, et surtout bons enfants. Je me trouvai d'abord à mon aise avec eux ; je me sentais inférieur au dehors ; ils avaient effectivement plus de monde que moi. J'observais, j'écoutais, j'étudiais mes personnages et je faisais mon profit de tout ce que je remarquais de bon. C'est vraiment là que j'ai appris à connaître la vie de camarades et l'intérieur d'une société de jeunes gens bien élevés.

Je fus chargé, à l'état-major, de la tenue des rapports des directeurs et commandants d'artillerie sur les moyens défensifs de tout le littoral compris entre l'embouchure de la Seine et Dunkerque, de la correspondance y relative et de l'établissement d'un tableau synoptique, descriptif de tout ce littoral, de ses golfes, ses baies, des difficultés de la côte, des falaises, des dunes, des mouillages, des points d'abordage, des redoutes et batteries, de leur but, de leur armement, enfin des constructions neuves à faire pour compléter la défense. Ce travail ne m'occupait pas trop et me présentait beaucoup d'intérêt. J'eus de la peine à obtenir des documents, tels que je les désirais, faciles à encadrer dans mon tableau, mais enfin j'y parvins.

Je ne fus cependant pas exclusivement employé à cette besogne. Le 19 mai, les Anglais ayant opéré un débarquement, près d'Ostende, dans le but de rompre les écluses et ayant été repoussés avec perte de matériel d'artillerie, trois capitaines de l'état-major, dont j'étais un, furent envoyés à Ostende pour faire le lever et les dessins de ce matériel. Je fus chargé de lever un obusier et son affût. Cette mission me procura l'occasion de voir Lille, Ypres, Ostende, Dunkerque et la mer pour la première fois. Mon travail me retint cinq jours à Ostende, presque toujours sur le rempart et en vue de la mer. Le port était rempli de bâtiments, je le parcourus avec intérêt. Mes camarades et moi, nous traversâmes le chenal en chaloupe. Sa largeur est considérable, la mer était houleuse, on nous disait qu'il y avait danger de chavirer, cela ne nous arrêta pas. Nous visitâmes aussi l'écluse et pûmes juger de l'énormité du dégât qu'y avaient causé les Anglais ; on l'évaluait à 500,000 francs ; toutefois on s'estimait très heureux qu'ils n'eusent pas eu le temps d'en compléter la destruction. L'inondation qui en serait résultée eût été un désastre épouvantable.

Nous revînmes par Dunkerque en passant par Nieuport, Furnes et suivant les laisses de basse-mer ; cette dernière partie de notre route demanda des précautions : il faut l'opportunité de la basse-mer, mais les conducteurs du pays ont l'expérience nécessaire. Du reste, il nous semblait plus intéressant d'aller sur des sables qui l'instant d'avant étaient submergés et devaient l'être de nouveau, quelques heures après, que de suivre les routes battues.

Dunkerque respire l'aisance. Il y a un grand mouvement. Son port est plus vaste et plus beau que celui d'Ostende et peut recevoir des bâtiments de guerre. Nous y vîmes dans tous ses détails une frégate, par les soins obligeants d'officiers de marine. J'étais un peu ébahi de tout ce que je voyais et si distrait que je me heurtais la tête à chaque instant dans l'entrepont, ce qui m'empêcha de trouver cette habitation aimable.

Nous étions de retour à Douai le 7 juin. Plus tard, vers le 25 juillet, je fus chargé d'une nouvelle mission, celle d'aller à Dunkerque presser l'embarquement de matériel et de munitions d'artillerie destinés pour une expédition secrète. On croyait que c'était celle d'Irlande. Je mis beaucoup de célérité dans cette opération et je m'arrangeai de manière à être de retour à Douai pour assister à un bal annoncé longtemps à l'avance. A cet effet, je partis de Dunkerque dès que je fus libre ; il était une heure après-midi et j'avais 26 lieues à faire. Il y avait de la folie à vouloir arriver pour le bal, mais c'était un tour de force et je tenais à amour-propre de le faire ; il me semblait que j'en serais plus intéressant. Quel âge que vingt-et-un ans ! et pourtant, j'avais déjà de la maturité, j'avais un air de raison. Des relais de chevaux du train étaient placés sur toute la route ; me voici donc courant à toute bride, à toute selle sur de gros chevaux, lourds et très peu façonnés au galop. Arrivé à Lille, après 19 lieues, j'étais disloqué ; je fus trop heureux de descendre dans une auberge et de me mettre de suite dans un bon lit que je trouvai mille fois plus délicieux que le bal.

Vers cette époque, des troupes de l'armée et d'artillerie furent dirigées sur le Rhin, et vers Mayence surtout, et plusieurs officiers de l'état-major d'artillerie y furent envoyés. Les négociations de Rastadt n'aboutissaient à rien de bon, tout indiquait la prochaine rupture de la paix avec l'Allemagne. L'armée d'Angleterre privée de son général en chef, Bonaparte, qui était parti avec l'expédition d'Égypte, et affaiblie successivement par le départ des troupes qu'on lui enlevait, ne fut bientôt plus qu'un simulacre d'armée. Il était évident que l'intérêt se portait d'un autre côté ; néanmoins, me trouvant bien à Douai, je désirais y rester et y voir tranquillement venir les événements ; je me figurais même qu'on m'y laisserait et, dans cette persuasion, j'achetai un cheval dont je n'avais pas besoin ; étrange aberration d'un esprit à la fois réfléchi et pas assez en garde contre la gloriole ! Douai était alors une ville de plaisirs ; on y aimait la danse passionnément, on nous y accueillait bien ; on faisait de fréquentes parties de campagne, il fallait payer mon tribut à ces séductions. Pourtant, le moment redouté arriva.

Un ordre du ministère m'appelant à l'armée d'Italie, je partis de Douai immédiatement, le 13 octobre, et me dirigeai sur Milan, en passant par Reims, où, avant de m'éloigner, je consacrai quelques jours à mes parents et vendis mon cheval, non sans une perte qui me servit de leçon.

Avant d'aller plus loin, j'ai besoin de jeter ici quelques réflexions sur cette première période de ma vie militaire. Tout ce qui s'est passé jusque-là n'a été pour moi qu'un apprentissage de mon état et du monde. Effectivement, à l'armée du Rhin, je fus placé successivement dans toutes les positions du service, où un officier peut se trouver en campagne, en batterie, à l'état-major et dans les parcs, tantôt comme adjoint, plus souvent comme chef. Je pris surtout une grande habitude, dans ce dernier service, de tous les soins et des relations qui s'y rapportent, de l'administration, de l'ordre si nécessaire dans mon arme et de la responsabilité attachée aux commandements isolés. Exposé souvent aux fatigues, aux privations de toute espèce, à la misère la plus grande, aux émotions les plus fortes, aux chances les plus terribles ; isolé la plupart du temps et ne pouvant prendre conseil que de moi-même, mon caractère s'est formé seul et non par l'exemple, et, bon ou mauvais, il a été la véritable expression, l'expression non altérée de ma nature ; j'ai pris enfin des habitudes qui en étaient la conséquence ; j'en ai pris d'autres par imitation. Mais cette éducation-là était incomplète et avait besoin de poli.

Mes occupations à l'état-major d'artillerie de l'armée d'Angleterre, mes relations de camaraderie, mon frottement avec le monde et ce qu'on appelle la société, pendant mon séjour à Douai, ont amélioré la première ébauche ; si tout n'était pas pour le mieux, j'avais au moins une expérience qui s'étendait à beaucoup de choses et je pouvais, suivant l'occasion, me suffire à moi-même et faire face à toutes mes obligations. Ce que j'ai fait depuis n'est donc qu'une application diversement variée et le développement de cette expérience ; tout désormais m'est devenu plus facile.

Je reviens à mon sujet et je continue ma route. De Reims, je me dirigeai sur Besançon où j'avais donné rendez-vous à mon camarade Démanel qui avait la même destination que moi. Après deux jours d'inutile attente, je partis pour Lyon, en passant par Châlons, où je m'embarquai sur la Saône. Cette nouvelle manière de voyager, la beauté des rives de la Saône, la variété des tableaux qui se déroulent aux yeux, la bonne composition de la société embarquée avec moi, abrégèrent pour moi ce voyage. A Lyon, où je restai deux jours, je fis prix avec un voiturin, pour me mener à Milan, et moyennant 150 francs, les frais d'auberge, compris, il me transporta dans cette ville en douze jours. Chambéry, la Maurienne, dont la population est remarquablement laide, quoique, dit-on, de mœurs très douces; le passage des Echelles et les absurdes traditions qui s'y rapportent, les beautés et les horreurs des Alpes ; le passage du Mont-Cenis (29 novembre), d'abord à dos de mulet pour monter, puis en traîneau attelé pour traverser la plaine supérieure, enfin à la ramasse du côté de Suze, Turin et son spectacle ; le passage du Tessin et le souvenir d'Annibal que cette rivière rappelle, l'aspect de ces belles plaines du Piémont et de la Lombardie, qui offrent un contraste si frappant avec le pays que je venais de traverser, tout cela fixa plus ou moins mon intérêt et ma curiosité, mais ne m'empêcha pas de m'ennuyer de la longueur de la route. Le 2 décembre, j'arrivai à Milan.

Le général Debelle commandait l'artillerie de l'armée d'Italie. J'aurais désiré être attaché à son état-major, où se trouvaient plusieurs de mes amis et entre autres mon bon camarade Berthier, que je n'avais pas vu depuis l'École de Châlons; mais cet état-major étant complet, je fus dirigé sur l'armée de Naples et mis à la disposition du général Éblé. Je restai plusieurs jours à Milan ; j'étais malade, il faisait un mauvais temps ; je ne sortis donc pas de l'hôtel où j'étais et ne pus, cette fois, faire connaissance avec cette intéressante ville.

Un voiturin s'offrit de me conduire à Rome en douze jours ; me voici donc de nouveau en route, mais dans une assez triste disposition d'esprit, à cause de la continuation de mon état d'indisposition. Lodi, Plaisance, Parme, Reggio, Modène, Bologne, Faenza, Rimini, Ancône, Lorette, Foligno, Terni, voilà les villes principales où je passai. Les jours étaient courts, la saison froide et mauvaise, j'étais morose, je fis peu d'observations dans ce voyage dont il ne me reste que des souvenirs vagues. Le 20 décembre, j'étais à Rome ; à peine arrivé, je me présente au général Éblé, plein d'espoir d'être employé à son état-major et heureux, dans cette idée, de pouvoir me reposer quelques jours et me soigner, car je songeais bien plus à rétablir ma santé qu'à visiter les merveilles de cette ancienne capitale du monde ; mais bientôt mon espoir fut déçu.

L'armée française commandée par Championnet, après avoir battu les Napolitains près de Terni, était entrée à Rome, seulement depuis quelques jours, et s'acheminait sur Terracine, tandis qu'une division, sous les ordres du général Lemoine se dirigeait par Rieti et Civita-Ducale sur l'Abruzze. On venait d'apprendre la prise d'Aquila et de son fort par le général Lemoine, et il y avait urgence d'y envoyer un officier d'artillerie pour prendre possession de l'artillerie qui s'y trouvait, l'inventorier, rendre compte de son état et la commander. Le général Éblé, dans cette occurrence, me dit : « Capitaine, vous avez servi avec moi à l'armée du Rhin, je sais que vous êtes un bon officier, je voudrais vous garder à mon état-major, mais les officiers que j'attends de France n'arrivent pas, vous êtes le premier, je suis obligé d'en envoyer un à Aquila, c'est donc vous qui partirez ; mais je vous promets de vous tirer de là et de vous envoyer plus tard l'ordre de nous rejoindre à Naples ; partez de suite, et comme vous n'êtes point monté, choisissez un cheval dans mon écurie, parmi quelques chevaux de réquisition qui nous sont restés. Comme les communications directes avec Aquila ne sont pas sûres à cause des brigands qui infestent le pays, prenez vos mesures. »

Je fus contrarié d'une telle destination qui bouleversait mes projets et présentait des difficultés si chanceuses ; mais il n'y avait rien à répondre. Le capitaine Exelmans, aide-de-camp du général, me mène de suite à l'écurie où je choisis une rosse au milieu de plusieurs autres ; il m'accompagna ensuite chez un sellier où je me procurai selle, bride, etc., puis chez un libraire où j'achetai une carte topographique du pays que j'allais parcourir, et m'aida avec une grande obligeance dans toutes mes dispositions de départ.

Tout le monde me disait que la population des Abruzzes était révoltée et en armes, que la route directe de Rome à Aquila était interceptée, que des détachements nombreux avaient eu peine à s'y faire jour à coups de fusil, que je n'arriverais point isolément et que je ferais bien d'attendre un détachement pour partir.

Tout cela n'était pas rassurant et, d'un autre côté, je ne savais pas un mot d'italien, ce qui compliquait les difficultés. Néanmoins, je pris mon parti avec un entier dévouement, mais pourtant pas sans avoir réfléchi au plan à suivre. Rome est à 30 lieues d'Aquila, et une chaîne de montagnes pelées, rocailleuses et élevées, la sépare des Abruzzes. Par la grande route, ma perte était certaine ; mais en m'en éloignant et marchant en quelque sorte à travers champs, de manière à rejoindre à Rieti, ville où il y avait des Français, la grande communication de Terni à Aquila, j'avais quelques chances de réussite jusqu'à Rieti ; là, j'aviserais à ma marche ultérieure ; ma carte, qui était détaillée, servirait à guider mes pas, quand des chemins je passerais dans des sentiers ; j'aurais surtout soin d'éviter les villages, autant que possible, et si je rencontrais des individus isolés dans la campagne, je les accosterais et au moyen de quelques mots italiens que j'apprenais tout exprès, je leur demanderais le chemin.

Toutes mes dispositions étant ainsi arrêtées, j'enfourchai ma rosse le 22 décembre matin et me dirigeai sur la porte de Terni par laquelle j'étais arrivé, ayant l'intention de suivre cette route toute la journée. Je vis bientôt à l'allure de mon cheval que j'aurais de la peine à en tirer parti ; il était rétif et m'obligea plusieurs fois à mettre pied à terre dans les rues et à le conduire par la bride. Je fis ainsi et entre autres une station sur la place de Monte-Cavallo, dont je profitai pour admirer, malgré ma mauvaise humeur, ses deux beaux chevaux et leurs conducteurs, chef-d'œuvre du ciseau grec, et m'arrêter un instant devant le palais du Saint-Père. J'espérais qu'une fois hors des murs, mon rétif animal ne ferait plus de difficulté ou qu'au moins j'en serais maître. Inutile espoir ! Je n'étais pas à cent pas hors de l'enceinte, qu'il me fallut renoncer à aller plus loin et rentrer en ville pour prendre un autre cheval. Le début n'était point encourageant, et sur cette ancienne terre des augures, on en aurait tiré autrefois un fâcheux pronostic ; heureusement, je ne suis point d'une nature à être si facilement alarmé. Une heure après, j'étais hors de Rome, monté sur un cheval de plus chétive apparence que le premier et borgne, par-dessus le marché, mais au moins docile.

Ce premier jour, suivant la route de Terni, je vins coucher à Cantalupe, petite ville distante de Rome de 12 lieues et située au pied de la grande chaîne de montagnes dont j'ai déjà parlé. C'était à partir de là que je me proposais de me jeter dans la direction de Rieti, qui en est à 6 lieues ; je ne dis rien de ce projet à personne, bien entendu, et le lendemain seulement, au moment de monter à cheval, je pris, la carte à la main, des renseignements sur quelques points du chemin que j'avais à parcourir, sur la possibilité de gravir les montagnes avec mon cheval et de les descendre ensuite, et sur les chemins, sentiers, villages et habitations que je rencontrerais ; je m'orientai du mieux que je pus et, au grand étonnement des gens du pays présents à mon départ, nouveau chevalier errant, je me lançai dans une direction où certes personne ne m'attendait et où probablement aucun Français n'a jamais passé. Le soin que je devais prendre d'éviter les habitations et groupes d'hommes me rendit le chemin difficile ; je suivis et quittai alternativement les sentiers ; souvent ils étaient escarpés, mon cheval avait peine à tenir pied sur les pierrailles dont ils étaient couverts et parfois même j'y trouvai de la glace. Je ne marchais pas sans émotions ; jamais mes yeux et mes oreilles ne furent si aux aguets ; un village surtout, fermé de vieux murs défensifs et perché sur un plateau à mi-côte, me donna beaucoup d'inquiétude. Impossible de s'en éloigner ; il fallait le traverser ou en passer près. J'accélérai mon allure, nombre de paysans étaient sur les murs et me regardaient, étonnés probablement de l'étrange apparition qui frappait leurs yeux ; j'échappai bientôt à leur vue. Du reste et heureusement, je fis peu d'autres rencontres dans cette première partie de ma route, et j'arrivai au point culminant de la montagne, ravi de ma bonne fortune. De ce point, l'œil s'étendait au loin et planait sur la vallée où j'allais descendre ; on apercevait une belle végétation, l'aspect était tout à fait riant, j'en éprouvai une sensation agréable, comme si ce pays dût être mieux habité que celui que je venais de traverser, par la raison qu'il était plus beau. Je n'avais plus que 3 petites lieues à faire jusqu'à Rieti. Après m'être orienté, je descendis, et d'une marche plus légère, j'atteignis bientôt le fond de la vallée, où je rejoignis une route qui conduisait à Rieti. Ce n'était pas mon affaire, et j'aurais voulu ne pas la suivre, mais une rivière, le Turano, coulait à quelque distance de là ; il fallait la passer pour arriver à Rieti et la route où j'étais menait au pont inévitable. Donc, je me résignai, à mon grand regret. A l'approche du pont, je vois une maison sur le bord de la rivière (c'était un moulin), j'augmente mon allure, et en un instant, j'ai passé devant la maison, traversé le pont et pris une nouvelle direction ; mais par un instinct de défiance qui ne me quittait pas et qui surtout était plus actif, quand j'étais près d'une habitation, je tournai la tête, tout en courant, du côté du moulin, et j'aperçus sur le bord de l'eau un homme qui me mettait en joue. Je détalai de toutes mes forces, comme de juste, et sans cesser d'avoir la tête tournée et de regarder mon homme : j'attendais une balle et il n'y eut même pas de détonation. Ce brigand m'a-t-il trouvé trop éloigné, ou lui en ai-je imposé par la fixité de mon regard et a-t-il craint que, s'il me manquait, sa maison ne fût signalée et brûlée plus tard ? J'ai attribué mon bonheur à cette dernière cause.

De là à Rieti, je n'ai point fait de mauvaise rencontre. Il y avait dans cette ville un poste français et un commandant de place ; j'y trouvai bonne hospitalité, et fus d'autant mieux accueilli que l'arrivée d'un homme seul avait lieu de surprendre, quand il fallait des détachements pour se faire jour à travers les insurgés. Je m'estimai heureux d'être arrivé jusque-là ; plus de la moitié de la route était faite, cela m'encourageait pour l'autre moitié. On cherchait cependant à m'inquiéter pour les deux journées qui me restaient à faire, et on m'engageait à attendre le premier détachement qui partirait ; la prudence le commandait, mais j'avais la bonhomie de me figurer que ma présence à Aquila était nécessaire, même pressante, le sentiment du devoir toujours si puissant sur moi et peut-être aussi un peu de confiance en ma bonne étoile l'emportèrent sur la crainte. Un employé des vivres qui avait la même destination que moi et qui attendait à Rieti l'occasion d'un détachement pour se mettre en route, me voyant déterminé à partir, voulut se joindre à moi ; il ne payait pas de mine, mais il avait un sabre et de la résolution, et puis il faisait nombre. Pendant la nuit, il survint une circonstance, rare dans ce pays-là : la neige tomba à gros flocons et le sol en était couvert à mon réveil ; il y avait là de quoi me faire reculer, car j'étais peu vêtu pour l'hiver, et la neige continuait à tomber; mais le sort en était jeté, et les émotions des jours précédents m'avaient fait oublier que j'étais mal portant; nous voilà donc en route, mon associé et moi, nous dirigeant sur Introdoco, affrontant la neige, le froid, les féroces habitants de ce pays, descendants des anciens Samnites et les difficultés du chemin. Introdoco est une petite ville misérable, située à six lieues de Rieti dans une région élevée et presque au point culminant d'une chaîne de montagnes dont le versant nord est un des affluents du Tibre, et concentre cette belle masse d'eau qui, quatorze lieues plus bas, forme la célèbre cascade de Terni, et le versant sud fournit ses eaux à l'Adriatique. Nous avions donc toujours à monter pour y arriver. Là, la direction était obligée, il y avait peu à s'écarter de la route; néanmoins nous la perdions quelquefois tant la neige s'accumulait à mesure que nous avancions. Cet inconvénient, qui semblait ajouter aux difficultés de notre marche, fut précisément ce qui nous sauva. Les habitants de ces contrées craignent le froid, nous n'en rencontrâmes pas un sur la route. En passant au village de Borghetto, nous en vîmes plusieurs sur une porte, qui nous appelèrent, comme pour nous engager à nous arrêter, mais ce nous fut une raison d'allonger notre allure. Nous arrivâmes donc sains et saufs à Introdoco, sous la protection d'un poste français. On nous parla de détachements arrêtés et d'assassinats commis les jours précédents. Mais de là à Aquila, il ne restait que six lieues, il n'y avait pas plus de raisons pour reculer qu'avant notre départ de Rieti. Le lendemain, même nature de chemin, sauf que nous allions en descendant, toujours de la neige, même solitude. Aquila se voit d'assez loin; lorsque je commençai à l'apercevoir, je ne puis exprimer la douce émotion et toute la satisfaction que j'éprouvai. A une anxiété de quatre jours succéda de suite le plaisir, le bonheur de la sécurité; mes soucis se dissipèrent devant la vue de cette ville, comme les nuages devant le soleil. Ce sont de ces impressions rares dont les souvenirs ne s'effacent jamais.

En entrant dans la ville, la garde témoigna par ses exclamations sa surprise de voir arriver deux personnes seules; elle nous prit pour des échappés de quelque détachement assailli et détruit par les brigands. De nombreux Français avaient péri sur cette route, depuis quelques jours, nous disaient les soldats ; « sous tel pont gisaient des cadavres, et dans tel ou tel endroit il y en avait d'autres. » Nous n'avions rien vu ; la neige couvrait toutes ces horreurs, et puis il faut dire que nous ne pensions guère à regarder sous les ponts.

Me voici donc arrivé à mes fins avec un succès complet, que me méritaient ma persévérance et mon dévouement. Il faut avoir passé par les angoisses de ma position pour concevoir et apprécier l'immense poids dont je fus déchargé. Je ne conseillerais cependant jamais à personne de suivre mon exemple dans un cas analogue. Le dévouement sans doute a son mérite, mais il n'exclut pas la prudence ; j'aurais dû en suivre les conseils et je ne l'ai pas fait. Qu'importait, en effet, que j'arrivasse quelques jours plus tard ? En attendant à Rieti le passage de quelque détachement, je n'aurais compromis ni ma personne, ni le service, et je me serais épargné bien des soucis.

A cette époque (janvier 1799), le quartier général de la division Duhesme qui avait pris Aquila était encore dans cette ville ; la division était échelonnée à plusieurs lieues en avant, se dirigeant sur Naples. Je trouvai là un lieutenant d'artillerie à cheval avec sa section, M. Martin, qui ne fut pas fâché de mon arrivée, menacé qu'il était de rester là, si je ne fusse pas venu. De mon côté, je fus aise de le trouver ; l'esprit de corps me le faisait regarder comme un membre de ma famille ; avec lui il me semblait que j'étais moins isolé ; il me fut d'ailleurs de quelque secours pour mon installation dans mon commandement, et puis, il me fit faire quelques connaissances utiles.

Aquila, capitale des Abruzzes, est une ancienne ville, fermée de murailles. Elle est défendue, à l'Est, par un mauvais petit fort bastionné de quatre côtés, à remparts et embrasures en maçonnerie. Ce fort ferme de ce côté l'enceinte de la ville et est séparé des maisons par une esplanade de 250 mètres ; il a un fossé de 10 mètres de profondeur ; un chemin couvert, aussi en maçonnerie, mais point d'ouvrages extérieurs. Vraie bicoque enfin, bonne seulement à mettre ses défenseurs à couvert contre une insurrection.

La ville est grande, ses rues étroites et tortueuses ; sa population de 8,000 âmes ; point d'établissements ni de monuments remarquables ; beaucoup de couvents, point d'industrie, commerce de safran. Elle est située près de la rivière Aderno, sur un plateau compris entre deux chaînes de montagnes qui remplit tout l'intervalle entre ces deux chaînes, et est ainsi un passage obligé de tout ce qui arrive dans l'Abruzze ultérieure par Rieti et réciproquement. Le sol des environs m'a paru rocailleux et peu fertile. Les montagnes sont élevées et couvertes de neige cinq mois de l'année ; elles sont anfractueuses et sans végétation ; leurs cimes sont à arêtes vives, à pic, très découpées. L'aspect général du pays est sauvage et d'une teinte grisâtre, celle du roc qui domine partout ; les villages sont rares ; du haut des murs du fort, on m'a montré la position de celui où est né Horace. Horace est mon auteur latin de prédilection ; j'ai bien des fois, et sympathiquement, dirigé ma vue sur le lieu de sa naissance. J'aurais été heureux d'en voir les toits et les environs. La population de la ville, aux moines près, ne nous était pas hostile ; la classe élevée et instruite partageait même nos principes, avait des idées d'indépendance et nous était favorable : j'y ai trouvé accueil, bienveillance et des lumières. L'esprit des habitants de la campagne était tout à fait différent. Pauvres, superstitieux, enclins au vol et au brigandage, féroces comme les guérillas d'Espagne auxquels ils ressemblent beaucoup pour le caractère énergique et dur de la physionomie, le genre et le déguenillé de la tenue, ils étaient en outre sous l'influence monacale. Excités à la révolte par cette espèce si nombreuse dans le pays, ils étaient tous en armes, traquaient les Français comme des bêtes fauves et se portaient envers eux aux cruautés les plus inouïes.

Tel était l'aspect physique et moral des lieux où le sort m'avait jeté et que j'allais habiter ; pour combien de temps ? Le savais-je ? Rien n'était si peu gai que cette position ; mais en définitive, en société de Français, militaires comme moi et devant partager mes bonnes et mauvaises chances (j'avais alors 23 ans), présomptueux comme on l'est à cet âge et comme le sont les Français, je m'inquiétais assez peu de ce qui arriverait et trouvais ma position supportable.

Je logeai avec mon camarade Martin chez l'avocat Coll'angeli, petit homme à l'œil vif, au babil fleuri, aux gestes fréquents et expressifs, aux façons aimables et aux idées avancées. Sa maison avait une porte de derrière sur l'esplanade, circonstance très importante qui contribuait à ma sécurité. Bientôt le lieutenant Martin partit avec le quartier général de la division ; j'ai regretté sa société. Tous les jours j'allais passer quelques heures au fort pour en inventorier l'artillerie et l'organiser à ma façon ; le reste du temps je le passais dans la famille Coll'angeli et avec quelques-uns de leurs amis, que ma qualité de Français et d'officier d'artillerie et probablement aussi un peu de sympathie, attiraient. On avait la bonté de ne pas rire de mon baragouinage, mélange grotesque de latin, d'italien et de français, et cela m'encourageait. Il fallut faire face à quelques galas, ce qui ne m'amusait pas du tout, d'abord parce que la cuisine italienne ne me plaisait pas, et puis, parce que j'étais là en figure et que je ne me sentais pas de force à bien jouer mon rôle jusqu'au bout. Au milieu de ce monde, je fis connaissance d'un jeune abbé, homme de bonnes façons et de mérite, à qui il prit envie d'apprendre le français et qui me proposa de le lui enseigner, s'offrant de son côté de m'apprendre l'italien. J'acceptai vite, et pendant deux mois, nous ne manquâmes point de nous voir tous les jours et de consacrer deux heures à nos leçons. Nous fîmes assez de progrès l'un et l'autre, et cela me suffit désormais pour l'intelligence des auteurs les plus difficiles, comme Pétrarque et le Dante, et pour mener à bonne fin mes relations journalières avec mes Italiens.

Cependant, depuis le départ de la division, nous étions sans communication avec l'armée et avec le pays de Rome. Des bruits sinistres circulaient, de grands désastres auraient eu lieu, disait-on ; les bandes révoltées devenaient plus nombreuses et plus audacieuses, nous devions nous attendre à une attaque : effectivement, le 15 janvier, ces bandes pénétrèrent dans la ville, au moyen de quelques connivences, et tombèrent sur la garnison. Nos soldats, d'abord étourdis, eurent un peu de peine à se rallier, mais une fois groupés, ils firent bientôt perdre aux brigands le terrain qu'ils avaient gagné, les chassèrent de la ville, en leur faisant éprouver une grande perte. Ils les éloignèrent même des environs ; je contribuai aussi à ce dernier résultat en dirigeant les canons du fort sur ceux qui passaient à portée.

A partir de ce jour, je m'établis définitivement au fort ; là seulement on pouvait avoir quelque sécurité, et puis d'ailleurs c'était mon poste : mon abbé et M. Coll'angeli venaient m'y voir ; j'avais répondu d'eux.

La garnison de la ville elle-même y rentra aussi, se bornant à fournir journellement des postes aux portes. Nous n'avions que 400 hommes, c'était trop peu pour qu'on continuât à les éparpiller, comme on avait fait jusque-là.

Dans ce fort nous étions mal et surtout serrés : dans la même chambre se trouvaient, avec moi, trois employés des vivres : MM. Villot, qui depuis a été fournisseur, Favincourt, Spoll de Metz, deux officiers et un chirurgien. Les premiers étaient des jeunes gens à la mode, hommes d'esprit, aimables et gais. Le commandant du fort était un capitaine d'infanterie, M. Beaumont, officier énergique et propre à sa mission. Nous faisions tous ordinaire ensemble ; c'était un pêle-mêle complet, bruyant et parfois amusant : on se figure ce que peuvent dire et faire de folies des jeunes gens réunis dont le plus âgé avait tout au plus vingt-six ans. Néanmoins au milieu de ce bruit, je trouvai encore moyen d'étudier l'italien et la mécanique de la caisse.

Deux mois environ s'étaient écoulés dans cette désagréable position, les paysans nous laissaient tranquilles et semblaient ne plus vouloir se frotter à nous, quoiqu'ils fussent toujours en armes et même plus nombreux que jamais ; lorsqu'un matin, c'était dans les premiers jours de mars, le bruit de la fusillade nous réveilla et nous fit promptement sauter hors du lit. Bientôt nous voyons rentrer au fort les postes les plus rapprochés qui nous apprennent que les insurgés, introduits dans la ville pendant la nuit, les avaient attaqués en forces à la pointe du jour et que ce n'était ni sans peine, ni sans avoir perdu du monde qu'eux Français avaient pu se faire jour. Dans le même temps nous continuions à entendre la fusillade sur divers points. C'étaient les postes les plus éloignés qui se battaient en se retirant sur le fort. Vite, la garnison prend les armes et sort pour aller les dégager ; mais à peine est-elle sur l'esplanade que ces postes rentrent, vigoureusement poursuivis par des masses d'insurgés, qui en un instant encombrent les rues, pénètrent dans les maisons donnant sur l'esplanade et font feu de toutes les fenêtres. J'étais en mesure avec mon artillerie, je fis faire quelques décharges à mitraille, et sous la protection de ce feu, la garnison rentra dans le fort. Le lendemain on fit une sortie, mais déjà les rues étaient barricadées, les maisons crénelées et en bon état de défense : impossible d'y pénétrer. Nous sûmes depuis que les brigands étaient au nombre de dix à douze mille.

A partir de ce moment, des tranchées s'ouvrirent, des travaux en terre s'élevèrent autour de nous et au bout de quelques jours, nous fûmes étroitement bloqués. Mais les insurgés ne montraient point d'artillerie, leurs fusils ne pouvaient rien contre nos murailles, nos fossés étaient très profonds ; il y avait là de quoi être sans inquiétude. Malheureusement, entre eux et nous, sur le glacis et à deux pas de l'esplanade, se trouvait sur chantiers une belle ligne de douze canons de fer qui devaient exciter leur convoitise, et il était important d'être en garde contre les tentatives qu'il était supposable qu'ils feraient pour les enlever. Ces pièces étaient lourdes et difficiles à manier ; je dus renoncer à les faire rentrer, et je me bornai à faire diriger sur le point où elles étaient deux canons chargés à mitraille et à avoir toujours près d'eux, pendant la nuit, un canonnier prêt à y mettre le feu au moindre bruit. La précaution était bonne, mais mes ordres ne furent pas exécutés à point. Une certaine nuit, un coup de canon se fait entendre ; je cours au rempart ; c'était une de mes pièces de sûreté qui avait fait feu. Le canonnier de garde me rendit compte qu'ayant entendu du bruit il avait tiré, mais que le bruit n'avait pas cessé et qu'on continuait à travailler. Effectivement, j'écoutai et ne tardai pas à être convaincu qu'on cherchait à emmener un des canons dont j'ai parlé. Je fis donc tirer de nouveau sur le point d'où le bruit partait ; peine inutile ! le bruit paraissait s'éloigner, mais ne cessait pas. Je restai confondu, sans pouvoir m'expliquer ce qui se passait et je m'inquiétai beaucoup, jusqu'à ce que le jour s'étant levé, me révélât cet étrange mystère. Je vis alors qu'un des canons avait été déplacé et était déjà arrivé à une dizaine de pas, tiré par un fort cordage d'un bout, amarré à la culasse et aux tourillons du canon, et, de l'autre aboutissant à une maison dans laquelle était établi un cabestan. La pièce cédant aux efforts de cette machine avait pu faire quelques pas et la culasse, s'enfonçant dans le sol, avait tracé un sillon qui, devenant de plus en plus profond, avait fini par opposer un obstacle invincible à sa marche.

Aussitôt que j'eus l'explication de ce que, dans d'autres temps, on aurait attribué à un sortilège, je fis diriger quatre canons sur la diabolique maison. Sa façade, bientôt abattue, permit de voir que c'était d'une cave qu'étaient partis les efforts et que les débris de maçonnerie rendaient pour le moment la manœuvre du cabestan impossible.

Rassuré pour le présent, il fallait songer à ne plus courir les mêmes chances la nuit suivante. J'avais vu dans les magasins d'artillerie des cuirasses, brassards, cuissards, etc., pouvant former douze armures complètes ; je proposai d'exhumer ces vieilleries, de leur faire voir le jour qu'elles n'avaient peut-être pas vu depuis quatre ou cinq siècles et de leur donner une destination digne d'elles, en en revêtant douze grenadiers et canonniers ; je me persuadais qu'elles résisteraient aux balles. Voici quel était mon projet : je ne pouvais penser à faire rentrer dans le chemin couvert les pièces de canon que les insurgés convoitaient ; je regardais cette opération comme impossible. Les difficultés que présente cette espèce de manœuvre, le temps qu'elle eût pris, et la pluie de balles tombant de toutes les maisons crénelées de l'esplanade sur nos travailleurs m'effrayaient. Je m'arrêtai à l'idée de les faire enclouer, ce qui ne devait pas durer plus d'un quart d'heure, et d'y employer les douze hommes revêtus des vieilles armures dont j'ai parlé. A une heure fixée, la garnison sortirait du fort se répandrait dans le chemin couvert de l'esplanade ; de là et du fort, un feu roulant de mousqueterie et d'artillerie serait dirigé sur les insurgés et mes douze chevaliers se présentant sous la protection de ce feu, munis de leviers, de clous d'acier et marteaux, procéderaient à l'enclouement des pièces, sans prendre d'autre précaution que celle de ne pas tourner le dos. Le commandant ayant adopté ce projet, nous nous occupâmes immédiatement de son exécution. C'était un spectacle étrange que celui de ces hommes de fer, travaillant imperturbablement, au milieu d'une grêle de balles et sans être dérangés. Leur marche lourde, leurs mouvements gênés, gauches et compassés, ces leviers qui ressemblaient assez à des massues, tout cela avait quelque chose de pittoresque, de diabolique et tenait de la féerie. Aussi, après les premiers moments de cette anxiété qu'on éprouve naturellement pour ceux qu'on croit être dans un danger imminent, beaucoup de spectateurs, et moi du nombre, se prirent à rire d'un rire inextinguible.

Nous ne pûmes savoir l'effet que produisit cette singulière apparition sur les insurgés. Avec les idées superstitieuses de ce peuple il est très probable qu'ils auront vu dans ces soldats de nouvelle espèce des échappés de l'enfer ou des envoyés du diable. Cette petite expédition remplit parfaitement son but; elle alla même jusqu'à la maison d'où partait le câble amarré à une des pièces, la nuit précédente, le coupa et le ramena dans le fort. Ma satisfaction ne fut pourtant pas complète, un homme fut blessé au bras, son brassard, mal attaché, s'étant perdu dans l'action. Les autres ont été touchés plusieurs fois, mais garantis par leurs armures, qui toutes portaient des traces de balles.

Après cela nous fûmes désormais tranquilles. Faire des sorties, c'eut été perdre ou faire blesser inutilement du monde, et nous avions très peu de moyens de soigner des blessés. Tirailler sur les révoltés, c'eût été faire une consommation, sans but, de munitions dont nous étions pauvres; il valait mieux les ménager pour une bonne occasion. D'un autre côté, nous avions à cœur d'épargner la ville dont les habitants ne paraissaient pas nous être hostiles. L'ennemi, pour son compte, ne fit aucune tentative dont nous eussions à nous émouvoir. Quelquefois, pour l'agacer et mesurer son adresse au tir, l'un de nous passait sur le rempart ayant un plumet sur son chapeau, seule partie visible du dehors; au bout de quelques minutes, le plumet était coupé par une balle. Leur adresse était étonnante : une fois je faillis en être victime sans qu'il y eut de ma part aucune provocation préméditée. J'étais aux aguets dans une petite guérite de maçonnerie construite au saillant d'un bastion, et je regardais par un des créneaux très étroits dont elle était percée. Au moment même où je retirai ma tête, une balle arrive par le créneau, me rase en quelque sorte la figure et s'aplatit comme un sou sur le mur opposé. Ainsi, si je fusse resté en observation une fraction de seconde de plus, c'eût été fait de moi.

Cependant nos ennemis ne s'endormaient pas; ils coupèrent ou détournèrent des canaux qui nous amenaient une excellente eau des montagnes et nous réduisirent à l'eau des citernes, qui heureusement était abondante. Ils nous firent des sommations; ils devenaient chaque jour plus nombreux, s'organisaient et commençaient à recevoir une solde dont les fonds étaient faits par la province. Ils répandaient les bruits les plus sinistres : ainsi, notre armée se serait avancée dans la Pouille et y aurait éprouvé de graves échecs ; l'insurrection était générale dans tout le royaume. Toutes ces circonstances aggravaient notre position et rembrunissaient beaucoup notre avenir.

Au reste nous n'avions, tous tant que nous étions, qu'une même pensée, et bien qu'il ne nous restât plus de vivres que pour très peu de temps, nous rejetions avec indignation la dernière sommation qui nous avait été faite de nous rendre, persuadés qu'un traité avec des brigands ne présente aucune garantie. Nous étions décidés, lorsque nous n'aurions plus que pour quatre jours de vivres, ce qui devait être prochain, à évacuer le fort pendant la nuit, à passer sur le corps des gardiens de la tranchée et à nous diriger de manière à rejoindre le pays de Rome à 18 ou 20 lieues, entre Spoleto et Ceravalle. C'était moi qui devais servir de guide à travers les montagnes ; j'avais fait mes preuves, on me donnait toute confiance.

Tout étant ainsi disposé, nous attendions avec résignation le moment décisif, lorsqu'un matin, le 23 mars, à la pointe du jour, nous fûmes réveillés par le bruit du canon ; c'était un renfort de quatre cents Français qui arrivait et qui, ignorant si nous étions encore maîtres du fort, tirait quelques coups de canon, comme signal. Vite, je fais répondre par des coups à poudre ; on nous comprend ; cette nouvelle troupe dirige aussitôt son attaque sur la ville et pousse vers nous un détachement qui rejoint directement le fort, en passant hors des murs. La fusillade ne tarde pas à s'engager ; les insurgés, surpris de ce qui arrive, abandonnent en fuyant la tranchée et les barricades. Mais la troupe du fort, qui avait été prompte à prendre les armes et à seconder l'attaque des nouveaux arrivants, assaille vivement les fuyards et pénètre en ville en se dirigeant sur la grande place. Là, nos troupes arrivant de deux côtés presque en même temps, sans avoir éprouvé une très forte résistance, trouvèrent les masses ennemies, tombèrent sur elles tête baissée et en firent un grand carnage. Leur retraite fut bientôt décidée ; elle se fit au pas de course et en moins de 2 heures il n'y eut plus un insurgé dans la ville.

Dans cette circonstance, n'ayant plus rien à faire au fort, pas le plus petit coup de canon à tirer, je voulus me rapprocher du lieu de la scène. Je m'acheminais donc seul dans la direction suivie par nos soldats et éloigné d'eux de trois à quatre cents mètres, lorsqu'au tournant d'une rue latérale, je me rencontre face à face avec un brigand. Il avait un fusil et moi je n'avais que mon sabre. Son premier mouvement fut de tâcher d'abattre l'arme pour me tirer son coup ou se servir de la baïonnette, mais nous étions si près l'un de l'autre, et moi j'étais si intéressé et si attentif à le serrer corps à corps qu'il n'y put parvenir. L'offensive m'appartenait donc pendant ce temps, car je pouvais toujours manier mon sabre et il lui était très difficile d'en parer les coups, surtout ceux que je lui portais à la figure. Enfin cet homme, cherchant à couvrir sa face d'un de ses bras, un de mes coups lui abattit le poignet net, à ma grande stupéfaction, et notre lutte cessa là. Un dragon qui m'avait vu aux prises de loin, et qui accourait pour me tirer de la mauvaise passe où j'étais engagé, le blessa de nouveau, et quand je repassai quelque temps après, ce malheureux n'était plus.

A mon retour, et avant de rentrer au fort, je fus curieux de visiter l'église d'un couvent qui touchait à l'esplanade et dont les moines, agents actifs de l'insurrection, avaient favorisé l'introduction des brigands dans la ville, lors de la seconde prise, en les faisant passer par leur jardin. Jamais je n'ai vu de tableau aussi horrible que celui qui s'offrit à mes yeux : une douzaine de cadavres de moines gisaient, çà et là, dans la nef, dans le chœur, et sur les marches de l'autel, ensanglantés et percés de coups de baïonnette. Il paraît que, surpris par l'arrivée de la troupe du fort, et n'ayant pas eu le temps de fuir, ils s'étaient réfugiés dans le saint lieu, croyan y échapper à la vengeance des Français ; mais le soldat n'oublie ni ne pardonne la trahison et la perfidie, surtout de la part d'hommes dont la mission est toute de paix et de conciliation. Ces malheureux avaient appelé aux armes, ils ont péri par les armes ; affreuses représailles !

Nos troupes victorieuses poursuivirent les insurgés dans quelques villages voisins, ce qui amena la soumission de trois chefs-lieux de révolte. On profita de ce succès pour faire entrer des vivres dans le fort et se pourvoir contre un nouveau blocus ; et, ces premières mesures prises, le détachement qui était venu nous délivrer repartit pour Rieti, nous abandonnant encore une fois à nous-mêmes.

Après ce départ, les insurgés nous laissèrent tranquilles e ne firent plus de tentatives pour reprendre la ville. Nous savions d'ailleurs que notre armée avait eu des succès partout et qu'elle était fortement installée à Naples où l'on travaillait à établir un gouvernement républicain, et même déjà à former de nouvelles légions nationales, en remplacement des anciens régiments. Tous les mauvais bruits dont on nous avait attristés étaient reconnus mensongers ; c'était autant de raisons pour nous rendre au calme et à la joie. Mais les campagnes en général, sans être hostiles, n'étaient point pacifiées ; elles étaient toujours en armes et on ne pouvait aucunement se fier à leur apparente soumission. Il y avait même encore des villages insoumis, qui nécessitaient de temps en temps l'envoi de quelque expédition et dont on fut obligé de brûler trois ou quatre. Notre position était donc précaire et notre tranquillité sans garantie : la défiance ne nous quittait pas, nous n'avions pas renoué nos relations avec la ville, le fort continuait à être pour nous une prison. Au bout de cinq semaines, de cette position équivoque et très ennuyeuse, lorsque toute notre crainte était de la voir se prolonger indéfiniment, il nous arriva de Pescara une colonne de 2,400 Français qui avait l'ordre d'évacuer les Abruzzes, de nous rallier et de se diriger sur le pays de Rome, en passant par Rieti, Terni et Civita Castellana, où nous devions rejoindre le reste de l'armée qui évacuait en même temps Naples et tout le pays. Ce mouvement de retraite était provoqué par les succès de l'armée autrichienne en Lombardie et l'arrivée d'un corps de troupes russes sous les ordres de Souwarow. Il y avait pour nous hâte d'arriver, si nous ne voulions être coupés, et pour rétablir les affaires de l'armée d'Italie.

A la nouvelle de ce bonheur inespéré, nous fûmes tous transportés de joie. Nous partîmes donc le 3 mai, après avoir remis le fort à des officiers napolitains qui précédaient la troupe destinée à l'occuper.

Nous formions environ 3,000 hommes ; c'était plus qu'il n'en fallait pour espérer que notre marche ne serait pas inquiétée ; nous nous trompions. Presqu'aussitôt notre départ, des groupes de paysans se mirent à nos trousses ; d'abord, ils étaient peu nombreux, et il ne s'agissait que de quelques coups de fusil, mais bientôt ils s'accrurent. A deux lieues d'Aquila, le chemin se resserre singulièrement ; à droite, des montagnes, à gauche, la rivière, et cela se continue pendant plus de trois lieues, jusque près d'Introdoco. Soit excès de confiance, soit inexpérience, le chef de la colonne l'engagea dans ce long défilé sans l'éclairer et sans être maître des sommets. Lors donc que le colonne y fut engagée et notre arrière-garde elle-même, dont la fusillade devenait d'instant en instant plus nourrie, des pierres commencèrent à rouler sur nous du haut des rochers, sur notre gauche de nouveaux brigands embusqués de l'autre côté de la rivière, nous accompagnaient de coups de fusil. La position était des plus critiques, mais il n'y avait pas à reculer. Opposer coups de fusil à coups de fusil, à notre gauche et en arrière, était tout ce que nous pouvions faire et ce que nous faisions en effet, quoiqu'une troupe en retraite ait toujours du désavantage en pareil cas. Mais qu'opposer à ces énormes pierres lancées du haut de montagnes inaccessibles, qu'on voyait bondir et changer de direction à chaque bond, rouler ou s'élever à une grande hauteur, suivant la nature des pentes, menacer tout le monde et entraîner avec fracas dans le précipice et la rivière ceux qu'elles atteignaient, hommes, chevaux, mulets? Certainement aucun spectacle ne peut être plus effrayant que celui-là, effrayant par sa nouveauté, affreux par ses conséquences. Aussi le soldat en était-il intimidé et démoralisé. Hâter le pas sans courir, abandonner nos malheureux blessés à la férocité de barbares, voilà la dure extrémité à laquelle nous fûmes réduits. Mais nous n'étions pas encore au bout de nos maux : les portes d'Introdoco étaient fermées et barricadées quand notre tête de colonne s'y présenta, et déjà on nous tirait quelques coups de fusil de la ville. Nous étions donc aussi complètement que possible dans le guêpier et il n'y avait pas un instant à perdre pour nous en tirer. On enfonce les portes, on s'ouvre un passage à travers la barricade, on pénètre dans la ville dont la population s'était enfuie, toute la colonne s'y rallie sur la grande place et on y fait une halte, pendant qu'un fort détachement, laissé à la porte, arrête les insurgés avec lesquels il est aux prises. On profite de ce court intervalle de repos pour se consulter et se donner un peu de ton. A partir d'Introdoco, le pays présentait un aspect différent de celui que nous venions de traverser. Une vallée bien arrosée, bien plantée et pas trop resserrée s'ouvrait devant nous, la défense nous semblait devoir y être facile et, n'ayant plus que quatre lieues à faire pour être sur le territoire romain, nous espérions l'atteindre sans avoir trop à souffrir. Nous partons donc. Nous faisons une lieue sans que nos flancs soient inquiétés. notre arrière-garde seule avait à tirailler. Un village s'offre à nous, c'était Borghetto ; tout y paraissait tranquille, les portes fermées, pas une âme ne se montrait, la colonne s'y engage. Tout d'un coup, de toutes les fenêtres et de créneaux pratiqués dans les murs partent une décharge de coups de fusil et une grêle de pierres, de pots, de chaises, de tables et de toutes sortes d'objets. Hommes, femmes, enfants, tous remplissaient un rôle. On voyait leurs têtes apparaître furtivement aux fenêtres, un projectile survenait aussitôt et la tête disparaissait. A cette occasion, je me rappelle parfaitement la figure jaune et ridée d'une vieille femme qui me lança un pot rempli de cendres ; j'évitai le pot et fut couvert de cendres. Mais cet horrible spectre m'est toujours présent et je pourrais le rendre trait pour trait, si j'étais peintre. Que de pauvres Français furent sacrifiés dans cet infernal village ! Sur combien de cadavres ou de malheureux qui n'étaient que blessés ai-je dû passer ! J'avais remarqué que c'était surtout au milieu de la rue qu'il y avait le plus d'hommes assommés ; là, ils gisaient les uns sur les autres. J'avais aussi senti qu'il ne me convenait pas de rester à cheval au milieu de cette scène de carnage, c'eût été offrir trop de prise aux coups ; je filais donc le plus près possible des murs, tenant mon cheval par la bride, ne me pressant pas trop et ayant surtout l'œil aux fenêtres pour voir et esquiver ce qui arrivait. Mon cheval fut blessé deux fois à la croupe, ce qui ne l'empêcha pas d'aller, et moi j'eus le bonheur de n'avoir point une égratignure.

A quelque distance de là une rivière rapide et profonde nous barra le passage. Afin d'éviter le détour qu'il fallait faire pour trouver un pont, nous la passâmes à gué. Nous avions de l'eau jusqu'à la poitrine ; le courant entraîna sous mes yeux quelques hommes et entre autres un père et son fils qui furent noyés enlacés dans les bras l'un de l'autre. Ce spectacle m'a profondément ému.

Une fois séparés de l'ennemi par cette rivière, nous ne fûmes plus poursuivis ; cependant nous n'étions point sans crainte de le voir reparaître plus tard sur notre droite ou même sur notre passage, car ces diables d'hommes sont aussi alertes et infatigables marcheurs qu'implacables ennemis. La nuit survint, nous marchâmes avec les plus grandes précautions et la vue de feux allant et venant dans la campagne à une distance que nous ne pouvions apprécier nous tint dans un continuel émoi. Nous savions que nous approchions de Civita-Ducale, dernière ville du pays de Naples sur cette frontière, et nous avions à craindre qu'on nous y reçût comme à Borghetto. Nous étions dans cet état d'anxiété quand le cri *Qui vive!* soudain nous frappa les oreilles. J'étais alors à la tête de la colonne avec le chef ; on s'arrête, on fait le plus grand silence : Ce cri venait-il d'un factionnaire français ou d'un italien ? c'était impossible à distinguer, on ne répond donc pas. Notre silence ayant provoqué des causeries entre celui qui avait crié et les soldats du poste, nous entendîmes très distinctement parler français ; alors plus de doute, nous nous annonçons ; l'émotion du plaisir est générale, à en juger par le concert de voix qui succède au profond silence que nous gardions et dont nous étions comme oppressés.

C'était à Civita-Ducale que nous arrivions ; accueillis par la petite garnison française qui s'y trouvait et bientôt logés chez des bourgeois, nous trouvâmes délicieux le modeste souper qu'on nous offrit et le lit de paille fraîche qu'on étendit dans la chambre (ici par *nous* j'entends moi et les officiers auxquels j'étais associé, je ne puis répondre de ce qui s'est passé dans les autres groupes). Ce qui ne me fut pas moins précieux que le reste, ce fut de faire sécher tous mes effets, même ceux de mon porte-manteau qui avaient été mouillés. Le lendemain, avant de nous mettre en route, l'appel nous fit une triste révélation, il nous manquait près de 600 hommes. Quelle affreuse journée ! et quelles tortures n'auront pas souffertes ceux de ces malheureux qui n'étaient que blessés au milieu de cette population barbare ! Pour moi, j'en fus quitte pour mon cheval blessé et la perte de quelques effets. Le porte-manteau qui contenait tout ce que j'avais de plus important était sur mon cheval et a été sauvé avec lui. Il n'en fut pas ainsi des autres officiers, presque tous perdirent leurs bagages, et c'est probablement à cette circonstance que nous dûmes d'avoir été poursuivis moins vivement depuis Borghetto. Il fallait partager les dépouilles ; et les absents, en cas semblable, ont toujours tort.

Le 4 mai, je vis, chemin faisant, la fameuse cascade de Terni, remarquable par la hauteur de la chute et le volume d'eau ; nous couchâmes à Terni ce jour-là, à Marni, le 5, et à Civita-Castellana, le 6. De ce dernier endroit, j'écrivis à mes parents pour les rassurer sur mon compte.

« Mon cœur s'ouvre à la joie, disais-je à mon père, quand je pense que nous n'avons plus nos communications interceptées et que désormais nous pourrons correspondre régulièrement... Il a été formé dans le pays de Naples des légions pour soutenir le gouvernement républicain, mais auront-elles assez d'énergie ? c'est ce dont on doute, on pense plutôt que, si le roi se montre, le nouvel ordre de choses sera détruit. » Effectivement, l'avenir justifia bientôt et cruellement ce pronostic ; la réaction fut sanglante et terrible dans ce malheureux pays, et voilà le bien que nous y avons fait !

Le 10 mai, j'arrive à Viterbe après avoir passé à Népi et Ronciglione. Je rejoins là le général Eblé qui m'adjoint au commandement de l'artillerie de la première division de l'armée (chef de bataillon Julien). Avant de rejoindre mon nouveau poste, je dus assister à la revue qui fut passée, sur la grande place de Viterbe, de la colonne avec laquelle j'étais arrivé. J'avais le commandement d'un bataillon et je n'y entendais rien ; jamais je ne fus plus embarrassé ; je m'en tirai vaille que vaille avec un gros ouf ! à la fin, en me promettant bien de m'occuper un peu des manœuvres d'infanterie dès que je le pourrais, me faisant honte à moi-même d'y être resté étranger jusqu'alors.

De Viterbe à Pistoia, où je suis arrivé le 3 juin, je ne me rappelle absolument rien, sinon la route de Florence à Pistoia. Je sais seulement que je passai par Montefiascone, Sienne, Barberino et Florence, mais il ne me reste pas le plus léger souvenir de ces localités, pas même de mon passage à Florence, de ce passage-là du moins, car plus tard j'ai habité cette ville et lui ai payé mon tribut d'admiration. Comment cela s'est-il fait ? D'où me venait cette indifférence, cette espèce de torpeur, au milieu d'un pays si propre à réveiller les sens et à exciter la curiosité ? Je suis disposé à croire, d'après ma correspondance avec mes parents, qu'il y avait de la nostalgie dans mon état, car je n'avais encore pu recevoir de nouvelles de personne et j'avais appris par le colonel Bardinot, chef de l'état-major d'artillerie de l'armée de Naples, que mon père était dans la désolation, faute d'avoir de mes nouvelles, et lui avait écrit la lettre la plus attendrissante. Quoiqu'il en soit, le premier souvenir que je me rappelle de toute cette longue route se rapporte au pays conquis entre Florence et Pistoia. Cette vallée, arrosée par l'Arno, m'a paru un nouvel Eden, par la richesse de la végétation, la fraîcheur de la verdure, la variété et le gracieux de ses sites, la propreté des habitations, l'air de bonheur répandu sur les figures et la beauté de la population féminine. De jolies paysannes, telles que Virgile dépeignait ses bergères, étaient occupées devant leurs maisons à tresser ces fameux chapeaux de paille dits d'*Italie*, et étaient l'objet de notre admiration. D'où vient que mon cœur, muet la veille au milieu de Florence où il y a tant de belles choses à voir, s'est ému si vivement à l'aspect de cette nature si douce à l'œil? Le physiologiste expliquerait, moi je me borne à constater ce fait.

Le 2 juin, nous arrivâmes à Pistoia, distant de Florence de 8 lieues, jolie ville située au pied des Apennins. Nous y restâmes plusieurs jours. C'est là que je mangeai les meilleures et les plus belles figues que j'aie vues. C'était le quartier général du général Macdonald qui commandait l'armée, et celui du général Olivier commandant la division à laquelle j'étais attaché. Les troupes arrivaient journellement et allaient prendre position vis-à-vis des Autrichiens qui n'étaient plus qu'à deux journées de nous sur la route de Modène; notre armée était d'environ 35,000 hommes, tous vieux soldats, animés du meilleur esprit, pleins d'ardeur de se battre et tenant à amour-propre de réparer les désastres de l'armée d'Italie et de venger *les conscrits*, car c'est ainsi qu'ils appelaient les soldats de cette armée. Si donc tout annonçait qu'on se battrait prochainement, tout aussi inspirait la confiance.

Le 12 juin, en quittant Formignie pour aller à l'attaque de Modène qui n'en est qu'à deux lieues, je reçus au genou une ruade d'un des chevaux du général Cambray; la douleur fut grande et j'en boitai plusieurs jours, sans autres suites.

L'ennemi avait successivement quitté les montagnes devant notre avant-garde, et nous attendait à Modène. L'affaire fut vive, mais prompte. Chargé de commander la tête de colonne de l'artillerie, je n'eus que quelques coups à tirer : il est vrai que tout en me mettant en batterie et avant même d'avoir commencé le feu, un obus m'enleva deux canonniers ; ce fut ma seule perte. En entrant à Modène, je vis le général Macdonald la tête nue et bandée d'un mouchoir taché de sang : il venait d'être blessé dans une charge d'un escadron de chasseurs de Bussy.

Nous primes à l'ennemi dans cette occasion huit pièces de canon et 3,400 hommes.

Poursuite de l'ennemi par Reggio, Parme, Firenzuola. L'armée passe la nuit sous les murs de Plaisance dont la citadelle est occupée par les Autrichiens et arrive sur les bords de la Trébia, en avant du village de Borgo San Antonino, le 30 Prairial (13 juin). Quand je dis l'armée, j'entends la portion de l'armée dont je faisais partie, composée des trois divisions Vatrin, Olivier et Montrichard, car les trois autres, Victor, Rutia et Dombrowski s'étaient dirigées directement, par les montagnes, sur ce même point, où elles se battaient depuis la veille, avec des succès et des revers alternatifs, contre les Russes commandés par Souwarow et les Autrichiens par Ott. Ces dernières étaient donc aux prises, au delà de la Trébia, lors de notre arrivée, et avaient peine à soutenir les efforts d'un ennemi beaucoup plus nombreux. Les trois nouvelles divisions entrèrent en ligne à mesure de leur arrivée, et l'engagement devint général. Le tapage était infernal et la lutte acharnée. Les Russes se faisaient tuer et ne se rendaient pas. Le général Cambray fut blessé ; je lui donnai des soins ; il mourut le lendemain. Cependant, malgré nos efforts, nous dûmes repasser la rivière et prendre position sur la rive droite. Pendant la nuit suivante, une alerte très sérieuse eut lieu, un engagement s'ensuivit avec un grand pêle-mêle, sans autre résultat qu'une perte d'hommes inutile.

Le lendemain 19 juin, dans la matinée, l'affaire recommença.

S'il était important pour nous de passer sur le corps des ennemis pour nous joindre à Moreau qui n'était qu'à deux petites marches de là sur leurs derrières, il n'était pas moins capital pour eux d'empêcher cette réunion. Nos efforts furent impuissants ; le soir de cette journée de carnage nous retrouva dans la même position. Ce fut une lutte presque corps à corps, tant l'acharnement était grand ; aussi l'artillerie perdit-elle relativement moins de monde que les autres armes. J'accompagnai mon commandant dans les batteries, j'y portai ses ordres, ou je pourvus au remplacement des munitions ; voilà tout mon rôle dans cette sanglante affaire, d'où je me tirai sans égratignure, quoiqu'à la grêle de projectiles se soit jointe l'explosion de quelques coffrets et caissons.

Cependant, ces deux jours de combat avaient épuisé presque toutes mes munitions, et il n'en restait plus assez pour fournir à la consommation d'une nouvelle journée : la retraite fut décidée et, dans la nuit du 1ᵉʳ au 2 juin, on l'effectua. Il n'y avait plus d'autre moyen de nous tirer de la botte et d'entrer en communication avec Moreau, que de rétrograder sur Pistoia et de nous jeter de là dans la direction de Gênes. C'est ce que l'armée fit : elle fut poursuivie et inquiétée, le premier jour, jusqu'à la rivière de la Mura, dont on défendit vigoureusement le passage, et où je fus exposé au feu vif de l'ennemi pour faire arriver des cartouches à nos troupes. Les jours suivants, nous fûmes inquiétés sur notre flanc gauche et sur notre passage par des partis autrichiens qui occupaient le Ferrarais ; c'était l'aboiement du roquet, on lui prit du monde et du canon sans se déranger. Cette marche fut fatigante et pénible ; il faisait des chaleurs étouffantes ou il tombait des pluies torrentielles et l'on ne se reposait ni jour ni nuit, que par intervalles assez courts ; j'étais exténué. Le besoin de sommeil était si impérieux pour moi qu'à la moindre halte, je mettais pied à terre et, la bride de mon cheval à la main, je me couchais et dormais dans la poussière ou la boue de la route, sans trop choisir le terrain. Du pain, du fromage et du vin, du vin, du fromage et du pain, voilà notre nourriture : cette misère était commune à tout le monde, on se plaignait beaucoup et j'étais encore parmi les moins grognards. Les soldats se battaient bien, mais ils étaient tombés dans un excès d'indiscipline affligeant. Voici ce qu'à ce sujet je trouve dans une lettre à mon père : « Ce sont des brigands que nous avons avec nous ; ils ne respectent guère plus leurs chefs que les habitants du pays sur lesquels ils exercent toutes les horreurs possibles. O ma patrie ! quels tigres tu as enfantés qui rentreront bientôt dans ton sein pour le déchirer ! » Il paraît que j'étais alors dans une belle veine d'indignation.

Le 28 juin, je rentrai à Pistoia. Là je reçus les premières lettres qui me fussent parvenues de France depuis six mois ; elles ne m'apprenaient que de bonnes nouvelles ; je fus donc doublement heureux de les avoir reçues et de pouvoir trouver dans cette ville un repos dont j'avais tant besoin. Cependant, à mesure de leur arrivée, les troupes filaient sur Lucques et s'échelonnaient ensuite dans la direction de Gênes. Après quelques jours de repos, nous partîmes aussi et suivîmes le mouvement. Nous avions à traverser les montagnes les plus difficiles et les plus arides des Apennins ; on nous en faisait grand'peur. Nous passâmes par Lucques, Sarzane, la Spezia, Chiavari. Entre Pietra-Santa et Sarzane, on me fit voir les célèbres carrières de marbre de Carrara. Le chemin de Sarzane à Sestri ayant été trouvé impraticable pour l'artillerie, on fit conduire le matériel à la Spezia pour y être embarqué ; presque tout le personnel continua son chemin par terre.

Une fois descendu à Sestri, plus de difficultés ; ce littoral, qui prend jusqu'à Gênes le nom de *Rivière du Levant*, est tout à fait magnifique.

Arrivé à Gênes le 13 juillet, j'y rencontrai beaucoup de mes camarades de l'armée d'Italie, Desmanel, Floch, Berthier, etc., et je restai dans leur société pendant deux jours ; mais mon cantonnement était Romaione, à une demi-lieue de la ville. Nous étions ravis de nous revoir ; nous avions tant d'événements à nous raconter ! Un ordre de partir en poste pour Sarzane m'enleva au plaisir d'être avec eux : par cet ordre, je devais presser l'embarquement et l'expédition sur Gênes du matériel laissé à Sarzane et à Sestri. Je me mis donc en route à franc étrier, mais malheureusement les postes étaient desservies par des mulets. Cette nouvelle espèce de bidets peut avoir le pied sûr, mais très certainement elle a l'allure la plus détestable, la plus fatigante que je connaisse ; j'aurais cent fois préféré la poste aux ânes. Je repassai de nouveau cette chaîne de montagnes si raboteuse et si difficile, qui sépare Sestri de Sarzane, infestée de brigands connus sous le nom de *Barbets*. Cette fois je n'étais pas escorté, je courais des dangers réels ; pourtant je m'en tirai bien ; j'avais une confiance fondée en mon bonheur. Ma mission m'occupa beaucoup, car il fallait non seulement présider à l'embarquement du matériel, mais encore fréter les bâtiments nécessaires, ce qui me faisait beaucoup courir et m'obligea de traverser plusieurs fois le golfe de la Spezia, ce golfe si connu par son étendue et par la sûreté des abris qu'il peut offrir aux flottes les plus considérables. En raison du besoin que j'avais des autorités du pays, je m'étais plus particulièrement établi à Sarzane où je revenais tous les soirs. Au bout d'une quinzaine de jours je rentrai à Gênes par le même mode de transport, mais si exténué de fatigue que je fus obligé de m'arrêter dans une auberge du faubourg, à 150 toises au plus des portes, et d'y coucher.

Pendant mon absence, l'armée de Naples avait été fondue avec l'armée d'Italie et les deux armées réunies mises sous le commandement du général Joubert, jeune homme actif, sévère et d'une belle réputation militaire. Il en était résulté une nouvelle composition de l'état-major d'artillerie et je me trouvais adjoint du colonel Miquel-Perrier. J'allai donc de Romaione le rejoindre à Campo Masone, village à quatre lieues de Gênes sur la route de Tortone, et ne revis plus mon ancien commandant Félix. Je consacrai pourtant deux jours à voir et admirer Gênes, avant de me rendre à mon nouveau poste. Le colonel Miquel-Perrier était un très bel homme, à grands airs, plein d'ostentation, courtisan, ayant de l'esprit, mais point du tout artilleur. Il me reçut parfaitement et me fit son chef d'état-major. Notre personnel se composait de six compagnies, presque toutes du régiment d'artillerie à cheval dont il était colonel, et le matériel était de 36 bouches à feu. Le lieutenant Klié, depuis colonel, était des nôtres et la composition en officiers généralement médiocre. Je n'étais point habitué aux mœurs et au genre de l'artillerie à cheval, je les étudiai là à bonne école et sans les prendre, car ils m'étaient antipathiques; je tâchai pourtant de m'y faire.

Par un hasard singulier, je trouvai là deux de mes anciens condisciples avec lesquels j'avais eu des relations d'amitié comme enfant, l'un nommé Godet, sellier dans une compagnie d'artillerie à cheval, et l'autre nommé Cligny, tout bonnement canonnier. Nous avons été réciproquement contents de nous revoir et ma position particulière m'a permis de les bien accueillir.

Cependant tout se préparait pour le grand jour qui devait décider du sort de l'Italie : l'armée était à peu près réunie, l'artillerie nombreuse et bien approvisionnée, le soldat désireux de se battre et plein de confiance dans le général en chef; c'était autant d'éléments de succès. Mais nous n'étions que quarante mille hommes et la masse agissante des Austro-Russes qui nous étaient opposés était de soixante et quelques mille hommes; il y avait dans cette grande différence numérique de quoi balancer notre enthousiasme, et un désavantage immense. Toutefois nous ignorions encore ce chiffre et nous avions des raisons de le croire moindre.

Le 27 thermidor (14 août), l'armée prit position sur les pentes du Monte-Rotondo, au pied desquelles se trouve la ville de Novi. Les Austro-Russes se retirèrent et nous abandonnèrent même Novi. Les coteaux sur lesquels elle s'établit forment une position militaire respectable et dominent une plaine sur laquelle l'œil s'étend au loin. L'armée ennemie nous y attendait, à un quart de lieue, en ordre de bataille et formée sur plusieurs lignes; on pouvait parfaitement compter le nombre de ses bataillons.

Une partie de l'artillerie du corps dont je faisais partie fut mise en batterie à côté d'un belvédère situé à gauche et à demi-portée de fusil de Novi. C'est de ce belvédère que Joubert et Moreau, — qui était resté à l'armée pour prendre part à la bataille en qualité de volontaire, — examinèrent à leur aise et comptèrent les ennemis dont la plaine était couverte. Ils en apprécièrent le nombre au chiffre que j'ai déjà dit, et, comme il dépassait de beaucoup celui sur lequel ils avaient compté, ils commencèrent à douter de l'opportunité de la bataille; il y eut tergiversation sur le parti à prendre, le reste de la journée se passa en tiraillements. Le lendemain, nous n'eûmes pas besoin de prendre l'offensive, dès la pointe du jour l'ennemi nous attaqua à la gauche : c'est là que le malheureux Joubert, voulant rallier des troupes qui avaient été surprises et qui fuyaient, reçut, dès le commencement de l'affaire, une balle qui le renversa de cheval, presque mort. J'étais à deux cents pas de lui avec le général d'artillerie et l'état-major; nous l'apercevons, nous courons, déjà on l'emportait couvert de son manteau, il n'avait plus qu'un souffle de vie.

Cet événement me fit la plus grande impression; il pouvait avoir les suites les plus fâcheuses; l'armée fut longtemps à l'ignorer; heureusement Moreau était là, il prit le commandement.

L'ennemi repoussé à la gauche ne tarda pas à diriger une nouvelle attaque sur le centre : c'était là où j'étais, et cette fois c'étaient des Russes qui attaquaient, sous les ordres de Bagration. Nous les vîmes très distinctement s'ébranler et s'avancer vers nous ; ils le firent avec audace et impétuosité et arrivèrent jusqu'à mi-coteau, à 150 ou 200 pas de nos batteries. La mousqueterie et la mitraille surtout les écrasèrent et les forcèrent à se retirer en laissant le sol couvert de leurs morts et blessés. Aucun ne se rendit, c'était un vrai massacre corps à corps.

A droite, ils firent également un peu plus tard une attaque qui n'eut pas plus de succès. Pendant le court repos qui suivit, mon colonel prit la fantaisie de parcourir la ligne des avant-postes du centre ; naturellement je me joignis à lui ; de nombreux coups de fusil nous accompagnèrent pendant toute cette étrange course dont je n'ai jamais compris le motif.

Pendant ce temps, Souwarow, qui s'acharnait à vouloir s'emparer de notre position, quoique ses premiers efforts eussent été inutiles et lui eussent coûté du monde, préparait de nouveaux moyens d'attaque et l'on pouvait en juger, d'après la grande activité qui régnait le long de ses lignes et les mouvements qu'on y remarquait. Jamais général d'armée ne prit de dispositions plus au vu et au su de son ennemi, et avec moins de combinaisons ; mais tandis que les attaques précédentes avaient été partielles, celle dont nous étions menacés paraissait être générale et par conséquent plus à craindre. Enfin, malgré une chaleur excessive, exténuante, sous le soleil brûlant de deux heures après-midi, les masses austro-russes s'ébranlèrent et bientôt l'artillerie tonna sur les deux lignes. Je me tins avec mon colonel à l'état-major du général Saint-Cyr qui commandait les divisions du centre et qui se portait successivement sur tous les points attaqués. La défense était aussi acharnée que l'attaque, et l'ennemi y perdait sans succès beaucoup de monde.

Cependant il arriva qu'un régiment qui était en bas du coteau à la droite et sous les murs de Novi perdit du terrain. Russes et Français n'étaient séparés que par une haie très franchissable, et pour quelques-uns la lutte était engagée corps à corps. Si ce régiment lâchait pied, Novi était pris et les hauteurs enlevées, car le pêle-mêle était tel que notre canon d'en haut ne pouvait plus tirer sans atteindre nos soldats.

« Capitaine, me dit le général Saint-Cyr, vous allez descendre et dire au colonel de ce régiment que je fais tirer à mitraille sur lui, s'il laisse les Russes dépasser la haie. » La mission était très périlleuse et ne devait pas me regarder, car je n'étais ni aide de camp, ni officier d'état-major; néanmoins, je ne fis pas la moindre réflexion. Je mets pied à terre, je descends le coteau à la course et, en un clin d'œil, j'arrive par la droite du régiment sur le lieu de la scène. Point de colonel, point d'officier supérieur. Le régiment était en bataille à quelques pas en arrière de la haie et ses tirailleurs sur la haie comme sur une brèche; les Russes étaient de l'autre côté, sans ordre aucun, mêlés comme des moutons. Des coups de baïonnette s'échangeaient d'un côté de la haie à l'autre, les balles pleuvaient. Ne voyant point de chef à qui je puisse transmettre les ordres du général, je parcourus tout le front du régiment jusqu'à la gauche en m'adressant aux officiers, après quoi, je retournai à mon poste. Chemin faisant, à cent pas environ en arrière du régiment, dans un lieu ombragé et abrité au pied de la côte, je trouve un groupe d'officiers : c'étaient le colonel et des officiers supérieurs ! Honteux pour eux de cette rencontre, je leur répétai l'objet de ma mission et m'éloignai. En arrivant sur le plateau, je me réjouissais de reparaître devant le général, comme si on eût pu m'attribuer la conservation de la position. Plus personne, ni état-major, ni canon! un seul canonnier à cheval m'attendait avec mon cheval. Pendant un quart d'heure qu'avait duré mon absence, la marche d'un corps autrichien commandé par M. de Luzignan avait débordé le centre, en pénétrant par un point non défendu entre le centre et la droite de l'armée. Le général Saint-Cyr était allé là où était le vrai danger. Déjà nos communications avec nos derrières étaient interceptées par les éclaireurs autrichiens, quand le général à la tête des régiments débordés reprit l'offensive et arrêta l'ennemi. Les manœuvres que Saint-Cyr fit exécuter en cette occasion furent admirables d'ordre, d'à-propos et de précision ; il parvint à rendre libre et à conserver la communication avec Gavi. Pendant ce temps la retraite s'opérait sur tout le reste de la ligne avec beaucoup d'ordre au corps du centre; mais au corps de gauche, l'ennemi parvint à pénétrer sur les derrières du côté de Pasturana. Une nombreuse artillerie y fut prise. Enfin, après plus de douze heures de combat, l'armée ou plutôt le centre et la gauche arrivèrent à Gavi ; puis la nuit survint qui empêcha l'ennemi de nous faire plus de mal : il avait probablement d'ailleurs aussi besoin de repos que nous. Ce soir-là je reçus encore du général Saint-Cyr une nouvelle mission assez importante ; il paraît que je lui avais plu. Avant d'arriver à Gavi, il m'envoya porter des ordres verbaux au général polonais Dombrowski qui commandait l'aile droite de l'armée, pour qu'il mît sa gauche en communication avec le corps du centre. J'avais au moins une lieue à faire à travers un pays non gardé par nos troupes et qui pouvait déjà être occupé par l'ennemi ; il fallait aller à vue de nez et ne pas se fourvoyer ; je réussis à souhait. Je remplis ma mission, j'entretins ensuite le général des événements malheureux de la journée, puis je rejoignis à Gavi le quartier-général. On était alors à table, j'y pris place sans me faire tirer l'oreille, et me dédommageai des fatigues de la journée par un repas qui, quoique modeste, me parut délicieux.

Cette désastreuse bataille nous coûta environ 8,000 hommes, savoir 5,000 tant tués que blessés et 3,000 prisonniers : et 36 pièces de canons avec leurs caissons, etc. Les généraux Pérignon et Grouchy y furent blessés et pris, et le général Colli, piémontais, tué, non compris le général en chef dont il a déjà été question.

La perte de l'ennemi en hommes ne fut pas moindre que la nôtre ; s'il eut moins de prisonniers, il eut aussi beaucoup plus de tués et de blessés. Nous lui prîmes les généraux Frœlich et Luzignan, et j'eus pour ma part du butin la lunette d'approche de ce dernier, qu'un grenadier me vendit cinq francs ; instrument excellent, que je conservai longtemps.

Jamais la valeur française ne se montra d'une manière plus brillante ; jamais elle ne fit preuve de plus d'opiniâtreté et de ténacité dans la défense ; mais l'attaque aussi était acharnée, le nombre devait l'emporter.

Par cette journée le sort de l'Italie était décidé ; il n'y avait plus à songer à reprendre l'offensive ; cette belle contrée appartenait sans conteste à nos ennemis ; nos communications avec la France étaient définitivement restreintes au littoral de Gênes à Nice, et la frontière française du côté des Alpes sérieusement menacée. Une nouvelle et prompte organisation et distribution des troupes pour garder au moins la ligne des Apennins devenait nécessaire. Le 29 thermidor (16 août), le personnel et le matériel de l'artillerie du centre rentrèrent au cantonnement de Campo-Marone ; nous n'avions perdu ni canons ni caissons.

Le 18 août, j'allai à Gênes, assister à l'enterrement du malheureux Joubert qu'on allait embarquer pour Nice, d'où il devait rentrer en France. Triste cérémonie ! les regrets étaient universels dans l'armée ; on supposait que, s'il eut vécu, les choses auraient mieux tourné.

Vers la fin du mois, on annonça que le 4ᵉ régiment d'artillerie à cheval, colonel Miquel-Perrier, allait rentrer en France et prendre garnison à Avignon. Je profitai des bonnes dispositions de ce chef pour moi, pour lui demander de l'accompagner. Il en obtint l'ordre et, dès ce moment, je fus dans le ravissement. Dans le même temps, le colonel m'apprit que le général Saint-Cyr ayant demandé pour moi le grade de chef de bataillon au général Moreau, et celui-ci ayant transmis cette proposition au ministre, ce dernier avait répondu qu'après les résultats déplorables de la bataille, le Directoire avait décidé qu'il ne serait accordé aucune faveur. Je me consolai en pensant qu'il me resterait toujours un souvenir honorable et flatteur de cette circonstance, et que d'ailleurs cela pourrait me servir plus tard. Je me trompais : l'occasion est une et veut être ravie. Je n'en devins pas officier supérieur un jour plus tôt.

CHAPITRE III

1799-1800

Séjour à Avignon. — Passage du général Bonaparte. — Duel.
Retour à l'armée d'Italie.

Enfin, le 3 septembre, nous nous mîmes en route pour Avignon. Le régiment devait suivre le littoral de la mer, à petites journées, jusqu'à Nice : le colonel préféra s'embarquer à Gênes, avec quelques-uns de ses officiers, moi du nombre, sur une bombarde de 6 canons. Vu de la mer, l'aspect de cette ville bâtie en amphithéâtre, au fond d'un golfe, sur le revers de l'Apennin, dont quelques sommets sont couverts de forts, offre un magnifique tableau, plein de vie, admirablement varié, riche de contrastes. A ce spectacle, j'ai reconnu que c'était à juste titre que Gênes était surnommée *la superbe;* ses marbres et ses palais m'avaient moins frappé.

Ainsi que dans un roman, notre traversée ne se passa pas sans événements. Je regrette, à ce sujet, d'avoir quelque chose à raconter, tant cela peut ressembler à un conte ; mais, en conscience, je ne puis sacrifier la vérité à une pareille crainte. Ce n'est pas une description que je veux faire, mais des faits que je veux rapporter, et je les tire d'une lettre que j'écrivis à mon père, aussitôt mon arrivée à Nice :

« Nous étions en pleine mer, à deux lieues environ de Vado ; des bâtiments anglais croisant dans ces parages nous firent la chasse, et sans la rade de Vado où nous nous sommes réfugiés à grand'peine, sous la protection du canon du fort de ce nom, c'était fait de nous. Nous allions faire un tour en Angleterre, sur les fameux pontons où l'on avait la barbarie d'entasser les prisonniers français. Sur ces entrefaites, pour la confirmation du proverbe : *un malheur ne va jamais seul*, un vent furieux, un orage s'élèvent ; les flots agitent violemment notre bâtiment ; l'ancre dérape ; nous sommes poussés dans la direction des rochers à pic qui bordent la côte ; les mouvements et les cris des matelots, se recommandant à tous les saints, sont effrayants, le désordre est à son comble ; nous sommes près d'échouer, quand une seconde ancre jetée à la mer prend fond heureusement et arrête la marche du bâtiment. Chose étonnante ! j'ai été fort peu ému de ce vacarme ; il me semble au contraire que je m'y complaisais ; sécurité qui venait peut-être de ce que, n'étant pas accoutumé à la mer, je ne pouvais apprécier le danger de notre position. »

L'orage qui avait failli nous être si fatal nous fut pourtant bon à quelque chose : le voisinage des côtes est dangereux en pareil cas ; les Anglais prirent donc le large, et quand le temps fut calme, ils n'étaient plus en vue. Nous continuâmes notre route sans faire désormais de mauvaise rencontre ; mais comme le vent n'était pas bon, nous n'arrivâmes à Nice que le quatrième jour. J'étais pour mon compte très fatigué de cette traversée, toute courte qu'elle ait été. Je n'étais pas malade précisément, je ne vomissais pas ; je mangeais les anchois, le stockfisch, le biscuit et l'oignon, comme un vrai marin, mais j'avais le cœur affadi, j'étais mal à mon aise. « J'en ai assez écrivais-je de Nice, j'ai eu la curiosité de connaître cette manière de voyager, mais l'envie ne m'en reprendra plus. »

Nous attendîmes deux jours à Nice l'arrivée du régiment et ayant trouvé là des aides-de-camp et officiers de l'état-major du général Moreau, entre autres le capitaine Guilleminot, nous y fîmes joyeuse vie, car la philosophie des militaires, à l'armée, est tout-à-fait celle d'Épicure : profiter du présent ; qui sait si nous serons demain ?

En passant à Fréjus, j'allai voir le cirque romain qui est assez bien conservé. — A Toulon, je visitai le port, je vis le vaisseau le *Généreux*, la frégate l'*Egyptienne* à bord de laquelle j'allai, et trois vaisseaux vénitiens. C'était la première fois que je voyais des vaisseaux de ligne ; j'ai admiré ces masses énormes et mobiles, ainsi que leur structure, sans être tenté toutefois d'en devenir l'habitant. Le port m'a paru très grand, très sûr et bien abrité, et les bâtiments de la marine immenses et remarquables.

Marseille est une des plus belles villes que j'aie vues, quoiqu'elle ait d'assez vilains quartiers. Son port, vaste et beau, était couvert de bâtiments marchands de toutes les grandeurs, étrangers et nationaux. J'ai regretté de n'être pas riche, j'y aurais fait de nombreuses emplettes ; il me semblait que tout y était à bon compte. Au reste, en arrivant, j'étais affecté d'un furoncle qui me faisait cruellement souffrir et tempérait un peu mon admiration.

Enfin j'arrivai à Avignon le premier vendémiaire, an 8 (22 septembre), au bout de 20 jours de marche, heureux de pouvoir enfin prendre assiette, après l'excessive agitation dans laquelle j'avais vécu depuis plusieurs mois, heureux surtout de me retrouver en France après tant de tribulations, de m'être rapproché de mes parents, et plus heureux encore de l'espoir d'aller les embrasser pendant l'hiver.

Après trois semaines de séjour dans cet ancien siège des Papes, j'écrivais à mon père : « Rien de remarquable ici ; on sort de chez soi sans but, on erre longtemps dans un désert pour ainsi dire, ou autour de ces petits remparts qui ne sont connus que par la place qu'ils tiennent dans la pièce du *Sourd ou de l'Auberge pleine;* ou bien l'on va sur le fameux pont, construit sur le Rhône, mais détruit aux trois quarts, chanter à tue-tête, en montant et en descendant, cette gamme si connue : *Je suis sur le pont*, etc... ; puis on rentre aussi peu avancé qu'auparavant, et le lendemain même vague, même ennui. C'est du repos, oui ; mais c'est végéter. »

Vers ce même temps, un incident imprévu vint mettre toute la population et toute la troupe en émoi. Un certain soir, le bruit se répand tout-à-coup et avec une singulière promptitude que le général Bonaparte arrive d'Égypte et entrera dans la ville dans quelques heures. Aussitôt toute la ville est en mouvement, la troupe prend les armes et l'on se porte hors des murs, sur la route par où doit arriver le héros de l'Italie et de l'Égypte. La foule était immense. A la vue du grand homme, l'enthousiasme fut à son comble, l'air retentit d'acclamations et du cri : « *Vive Bonaparte!* » et cette foule et ce cri l'accompagnèrent jusqu'à l'hôtel où il descendit. C'était un spectacle électrisant. A peine arrivé, il reçut les autorités et les officiers; c'était la première fois que je voyais cet être prodigieux. Je le contemplai avec une sorte d'avidité, j'étais dans un état extatique. Je ne le trouvai pas ressemblant aux portraits que j'avais vus de lui. Dès cette époque, on le regardait comme appelé à sauver la France de la crise où l'avaient jetée le pitoyable gouvernement du Directoire et les revers de nos armées. En parlant de lui, je disais alors : « Admirons la fortune extraordinaire qui le guide partout et regardons-le comme un dieu tutélaire, dont la présence va beaucoup influer sur les affaires politiques et sur les affaires militaires. » Les événements ultérieurs ont bientôt justifié ces prédictions.

Peu après, une crise de coliques néphrétiques, suivie d'une fièvre très forte, et une pleurésie me tinrent au lit et à la chambre pendant un mois. Cette maladie fut très grave. A quelque temps de là, une éruption se manifesta sur ma poitrine et mes bras : c'était une gale canine ! où l'avais-je gagnée ? je ne l'ai pas su. J'en fus tourmenté ; et elle ne céda qu'avec beaucoup de peine et de temps au traitement qu'on me fit subir. Enfin un rhume conditionné que je contractai au seul bal où j'allai pendant l'hiver, pour avoir eu le cou nu, sous un déguisement turc, me força pendant longtemps à un régime sévère. Voilà pour la santé : voyons si le tableau a été plus riant sous les autres rapports :

Aucun officier ne fréquentait la société ; j'ignore même s'il y avait des réunions dans ces temps malheureux. Nous étions tous dans le désœuvrement le plus complet, et moi-même, qui ai toujours aimé l'étude ou au moins à m'occuper, je m'étais laissé entraîner par l'exemple ; comme les autres, je passais la moitié de ma vie au café, moins pour consommer que pour m'associer à une partie de loto qu'on jouait en permanence de midi au soir et à laquelle prenaient part de nombreux habitués de toutes classes. Nous étions tous pauvres ; l'avidité du gain nous faisait exposer les quelques sous que nous avions et je suis honteux de me rappeler encore le bonheur que me causait le gain d'un quine.

Un jour, dans une de ces séances, un des joueurs, officier du régiment, avec qui je vivais en assez bonne intelligence, s'étant levé sans bouger de sa place, j'eus la mauvaise inspiration de reculer son tabouret en arrière. Le joueur, sans défiance, voulant se rasseoir, s'assit à terre tout naturellement. De là des rires, *inde iræ;* de là un duel. Mon adversaire voulait me pourfendre; mais moi qui n'entendais rien au maniement du sabre et qui ne me souciais nullement d'être balafré, je refusai cette arme et nous adoptâmes le pistolet. Le sort m'ayant donné l'avantage de tirer le premier, je ne voulus pas en profiter. J'étais le provocateur, à la vérité d'intention innocente, je ne me trouvais nullement blessé, je ne tenais pas du tout à attaquer l'offensé ; je tirai donc en l'air et m'effaçai pour recevoir le feu de mon adversaire en l'engageant à compter ce coup comme bon. A son tour il ne voulut pas profiter de l'avantage que je venais de lui faire et la chose en resta là. L'officier à qui j'avais affaire était le lieutenant Klié avec qui je ne continuai pas moins de vivre en bonnes relations. J'appris, en cette circonstance, qu'il y a des hommes avec qui il faut s'abstenir de plaisanteries, même innocentes, et que, quand on plaisante, il faut avoir grand soin de ne pas blesser publiquement l'amour-propre de personne ; cette leçon me fut profitable.

J'ai dit plus haut qu'à cette époque nous étions tous pauvres. Effectivement c'était la condition générale et cela tenait à ce qu'il était dû à l'armée un assez long arriéré ; que le peu qu'on touchait de loin en loin était aussitôt absorbé par les besoins courants. Il en résultait que nous avions des dettes de tous les côtés et, pour moi, c'était un grand souci, quoique je susse que je pourrais les payer.

Le mauvais état de nos armées et de nos affaires à l'extérieur laissait peu d'espoir d'obtenir un congé. Néanmoins j'en demandai un ou mon changement de destination pour aller à l'armée du Rhin. J'employai à cette négociation un monsieur Baron, mon compatriote ; il m'avait autrefois bien accueilli chez lui, comme ami de son fils, et, devenu sénateur par suite du 18 brumaire, il paraissait en crédit et en position de me servir. J'utilisai aussi, dans le même but, un de mes protecteurs de l'artillerie, mais ce fut inutilement ; à mon grand chagrin, je n'obtins rien, et mes parents et moi nous dûmes renoncer à nous voir. Je dus me résigner à végéter tristement à Avignon, au milieu des mauvaises habitudes que l'ennui, le désœuvrement, mon état de gêne et mes fréquentations avec des hommes qui n'avaient que le mérite d'être bons soldats m'avaient fait contracter.

Cependant la journée du 18 brumaire, en mettant fin à l'anarchie directoriale, avait reconstitué la machine gouvernementale sur de meilleures bases et lui avait donné plus de force. Dans l'intérieur, le calme et l'espoir avaient succédé aux troubles et au désordre ; à la frontière, les armées commençaient à sortir de l'extrême misère où elles avaient vécu pendant tout l'hiver, à se refaire et à reprendre courage. Tout annonçait que le retour de la belle saison amènerait celui des hostilités. Je compris que ce que j'avais de mieux à faire était de rejoindre l'armée ; j'en demandai l'ordre au colonel Miquel-Perrier qui me l'accorda et je fis mes dispositions de départ. A cette époque, un jeune colonel d'infanterie légère, dont le régiment appartenait à l'armée d'Italie et qui allait le rejoindre, M. Semélé, passa à Avignon ; il m'offrit de faire route ensemble, ce que j'acceptai avec empressement. Je venais de toucher une partie de mon arriéré, j'avais pourvu à mes principaux besoins, j'avais un bon et joli cheval provenant du chef d'escadron Floch, plus un cheval de domestique ; j'étais dans le ravissement de pouvoir quitter une ville où j'avais gaspillé, perdu six mois et demi de ma vie, sans que je pusse en emporter un souvenir intéressant.

Le 8 avril donc nous nous mîmes en route, le colonel Semélé et moi, nous dirigeant sur Nice et de là sur le quartier général de l'armée d'Italie qui était alors dans la rivière de Gênes, littoral du Ponant. Nous passâmes à Aix, Saint-Maximin, Draguignan, Grasse et Antibes. Cette route me laissa peu de souvenirs ; mon compagnon était un homme aimable, instruit, à imagination ardente, bon enfant enfin ; je ne trouvai pas le chemin long et fis peu d'observations locales. Je m'aperçus pourtant à Brignoles qu'on m'avait volé mes pistolets à l'écurie, ce qui me fit prendre en grippe la population provençale qui, effectivement, n'est pas aimable et était surtout alors très voleuse.

Arrivé à Nice, j'étais un peu à court d'argent ; mes chevaux m'avaient particulièrement beaucoup coûté. J'allais entrer dans un pays sans fourrage et conséquemment être embarrassé. Un chef de bataillon d'artillerie que j'avais connu à

Douai, M. Delaitre, m'offrit de lui laisser mes chevaux ; il se chargeait de les loger et de les faire pâturer dans l'enceinte des établissements d'artillerie ; j'acceptai vite, trop heureux d'une rencontre qui m'était si profitable.

Nice était alors en proie au typhus, et il y mourait beaucoup de monde : je m'en inquiétai peu, persuadé que l'indifférence est un puissant préservatif contre la maladie, et après deux jours et demi de séjour, j'en partis à pied pour Loano, où était le quartier général, laissant le colonel Semélé aller de son côté, suivant une autre direction. Le chemin était affreux, ce n'était que rochers et montagnes à gravir et à descendre ; il me fallut cinq jours pour le faire, quoiqu'il n'y eut que vingt-cinq lieues, et pour moi qui n'ai jamais été marcheur, ce fut une excessive fatigue.

Avant d'arriver à Menton, six lieues de Nice, on me fit voir Monaco, siège de la principauté de ce nom. Je souris à la vue de l'étendue des domaines du principicule. Je passai à San-Remo, Port-Maurice, Alacio et Albenga, admirant les beaux sites qu'offraient, à mesure que j'avançais, les parties basses du littoral, mais faisant partout maigre chère et m'applaudissant chaque jour davantage de n'avoir point mes chevaux avec moi.

CHAPITRE IV

1800-1801

Armée d'Italie. — Séjour à Milan, Turin et Mantoue.
Armée d'observation du Midi.

Je rejoignis le quartier général à Loano. Le général Bardenet à qui j'avais déjà été adjoint un instant, l'année précédente, commandait l'artillerie du centre de l'armée, sous les ordres du général Suchet ; il m'attacha de nouveau à son état-major ; c'était tout ce que je désirais.

Il faut dire ici quelques mots de la position de l'armée : sa droite était à Gênes, sa gauche au col de Tende et le centre à Loano. Le général Masséna la commandait. Depuis trois semaines, les Autrichiens, ayant repris l'offensive, s'étaient portés en force sur Savone, s'en étaient emparés et avaient ainsi coupé l'armée en deux et séparé la droite du reste.

Masséna, qui était à Gênes, se trouvait donc bloqué, tandis que le centre, qui avait sur les bras des forces supérieures, se retirait doucement et en faisant bonne contenance sur Vintimille. La position de Masséna était extrêmement aventurée ; on savait qu'il avait peu de vivres ; de nombreux croiseurs anglais sillonnaient l'entrée du golfe de Gênes, de manière à n'y laisser rien entrer ; tout annonçait donc qu'il ne tiendrait pas longtemps et serait obligé de se rendre. On ne connaissait pas encore toute la ténacité de ce chef intrépide. Pendant que j'étais à Loano, j'eus occasion de faire tirer d'une batterie à barbette que nous avions sur le bord de la mer, quelques boulets de petit calibre contre un vaisseau anglais qui s'approchait un peu trop de nous. Cela nous valut deux bordées qui ne firent aucun mal. C'était la première fois que je recevais une bordée; ce bruit d'une nuée de boulets qui passe au-dessus et autour de vous a quelque chose d'effrayant.

Nous partîmes le 25 avril de Loano pour nous retirer sur Albenga et successivement sur Nice, que nous fûmes aussi obligés d'évacuer le 10 mai pour repasser le Var. L'armée s'établit alors sur la rive droite de cette rivière qui forme la frontière de la France du côté de Gênes et du Piémont, et on construisit en hâte une tête de pont sur la rive gauche. Il s'agissait alors de défendre notre territoire contre une invasion; l'armée fut disposée en conséquence, et les habitants des campagnes eux-mêmes, peu jaloux d'avoir l'ennemi chez eux, prirent volontairement les armes pour défendre leur frontière. C'était le lieutenant-général Suchet qui commandait; il avait pour chef d'état-major l'adjudant-général Préval, officier de mérite qui aimait et traitait bien les artilleurs, parce qu'il avait été capitaine de canonniers volontaires. Le quartier général s'établit à Saint-Laurent-du-Var. Le dénuement de l'armée était grand; on ne pouvait voir rien de plus attristant que l'aspect de nos pauvres soldats : c'étaient des spectres ambulants; leurs figures, leurs habits, tout en eux faisait peur; mais sous ces dehors, sous ces guenilles, il y avait de l'âme; on sentait que tout n'était pas perdu. L'armée autrichienne, sous les ordres de Mélas, était au contraire bien pourvue et enhardie par ses succès.

Au bout de quelques jours d'installation sur le Var, les ouvrages de la tête de pont n'étaient encore qu'ébauchés; les Autrichiens se présentèrent pour l'emporter d'assaut. L'attaque eut lieu la nuit; elle fut vive, mais la défense fut encore plus opiniâtre et repoussa glorieusement trois assauts successifs. La pointe du jour survint bientôt après et éclaira le désordre des ennemis : les fossés et les approches des ouvrages étaient remplis de leurs blessés et de leurs morts. Mon général et moi, nous étions alors à Saint-Laurent-du-Var, à un petit quart de lieue de là. Au premier coup de canon, nous nous levâmes et nous courûmes à la tête de pont; les obus sillonnaient encore la route que nous suivions, mais bientôt le feu se ralentit et déjà tout était terminé quand nous arrivâmes. L'artillerie n'avait pas beaucoup souffert, et cependant les épaulements qui la couvraient étaient si peu épais que les boulets ennemis les avaient traversés en plusieurs endroits et avaient blessé quelques hommes. On répara vite le dommage et l'on perfectionna un peu cette ébauche de fortification, de crainte de récidive ; mais l'ennemi ne s'y frotta plus ; tout se borna à des coups de canon qu'il tirait quelquefois des hauteurs où il avait pris position, en face du pont. Cependant, il fit plusieurs fois des démonstrations qui laissaient craindre quelque attaque sérieuse ; un jour, entre autres, ces démonstrations furent appuyées par la flotte anglaise ; elle vint s'embosser à notre droite et nous lança plusieurs bordées qui sillonnèrent le front de notre ligne, mais causèrent en somme plus de peur que de mal. Une batterie de mortiers, construite sur le bord de la mer, à l'embouchure du Var, dans le but de tenir toujours à distance les vaisseaux hostiles, remplit parfaitement son but dans cette circonstance ; les Anglais ne tardèrent pas à s'éloigner. Cette batterie était commandée par mon bon camarade et ami, le capitaine Berthier, que je n'avais pas revu depuis la retraite de Novi.

Cependant, le premier consul Bonaparte ne perdait pas son temps. Tandis que nous escarmouchions tous les jours sans résultats, nous attendant à chaque instant à apprendre la reddition de Gênes, nous étions sinon désespérés, au moins persuadés que nos affaires militaires étaient dans le plus mauvais état. Mais l'armée de réserve qu'on supposait se former à Dijon s'était avancée sans bruit par Genève et le Valais et passait le Saint-Bernard, le 17 mai, ayant Bonaparte à sa tête.

Sa marche rapide, inattendue, magique, à travers les obstacles de tous genres qu'offraient les Alpes, l'avait de suite portée au centre de la Lombardie, avant que Mélas, qui était sur le Var, et Ott qui, pendant ce temps, entrait dans Gênes par capitulation, eussent fait un mouvement pour arrêter le torrent. Les rôles étaient changés : il y a quinze jours, ces généraux menaçaient de prendre Gênes et d'envahir la Provence, leurs succès les enivraient ; aujourd'hui, ce sont eux qui sont dans la position la plus critique ; les voilà tournés, obligés d'évacuer en hâte tout le pays qu'ils ont conquis pied à pied, et réduits à rallier toutes leurs forces pour tâcher de se faire jour à travers l'armée victorieuse et d'échapper ainsi à la honte d'être faits prisonniers. Etrange vicissitude des choses humaines !

Notre armée fut transportée de joie en apprenant tous ces prodiges. L'enthousiasme était à son comble et l'ennemi s'en fut ressenti si sa retraite à marches forcées ne l'eut soustrait à notre poursuite. Ce ne fut que le 26 mai que nous rentrâmes à Nice. L'armée continua immédiatement à marcher à travers les Apennins, se dirigeant vers les plaines du Piémont, pour se joindre au premier consul, et moi je restai à Nice avec la mission d'embarquer et d'expédier sur Gênes tout le matériel du parc de réserve. Il m'en coûta de la fatigue pour terminer cette opération, et, à peine fut-elle achevée, qu'il me fallut la défaire, c'est-à-dire opérer le débarquement du même matériel. Je reçus l'ordre de le laisser à l'arsenal de Nice et de rejoindre Milan avec le personnel du parc, et ce ne fut qu'au bout de trois semaines que je pus me mettre en route. Nous venions alors de recevoir des nouvelles de la victoire de Marengo et de ses immenses résultats. Je fus aise de parcourir ainsi le littoral, dit la rivière du Ponant, dont je ne connaissais qu'une partie, puisque l'année précédente c'était par mer que j'avais fait le chemin de Gênes à Nice. Je l'avais déjà vu jusqu'à Loano ; il me restait à voir Finale, Savone et Voltri, villes situées dans des sites riants ; malheureusement, le chemin était difficile et la chaleur extrême. J'arrivai à Gênes le 29 juin et y fis séjour. On ne s'entretenait alors que des misères du blocus que la ville venait de subir et de la conduite héroïque de Masséna ; mais déjà les traces de ces maux si récents avaient disparu, la ville, sinon le port, avait repris son mouvement habituel. Je revins et j'examinai avec attention ces belles et larges rues à maisons en pierre, mais crépies et peintes à l'huile, dont la variété et la fraîcheur des couleurs formaient un effet pittoresque, agréable à l'œil, et un contraste frappant avec la teinte sale, grisâtre, monotone et sévère des palais de marbre ; il me sembla qu'entre les uns et les autres il y avait la différence de ce qui est mort à ce qui est animé.

En passant à Novi, j'ai revu et parcouru avec intérêt notre ancien champ de bataille ; mais je n'y retrouvai que des souvenirs froids et plus de ces fortes émotions qu'on éprouve sur la scène si animée et si chanceuse d'un champ de bataille ; la différence est immense.

De Tortone j'allai jusqu'à Marengo pour visiter ces lieux où, trois semaines avant, le sort de l'Italie avait été disputé avec tant d'acharnement entre Bonaparte et Mélas, où Desaix, une des gloires de la France, avait reçu le coup mortel, où enfin la victoire avait terminé glorieusement cette campagne prodigieuse d'un mois. Les cadavres, recouverts de peu de terre y abondaient ; par les chaleurs de juillet c'était une infection, une peste.

A Pavie, j'allai voir le cabinet d'histoire naturelle, où l'on trouve les collections les plus curieuses.

J'arrivai dans cette grande et populeuse cité le 5 juillet. Le général de brigade Marmont commandait l'artillerie de l'armée ; il m'attacha au parc général d'artillerie, sous les ordres du colonel Villantroys. C'était un poste de transition, je n'avais rien à faire ; j'eus à me louer de l'accueil que me fit mon colonel, homme d'un mérite connu. Milan était un centre de mouvement ; j'y retrouvai beaucoup de mes anciens camarades et fis connaissance avec nombre d'autres.

L'anniversaire du 14 juillet fut l'occasion d'une fête et d'une grande revue des troupes, qui eut lieu sur le cours. J'assistai au défilé qui fut très long ; le concours de la population était immense et les équipages nombreux. Je vis ce soir-là le théâtre de la Scala tout illuminé à l'intérieur, circonstance qui arrive rarement à cause de la dépense considérable qui en résulte et des chances d'incendie. Ce luxe prodigieux d'éclairage d'une salle si vaste et d'ailleurs si riche de décors sur tout son pourtour, était d'un merveilleux effet.

Au milieu de toute cette gloire et de ces démonstrations d'allégresse, l'armée n'était pas encore tirée de misère. Le dénuement était grand et l'argent manquait ; le paiement de la solde se faisait toujours attendre, et il était impossible de vivre avec de l'arriéré. Je ressentais surtout cet état d'une manière fâcheuse, moi qui, depuis mon départ d'Avignon, n'avais cessé de répandre mes économies sur les routes ; j'étais au bout de mes finances et, dans la dispendieuse Milan, j'eus le déplaisir de nombreuses privations. J'étais sur le point de vendre un de mes chevaux pour sortir de cette position, quand je reçus l'ordre d'aller à Alexandrie pour y commander l'artillerie de la citadelle. Cet ordre ne me tirait pas de misère, mais il m'enlevait aux occasions fréquentes de dépenses et de tentations que m'offrait le séjour de Milan, et c'était beaucoup. C'est ici le cas de dire, avant d'aller plus loin, que l'Italie est un pays ruineux pour les militaires, parce qu'au logement près qu'ils ont chez les habitants ils ne reçoivent rien, absolument rien, chez leurs hôtes et que la vie y est chère.

Le 27 juillet, j'étais à Alexandrie. La citadelle, une des plus fortes du Piémont, est séparée de la ville par le Tanaro. J'y trouvai deux cents pièces de canon et du matériel proportionné, mais cela ne me séduisait pas; je me prévins tout d'abord contre la ville à cause du peu de ressources qu'elle présentait pour l'agrément de la vie, et de la chèreté des denrées, et parce que je n'aime point le caractère piémontais. Enfin je faisais les plus beaux raisonnements du monde pour me persuader que, quoiqu'il arrivât, paix ou guerre (nous étions alors en armistice), je ne pouvais avoir de poste plus détestable. « J'aimerais beaucoup mieux, écrivais-je, être dans une division active, en suivre tous les mouvements, en courir toutes les chances. » Je finis pourtant par m'y habituer, d'abord par résignation et parce que je suis d'une assez heureuse composition; plus tard, parce que j'étais reçu et bien accueilli dans la société qui se composait exclusivement des familles nobles du pays. J'avais avec moi un lieutenant d'artillerie, M. Vialet, homme du monde et répandu, qui contribua à me faire trouver quelque agrément dans ce séjour.

C'est là aussi que je fis la connaissance du lieutenant d'ouvriers Boussaroque que je devais retrouver longues années après et connaître dans l'intimité.

Le hasard me fit encore faire dans ma maison une assez singulière rencontre : dans une chambre voisine de la mienne logeait un lieutenant-colonel de hussards : en voisin et homme poli je lui fais une visite ; il me reçoit bien, nous causons longtemps et nous finissons par voir que nous sommes compatriotes. C'était un M. de la Tour, dont la terre n'était pas loin de Jonchery, homme âgé, mais infiniment gai et aimable. Je continuai à le voir fréquemment.

Nous étions au 12 septembre, l'armistice venait d'expirer, les négociations n'avaient rien produit, on allait recommencer à se battre. Il fallait donc renoncer à l'espoir de paix dont je m'étais bercé. Je m'indignai contre le cabinet autrichien et je déplorai le sort qui m'enchaînait à Alexandrie pendant que les hostilités allaient se rouvrir. Ma correspondance de cette époque est pleine des impressions que j'éprouvai dans cette circonstance; j'y retrouve au moins avec plaisir que la vie de garnison ne me convenait pas, qu'il me fallait celle des camps.

La crainte que j'avais de rester enseveli dans Alexandrie était vaine; on sut bien me retrouver. Je reçus l'ordre de rejoindre le quartier général, à Brescia, et le 22 septembre j'étais en route. Je pris ma direction par Plaisance et je revis en passant le champ de bataille de la Trébia. Ces bords, témoins muets d'un grand désastre, ramenèrent à ma pensée quelques tristes souvenirs.

Je ne fis que passer à Plaisance et à Crémone. J'étais pressé d'arriver à Brescia; je me rappelle seulement que je trouvai plein de charmes tout ce pays arrosé par le Pô.

Lorsque j'arrivai dans cette dernière ville, le quartier général allait en partir pour retourner à Milan; je le suivis immédiatement par Chiori et Cassano et le 2 octobre, j'étais arrivé. Je ne me rappelle pas plus de ce que j'ai vu pendant ces dix jours de route que de tableaux de lanterne magique, et cependant il y avait de quoi observer. Ce n'est probablement pas que j'aie été dans les indifférents et que j'aie manqué de curiosité, mais je ne sais pas m'extasier et rien de ce qui ne me frappe ni fortement, ni longuement, ne laisse de traces dans ma mémoire.

Ce qui venait de provoquer le retour du quartier général à Milan, c'était la conclusion de l'armistice qui avait été convenu le 20 septembre, à la suite des succès obtenus par l'armée du Rhin. Notre situation devenait de nouveau précaire, mais on n'était pas sans espoir qu'elle finirait par la paix.

Le général Marmont m'adjoignit à l'artillerie de la première division de réserve de l'armée, commandée par le colonel Fautrier et dans cet emploi, que je conservai pendant six semaines, je n'eus absolument rien à faire. Je profitai de ce repos pour visiter Milan et je gaspillai mon temps comme peuvent faire des jeunes gens, à bourse peu garnie, dans une grande capitale, c'est-à-dire en courses vagues plus souvent qu'en amusements. Je distinguai surtout et j'admirai beaucoup la cathédrale ou le Dôme, construite en marbre blanc et d'une magnificence que la seule basilique de Saint-Pierre de Rome peut surpasser. Je fréquentai tant que je pus le théâtre de la Scala, dont l'orchestre et les chants merveilleux me causaient un plaisir indicible. Les officiers avec qui j'avais le plus de relations étaient M. Desvaux, chef d'escadron ; Cotty, capitaine; Ardouin, capitaine, qui habitait la même maison que moi. Je revis là aussi le chef de brigade Demarçay, dont j'avais été l'adjoint à l'armée du Rhin, en 1797, lorsqu'il n'était encore que chef de bataillon. Ce chef, ayant été nommé à la direction d'artillerie de Turin, me témoigna le désir de m'avoir encore pour adjoint : j'avais toujours été très bien traité par lui ; il avait de l'amitié pour moi, je consentis à sa proposition et à ce qu'il fît la demande de mon changement. Bientôt en effet je reçus des ordres et me voici changeant encore une fois de destination.

Les hostilités devaient bientôt commencer ; l'idée que j'allais m'éloigner du lieu de la scène, au lieu de m'en rapprocher, eut quelque chose de déplaisant pour moi ; néanmoins, réfléchissant que j'avais fait mes preuves et que huit ans et demi de courses, de peines et de dangers, pouvaient valoir qu'on prît sans honte un peu de repos, je me calmai.

J'arrivai à Turin le 20 novembre. Cette ancienne capitale des ducs de Savoie et rois de Sardaigne avait alors pour gouverneur un Français illustre, le général Jourdan, dont la résidence était le palais des rois. Les principales autorités étaient françaises. Son arsenal, le plus beau qu'on connût, renfermait fonderie, poudrerie, forges, ateliers d'armes, ateliers de construction de toute espèce. Pour moi, qui n'avais pu m'occuper jusqu'alors des diverses branches du service du matériel et qui y étais étranger, c'était une riche mine à exploiter. Aussi, heureux d'avoir une si belle occasion de m'instruire, formai-je de beaux projets d'emploi de mon temps et des vœux pour passer là au moins l'hiver, quoiqu'à l'époque où nous vivions, il fût difficile de compter sur quelque chose de stable. Je logeai dans l'hôtel même de la direction d'artillerie, où j'avais un petit appartement commode, et je fus admis à faire table commune avec le directeur, M. Demarçay, moyennant un prix convenu pour ma pension. Quant à mes fonctions, elles se bornaient à une partie de la correspondance ; je faisais d'ailleurs à peu près ce que je voulais. Il eut fallu être difficile pour ne pas s'accommoder avec délices de cette position ; je ne m'étais jamais trouvé si bien : il n'y manquait même pas les agréments d'une société intérieure. M. Demarçay, très amateur du beau sexe, avait fait connaissance d'une certaine dame F..., femme fort jolie, autrefois admise aux faveurs du Roi, et aujourd'hui à la tête d'une maison agréable. Avec les Italiennes on va vite en besogne ; il suffit de leur plaire ; les maris ne sont point gênants. Madame F... était donc devenue comme dame et maîtresse du logis, et y passait plus de temps que chez elle. Gaie, gracieuse, aimable, elle était l'âme de notre petite société, et, à raison de ma position personnelle près du directeur, je partageais plus qu'un autre l'agrément qu'elle y répandait. J'allais quelquefois au théâtre, j'assistai aussi à quelques soirées, au palais chez le gouverneur, chez d'autres fonctionnaires, ou chez madame F... elle-même, et ainsi l'hiver se passa le plus doucement possible.

On travaillait beaucoup à l'arsenal, mais c'était à des réparations d'armes et de matériel; on ne faisait rien de suivi, excepté quelques opérations de fonderie; je ne pris donc là que des notions superficielles, sur diverses parties du service du matériel.

Les épisodes de l'époque furent un duel entre M. Demarçay et un chef de brigade, et un autre entre les capitaines Ricci et Griois, tous deux sans résultat fâcheux.

Cependant les événements politiques se déroulaient chaque jour plus graves, plus imposants. Après avoir compté pendant quelque temps sur le succès des négociations ouvertes pour la paix, on apprend tout à coup que l'armistice a été rompu à l'armée du Danube et les succès brillants obtenus à Hohenlinden par Moreau, le 3 décembre. Ainsi, adieu tout espoir d'arrangement; les têtes se montent, tous voudraient se trouver sur le théâtre des hostilités dont le renouvellement était fixé au 25 décembre pour l'armée d'Italie. Bientôt on apprend qu'elles ont en effet commencé, que l'armée a passé le Mincio entre Peschiera et Mantoue, que la victoire a été complète, que les Autrichiens ont perdu 15,000 hommes et 25 pièces de canon, et enfin que Moreau continue à avoir des succès et s'approche de Vienne. Tout cela tenait du prodige : et nous n'étions pas là! disions-nous, et nous étions désolés. Que nous manquait-il la veille ? rien ; chacun de nous était content. La trompette a sonné et nous voilà tous agités. Singulier et magique effet de l'éducation militaire et de l'amour de la gloire !

Au commencement de janvier 1801, les paysans de la vallée d'Aoste se mirent en armes et en pleine insurrection, et commirent des abominations. C'étaient les derniers efforts de la politique autrichienne dans ces contrées ; quelques troupes rétablirent l'ordre.

Dans le même temps, l'armée d'Italie, marchant de succès en succès, passait l'Adige et la Piava et suivait les Autrichiens sans relâche. Ainsi la monarchie autrichienne, si astucieuse dans sa politique, si lente à vouloir la paix, pressée et menacée à la fois par deux puissantes armées, celles de Moreau et de Brune, ne devait pas tarder à être punie de sa mauvaise foi, car plus un seul boulevard n'empêchait d'arriver à sa capitale, si elle ne se pressait d'accéder franchement aux conditions de paix qu'on lui proposait au congrès de Lunéville. Mais la gravité du danger ne lui permettait plus de temporiser ; le général Bellegarde signa le 16 janvier un nouvel armistice et la reddition aux Français des places de Peschiera et Ferrare, et plus tard, le 26 janvier, le comte de Cobenzel, à Lunéville, signa la remise de Mantoue. De pareils préliminaires ne laissaient plus douter que la paix fût prochaine, c'était une ivresse générale. Nous étions alors dans la saison du carnaval, toutes ces nouvelles ne contribuaient pas peu à en animer les plaisirs, il y avait bal sur bal. J'allai à quelques-uns, mais déjà je me donnais l'air de n'en prendre qu'à mon aise. « Je commence, disais-je à mon père, à les voir (les bals) de sang-froid et à revenir de la folie de danser. Avec l'âge, on devient mûr, les goûts changent, etc. (j'étais dans ma 24e année.) » Plus loin, à l'occasion d'un bal masqué qui devait avoir lieu chez le gouverneur, j'ajoutais : « Je ne m'y intéresse qu'un peu et je n'irai que pour la rareté du fait, car je n'ai jamais vu pareille fête. » On voit d'après cela combien, dès ce temps, j'étais peu ardent pour le plaisir. Définitivement, ma nature ne pouvait se passionner. Il y avait peut-être alors encore une raison qui m'expliquait ce peu d'empressement pour la société, c'est que je n'aimais pas les Piémontais qui en formaient le fond : je les trouvais causeurs importuns, fanfarons, tranchants, fourbes et me défiais même de leurs caresses : ils me rappelaient le *timeo Danaos et dona ferentes*.

Dans cet état des choses M. Demarçay reçut l'ordre tout à fait inattendu de se rendre à Mantoue, pour y commander l'artillerie, et me fit connaître que je l'accompagnerais. Cela me contraria un peu, parce que j'allais encore m'enfoncer dans l'Italie et que j'en avais assez de ce pays; cependant j'en pris vite mon parti. Le 20 février, nous étions en route et madame F... était du voyage. En France, en voyant chose semblable, on crierait au scandale, à l'abomination; en Italie, les mœurs sont différentes, on n'y fait pas attention. Je revis Milan et Lodi; je fis connaissance avec Codogne, ville où se font les meilleurs fromages, dits *de Parme*, et avec la petite place forte de Pizzighettone et je passai de nouveau par Crémone; j'étais tantôt à cheval, tantôt, mais plus souvent, dans la voiture de M. Demarçay, de sorte que je fis cette route aussi doucement que possible. Le 26 février, nous étions à Mantoue. Cette place, située au milieu d'un lac formé par le Mincio, est une des plus fortes de l'Europe. Il y avait de la besogne à prendre possession de l'immense matériel d'artillerie de cette forteresse, dispersé dans les ouvrages nombreux d'une fortification, dont le développement était d'une étendue prodigieuse. On en avait des inventaires, en allemand, mais inexacts, je fus chargé de tout reconnaître et tout inventorier. Je m'occupai de cette opération sans relâche, ne prenant de repos que le soir, et donnant peu d'attention à l'intérieur de la ville. Le général Miollis était gouverneur et cherchait à répandre de l'agrément dans la société : j'ai assisté chez lui à quelques soirées et entre autres à une dont une improvisatrice faisait les honneurs : je ne puis exprimer ce que j'ai éprouvé de surprise et d'admiration en l'entendant développer, avec une facilité qui n'hésitait jamais et dans un style brillant et plein d'harmonie, même en vers, un sujet quelconque que lui proposait qui voulait. Il y avait dans les gestes de cette femme, dans son accent, dans les éclairs de ses yeux et le jeu de sa physionomie, quelque chose d'inspiré qui me rappelait les sibylles et les prophétesses.

Il y avait alors à Mantoue des compagnies de mon régiment, le 5e d'artillerie à pied ; les jeunes officiers de ces compagnies, au nombre desquels étaient les lieutenants Aubert, Mabru, Albiat, Moisson, me reçurent merveilleusement, avec autant d'effusion et de cordialité que si j'eusse été un ami d'enfance;

et pourtant, à l'exception de Mabru, je n'en connaissais aucun. Il y avait bien un peu d'esprit de régiment dans cette réception, esprit de tradition et idéal plutôt que réel, car un régiment d'artillerie à pied, à cette époque, était comme une fiction, un être qui était partout et nulle part et dont les membres dispersés ne se réunissaient jamais; mais il y avait surtout de l'esprit d'école. Alors, les officiers sortis des écoles étaient peu nombreux et disséminés au milieu d'une masse d'autres officiers, sans éducation, sans instruction, troupiers renforcés, peu aimables avec les jeunes gens dont ils étaient jaloux. Partout où ces derniers se rencontraient, ils se faisaient fête; or, outre que j'étais officier de même origine qu'eux, j'étais le plus ancien du régiment et capitaine, et, de plus, mon nom était déjà connu d'eux par mes services. Quoi qu'il en soit, j'ai été sensible à leur accueil.

Je terminais à peine mon inventaire et j'entrevoyais avec plaisir le moment où je pourrais au moins disposer de quelques instants, lorsque je reçus un ordre de service pour l'armée d'observation du Midi. J'en fus contrarié; je me voyais avec peine obligé de rentrer dans la péninsule italienne, et puis je trouvais que j'avais été assez ballotté depuis un an, et qu'il y avait une sorte d'injustice à tomber ainsi toujours sur le même officier, ce qui constituait un triste privilège pour celui qui servait bien.

CHAPITRE V

1801-1802

Florence. — Rome. — Naples. — Ile d'Elbe. — Siège de Porto-Ferraio. Rentrée en France.

Le 27 mars, je quittai donc M. Demarçay et madame F..., avec qui j'avais eu de douces et déjà de longues habitudes, et je leur donnai des regrets. Le temps était beau, un soleil de printemps vivifiait le pays que j'avais à traverser, ce voyage était une vraie promenade. Je passai le Pô sur un bac, et me dirigeai ensuite par Saint-Benedetto, Modène, Bologne, Loiano et Barberino. Ces deux dernières villes sont dans les Apennins et les quinze lieues qui séparent Bologne de Barberino offrent une nature sauvage et parfois tourmentée. On m'a montré en passant un reste de volcan. En se rapprochant de Florence, dès qu'on arrive sur les derniers points culminants d'où l'on n'a plus qu'à descendre dans la vallée de l'Arno, le tableau change, la vue devient ravissante, la nature s'anime et s'embellit à chaque pas ; mon cœur, qui était comme oppressé par la sauvagerie des lieux que je venais de traverser, se dilatait avec une sorte d'extase que je n'oublierai jamais.

Le 1er avril, j'entrai à Florence que j'avais quittée depuis vingt-deux mois, mais qui était pour moi comme une nouvelle ville, tant j'avais peu emporté de souvenirs du rapide passage que j'y avais fait en 1799. Murat y avait son quartier général ; le général Dulauloy commandait en chef l'artillerie, ayant pour aides de camp les capitaines Le Noury et Sirodot, et pour chef d'état-major le chef de brigade Navelet. La paix venait d'être signée avec la reine de Naples, Carolina, et l'armée n'avait plus qu'à attendre dans la position où elle était la conclusion de la paix générale dont on traitait au congrès d'Amiens, circonstance agréable que je sus apprécier. Je me retrouvais donc avec le général Dulauloy et mon ami Sirodot que je n'avais pas vus depuis Douai ; cette rencontre et le plaisir d'avoir quelque temps à passer dans cette ville si célèbre, si riche de souvenirs, de monuments et d'objets d'art, si délicieuse par son climat et par la beauté et la fraîcheur de la campagne au milieu de laquelle elle est située, me dédommagèrent de mon déplacement ; j'oubliai vite Mantoue.

Lorsque j'arrivai, le travail de l'état-major était réparti entre les capitaines qui m'avaient précédé ; on ne m'assigna donc point de fonctions, j'avais le rôle de disponible. Ce rôle m'allait, mais ne dura pas longtemps ; assez cependant pour que j'aie pu assister à un bal chez madame Murat, bal nombreux, superbe. Dès le 11 avril, je reçus la mission d'aller en poste à Ancône pour une affaire de service, concernant un crédit considérable que l'artillerie avait sur le payeur de cette place. Me voilà donc courant à franc étrier et à toute selle et tenant à honneur de remplir ma mission dans le moindre temps possible. Il fallait traverser un pays qui était tout en armes et en complète insurrection trois mois avant. Le général Miollis avait été obligé d'y combattre pour rétablir l'ordre ; ce pays était encore infesté par quelques bandes de brigands ; ainsi, comme par une fatalité qui s'attachait à ma personne, j'étais lancé encore une fois dans les chances aventureuses que j'avais courues en 1798 et 99 dans les Abruzzes et le pays de Gênes, rivière du Levant. En arrivant à la poste de Cortona, j'étais si exténué et de la chaleur et d'avoir passé la nuit en route, qu'il me fut impossible de continuer à courir sans me reposer un peu. Je savais qu'il y avait dans la ville un capitaine d'artillerie ; j'y montai péniblement, car Cortona est sur une hauteur assez élevée et je trouvai chez mon camarade une franche et gracieuse hospitalité ; un verre de punch me mit à même de reprendre la selle au bout de deux heures. Je fus bientôt sur les bords du lac de

Trasimène, puis je passai à Pérugio et de nuit à Foligno et Macerata. A la pointe du jour, j'étais entre Macerata et Loretto, au milieu des montagnes et des bois, suivant, à moitié endormi, mon postillon : tout d'un coup mes yeux sont frappés par la vue de certains corps qui étaient suspendus aux arbres des deux côtés de la route. Qu'est-ce que c'est ? à peine faisait-il clair et pouvais-je distinguer. J'approche, ô horreur ! ce sont des hommes mutilés, des bras, des jambes qui m'apparaissent : ma surprise est grande. Mon postillon qui s'en aperçoit me met de suite au courant : ces lambeaux, ces débris humains provenaient de voleurs ou plutôt de brigands qui avaient, quelque temps auparavant, dépouillé là, sur ces lieux mêmes, et assassiné une famille anglaise qui voyageait en berline.

A Loretto, je m'arrêtai quelques instants pour visiter la Santa-Casa, célèbre sanctuaire de Notre-Dame ; ce sanctuaire et l'église où il est, ne sont remarquables que par leurs richesses en argent et pierreries. Non loin de cette petite ville, lorsqu'on arrive sur les points culminants des contreforts des Apennins qui s'avancent jusqu'à la mer Adriatique, on jouit d'un point de vue immense et magnifique, au milieu duquel apparaissent Ancône et sa citadelle assise sur un rocher que bornent à l'horizon les eaux du golfe.

Je restai près de deux jours à Ancône, pendant lesquels je visitai le port, le môle, la citadelle et la cathédrale, où je ne trouvai rien qui provoquât l'admiration. Je me disposais à partir pour retourner à Florence, quand je reçus l'ordre de me rendre à Rome, où je devais rejoindre le général Dulauloy. J'en fus enchanté ; reprenant donc la route que j'avais suivie en venant, jusqu'à Foligno, je me dirigeai, à partir de cet endroit, sur Rome. J'étais si empressé d'arriver, qu'à peine si je remarquai en passant les villes de Spoletto, Terni, Narni et Népi. En approchant et à une lieue environ de Rome, je vis sur la droite de la route un monument tumulaire sur lequel s'élevaient trois espèces de petites pyramides en ruines ; c'était, me dit mon postillon, le tombeau des Horaces. Plus loin, suivant le même, une autre ruine était le tombeau de Néron. Ce fut un dimanche soir, 18 avril, après une magnifique journée, que j'arrivai à Rome par la porte du Peuple. La route, jusqu'à un mille de la ville, était couverte de promeneurs des deux sexes qui paraissaient ébahis de voir un officier français couvert de sueur et de poussière courir ainsi à franc étrier. Ils supposaient probablement que j'étais porteur de dépêches importantes pour le gouvernement du Saint-Père, et moi que cette idée rendait fier, j'augmentais encore l'allure de mon cheval, comme si mon air pressé devait me rendre plus intéressant. Niais que j'étais, j'aurais dû plutôt ralentir ma course et examiner à mon aise cette population endimanchée, où je crus entrevoir des groupes de belle et élégante tenue et de jolis visages. L'entrée par cette porte a quelque chose de grandiose, d'imposant et de vraiment digne de l'ancienne capitale du monde : j'en ai été frappé d'admiration. Je descendis à l'hôtel d'Espagne, place d'Espagne, rendez-vous qui m'avait été donné. Mon général n'y arriva que quelques heures après, amenant avec lui mon ami Sirodot que je me réjouis beaucoup de voir.

Le général me dit que, chargé d'une mission politique à Naples et de faire une tournée dans les ports du royaume, il m'avait choisi, moi second, pour l'accompagner. C'était tout ce qui pouvait me flatter le plus : explorer Rome, Naples et le pays de Naples, avec un homme haut placé et d'esprit, comme le général Dulauloy, c'était vraiment superbe. Malheureusement je n'avais que ma garde-robe de course, cela devait me priver de figurer dans certains cas solennels près du général. Ainsi, dès le lendemain, je dus être dispensé d'assister à l'audience que le Saint-Père donna au général. Pendant quatre jours que nous restâmes à Rome, nous fûmes occupés du matin au soir à visiter ce que cette ville a de plus intéressant, monuments anciens et modernes, musées, galeries, ateliers de statuaires, de peintres, de lapidaires. Un cicérone instruit nous accompagnait et nous donnait tous les détails historiques et d'art qui concernaient les objets que nous voyions ; toutes les portes nous étaient ouvertes ; il était donc difficile d'être en meilleure position de bien voir. J'étais tout yeux, tout oreilles et dans un état continuel d'admiration, de surprise et de sensations agréables ou mélancoliques. Je n'essaierai point de redire ce que j'ai vu et ce que j'ai senti ; assez d'itinéraires rapportent tout ce qu'on peut voir ; et quant aux sensations, c'est sur les lieux et à l'instant même qu'il faut les exprimer ; se succédant si rapidement et d'une manière si variée, les traces de la plupart devaient être fugitives. Ce que nous ne vîmes point dans ces quatre jours, nous nous proposâmes d'y consacrer quelques instants à notre retour.

De Rome à Terracine nous avons été escortés par quelques gendarmes romains, triste nécessité de tous les temps, auprès de la capitale du monde chrétien, et dans un pays où les moines pullulent! c'est qu'aussi là l'oisiveté est dans les mœurs; c'est qu'au lieu de pratiquer cette sage maxime : « *Aide-toi le ciel t'aidera* », par une fausse interprétation du précepte évangélique qui commande confiance en la Providence, on compte beaucoup trop sur elle, et, dans l'attente d'un bien ou de secours qui n'arrivent pas, on devient mendiant ou brigand. Indépendamment du danger des voleurs, en traversant les marais pontins, il y avait encore celui de l'insalubrité du pays : il suffisait, disait-on, d'y passer pour y prendre la fièvre, surtout en été, et déjà il faisait très chaud. Les préservatifs étaient du rhum et des citrons; le général s'en était pourvu; nous n'eûmes pas le plus léger frisson. Les marais pontins ont leur niveau au-dessous de celui de la mer dont ils sont séparés par des monticules qui ressemblent assez à des dunes. Les eaux qu'y déversent les échelons inférieurs de la chaîne des Apennins, au pied desquels sont situés ces marais, n'ont donc point d'écoulement possible dans la mer : de là, l'impossibilité de les dessécher. De grands travaux ordonnés par Pie VI et consistant en de nombreux creusements de fossés, avaient pourtant déjà amélioré une partie du sol en l'élevant. On remarquait au milieu du terrain enlevé aux eaux quelques habitations construites en pierre et avec une sorte de luxe : c'étaient des fermes dont le Pape avait fait les frais. Tous ces travaux honoreront le règne de Pie VI à jamais. Puissent-ils être continués pour assainir, peupler et féconder ce sol homicide ! malheureusement ce n'est point la terre qui manque aux bras, dans les environs de Rome, et il paraît naturel de s'occuper de la culture des bons terrains avant de songer à celle des mauvais.

A Terracine, nous nous arrêtâmes quelques instants dans une auberge dont la mer baigne les murs, tout au bout de la ville.

A mesure qu'on s'approche de Naples, le pays semble s'embellir et la nature devenir plus riante. Nous atteignîmes cette capitale le 24 avril, et nous descendîmes à l'hôtel des Ambassadeurs, sur le bord de la mer, vis-à-vis le château de l'OEuf. Nous y trouvâmes le général Mathieu Dumas, arrivé comme ambassadeur de France depuis très peu de temps, avec plusieurs jeunes officiers et diplomates dont l'un était un Périgourdin que j'avais connu au collège de Reims. Du reste, point d'autres Français dans la ville, nous étions les seuls. La reine Caroline était alors en Sicile, elle avait remis tous ses pouvoirs au célèbre ministre Acton; c'est avec lui que mon général eut à conférer pour l'objet de sa mission. La ville avait un aspect triste et morne; elle se ressentait encore profondément de la sanglante réaction qui, l'année précédente, avait fait tomber tant de têtes sur l'échafaud, et entre autres avait répandu le deuil dans toutes les principales familles de la noblesse; à chaque pas on rencontrait des personnes vêtues de noir; les théâtres étaient fermés. L'époque n'était donc pas favorable pour juger de la vie et du mouvement habituels de Naples; mais l'essentiel pour nous était de n'être exposés à aucune avanie de la part des lazzaroni, et, sous ce rapport, nous eûmes bientôt toute sécurité.

La mission du général Dulauloy ne l'occupait pas beaucoup et ne nous donnait que peu de besogne à mon collègue Sirodot et à moi. Ainsi notre travail consistait à prendre les calques des plans des places fortes du royaume où nous avions des troupes, comme Tarente, Otrante, Brindisi, Bari, Lecce, etc. Ces plans nous avaient été prêtés par le ministère de la Guerre et à ce propos je dirai qu'ils étaient incomplets et peu soignés. Nous y consacrions le temps dont nous pouvions disposer, sans que nos explorations au dehors en souffrissent. Comme il y avait beaucoup à voir, nous sortions deux fois par jour, le matin et le soir, et, pour ne pas perdre de temps, une voiture était toujours à notre disposition. De dix heures du matin à quatre nous déjeunions et faisions au besoin la sieste. De cette manière nous eûmes bientôt parcouru, à l'est de la ville, Portici, Herculanum, Pompéia et le Vésuve.

A Portici, nous visitâmes le palais du roi et le musée des antiques, renfermant une foule d'objets curieux, de petits meubles, d'instruments, d'ornements, de bijoux provenant des fouilles de Pompéia. On nous montra entre autres un morceau de cendres du Vésuve, presque à l'état de pierre, contenant le moule parfaitement conservé du sein d'une jeune fille, qu'on a trouvé, à Pompéia, dans la cave de la grande et belle maison de Marius Diomède. On distinguait sur ce moule l'empreinte du tissu de la toile qui recouvrait le sein. On suppose que cette jeune fille aura été surprise et entourée par la cendre, lors de l'éruption qui a enseveli cette ville. La présence d'autres squelettes dans cette cave indiquait d'ailleurs que d'autres victimes y avaient également succombé. Cette empreinte, le souvenir qui s'y rattache, cette fin si déplorable, cette catastrophe épouvantable, tout cela m'a profondément ému, plus que tout le reste du musée.

A Herculanum, j'ai vu à la lueur des torches une partie de l'intérieur du théâtre, où j'ai distingué de belles colonnes d'avant-scène dans un vaste souterrain dont la faible clarté de nos torches pénétrait à peine l'obscurité et la profondeur, et j'ai moins admiré cette construction que la persévérance des efforts et des travaux qu'il a fallu faire pour la dégager de la masse de lave où elle est ensevelie.

Le temps que nous ne donnions pas aux courses extérieures nous l'employions dans l'intérieur de la ville à voir ce qu'elle offre de plus intéressant ; ainsi le palais et les établissements royaux, les places, la galerie de tableaux du château. Aussi l'église où est la tête de saint Janvier et où s'opère annuellement le miracle de la liquéfaction du sang de ce saint, devant la stupide et superstitieuse tourbe des Lazzaroni, qui a la plus aveugle confiance dans la vertu miraculeuse de la relique et sa protection. Nous avons aussi visité le célèbre théâtre Saint-Charles, mais on n'y jouait pas, nous n'avons pu qu'à peine en mesurer la grandeur, à travers la presque obscurité qui régnait dans cette solitude. Au fond du théâtre, on nous a ouvert des jours donnant sur la mer, dont on nous a dit qu'on tirait grand parti pour l'effet de certaines décorations.

Nos soirées se passaient dans la société des secrétaires et jeunes gens attachés à l'ambassadeur français et nous menions joyeuse vie.

Il y avait alors à Naples une garnison russe ; nous assistâmes à une parade sur la place du palais ; à la manière de marcher des Russes et de porter leur jambe en avant en levant la pointe du pied, on les eut pris pour de vrais automates. C'était M. le général baron de Damas, émigré français au service de la Russie, qui les commandait ; mon général lui fit une visite et je l'accompagnai. M. de Damas était un homme aimable, aux belles façons ; sa conversation était un peu maniérée, prétentieuse.

Du reste, hormis deux dames de la famille des princes de Pignatelli dont nous eûmes occasion de faire la connaissance, et nos cicéroni, nous n'eûmes de relations avec aucun habitant.

Le général Dulauloy voulant continuer sa mission se mit en route, le 3 mai, pour aller visiter les places fortes de la Pouille et Tarente. Le pays était peu sûr, on nous donna une escorte de dragons napolitains, commandée par un jeune officier français, émigré, M. de Bombelles. Madame Soult, femme du général de division qui commandait le corps français dans la Pouille, et dont le quartier général était à Tarente, se joignit à nous ; nos deux voitures marchèrent donc de conserve. Nous passâmes par Avellino, Ariano, Cérignola, Cannes, Barlette, Bari, Gravina, Tarente, Lecce, Brindisi, Otrante, toutes villes mal bâties, sales, d'un aspect et d'un séjour désagréables. A l'exception des environs des villes et des villages et d'une partie du littoral de l'Adriatique, la campagne est nue et sans culture ; l'œil s'y promène sur d'immenses plaines sans trouver un objet sur lequel il puisse s'arrêter ; c'est une répétition de de la Champagne pouilleuse.

Nous fîmes bonne compagnie à madame la générale Soult jusqu'à Tarente, où elle rejoignit le général. C'était une aimable dame, d'origine allemande. Le général nous fit accueil ; nous restâmes trois jours dans cette ville, mal logés, et au milieu d'une population pauvre et sale par excellence. C'est le pays des tarentules ; je n'en ai point vu. Le port était à peu près désert. Le pont qui lie la ville à la terre ferme est extrêmement long. Du haut, la marée, peu sensible dans ces parages, se remarque facilement par la différence de direction du courant, suivant que la marée monte ou baisse.

Lecce a un peu plus l'air d'une ville que les autres bicoques dont j'ai parlé. Le général qui y commandait nous a donné une petite fête où nous avons vu bon nombre de dames, sinon jolies, du moins très gaies, et paraissant ardentes pour le plaisir. J'y ai dansé une sorte de Montferrine d'un mouvement animé, dont je me suis toujours rappelé l'air.

Otrante est une bourgade sur l'Adriatique. C'est le point de l'Italie le plus rapproché des côtes de la Grèce, qui n'en sont qu'à douze lieues environ.

J'ai vu Brindisi avec un véritable intérêt : c'étaient là que s'embarquaient les Romains et leurs armées pour aller en Grèce. Dans le port, il y avait bon nombre de bâtiments, et entre autres le vaisseau le *Généreux;* nous l'avons parcouru en chaloupe.

Enfin, après quinze jours d'absence, quinze jours de courses très fatigantes à cause de l'extrême chaleur, et parce que j'en fis une partie à franc étrier, je rentrai à Naples, le 18 mai, heureux de pouvoir un peu reprendre haleine et me reposer.

Nous y restâmes encore quelques jours pendant lesquels nous achevâmes nos explorations. Les théâtres s'étaient rouverts depuis notre départ, nous y passâmes une partie de nos soirées, entendant de l'excellente musique. A cette époque, j'écrivais à mon père : « Quel est pour moi le résultat de tant de voyages? c'est qu'après avoir beaucoup vu, beaucoup observé et comparé, je ne trouve rien qui soit préférable à notre belle France. »

Je suis aise de retrouver dans ces lignes une manière de voir qui n'a jamais varié. C'est qu'au fond le bonheur ne consiste pas dans une suite d'émotions et de sensations fugitives, qui s'offrent l'une l'autre et laissent toujours quelque chose à désirer, mais dans la paisible jouissance d'habitudes douces, et de relations agréables, qui suffisent à la plupart, et modèrent les désirs. Or, quel pays mieux que la France peut procurer ces habitudes et ces relations?

Nous partîmes de Naples le 24 mai et ne nous arrêtâmes à Rome, cette fois, que pour y coucher. Le 29, nous étions à Florence, mais je n'étais pas au bout de mes fatigues. Il arriva que des raisons obligèrent le général Dulauloy à partir presque immédiatement pour Paris : il se mit donc en route dès le surlendemain, et se dirigea sur Modène, en passant par Pistoïa sous l'escorte de quelques canonniers à cheval, et, à sa sollicitation, j'accompagnai sa voiture et ses équipages jusqu'à Modène, faisant route avec le capitaine Le Noury dont la conversation aimable et piquante m'empêcha de trouver le temps long. De Modène je revins à Florence par Bologne ; je connaissais moins cette route que celle par Pistoïa que je venais de faire pour la seconde fois, je la préférai.

Le 4 juin, je rentrai à Florence et je commençai à y prendre une assiette un peu stable. Le colonel Navelet commandait l'artillerie du corps d'armée depuis le départ du général Dulauloy, et le capitaine Beaufranchet était sous-chef d'étatmajor. Je n'eus absolument rien à faire qu'à me présenter une ou deux fois par jour au bureau ; j'étais tout simplement disponible, et l'on verra bientôt que cette qualité me conduisit loin. Libre donc de presque tout mon temps, je l'employai à visiter les établissements publics, les promenades et les cabinets.

J'avais d'ailleurs peu de relations avec les habitants du pays ; hormis mon hôtesse, femme d'un esprit cultivé et un peu tranchant, quelques personnes que je voyais chez elle, et la famille d'un jeune peintre dans laquelle j'ai eu quelque agrément, je ne connaissais personne.

Mes soirées, je les passais régulièrement au théâtre, au milieu d'une excellente musique.

Cependant la paix signée à Lunéville avec la maison d'Autriche et celle conclue avec la reine de Naples permettaient déjà au ministère de faire exécuter des mouvements de troupes relatifs à une nouvelle répartition. Les régiments qui devaient rentrer en France étaient désignés ; le 5ᵉ régiment d'artillerie dont je faisais partie était de ce nombre et de plus, je savais que tous les officiers détachés de ces régiments allaient recevoir l'ordre de les rejoindre. Je me livrais donc à l'espoir bien doux de mon prochain retour, lorsque tout à coup je reçus une mission qui devait bouleverser tous mes projets. Voici à quelle occasion : par le traité de paix conclu avec la reine de Naples, la portion de l'île d'Elbe qui lui appartenait et entre autres les places et ports de Porto-Longone et de Porto-Ferraio devaient être remis à l'armée française. Lorsque les troupes destinées à l'occupation de ces places se présentèrent, Porto-Longone leur fut effectivement remis, mais le gouverneur de Porto-Ferraio était anglais, il ne voulut pas se soumettre aux conditions du traité. Force fut donc d'entreprendre le siège de cette place et à cet effet je fus envoyé au fort de Porto-Ercole pour y prendre le matériel d'artillerie nécessaire, l'embarquer et le diriger sur Porto-Longone. Là se bornait ma mission ; jusque-là il n'y avait pas trop de mal, au plus un mois de retard pour ma rentrée en France. Néanmoins, je ne quittai pas sans regrets la douce position à laquelle cinq à six semaines de jouissance m'avaient accoutumé. Me voici donc en route pour Orbitello, petite ville voisine de Porto-Ercole et où je devais m'installer tant que durerait mon opération.

Il y a quarante lieues de Florence à Orbitello ; je les fis en sept jours, en passant par Sienne, Pari, Daltignano, Grossetto. Ces trois derniers bourgs ou villages sont dans ce qu'on appelle les Maremmes, pays marécageux, malsain, peu habité, qu'on peut à peine traverser sans y prendre la fièvre, et pourtant riche de moissons, du moins dans la partie que j'ai vue. Je m'étais pourvu de citrons comme préservatif de la fièvre, et cependant, en passant, je n'ai pu me défendre d'un léger frisson qui n'a pas eu de suites.

Le 21 juillet, j'arriverai à Orbitello et me mis de suite en relations avec le commandant de Porto-Ercole, mauvais petit fort, situé à un quart de lieue d'Orbitello, sur un rocher dont la mer baigne le pied. Il fallut à grand'peine en descendre l'artillerie, mais il fut surtout difficile de mener les canons de siège sur la plage où devait se faire l'embarquement. La distance n'était pas longue, environ 200 toises, mais ce n'était que bois et sables et je n'avais ni chevaux, ni porte-corps ; les pièces devaient faire ce trajet montées sur leurs affûts, affûts lourds, à essieux en bois, et à moitié vermoulus. Dans le bois au milieu duquel j'étais, il y avait beaucoup de buffles sauvages ; je parvins à en faire prendre une douzaine par les paysans que j'avais requis, gens habitués à se servir de cet animal, et on les attela. Les buffles sont doués d'une force incroyable, mais têtus ; l'art consiste à les employer avec ensemble ; or, mes paysans ne laissaient rien à désirer sous ce rapport et entendaient parfaitement le maniement de l'aiguillon. Je parvins donc avec de grands efforts à réunir tout mon matériel sur la plage en question. Bientôt arrivèrent une frégate, l' « *Egyptienne* », je crois, et quatre bâtiments de transport convoyés par elle, et on s'occupa de l'embarquement, qui ne fut pas long, grâce à l'adresse des marins et aux ressources qu'offrait la frégate ; grâce surtout au désir qu'avait le capitaine de ce bâtiment, qui pour venir, avait échappé à la vue des croisières anglaises, de ne pas stationner là longtemps.

Pendant les 15 jours que dura cette opération, je revenais

tous les soirs à Orbitello, où j'étais passablement logé et bien accueilli par les dames de la maison.

Après dix à douze heures d'un travail tuant, par l'excessive chaleur qu'il faisait alors, j'étais aise de me reposer le soir, de prendre le frais au milieu de ces braves gens. Orbitello est sur le bord d'un grand lac salé, sans communication apparente avec la mer, et où les anguilles fourmillent. On me procura le plaisir d'une pêche aux flambeaux qui m'intéressa beaucoup. Des anguilles sans nombre, attirées par la lueur, venaient à la surface de l'eau ; on leur lançait un trident en fer longuement emmanché et on en prenait ainsi une quantité prodigieuse.

Jusque là tout allait bien : beaucoup de fatigue dans le jour, agréable délassement le soir, espoir de retourner prochainement à Florence ; ma condition était très supportable : mais voilà qu'un beau jour je reçois du général de division Vatrin, qui commandait à l'île d'Elbe et avec qui j'étais en relations à l'occasion de l'objet de ma mission, l'ordre de me rendre dans l'île avec le matériel que j'y expédiais, ordre motivé sur ce que j'avais été mis à sa disposition par le commandant de l'artillerie de l'armée. C'était là une pilule de difficile digestion, néanmoins il fallait obéir. Le capitaine de la frégate avec qui j'étais très bien me proposa de me prendre à son bord, mais j'avais un pressentiment de ce qui lui arriverait, et puis j'avais mes chevaux avec moi, je remerciai.

Quinze jours s'étant ainsi passés et l'embarquement fini, les bâtiments levèrent l'ancre et mirent à la voile, et moi j'enfourchai mon cheval et me dirigeai, en suivant le littoral, sur Piombino, d'où je devais passer dans l'île. J'avais 26 lieues à faire, je mis deux jours en passant par Grossetto et Castiglione. Dès le premier jour, à peine avais-je marché six heures, j'entendis une canonnade en mer ; elle dura moins d'une demi-heure et puis je n'entendis plus rien. Je ne doutai point que ce ne fût mon convoi que les Anglais eussent attaqué et qu'ils ne s'en fussent rendus maîtres, et de m'applaudir du bon nez que j'avais eu de ne pas me laisser prendre dans cette souricière. Mes pressentiments m'avaient bien servi ; j'appris effectivement le lendemain à Piombino que la croisière anglaise avait capturé notre frégate et deux bâtiments du convoi sur cinq.

Je ne restai à Piombino que les instants nécessaires pour

loger mon domestique et mes chevaux et assurer leur subsistance pendant tout le temps que je passerais dans l'île d'Elbe, et je me mis de suite en mesure de partir. L'île est séparée de la terre ferme par un canal de quatre lieues ; les Anglais qui croisaient en rendaient le passage dangereux ; il fallait choisir le moment où leurs bâtiments étaient assez éloignés. Ce moment arriva ; je me mis dans une chaloupe ; la mer était très-agitée ; je n'en avais point encore vu les vagues aussi fortes, et la traversée n'était pas sans danger avec une embarcation aussi frêle que celle où j'étais ; néanmoins j'abordai sans accident à Rio, le 7 août. De suite je me transportai à pied à Longone qui n'en est qu'à une lieue et demie, et me présentai à mon commandant d'artillerie. Ce chef était le chef d'escadron Sézille, avec qui j'avais passé un hiver à Avignon. Je fus satisfait de le trouver là. On débarquait alors le matériel d'artillerie expédié de Fort-Ercole, qui avait échappé aux Anglais. La perte de celui qui avait été pris nous embarrassa beaucoup ; nous y suppléâmes comme nous pûmes, au moyen des ressources que nous offrit Longone, qui est une place forte.

Le général de division Vatrin y avait son quartier général, et le colonel Maubert, commandant du génie, s'y trouvait aussi. Des troupes étaient déjà devant Porto-Ferraio, mais faute d'artillerie, elles ne pouvaient rien entreprendre. On ne connaissait la place et ses abords que par des plans imparfaits ; on s'imaginait que l'établissement et le jeu de quelques batteries de canons et de mortiers suffiraient pour la faire rendre ; l'on savait d'ailleurs qu'il n'y avait qu'une très faible garnison de mauvaises troupes ; du reste, si elle résistait, on ne paraissait pas décidé à faire un siège en règle, ou plutôt on y renonçait à cause de la force et de la difficulté des approches. Tel était, pour le moment, le plan du général. Avant de me rendre sur le terrain, je concertai avec le commandant Sézille la composition de l'équipage et les moyens de faire arriver sur le point d'attaque tout ce qui serait nécessaire, car nous n'avions point de chevaux et seulement quelques mulets. Il fut convenu que tout, excepté la poudre et les bombes, serait amené à bras d'hommes. Il y avait environ deux lieues de Porto-Longone à Porto-Ferraio, et le chemin était montueux et rocailleux : on devait mettre 100 à 120 hommes par pièce ; au moyen de prolonges ou cordages disposés en galère, on attellerait autant d'hommes qu'on voudrait. Les boulets seraient placés dans des sacs à terre de manière à former un chargement de 48 livres au plus. Les bois à plates-formes, les armements et approvisionnements seraient aussi répartis de manière à ne pas excéder ce poids pour chaque travailleur ; enfin la poudre et les bombes devaient être amenées à dos de mulet. A cet effet un régiment de Polonais et un bataillon d'infanterie, le tout formant environ 2,000 hommes, seraient mis à la disposition de l'artillerie. Nous avions en outre deux compagnies d'artillerie à pied, environ 200 hommes.

Tout étant ainsi entendu, le commandant Sézille me donna, pour ainsi dire, carte blanche, et pour ne blesser personne, car il y avait là des capitaines commandants plus anciens que moi, il fut convenu que je ne ferais rien faire qu'en me servant de la formule : *en vertu des ordres du commandant*, etc. Au reste, mes collègues, qui n'entendaient pas grand'chose à des dispositions de siège, ne demandaient pas mieux que d'exécuter simplement les travaux ordonnés. Quant à lui, se persuadant que son poste était près du lieutenant général, il devait rester à Longone, et venir seulement de temps en temps voir les travaux.

Me voici devant la place. Son aspect est effrayant pour des assiégeants ; assise sur un rocher élevé formant presqu'île, qui s'avance en pointe dans la mer, et bâtie en amphithéâtre sur les pentes de ce rocher du côté de la rade et du port, elle présente quatre à cinq étages de batteries, à hauts escarpements, et à revêtements et embrasures ; ce n'est que pierres sur pierres, et le roc est partout à la surface. Du côté du Sud, cette masse de rochers présente un rentrant assez profond, c'est là le port; on y voit de nombreux bâtiments, abrités du canon. A l'Est et au Nord la mer baigne le pied des rochers ; du côté de l'Ouest où nous étions établis, l'isthme qui sépare cette presqu'île du reste de l'île a 250 toises de largeur ; il est coupé par un fossé large et profond qui reçoit les eaux de la mer du côté de la rade. C'est à ce fossé que commencent les défenses. Cet isthme, seul point par lequel on puisse aborder la place du côté de la terre, est occupé dans la plus grande partie de sa largeur par une colline assez élevée régnant parallèlement au front de défense, dominant les deux rangs inférieurs de batteries et dominée par les rangs supérieurs; cette hauteur est nue; le roc est à fleur du sol, quelques pouces de terre seulement le recouvrent sur les pentes; enfin sur la gauche de cette colline, en faisant face à la place et sur son point le plus élevé, s'élève une vieille enceinte renfermant les restes d'un petit fort qui a dû être autrefois un poste avancé de la défense.

D'après cette configuration des lieux, nous convînmes, le chef de brigade Maubert et moi, que nous établirions dans cette enceinte et le long de la colline, sur ses points culminants, les batteries et un épaulement pour l'infanterie. Mais il n'y avait que 250 toises de là aux premiers ouvrages de la place, et ainsi que je l'ai déjà dit, le roc était nu. Il y avait donc nécessité de se pourvoir de sacs à terre et de commencer le travail de nuit. Nous nous mîmes aussitôt en mesure, chacun de notre côté.

Cela fait, je m'occupai de l'emplacement du parc. Il y avait à mille toises de la place, près de la route de Porto-Longone, un vallon bien défilé des feux du fort; je le choisis et je disposai d'une petite maison de vignes qui était là tout près pour recevoir les poudres; ensuite, je pris, pour me loger, un pavillon situé au milieu des vignes entre la place et le parc, de la manière la plus commode pour les exigences de mon service. Un jeune lieutenant du génie, nommé je crois, Bernard, adjoint à M. Maubert, se rallia à moi, et nous vécûmes ensemble dans la meilleure harmonie jusqu'à mon départ.

Bientôt les outils, les sacs à terre, les bouches à feu et le reste du matériel arrivèrent; les convois se succédèrent presque sans interruption. Les travaux commencèrent sur le front d'attaque au moyen de nombreux auxiliaires d'infanterie, et, quoique inquiétés par les boulets et les bombes, ils furent assez vite terminés. Ils se composèrent : 1° d'une batterie pour 4 mortiers, placée à l'extrême gauche sur le bord de la mer pour battre et tenir à distance l'escadre anglaise qui s'était postée sur le prolongement de notre front et nous inquiétait de temps en temps par ses bordées ; 2° d'une batterie pour 3 mortiers, placée dans l'enceinte du vieux fort, dont l'épaulement nous servit ; 3° de deux batteries de 3 pièces de canon ou obusiers, l'une dirigée sur deux points différents de la fortification ; 4° d'un épaulement pour l'infanterie liant les batteries et se prolongeant à leur droite où il était terminé par un retour. L'opération la plus difficile et la plus longue fut l'armement des batteries. Pour y arriver du parc, le terrain était égèrement montueux ; il fallait descendre trois petites côtes, et ces descentes étaient battues par l'artillerie ennemie. Force fût donc de faire ce trajet de nuit ; mais arrivé au bas de la colline sur laquelle étaient les batteries, colline qui n'avait pas moins de 150 pieds d'élévation et dont les pentes étaient rapides, les peines, les efforts et le danger devenaient plus grands. Quelque précaution que l'on prît pour observer le silence, dès qu'on arrivait à la dernière descente, à environ 400 toises des batteries de la ville, le bruit des roues était entendu, et l'on recevait des coups de canon tirés au hasard. Lorsqu'on montait la pente opposée, ce n'était plus des boulets, mais des bombes que l'ennemi envoyait. Ces bombes tombaient vers le haut de la colline sur la pente qu'on gravissait et roulaient jusqu'en bas. Souvent la longue file, que formaient 100 à 120 travailleurs traînant une pièce, était obligée de s'arrêter et de se rompre pour laisser passer les projectiles qui arrivaient en roulant ou bondissant. Néanmoins tout fut conduit à bonne fin, sans qu'il y eut d'autre accident que quelques légères blessures produites par des éclats, et au bout de vingt-et-un jours et vingt-et-une nuits de fatigues, nous étions prêts à tirer. Certainement, dans des circonstances ordinaires, nous n'eussions mis que le quart de ce temps pour être en mesure de faire feu des premières batteries, mais ici rien n'était ordinaire, tout était difficulté, et je crois qu'il était impossible de faire mieux.

Dans cet état de choses, le 29 août, le général Vatrin, son état-major et mon commandant vinrent visiter les travaux, reconnaître plus à fond les approches de la place et assister au premier jeu des batteries pour s'assurer de l'effet qu'il produirait sur les assiégés et des ressources qu'ils nous opposeraient. Nous fîmes donc feu, pendant deux heures, canon contre canon et les mortiers sur la ville. Bruit inutile ; l'ennemi nous opposa deux fois plus d'artillerie que nous n'en avions ; son tir, et surtout celui des bombes, était très juste et annonçait qu'il était exécuté par des canonniers exercés ; il nous blessa et tua quelques hommes ; tandis que le nôtre, malgré les traces qu'il laissa sur les pierres du revêtement et des embrasures, n'eut pas un résultat de quelque efficacité apparente, et ne provoqua aucune proposition de la part des assiégés. Le général vit dès lors qu'il ne pourrait s'emparer de la place que par un siège en règle, opération qui présenterait des difficultés presque insurmontables, et pour laquelle il manquerait d'artillerie et d'approvisionnements et s'en tint à ce qu'il avait fait. On se borna donc désormais à tirer de loin en loin quelques boulets pour fatiguer les asssiégés, et à lancer des bombes sur l'escadre anglaise lorsqu'elle s'approchait trop de notre gauche pour nous prendre à revers, ce qui lui arrivait quelquefois. Ces tirailleries journalières, auxquelles l'ennemi ripostait, avaient fini par donner à tous une grande confiance ; on ne se donnait presque plus la peine de se défier des batteries ennemies qui n'étaient qu'à 250 et 300 toises, et d'où l'on était vu de la tête aux pieds, dès que l'on se tenait en dehors de l'épaulement. Cette sécurité nous fit perdre quelques hommes et faillit nous coûter cher au général Vatrin, au commandant du génie et à moi, un jour que, sans y prendre garde, nous nous étions groupés pour causer en dehors des batteries ; heureusement et presque miraculeusement aucun de nous ne fut touché.

Je n'ai pas besoin de dire que je faisais arriver des munitions de Longone, à mesure des consommations. Je partageais donc mon temps entre les batteries et le parc, allant et venant sans cesse ; or, pour cela, il fallait traverser une partie des marais salins qui règnent à l'ouest de la rade, marais d'où sortaient des miasmes éminemment méphitiques qui donnèrent la fièvre à une grande partie de l'armée. Le pavillon où je passai la nuit était lui-même rapproché de ce foyer contagieux et dans son atmosphère. Ces causes, ainsi que la fatigue et la mauvaise nourriture, et puis encore l'extrême chaleur, finirent par me donner la fièvre. En vain je mangeai des raisins (car tout était vignes autour de moi), les raisins les plus mûrs et les meilleurs que j'aie jamais mangés, en vain je me soignai pendant quelques jours au camp, je fus obligé d'aller à Longone pour y être traité : au bout de peu de jours, j'étais convalescent, mais très affaibli.

Sur ces entrefaites, je reçus l'ordre du ministre, si impatiemment attendu, de partir pour rejoindre ma compagnie au Havre, et je m'empressai d'en transmettre la copie au général et de lui demander l'autorisation de le mettre à exécution.

Voici ce qu'il me répondit : « J'ai reçu, mon cher Boulart,
» votre lettre du 2 complémentaire, avec copie des ordres que
» vous avez reçus. Le ministre de la guerre ignorait que vous
» étiez employé au siège de Porto-Ferraio. Vous nous rendez
» de trop grands services ici, pour que nous vous laissions
» ainsi partir. Je vous promets que dans peu vous pourrez
» aller rejoindre votre compagnie. Comptez sur l'estime et
» l'amitié de... etc... »

Que faire après une pareille lettre ? Se taire et se dévouer encore. L'occasion s'en présenta vite : le 13 septembre, l'escadre anglaise débarqua au sud de la rade, vers le village de Lotona, des troupes qui se portèrent de suite sur la communication de Longone à Porto-Ferraio et de là sur le derrière de notre camp et des batteries. Le mal pouvait être grand, mais les troupes de siège ne les attendirent pas et, laissant seulement ce qu'il fallait d'hommes pour garder les batteries contre une sortie, allèrent à leur rencontre. L'engagement fut vif et le terrain longtemps disputé ; enfin les Anglais lâchèrent pied et se retirèrent vers leurs embarcations. Une sortie, qui eut lieu presque simultanément de la part des assiégés, n'eut pas plus de succès. J'étais alors à Longone, distant de moins de deux lieues du champ de bataille ; je ne pus tenir en place en entendant tout ce bruit, et, malgré ma grande faiblesse, je m'acheminai vers le lieu d'où partait la fusillade. En m'en approchant, des corps vêtus de rouge gisant çà et là dans les champs, jalonnaient suffisamment la direction que les combattants avaient prise : j'arrivai assez à temps pour voir l'escadre anglaise et les bâtiments de transport s'éloigner de la côte emmenant les vaincus. Cependant la canonnade continuait à se faire entendre du côté de nos batteries : j'en étais si près, que je voulus voir ce qui s'y passait. On était encore aux prises, l'ennemi s'acharnait pour enlever la position et de notre côté nous ne reculions pas d'une semelle. On faisait un feu d'enfer. Le retour des troupes qui avaient été détachées termina cette lutte, en obligeant la sortie à rentrer dans la forteresse.

Après l'affaire, je me trouvai harassé, mais j'étais si content de me retrouver au milieu de batteries faites toutes par moi et agissant par mes soins, qu'au risque d'un retour de fièvre je renonçai à aller finir ma convalescence à Longone. Mon imprudence fut punie ; au bout de plusieurs jours la fièvre me reprit. Le général, qui tenait à ce que je restasse au camp et qui voyait pourtant que je ne pouvais me guérir avec mon genre de vie, m'encouragea à tenir bon en m'envoyant du quinquina, du chocolat, du bordeaux, une langue salée et, quand il le pouvait, un peu de viande fraîche. Tout cela était fort obligeant et non moins flatteur, aussi je m'étais dévoué tout-à-fait à ce bon général et je me résignais de bonne grâce ; mais voilà qu'un jour, c'était vers le 24 septembre, on nous annonce que le général a quitté l'île et que c'est son chef d'état-major qui le remplace provisoirement. Je commençais à aller un peu mieux ; de suite, je demandai à partir aussi, en exécution des ordres du ministre, appuyant ma demande de raisons de santé connues, mais j'éprouvai un refus positif. Oh ! alors, je m'indignai pour de bon. Voyant qu'on ne m'avait fait de caresses que pour mieux m'enlacer et user le reste de moyens que j'avais, qu'on considérait ma santé pour rien, qu'on me sacrifierait au besoin pour tirer encore de moi quelques minces services, je me décidai à fuir, bon gré mal gré, des lieux où je me figurais que ma mort était certaine si j'y restais plus longtemps.

Je me rendis donc à Longone ; je cherchai à intéresser le commandant Sézille à ma position et je parvins à obtenir son consentement à mon départ, sans que j'eusse besoin de recourir au commandant de l'île à l'insu duquel je voulais partir.

Après deux ou trois jours de repos à Longone, pendant lesquels je repris un peu de forces, mon moral se rehaussa ; je m'acheminai sur Rio, accompagné d'un employé des vivres qui voulait aussi passer sur le continent. Là, nous frétâmes une chaloupe pour nous conduire à Piombino, dès la nuit suivante, si à la chute du jour les bâtiments de la croisière anglaise avaient une marche qui permît de faire la traversée du canal avec quelque sécurité. Il nous en coûta cher : 12 louis d'or, pour faire ces quatre lieues ; mais aucun sacrifice ne pouvait m'arrêter. Le soir venu, nos marins, à la vue de la position de la station anglaise, décidèrent que nous ne pourrions partir et nous remirent au lendemain soir. Je cherchai asile dans une misérable baraque, car la fièvre commençait à me prendre, et l'accès durait ordinairement six heures, et ne pouvant point trouver de paille fraîche dans tout l'endroit, je me résignai à passer la nuit sur un lit dégoûtant, où un homme était mort, il y avait deux jours, sans prendre d'autre précaution que de placer deux serviettes à moi, de manière à me garantir la tête et surtout la figure de tout contact avec cette saleté. J'éprouve toujours une sorte d'horreur quand je pense à cette malheureuse nuit et je me demande comment je n'ai pas préféré coucher sur la terre. La fièvre était donc bien forte pour m'abattre au point de me faire surmonter un tel dégoût! Cette fièvre était tierce ; les accès ne me revenaient donc que de deux jours en deux jours ; une fois l'accès passé, je me ressentais de la faiblesse, mais du reste j'étais encore susceptible d'action. Le lendemain, mon compagnon de route et moi, nous nous mîmes à explorer les environs de Rio.

Nous attendions le soir avec grande impatience et nous suivions avec anxiété les mouvements des croiseurs. Enfin, le moment venu, nos marins jugèrent que nous pouvions partir. Nous fûmes bientôt prêts. Notre embarcation n'offrait de place que pour les quatre rameurs et nous deux passagers, et la mer était houleuse ; ainsi, la traversée du canal nous offrait plus d'une sorte de dangers, mais j'avais pris en horreur les lieux que je quittais. Aucune mauvaise chance ne pouvait m'y retenir. Nous voilà donc en route : une profonde obscurité nous couvrit bientôt de son voile ; c'était la seule circonstance qui nous fût favorable. Nos rameurs, gens vigoureux et exercés, ne se souciaient pas plus que nous d'être pris ou coulés par les Anglais ; il y avait plaisir à les voir travailler. Mon compagnon de voyage, plus rassuré que moi probablement, ou soit par l'effet berçant de la mer, s'endormit, tandis que je n'avais eu jamais les yeux si ouverts et que deux pistolets en mains, je surveillais les rameurs. Nous étions à peu près à moitié chemin lorsque nous aperçûmes deux vaisseaux qui paraissaient s'avancer vers nous. Le double mouvement de ces bâtiments et de notre chaloupe nous rapprocha d'eux assez vite. A mesure que nous avancions, ces vaisseaux grandissaient à mes yeux d'instant en instant ; vus de bas en haut, et la mer grossissant encore les objets, ils me parurent des masses colossales, des montagnes voguant sur l'eau. Leur direction semblait les porter sur nous, de manière ou à nous couler bas ou au moins à ce que nous ne puissions leur échapper. Le cas était critique et le péril imminent : aussi mes rameurs commencèrent-ils le mouvement de virer de bord pour rétrograder ; mais je ne leur donnai pas le temps de l'achever ; à la menace que je leur fis de leur brûler la cervelle s'ils continuaient, ils firent force de rames en obliquant un peu à droite, et bientôt nous laissâmes en arrière ces objets de terreur, heureux de n'avoir pas été aperçus. Nous en fûmes quittes pour ne pas aborder précisément au port de Piombino, mais un peu à droite. Lorsque nous touchâmes terre, la secousse réveilla mon employé des vivres. Dieu, quel sommeil ! Si j'avais dormi de cette force, c'est au rivage de Rio et non à celui-ci que nous eussions abordé.

Je ne puis rendre de quel poids je fus soulagé en sautant à terre. Sauvé de l'île que je m'étais figuré devoir être mon tombeau, si j'y fusse resté ; échappé au gouffre des eaux où j'aurais pu être coulé et à la dure captivité qu'imposent les Anglais, je me trouvai mille fois heureux. Nous allâmes passer le reste de la nuit dans une auberge, mais je dormis peu ; la réflexion commença à me venir que, bien que le commandant Sézille ait consenti à mon départ, je n'étais cependant pas en règle avec le commandant de l'île, et il me semblait que, tant que je serais à Piombino, je courrais risque d'être arrêté à sa requête et reconduit à Longone. Aussi fus-je sur pied de bon matin : j'allai réveiller mon domestique, voir mes chevaux dont je n'avais pas eu de nouvelles depuis près de deux mois, et tout disposer pour mon départ, pendant que l'autre fugitif qui devait aussi se diriger sur Livourne courait pour se procurer une voiture. Dès que tout fut prêt, nous nous mîmes en route. Nous étions au 2 octobre ; la saison était encore douce ; le beau temps nous accompagna. J'avais pris place à côté de mon associé dans sa voiture ; mes chevaux suivaient. Je me souviens que, pendant cette route, la conversation étant tombée sur les pièces de théâtre, je récitai une foule de citations des comédies de Regnard, et entre autres du *Joueur*, ce qui étonna l'employé des vivres qui supposait probablement qu'un capitaine d'artillerie de cette époque-là ne devait parler que canon. Nous avions vingt lieues à faire jusqu'à Livourne, nous n'y arrivâmes que le lendemain. J'y passai un jour à visiter la ville, le port et les principaux établissements, mais j'y eus un accès de fièvre qui me dérangea et m'empêcha de voir avec fruit ; il ne me reste qu'un souvenir vague de cette ancienne et populeuse cité et du mouvement qui l'anime.

Je quittai là mon employé et oncques ne sus ce qu'il était devenu. Le 6, j'arrivai à Pise, où étaient le quartier-général et le général Seroux, commandant l'artillerie. Je m'empressai d'aller visiter ce chef et de lui rendre compte des circonstances qui m'avaient obligé à quitter l'île d'Elbe. Il était bon et prévenu en ma faveur; il m'écouta avec bienveillance et approuva le parti que j'avais pris. A partir de ce moment, je bannis toute inquiétude à l'occasion de mon escapade; mais, en y repensant quelquefois depuis, je me suis toujours blâmé de l'avoir faite. Il est vrai que c'était mon état de maladie qui m'y avait poussé et je ne crois pas qu'en pleine santé une pareille idée me fût venue.

Je ne songeai désormais plus qu'à me guérir, et, ayant obtenu la permission de ne partir pour rentrer en France que lorsque je serais rétabli, je me mis entre les mains d'un bon médecin.

J'étais bien logé, bien couché, j'avais même jusqu'à une cousinière pour me garantir des cousins ; le ciel était beau, le pays charmant, c'étaient autant de conditions pour me rétablir promptement.

Au bout de quelques jours, le général Seroux me dit avo reçu des plaintes du commandant de l'île d'Elbe contre moi, au sujet de mon départ sans sa permission. Mais comme, à la même époque, on apprit la conclusion de la paix avec les Anglais, signée à Amiens le 1er octobre, et par suite la remise de Porto-Ferraio à nos troupes, il ne fut plus question de cette affaire. J'ai éprouvé quelque regret de n'avoir pas eu plus de patience; j'aurais pu entrer dans cette forteresse et je l'aurais vue avec intérêt.

Enfin, le 26 octobre, la fièvre m'ayant déjà quitté depuis plusieurs jours, je partis pour Florence, avec le projet d'y séjourner pour vendre mes chevaux, dont j'avais inutilement cherché à me débarrasser à Pise.

J'eus le bonheur, à Florence, de trouver assez vite à me défaire de mes chevaux à un prix raisonnable, et, rien ne m'arrêtant plus, je me mis définitivement en route, le 8 novembre, pour rentrer en France.

Je m'arrêterai peu aux détails de ce voyage. Heureux de penser que j'allais revoir mon pays, plus heureux encore de quitter l'Italie dont je détestais cordialement la population, et où j'avais eu tant de mal et m'étais trouvé dans des positions si difficiles, je revenais absorbé par une seule pensée, celle de la patrie, et insensible aux charmes de cette contrée qui d'ailleurs se dépouillait déjà de sa verdure.

Mon retour se fit par Modène, Plaisance, la Trébia, Alexandrie, Asti et Turin. Lorsque nous dûmes passer la Trébia, ce torrent qu'on traverse à gué venait d'avoir une crue assez forte. Ses eaux commençaient à décroître, mais leur rapidité était encore effrayante. De nombreux voyageurs étaient arrêtés sur les deux bords, attendant qu'on pût tenter le passage ; un détachement de dragons, pour s'être trop pressé, perdit sous mes yeux quelques hommes et chevaux qui ne purent résister à la violence du courant ; triste et affligeant spectacle ! Le moment était venu ; quelques voitures, attelées de chevaux de renfort, se hasardèrent à passer et réussirent. Mon conducteur voulut en faire autant avec ses seuls chevaux ; sa voiture resta engravée au milieu de l'eau, et les roues s'enfonçant à chaque instant davantage, parce que le courant déplaçait le gravier sur lequel elles reposaient et les déchaussait, l'eau envahit le fond de la voiture. Une femme, sa fille et un prêtre, placés avec moi dans de l'intérieur, se prirent de frayeur ; les gémissements, les lamentations, les patenôtres, les syncopes de ces trois êtres avaient quelque chose d'effrayant et de risible à la fois. Je parvins avec peine à les rassurer, tout en prenant le soin de tenir mes jambes élevées pour éviter d'avoir les pieds mouillés. Enfin des chevaux de renfort vinrent mettre fin à cette crise dont le souvenir m'amuse encore.

A Turin, je revis l'aimable dame F... ; elle était accouchée depuis peu de temps d'un garçon. Le mari était là qui s'occupait de l'enfant, comme s'il fut le sien : et voilà comme sont les maris italiens ! Etranges mœurs !

Cependant j'avais repris la fièvre depuis plusieurs jours et il me tardait beaucoup d'arriver. Pour en finir, je me décidai à partir par la malle-poste, moyen à la vérité coûteux et fatigant, mais aussi le plus prompt, et, le 26 novembre, je quittai Turin. Au village de la Novalaise, au pied du Mont-Cenis, le courrier dut laisser sa voiture et prendre un traîneau. La nuit tombait et il faisait froid ; j'entrai dans une mauvaise hutte, en attendant que notre véhicule fût prêt. Là, entre quatre murs noirs et à travers une épaisse fumée, je vis une famille dont la mise annonçait la misère, pressée autour d'un petit feu et s'éclairant au moyen de bois de sapin résineux qui tenait lieu de lampe ou de chandelles. C'était la première fois que je voyais le sapin employé à cet usage. A l'aspect de ces lieux où l'on respirait une odeur suffocante et infecte, j'eus le cœur serré de l'ensemble de misère qui y régnait, et, mesurant la prodigieuse différence qu'il y a de l'existence des gens aisés des villes à ce quasi état de nature, je sortis de là plein de compassion pour le sort de ces malheureux.

Le ciel était couvert; le temps menaçait; je m'ajustai dans la paille du traîneau de manière à avoir le moins froid possible et à être garanti de la neige au besoin. Lorsque nous fûmes sur la partie supérieure du Mont-Cenis, il commença à neiger avec abondance. A mesure que nous nous rapprochions du versant ouest de la montagne, la neige était plus épaisse et un grand vent nous la fouettait dans la figure; enfin cela devint une tourmente affreuse. Après que nos chevaux nous eurent quittés, notre conducteur, ayant perdu toutes traces de chemin, tâtonnait, incertain, pour s'engager dans la descente; tout à coup nous voilà entraînés avec une rapidité effrayante. Le courrier et moi nous nous croyons perdus; je m'attendais à chaque seconde à tomber dans un précipice et à y être brisé, et j'avais fait le sacrifice de ma vie, lorsque le traîneau diminuant de vitesse s'arrêta bientôt. Nous étions à Lanslebourg, devant l'auberge, et nous venions de faire en cinq à six minutes, mais par des lignes de moindre pente, le chemin qu'il faut deux heures pour faire en montant. Je fus stupéfié, comme si j'eusse passé de la mort à la vie, et les gens de l'auberge, très surpris eux-mêmes que nous eussions ainsi bravé la tourmente, nous en blâmèrent. Il était dix à onze heures du soir; c'était l'heure à laquelle j'attendais la fièvre; je voulus boire une gorgée de mon extrait de quinquina, dont j'avais une bouteille dans ma poche : il n'en vint pas une goutte, il était gelé. Heureusement l'accès ne vint pas, la fièvre avait été coupée par l'effet du grand froid ou peut-être de la puissante émotion que j'avais dû recevoir. A l'occasion de ce passage du Mont Cenis, je dirai une circonstance digne de remarque : c'est qu'il y avait trois ans, jour pour jour, que je l'avais traversé pour la première fois en allant en Italie. Singulier hasard, qui assigne des limites tranchées et faciles pour me souvenir de mon séjour en Italie.

L'abondance de la neige dans les Alpes nous força à faire encore une vingtaine de lieues en traîneau, manière à la fois douce et prompte de voyager; après quoi le courrier reprit une voiture. Nous arrivâmes, le 28 novembre, à Lyon. J'avais besoin de repos, j'y restai deux jours. C'était bien du bonheur à la fois, d'être rentré en France, de n'avoir plus la fièvre, d'être à bonne table après la triste chère que j'avais faite en Italie, de pouvoir assister à un spectacle français, mais surtout de respirer cet air de la patrie, si vivifiant d'abord pour ceux qui en ont été longtemps privés. Peut-être abusai-je de tous ces biens; au moment du départ la fièvre me reprit. La diligence ou j'étais passa par Roanne, Moulins, Nevers, Cosne, Briare, Montargis, Nemours et Fontainebleau.

Le 5 décembre, je fis ma première entrée à Paris. C'était pour moi le cas d'être bien portant; quel vaste champ à exploiter pour un jeune homme arrivant d'Italie, où il avait vu de si belles choses, qui se croyait connaisseur jusqu'à s'être formé un langage d'artiste! Malheureusement si je rapportais de cette intéressante contrée quelque bien, si j'y avais un peu formé mon goût, j'en ramenais un corps affaibli, miné par la fièvre, peu capable de fatigue; un esprit peu susceptible d'extase, une sensibilité émoussée. Néanmoins, je ne voulus pas quitter notre belle capitale, sans avoir visité les Tuileries, le Louvre, le Palais-Royal, le Musée, et à cet effet, j'y restai deux jours.

J'allai aussi au ministère de la Guerre, où j'appris que ma compagnie n'était plus au Havre, mais à Metz, où j'aurais à la rejoindre. Reims était sur la route pour m'y rendre, et beaucoup plus rapproché de cette ville que le Havre; pour cette raison, ce changement de destination me fit grand plaisir.

Le 8 décembre, je rentrai dans ma ville natale et j'eus le bonheur d'embrasser mes parents que je n'avais pas vus depuis un peu plus de trois ans. J'eus la satisfaction de les retrouver en excellente santé, et tout à fait hors de l'état de gêne où ils s'étaient trouvés sous le régime du Directoire.

J'avais toujours la fièvre de deux jours en deux jours, et le corps appauvri. Le médecin de la maison, le respectable M. Gusson, fut appelé et me donna des soins que l'obligation de rejoindre bientôt ma compagnie à Metz empêcha de faire fructifier.

Après dix jours d'un repos et d'une douceur d'existence que je n'étais plus habitué à goûter, et qui m'en furent d'autant plus précieux, je partis pour Metz, où j'arrivai le 16 décembre, accompagné de cette fatale fièvre que je combattais depuis si longtemps inutilement.

CHAPITRE VI

1802-1806

Séjour à Metz et à Thionville. — Duel. — Mission à Nancy. — Proposition pour un sabre d'honneur. — Besançon. — Artillerie à cheval. — Légion d'honneur. — Députation à Paris. — Fêtes du couronnement. — Distribution des aigles. — Retour à Besançon. — Chef de bataillon. — Mariage. — Départ pour la Grande-Armée.

J'étais ignorant du service de régiment, de celui des écoles, et des différents exercices autres que celui du canon de campagne; je ne savais pas même l'école du peloton; j'avais donc tout à apprendre. A cette époque, on ne s'occupait que des exercices théoriques; je les suivis et, tout capitaine que j'étais depuis six ans, je ne fus dispensé d'aucun; j'étais sur les mêmes bancs que les lieutenants. J'en étais vexé; pourtant je compris que cela était nécessaire, et je pris mon parti sans trop de mauvaise grâce. Je m'occupai surtout avec beaucoup d'intérêt du cours de fortification par Saint-Paul et de divers dessins d'artillerie et ce fut avec succès : je poussai même loin l'étude de la fortification.

Par un singulier hasard, M. Demarçay, le même avec qui j'avais déjà servi à l'armée du Rhin, à Turin et à Mantoue, était colonel de mon régiment. Cette circonstance me fut agréable, mais ne m'affranchit d'aucune obligation; car ce chef, tout en me traitant très bien, était d'autant plus exigeant que j'avais sa confiance; et moi, j'avais assez d'amour-propre pour ne négliger aucune occasion d'y répondre. Ce qui me contrariait alors n'était pas l'obligation d'assister à la classe des lieutenants, mais bien l'assimilation qui était déplacée pour des capitaines en 2ᵉ. Par suite de la confiance que le colonel avait en moi, et aussi par la raison que je m'étais livré avec goût et fruit à l'étude de la chimie, pendant que j'étais en Italie, je fus choisi par lui pour faire construire et organiser un laboratoire de chimie, dans la maison d'école, sur l'esplanade. Ce fut pour moi une grande affaire, car jusqu'alors je ne m'étais occupé que de théorie ; pourtant m'étant entouré des conseils d'un chimiste de Metz, qui devait être chargé de faire le cours aux officiers, quand le laboratoire serait prêt, et m'étant associé deux lieutenants, Aubert et Mabru, je parvins à un bon résultat. Dès le commencement d'avril 1802, nous faisions les manipulations préparatoires des leçons. Cette commission me fit le plus grand bien, car c'est par les manipulations qu'on apprend vraiment la chimie. Vers cette époque, M. Demarçay ayant été nommé au commandement de l'artillerie d'une expédition destinée pour l'Amérique, je consentis à l'accompagner ; son ordre fut révoqué. Je fus aussi désigné pour être adjoint au directeur du parc ; il y avait une butte à construire, des batteries à réparer, des plantations à faire ; tout cela était nouveau pour moi ; je m'en occupai avec zèle, ce qui était d'autant plus méritoire que la fièvre, coupée plusieurs fois, s'obstinait à me reprendre, et que j'étais conséquemment dans un état de faiblesse qui m'aurait permis de me faire dispenser de tout service.

L'époque des exercices du tir et des manœuvres étant arrivée, je fis mon noviciat dans ce genre d'occupations, et je m'y livrai de tout cœur, parce que j'en avais grand besoin et que l'ignorance, qui s'explique pour un officier qui débute dans la carrière, n'est pas pardonnable pour un capitaine. Je ne restai pas longtemps dans cette position, mais pourtant assez pour y avoir pris des notions durables de tout ce qui se rapporte au service des écoles d'artillerie. Je finissais d'apprendre cet A B C du métier, quand je fus détaché à Thionville pour y commander l'artillerie.

Cette place n'est qu'à six lieues de Metz. Cette proximité, sa réputation d'être une garnison agréable, l'avantage de passer de l'état de subordonné et d'infériorité d'un officier de régiment à celui de chef et presque d'indépendance, tout cela me flatta beaucoup. Je ne tardai pas à me rendre à mon nouveau poste et, le 21 juin, je m'y installai. Je n'étais pas encore radicalement guéri de la fièvre à cette époque, mais les accès étaient moins forts et plus courts ; je sentais qu'elle s'usait et que la vie en moi se ranimait ; c'était le pronostic d'une guérison prochaine, que le déplacement et le changement d'air devaient achever : raison de plus pour me faire trouver cette résidence charmante.

Thionville est une très petite ville, mais assez jolie et d'un aspect animé. C'est une place très forte et dont les fortifications ont un développement immense, provenant de ce que les bastions et demi-lunes sont couverts de contre-gardes, et, qu'au-delà du chemin couvert et du glacis qui couvrent ces dernières, il y a un système de lunettes et un second glacis. Le matériel d'artillerie y était très bon, les magasins encombrés et intéressants, et tout rangé dans le meilleur ordre possible, ce qui me constituait un beau commandement, fort doux, sans occupation, une sorte de sinécure. La garnison était composée d'un régiment d'infanterie et du 8ᵉ de chasseurs à cheval. Je m'associai aux officiers supérieurs et aux adjudants-majors de ce dernier régiment, qui m'admirent à leur table de la meilleure grâce du monde. Je me liai aussi avec le capitaine du génie Chaumerot qui y avait bonne maison et femme aimable. Bientôt je fus admis dans les diverses maisons qui formaient le fond de la société, société de bonne compagnie, unie et qui s'était répartie tous les jours de la semaine pour la réception.

A ces avantages je joignais celui d'avoir sur le rempart un très beau jardin affecté à mon commandement et plein des fruits les meilleurs, ayant une terrasse à berceau, d'où la vue plongeait par-dessus le parapet sur le cours de la Moselle. Il n'en fallait pas tant pour m'attacher à ces localités, et pour rétablir ma santé ; aussi ma fièvre disparut-elle vite, et menai-je la plus douce existence que j'aie encore connue. Il m'eût été impossible de rester ainsi sans rien faire ; je me créai des occupations.

Je m'attachai particulièrement à la lecture réfléchie d'ouvrages militaires sur l'artillerie, la fortification et l'art militaire. J'étudiai à fond la place et fis un mémoire sur l'emploi de l'artillerie dans sa défense ; j'y ajoutai un plan de la forteresse, que je copiai en quinze jours sur un plan que le capitaine du génie Chaumerot m'avait prêté. Le mémoire en question a été trouvé assez bon pour être conservé longtemps dans les archives de l'artillerie de la place et donner de moi une opinion favorable aux officiers de la direction de Metz. Les bâtiments affectés au service de l'artillerie étaient insuffisants — il y avait entre autres parmi eux un ancien couvent, où rien n'avait encore été fait pour l'approprier à sa destination; je fis un mémoire sur le meilleur parti à en tirer et l'accompagnai de dessins; j'ignore quelles suites furent données à mes propositions.

A ces occupations succédaient, presque tous les soirs, les distractions d'une société qui avait ses charges et ses sujétions, mais qui avait aussi ses charmes, à cause du sans-gêne de bon ton et de la franche cordialité qui y régnaient, et de la gaieté spirituelle qu'on y rencontrait. Dans ce monde, on n'oubliait pas de célébrer l'anniversaire de la naissance ou la fête des sociétaires : c'était l'occasion d'un thé, d'un punch, d'une large consommation de tartes aux fruits ou de petits gâteaux. Puis on sautait, on riait plus que d'usage; les anciens et les anciennes se déridaient aussi; le plaisir n'était pas grimacé et, pendant une semaine, on se souvenait et on parlait des particularités de ces heureuses soirées. Il y avait, à la vérité, beaucoup de la petite ville dans ces habitudes et ces amusements, mais point de ces tripotages, de ces ridicules si ordinaires dans les petites villes et si habilement peints par Picard. Je ne me rappelle pas que le plus léger nuage ait troublé, pendant près d'un an, la bonne intelligence qui régnait entre tous; c'est peut-être extraordinaire, miraculeux même, mais c'est ainsi. Et puis, dans ces temps encore rapprochés d'une époque si malheureuse pour la France, chacun mettait du sien; il semblait qu'on eût à cœur de se dédommager du temps perdu ; on n'était ni aussi raffiné, ni aussi exigeant qu'on l'est devenu depuis.

Pendant que je goûtais ainsi le calme de la vie, il arriva deux circonstances qui pouvaient m'enlever à ce délicieux état. Le général Dulauloy, sous les ordres de qui j'avais été à Douai et en Italie, étant venu commander l'Ecole d'artillerie à Metz, me proposa de m'attacher à son état-major : c'était une offre flatteuse et j'avais des obligations au général, pourtant je le remerciai. D'un autre côté, par suite des réformes nombreuses qu'on faisait alors dans le personnel de l'artillerie dans le but de lui enlever une partie de ses médiocrités, ou plutôt nullités, et de le purger de quelques hommes qui faisaient honte à l'arme, le moment semblait prochain où j'aurais le commandement d'une compagnie. Je m'attendais donc à un déplacement ; mais ici la force des choses commandait, et d'ailleurs cette espèce d'avancement et les 500 francs de traitement en plus valaient que j'en prisse mon parti. Dès lors je ne profitai plus du bien qui m'arrivait que comme d'une chose présente et qui pouvait m'échapper le lendemain ; je me hâtais d'en faire usage, je suivais le précepte d'Horace :

Dona presentis cape lœtus horæ.

Je dois mettre au nombre des récréations que je me procurais à Thionville le jeu de trictrac. J'en avais appris la marche à Metz, mais rien de plus. Or, il y avait à Thionville un pharmacien, M. Dardogner, grand joueur de trictrac, qui ne demandait pas mieux, au prix d'une tasse de café, que de donner des leçons. Son champ de bataille était le café ; j'allai donc au café, plusieurs fois par semaine, passer deux heures de l'après-midi pour faire sa partie. C'est ainsi que j'acquis assez d'habitude de ce jeu pour pouvoir plus tard me mesurer avec tout ce qui n'avait pas une force supérieure. C'est le seul jeu dont j'aie un peu conservé le goût.

A la fin de septembre, je reçus la mission d'aller à Nancy pour faire exécuter des réparations à un bâtiment d'artillerie qui en avait besoin. Mon absence dura peu ; contrarié que j'en étais, je mis tout en œuvre pour qu'elle fût la plus courte possible ; au bout de neuf jours j'étais de retour. En passant à Metz, j'appris une chose qui me fit infiniment de plaisir : l'inspecteur général, M. Faultrier, qui venait de terminer l'inspection de mon régiment, avait proposé trois officiers pour obtenir le sabre d'honneur, et j'étais le premier des trois. Rien n'était plus flatteur, mon amour-propre en fut agréablement chatouillé, et mon zèle n'aurait pas mieux demandé qu'à trouver une occasion prochaine de se signaler de nouveau.

L'hiver qui survint eut pour moi les mêmes charmes que l'été ; mais il n'est point de bonheur durable, sans nuages. Des prétentions rivales et une insulte nous mirent, à un chef de bataillon du 21ᵉ régiment et à moi, les armes à la main.

J'étais l'insulté ; je n'entendais aucun arrangement ; cependant, après avoir échangé deux coups de pistolet, sans résultat, nos témoins et la tenue humble de mon adversaire parvinrent à me calmer. Il y eut du scandale, cela troubla un peu les derniers mois de mon séjour à Thionville.

Dès les premiers jours du printemps 1803, je reçus l'ordre inattendu de partir pour Besançon, à l'effet d'organiser le service des forges travaillant pour l'artillerie, conformément au décret de l'an XI. Il m'en coûta de m'arracher à ma résidence ; toutefois je ne tardai pas à partir, et le 26 mars, après neuf mois de séjour à Thionville, je me mis en route pour mon nouveau poste, où j'arrivai le 4 avril.

Me voici désormais lancé dans un service nouveau pour moi. J'avais déjà étudié et je connaissais assez complètement le traitement du minerai dans les hauts-fourneaux et la fabrication du fer, mais j'étais étranger aux applications de cet art à l'artillerie. Jusqu'à cette époque, les fers coulés et forgés avaient été fournis à l'artillerie sur des marchés passés par le directeur de l'arme qui, lorsqu'une livraison avait lieu, déléguait un capitaine pour la recevoir ; et la plupart du temps cet officier n'entendait rien à cette opération. Par le nouveau décret, ce service était enlevé aux directeurs d'artillerie et allait former une branche spéciale du service, ayant ses chefs, ses officiers, ses employés. En créant Besançon chef-lieu d'un arrondissement de forges, on y avait nommé pour inspecteur le chef de bataillon Legriel, qui était alors absent et ne devait pas arriver avant plusieurs mois ; j'étais donc seul pour organiser ce service. Je demandai des renseignements à la Direction et, à défaut d'en trouver de satisfaisants, j'allai jusqu'à Auxonne m'adresser au directeur, le colonel Guériot Saint-Martin. Celui-ci était un officier de l'ancien régime, homme de bon ton ; il me reçut à merveille et me laissa fouiller dans ses archives, mais je n'y trouvai que des documents incomplets.

Je visitai ensuite les forges de Pesmes, dont le propriétaire était M. Dornier, et qui étaient en possession de fournir les fers forgés et ébauchés nécessaires à l'arsenal d'Auxonne ; puis j'allai à Larians d'où l'artillerie tirait ordinairement ses fers coulés. M. Damotte y était maître de forges ; c'était un homme honorable et facile en affaires. Au moyen des données que j'obtins ainsi de droite et de gauche, je parvins à monter mon service et à le faire marcher. Petit à petit, en étudiant sur les lieux le mode et la marche de la fabrication, en faisant causer les ouvriers et profitant de tous les renseignements que je pouvais me procurer, éclairé d'ailleurs par la réception du produit des forges sur les défauts de la fabrication et leur cause, j'introduisis des améliorations. Elles avaient déjà, au bout de trois mois, diminué sensiblement le nombre des rebuts, et je pus faire un devis approximatif du prix de revient des fers coulés et autres, devis imparfait, je l'avoue, mais au moins qui a servi de base, de point de départ aux devis qu'on a faits ultérieurement.

En ce temps-là le 5ᵉ régiment d'artillerie à cheval, commandé par le colonel Foy, se trouvait à Besançon : ses chefs d'escadron étaient MM. Roquefert et Valée. J'avais connu le colonel autrefois, il m'accueillit bien ; je le vis le plus souvent possible. Il savait que je devais avoir prochainement une compagnie et rentrer à mon régiment ; il me proposa de passer dans le sien, en demandant, lorsque le moment serait venu, à permuter avec un de ses capitaines, M. François, que le service à cheval incommodait. Cette proposition me souriait beaucoup : d'abord les régiments à cheval avaient plus de brillant que ceux à pied ; puis avoir un cheval, et un beau cheval, avait pour moi du charme : enfin, servir avec le colonel Foy, ce chef si brillant, si séduisant, me paraissait infiniment plus agréable que d'être sous les ordres de M. Demarçay, qui, tout en me montrant de la bienveillance, n'avait cependant jamais rien fait qui m'eût été utile et profitable. Toutefois, comme j'avais du temps pour réfléchir, je ne me décidai pas immédiatement.

Il n'y avait que quatre mois que j'étais à Besançon, lorsque je reçus l'ordre ministériel de retourner à Metz pour y exercer le commandement d'une compagnie, auquel mon ancienneté m'appelait. Alors il fallut prendre un parti ; je me prononçai pour la permutation et de suite, j'entrai en arrangement avec le capitaine François, pour la reprise de son cheval et de son harnachement. Le colonel, de son côté, se chargea des démarches à faire près du ministre, et, tout étant ainsi convenu, je me mis en route pour Metz où j'arrivai le 11 août. Je pris tout de suite possession du commandement de la dix-neuvième compagnie et m'occupai de mes nouvelles fonctions, comme si j'eusse dû les conserver longtemps.

Je complétai mon instruction dans tout ce qui regarde le service des écoles d'artillerie.

Cependant le bruit de la demande que j'avais faite de passer au 5ᵉ d'artillerie à cheval commença à se répandre et fit grande rumeur. Le colonel en fut mécontent, comme je m'y attendais, et chercha à mettre opposition à la permutation, en écrivant au général Marmont, notre premier inspecteur-général, et au général Gassendi, alors chef du bureau de l'artillerie au ministère, de sorte que je n'étais point du tout rassuré sur la réussite de mon affaire. Néanmoins, je prenais toujours mes dispositions pour le cas de réussite, afin que rien ne retardât mon départ. C'était surtout l'argent qui me manquait et il me fallait 960 francs, pour payer au capitaine François le prix de son cheval, de ses harnais et de ses dorures de pantalon et gilet tressé. Je priai mon père de m'emprunter 600 francs à Reims, pour six mois, et à quelque prix que ce fût ; il le fit à grand'peine et encore, moyennant la retenue exorbitante de 40 francs, faite à l'avance sur le capital prêté, de sorte que je ne touchai que 560 francs. J'en fus indigné ; il ne m'eut pas plus coûté de passer par les mains des juifs de Metz ; mais il était trop tard. Enfin, vers le 18 septembre, mon ordre de départ arriva : le ministre, en répondant au colonel Demarçay, lui dit que son régiment était assez riche en bons officiers, pour qu'on pût lui en enlever un. Cette réponse, très flatteuse pour moi, me fit autant de plaisir qu'elle satisfit peu M. Demarçay. Le régiment en effet avait de bons officiers, parmi lesquels j'avais d'excellents amis : je reçus de tous l'expression de regrets non équivoques, et je sentis en les quittant qu'un régiment est une vraie famille, dont tous les membres sont unis : je n'avais pas encore jusque-là si bien éprouvé cet esprit de corps. De Metz à Besançon, je fis la route à cheval. L'épreuve pour me remettre en selle était un peu longue ; elle devint fatigante, puis cuisante. Mais mon cheval était beau, fin, vif, excellent, j'en étais tout fier et j'aurais payé plus cher encore, et sans mot dire, le plaisir qu'il me procurait. J'eus le temps, chemin faisant, de réfléchir sur ce qui m'arrivait, sur le service que je quittais et celui auquel j'étais appelé : d'un côté, des regrets, de l'autre, des espérances ; ici, des amis.

là-bas, des étrangers ; à Metz, une réputation faite, à Besançon, une réputation à faire ; tout cela m'occupait beaucoup et parfois me laissait indécis si j'avais bien ou mal fait ; mais quand je venais à penser que la compagnie dont je faisais partie au 5ᵉ à pied était une des deux dernières rentrées au régiment et qu'en cas de guerre il y en avait 18 à partir avant elle, tandis qu'au 5ᵉ à cheval ma compagnie était la cinquième, oh ! alors plus d'indécision, mon avenir se déroulait à mes yeux d'une manière satisfaisante, je m'applaudissais, j'étais enchanté du parti que j'avais pris. Cependant, depuis mon départ de Besançon, une circonstance particulière, la formation du camp de Boulogne, avait fait appeler à ce camp quatre compagnies du 5ᵉ à cheval ; je n'allais donc plus retrouver à Bezançon que deux compagnies, les 5ᵉ et 6ᵉ ; je regrettais cet isolement, j'aurais préféré servir sous les yeux du colonel. Au milieu de toutes ces réflexions qui me préoccupaient fortement, l'esprit et le cœur étaient contents, je ne trouvai donc pas la route trop longue. Le 5 octobre, j'étais à mon nouveau poste.

Ici, nouvelle manière d'être ; mes occupations s'étendent beaucoup, mon importance s'accroît, je ne suis inférieur que par le grade, mon commandement est celui d'un chef. Je m'explique : il n'était resté aucun officier supérieur du régiment à Besançon, et j'étais plus ancien que le capitaine de la sixième compagnie, M. Gorais ; donc, tout d'un coup, je me trouvai commandant l'escadron de dépôt et conséquemment le dépôt, président du conseil d'administration, puis commandant d'école. Je fus un peu effrayé tout d'abord de ce cumul de fonctions dont je n'avais encore exercé aucune, mais plein d'un noble amour-propre, je me jetai au milieu de ces nouvelles difficultés avec la ferme volonté de les surmonter et de m'en tirer avec honneur. Je comprenais tout ce qu'il pouvait en résulter pour moi d'avantages, à cause des relations fréquentes dans lesquelles j'allais être avec le colonel du régiment, le général commandant la division et le ministre de la guerre ; et cela me stimulait fortement.

Pour être au milieu de mes affaires, je m'étais logé au pavillon Brégille ; pour être à la hauteur de l'instruction à cheval, j'allai au manège et parcourus successivement toutes les leçons, en montant à cheval avec les diverses classes. Pour répandre dans l'escadron certaines instructions qu'on n'y avait jamais pratiquées, comme les manœuvres de chèvre et de force, je me mis instructeur. Pour former mon maréchal des logis chef et mon fourrier à la tenue de leurs livres et de la comptabilité, je fis des vérifications assez fréquentes dans le commencement, ce qui me familiarisa beaucoup avec l'administration de ma compagnie. Pour diriger l'administration du corps et surveiller les travaux du quartier-maître et de l'officier d'habillement, je me livrai à l'étude de la législation militaire. Enfin, pour régler tout ce qui appartenait au service de l'École, je dus me pénétrer du règlement spécial sur ce service.

Quelque compliquée que fut ma position, quelques obligations qu'elle m'imposât, je ne reculai devant rien, je marchai à mon but avec une persévérance qui ne se démentit pas.

Tout en faisant de mon service mon affaire la plus sérieuse, je ne négligeai pas pour cela les affaires du monde. Ce n'est pas à dire que j'aie eu un goût prononcé pour le monde ; non, je n'étais même que médiocrement porté à y aller ; mais je me figurais qu'il était d'un homme bien élevé de le fréquenter ; que rien n'était plus propre à polir les jeunes gens et à les éloigner de la vie de café ou de tabagie ; enfin que ma position, en me donnant les moyens de voir la bonne compagnie, m'en faisait aussi un devoir. La raison me faisait triompher de quelques répugnances que j'éprouvais par suite de la gêne et des sujétions qu'impose la fréquentation du monde. J'y allais donc, et même quelquefois à regret, mais une fois la démarche faite, je m'amusais tout comme un autre, excepté lorsqu'il me fallait faire une partie de boston ou de reversis avec de vieilles duègnes. Les maisons des hauts fonctionnaires naturellement m'étaient ouvertes : c'étaient celles du lieutenant-général Ménard, du sénateur d'Aboville, du général Baville, du préfet M. Debry, du général d'Oraison, du commissaire-ordonnateur Lyotey. Je ne puis pas dire de combien de politesses j'étais l'objet et de la part des hommes et de la part des femmes. J'aurais à ce sujet un long chapitre à faire sur chacun ; je me borne à tracer ici quelques lignes d'une reconnaissance d'autant mieux sentie que j'étais alors par mon grade dans une position inférieure, et que, bien que la garnison fût nombreuse, il y avait extrêmement peu d'officiers dans la même ligne de distinction que moi. En dehors du cercle des autorités, je ne voyais pas moins, je voyais peut-être encore plus de monde. Ainsi, dans les maisons Délélée, Pierre, de Viantès, Lecurel, Spikernael, Bureau de Puzy, de Rase, Travaillot, d'Aubonne, Ordinaire, recteur, etc., j'étais reçu presque comme si j'eusse été de la famille. Il n'y avait que dans la société de la noblesse que je n'allasse pas, non pas que je ne fusse bien avec quelques personnalités de cette classe que je rencontrais dans le monde et que je n'eusse pu me faire présenter dans cette société par le capitaine du génie de Moras, qui y avait toute sa parenté et avec qui j'étais fort lié ; mais parce que je n'y eusse été reçu qu'en habit bourgeois et que je me trouvais trop honoré de mon habit militaire, pour souscrire bassement à une telle condition.

A cette époque, la paix avait déjà produit des fruits : on commençait à s'éloigner des temps désastreux de la Révolution ; la confiance s'était rétablie dans les relations sociales ; la prospérité renaissait, l'avenir souriait ; on ne demandait pas mieux que de se dédommager pour le présent des privations du passé ; on s'entendait donc admirablement pour s'amuser. Je m'associai, par entraînement, à cette commune disposition et, comme mes connaissances étaient nombreuses, je me procurai le plus de plaisirs possible. Je devais passer au dehors pour un heureux du jour, et pourtant je n'étais pas ce qu'on pouvait croire ; l'enthousiasme, l'exaltation, la passion enfin me manquaient ; j'usais de tout, mais plutôt avec calme qu'avec emportement : j'avais déjà l'esprit trop positif, et puis, il faut le dire, je n'étais pas assez riche pour avoir beaucoup d'entraînement à ce qui pouvait me conduire à la dépense. Puisqu'il est question de ma position financière, c'est ici le lieu de dire que ma qualité de commandant d'Ecole me valait cent francs par mois. Cela m'allait admirablement bien, car mon changement de corps m'avait coûté plus de 1,200 francs.

Deux épisodes intéressants de ma vie signalèrent la première et la seconde année de mon séjour à Besançon. Le premier fut ma nomination de chevalier de la Légion d'honneur. Des croix devaient être distribuées solennellement dans toutes les villes de l'empire à tous les élus ; mais quels seraient les heureux ? C'était la grande question. Il n'y avait aucune apparence que des listes nouvelles eussent été formées dans les états-majors divisionnaires et dans les régiments pour l'obtention de la décoration ; on n'en disait pas un mot ; je ne songeais donc pas le moins du monde à être l'objet d'une faveur aussi signalée, à laquelle je ne pouvais pas être appelé dans mon régiment par mon ancienneté de capitaine-commandant et par les services que j'y avais rendus, puisque j'y étais depuis moins d'un an. Mais, ô bonheur inespéré ! le 12 juillet 1804, je reçus ma nomination de légionnaire. Je ne puis exprimer tout ce que l'émotion que j'en éprouvai eut d'agréable. Etre un des élus de la création me semblait une faveur immense. « Je prévois, écrivais-je à mon père, que cette qualité si honorable sera pour moi, dans l'avenir, la source de bien des avantages ; aussi l'espoir renaît en moi, j'oublie qu'on n'a pas toujours été juste envers moi, pour me livrer tout entier au plaisir de commencer à recueillir le fruit des peines que je me suis données. »

Quelques jours après, je prêtai serment devant la cour d'appel, toutes les chambres assemblées et en robes rouges, solennité imposante et majestueuse qui m'émut profondément. Enfin, les décorations étant arrivées de Paris, il fallut s'occuper de leur distribution. Pour donner à cette cérémonie un caractère plus solennel, on la fit à la métropole ; l'église, à cet effet, avait été disposée de manière à recevoir convenablement un nombreux public ; Monseigneur l'archevêque était sur son trône ; le lieutenant-général Ménard, qui présidait la cérémonie, était placé sur une autre espèce de trône ; les autorités civiles et militaires avaient des places distinctes, enfin les dames et les personnes les plus distinguées de la ville étaient rangées sur des gradins et dans les galeries. Ces dispositions, l'ordre qui régnait, la décence qu'imposait le lieu, la recherche des toilettes, la présence des musiques militaires, tout cela donnait à la réunion un air de fête, propre à flatter l'amour-propre du petit nombre d'élus (vingt environ), pour lesquels tant de préparatifs étaient faits.

Le moment où, répondant à l'appel de mon nom, j'allai recevoir du lieutenant-général une accolade et ma décoration, fut certainement un des plus beaux de ma vie : je ne puis même lui en comparer qu'un, celui où, élève de seconde, à l'université de Reims, je reçus le premier prix que j'aie obtenu dans ma carrière scolaire, et fus couronné par les mains de ma mère, près de qui je ne pus arriver qu'en fendant la foule. Ainsi, l'attention, les regards et la faveur du public augmentent singulièrement à nos yeux le prix d'une récompense, et je m'explique tout ce que ce stimulant a d'énergique et de puissant pour produire les grandes choses.

Le second épisode fut ma participation à la cérémonie du couronnement de l'empereur, cérémonie si auguste, qu'on peut à juste titre se glorifier d'y avoir été convoqué. Chaque régiment devait y envoyer une députation d'officiers, sous-officiers et soldats ; c'est donc à ce titre que j'y ai été appelé et par le choix du colonel Foy, qui me témoignait beaucoup de bienveillance, d'attachement, ainsi que j'ai déjà eu l'occasion de le dire et qui, en cette circonstance, me traita un peu en favori, au grand déplaisir de mes collègues qui faisaient partie des compagnies détachées au camp de Boulogne. Ce fut le 26 octobre que je partis pour Paris par la diligence ; le détachement dont je faisais partie s'était mis en route quelques jours auparavant. En passant à Semur où la voiture s'arrêta pour le souper, et où le détachement couchait ce jour-là, j'allai causer quelques instants avec le lieutenant Marcus qui le commandait et je revenais, en courant, à l'hôtel, lorsque je me heurtai fortement la poitrine contre le timon d'une voiture de roulage que l'obscurité de la nuit m'avait empêché d'apercevoir. Renversé violemment, j'eus peine à me relever, tant la douleur que je ressentais était forte, et je me traînai jusqu'à l'hôtel. La voiture allait partir, j'y montai sans avoir le temps de me soigner, résigné à souffrir jusqu'à Paris, s'il le fallait. Malheureusement il l'a fallu, et même le mal s'est accru au point qu'en arrivant dans la capitale la respiration me manquait, et j'étais dans un état déplorable. Une saignée abondante, faite sans plus de retard, adoucit le mal presque immédiatement, et l'usage du vulnéraire en enleva toutes les traces.

Cependant le couronnement venait d'être ajourné ; les députations reçurent ordre d'aller attendre dans les environs de la capitale le moment d'y rentrer : Meaux me fut assigné et, le 5 novembre, je m'y rendis, après avoir passé cinq journées à Paris. Je ne me rappelle mon séjour à Meaux que par son insignifiance, l'obligation où j'ai été de garder la chambre à cause du mauvais temps et l'ennui que j'y ai éprouvé.

Enfin le couronnement ayant été fixé au 2 décembre, les députations rentrèrent à Paris vers le 25 novembre. On leur fit la galanterie de les loger par billets chez les habitants. Mon lot fut bon, très bon : je tombai chez M. de Baulny, rue Vivienne : ce monsieur était gendre de M. de Villemaury, ancien intendant des armées, administrateur fort connu. La maison était sur un grand ton de luxe et de dépenses ; madame de Baulny était une femme d'esprit, aimable, expansive et affectueuse ; un diner nombreux et brillant fut donné à mon occasion, ce qui me gêna beaucoup, car je n'ai jamais aimé à être en représentation, surtout au milieu d'étrangers ; enfin j'ai reçu l'hospitalité la plus généreuse et la plus bienveillante.

Le colonel Foy, que j'allais voir tous les jours, me traita avec une faveur marquée et en vieille connaissance plutôt que comme un officier de son régiment ; et j'en étais fier, car c'était un homme si aimable et d'une si belle réputation, qu'on pouvait, à juste titre, se trouver honoré de son amitié.

Quelques jours après le retour des députations de l'armée à Paris, elles furent présentées à l'Empereur, et furent réunies à cet effet dans la grande galerie du Louvre. Toutes étaient placées à leur rang de bataille, le colonel à leur tête. L'Empereur, en passant devant la députation de mon régiment, fit quelques questions au colonel Foy ; il avait la physionomie ouverte et radieuse et portait l'uniforme de colonel. Je ne l'avais pas vu depuis Avignon, à son retour d'Egypte ; je pus contempler à mon aise et avec admiration cet homme si extraordinaire.

La cérémonie du couronnement eut lieu, le 2 décembre, dans l'église Notre-Dame. Les galeries étaient réservées aux députations ; la nef, le chœur et le devant des galeries étaient tendus de tapisseries de la plus grande beauté ; la lumière du jour, interceptée par les tentures et diverses constructions, était remplacée par celle de myriades de cierges et de bougies ; le trône de l'Empereur et celui du pape, drapés en velours brodé en or et superbement empanachés, étaient d'une élégance, d'une richesse, d'une magnificence impossibles à se figurer ; les ornements d'église et les décors n'étaient pas moins riches ; les diamants, les pierreries, l'or étaient partout en profusion et relevaient la beauté, la fraîcheur du velours et de la soie dont étaient vêtus l'Empereur, l'Impératrice, les princes et princesses et la foule de dignitaires composant la cour. La toilette des dames était digne et de bon goût, quoiqu'empruntée en partie à un temps reculé. Celle des hommes était gracieuse et élégante, mais plus de notre époque. On n'en voit de semblable que sur les théâtres ; elle me parut peu convenir à la majesté du lieu et encore moins à la saison qui était froide. Des souliers de satin blanc portés par des hommes, à cette époque ! Je grelottais à cet aspect et tous ceux qui étaient ainsi affublés me firent l'effet de baladins qui étaient en scène, ou celui d'une mascarade. Malgré les pompes de la religion qui remplirent cette cérémonie de tout ce qu'elles ont d'imposant et de prodigieux, ma curiosité a été plus vivement excitée par l'étrangeté de tout ce que je voyais, par la multiplicité, la variété, la minutie et le compassement des détails, que ma raison n'a été satisfaite et mon âme émue. Ce ne fut pour moi qu'un magnifique spectacle dont le lieu, les acteurs, le sujet et la nouveauté, grandissaient l'intérêt à la manière de tout ce qui est gigantesque, mais sans prestige. Sous le masque ou plutôt le déguisement théâtral de chaque personnage, je voyais toujours l'homme et ses antécédents, je voyais mon semblable ; et Bonaparte, général en chef de l'armée d'Italie, me semblait plus grand que Napoléon se faisant oindre, pour régner en vertu d'un prétendu droit divin.

Je me suis demandé depuis d'où me venaient des sentiments qui peuvent paraître si étranges. Mon éducation aurait dû m'inspirer d'autres doctrines, et, d'un autre côté, de ma nature, je ne suis ni frondeur, ni démagogue, ni irréligieux. C'est qu'il y a au dedans de moi un sentiment profond d'aversion et de dégoût pour le mensonge et que tout ce que je voyais était mensonge et hypocrisie.

Autre exemple : on voyait dans le cortège si magnifique de l'empereur, lorsqu'il se rendit à Notre-Dame, un personnage couvert d'une soutane violette et d'un chapeau à bords rabattus, monté sur une mule flanquée de deux valets à livrée, tenant ou prêts à tenir les rênes ; c'était le nonce du pape. Le contraste frappant de sa tenue et de sa simplicité avec tout ce qui l'entourait n'était-il pas une autre espèce de jonglerie ?

Quoiqu'il en soit, je n'en ai pas moins été très satisfait et flatté d'avoir assisté, en qualité de témoin convoqué, à une cérémonie si grande, si bien ordonnée, si extraordinaire, et qui nous paraissait alors si pleine d'avenir. De nombreux siècles s'écouleront probablement avant que nos neveux ne voient quelque chose d'aussi prodigieux : on doit être fier d'avoir été acteur d'une pareille scène et s'enorgueillir de pouvoir en prendre acte.

Bientôt après, eut lieu au Champ-de-Mars une solennité d'un intérêt puissant pour l'armée : la distribution des Aigles.

Toutes les députations et les troupes que la circonstance avait appelées à Paris se réunirent sur ce vaste emplacement, au milieu duquel un autel richement orné avait été construit : le trône de l'Empereur avait été élevé devant l'hôtel militaire et une vaste estrade, destinée à recevoir les grands corps de l'état et les autorités, régnait à droite et à gauche du trône et couvrait une grande partie de la façade. La population de Paris occupait les terrassements qui limitent le Champ-de-Mars et s'était distribuée autour, partout où elle avait le moindre accès. Tout cet ensemble enfin avait un air pittoresque et animé, et l'aspect d'une grande fête.

Les députations, formant chacune un peloton dans lequel l'aigle était encadrée, commandé par le colonel, arrivèrent sur le terrain dès huit heures du matin; le temps était épouvantable et la pluie battante. La position ne semblait pas tenable et pourtant il y avait foule. Vers les dix heures, le canon des Invalides annonça l'arrivée de l'Empereur et bientôt des acclamations générales, des tonnerres de voix signalèrent sa présence. Après avoir parcouru le front des troupes, il alla se placer sur son trône ; alors commença la cérémonie de la bénédiction des drapeaux. Ce fut un moment imposant que celui où, tous les colonels étant groupés en avant de l'autel avec les aigles, les salves des canons de campagne qui étaient servis par l'artillerie de la Garde, salves qui furent immédiatement répétées par le canon des Invalides, annoncèrent que la bénédiction avait lieu. Après la bénédiction, les aigles ayant été portées devant le trône de l'Empereur, celui-ci fit une courte harangue et procéda à leur distribution. Enfin, il était midi quand le défilé commença; la pluie n'avait pas cessé, nous marchions dans une mare d'eau et de boue, nos vêtements étaient trempés à fond, nos chapeaux déformés, nos plumets abîmés, nos dorures ternies; notre corps était transi; et pourtant tout cela s'oubliait lorsque, passant devant le trône, on venait contempler cet être si prodigieux, dont la gloire éclipsait toutes les gloires et qui semblait appelé, après avoir guéri les plaies de la France, à la mener au plus haut degré de prospérité. Le passé, le présent, l'avenir, absorbaient presque simultanément la pensée, et tenaient l'esprit dans une sorte de fascination.

A quelques jours de là, je fus invité à dîner aux Tuileries, à une table dont le maréchal Duroc faisait les honneurs. Nous y étions nombreux, serrés et servis avec un grand luxe; mais l'exemple venant du maître et l'Empereur ne restant jamais que très peu à table, le grand maréchal mena son dîner presque au galop; à peine eûmes-nous le temps de dîner à moitié; je me retirai pour mon compte très peu émerveillé des dîners du château. A propos de dîner, c'est ici le cas de parler de celui que se donnèrent tous les officiers d'artillerie qui se trouvaient à Paris. Ce banquet fut nombreux, gai, animé et avait tout-à-fait l'air d'une fête de famille par la cordialité qui y régnait. De nombreux toasts et des couplets de circonstance, où brillait l'esprit de corps, animèrent surtout la fin du repas, et la gravité de l'artillerie à pied se dérida devant la gaieté bruyante des artilleurs à cheval. Cependant, à la fin, la décence dans laquelle on s'était maintenu jusque-là faillit être troublée par une scène de destruction, semblable à celles dont les officiers de hussards ont assez l'habitude et que se permettaient quelquefois nos chers camarades de l'artillerie à cheval, qui aimaient mieux chercher des exemples à suivre dans la cavalerie légère que dans leur arme mère.

Nous étions à la fin du dîner; tout le monde était encore en place, mais on en avait assez, on commençait à songer à la retraite, seulement les plus ardents tenaient encore bon et flûtaient le champagne. Tout d'un coup, le capitaine Jacques, un des commissaires de la réunion, et qui était placé vis-à-vis de moi, se lève, prend la table en dessous et fait effort pour la lever et la renverser de mon côté; heureusement la résistance qu'il éprouve par le poids de la table me donne le temps de m'apercevoir de son intention, de me lever et d'élever la table de mon côté, autant qu'il l'élevait du sien, de manière à la tenir horizontale. Ce simple mouvement de ma part ayant ramené la réflexion suffit pour empêcher le désordre, mais ce fut comme le signal du départ; nous nous retirâmes tous contents les uns des autres. Une réunion semblable, à laquelle participaient tous les régiments d'artillerie et qui représentait ainsi toute l'arme, était remarquable et intéressante ; jamais auparavant, jamais depuis, il n'y en a eu d'aussi générale ; il avait fallu cette circonstance tout-à-fait unique du couronnement pour l'opérer. Il serait à désirer, je crois, qu'il y eut de temps en temps de ces sortes de réunions, pour retremper l'esprit de l'arme. Et puis, il ne peut qu'être utile aux sciences et aux arts de mettre en rapport les uns avec les autres les hommes qui les cultivent ; qu'on leur donne seulement l'occasion de faire connaissance et pour beaucoup cette occasion ne sera pas perdue et produira ses fruits.

Avant le départ des députations, elles furent admises à prendre congé de l'Empereur, et à défiler devant Sa Majesté qni s'était placée dans la salle du trône. Chaque députation entrait à son rang dans cette salle et se mettait en file à la suite de la députation qui précédait. Le mouvement progressif de la file était plus ou moins lent, suivant que l'empereur adressait la parole à l'un ou à l'autre, ce qui permettait de bien voir et le théâtre, et la scène, et les acteurs, et donnait lieu à des réflexions sur la vanité humaine et les caprices de la fortune. Enfin chacun à son tour, arrivant devant l'Empereur, lui faisait face et s'inclinait avec plus ou moins d'humilité et de grâce, suivant ses habitudes, son tempérament et sa conformation. Sa Majesté, comme de juste, ne me parut pas me porter une attention particulière, ce qui ne troubla pas le moins du monde la satisfaction que j'éprouvai de suite après de me trouver dégagé de toute contrainte et libre au moins de remuer mes jambes, que deux ou trois heures de repos, dans la position du soldat sans arme, avaient singulièrement engourdies et fatiguées.

Je touche donc au moment de mon départ, mais avant de quitter Paris, j'ai besoin de rappeler la visite que je fis au général Gassendi, alors chef de la division de l'artillerie au ministère de la Guerre. J'étais avec la députation de mon régiment et le général ne me connaissait que par les relations que mon emploi à Besançon avait établies entre lui et moi. « Ah c'est vous, capitaine Boulart, me dit-il, je vous fais mon compliment ; commandant d'école à votre âge ! c'est magnifique. Vous avez là le plus beau commandement de tous les capitaines d'artillerie de France. » — « J'apprécie, lui répondis-je, les avantages de ma position et je tâche d'en remplir les devoirs le mieux que je puis. » Il ne me dit pas s'il était content de moi ou non ; mais on sait qu'il était loin d'être complimenteur et qu'il était au contraire un sévère censeur ; je dus m'applaudir de n'en avoir reçu aucun reproche, et en conclure que j'étais bien dans ses papiers. Effectivement, j'eus lieu de m'en convaincre plus tard.

Le 14 décembre, j'embrassai mes parents ; je leur avais promis de passer quinze jours près d'eux, je les leur donnai. Je ne les avais pas vus depuis trois ans, ces jours furent pour eux et moi des jours de bonheur. J'avais ma vanité tout comme un autre ; fier d'être capitaine d'artillerie à cheval, glorieux de mes dorures, de mon pantalon à triple chevron en galon d'or, de mon gilet écarlate à tresses d'or, de mon plumet rouge, de mon grand sabre, enfin de l'élégance qu'offrait l'ensemble de ce costume, je me pavanais dans les rues, la tête haute, le chapeau un peu de travers, le sabre traînant, supposant que mes compatriotes, parmi lesquels se trouvaient mes condisciples, feraient attention à moi ; mais, ô mystification ! l'attention que je provoquai fut celle de nombreux gamins qui me suivaient comme si j'eusse été un tambour-major. Les gens de Reims sont très peu engoués de l'état militaire ; les spéculations industrielles et commerciales absorbent toutes leurs pensées et tout ce qui s'y rattache mérite seul estime et considération ; aussi ce pays a-t-il fourni extrêmement peu d'officiers généraux et de militaires d'un nom un peu connu.

Je restai près de mes parents jusqu'au 29 décembre. J'étais à Troyes le 1er janvier 1805, j'évitai donc l'ennui et la fatigue des visites qu'on fait ce jour-là dans les grandes garnisons. Le 4 janvier, j'étais à mon poste. Je rentrai vite dans mes habitudes. Cet hiver fut extrêmement gai et le carnaval plus animé. J'en profitai, bien entendu, mais à ma manière, c'est-à-dire sans excès.

Dès le mois d'avril, le général de brigade d'artillerie d'Arancey arriva pour inspecter l'école et les troupes d'artillerie à Besançon. Je redoutais beaucoup son inspection, car il était connu pour un homme dur, fantasque, irascible et brusque ; cependant je n'eus pas à m'en plaindre ; il me donna au contraire des éloges. Il est vrai que je m'étais mis en quatre pour le satisfaire.

Peu de temps après, il me survint une ophtalmie qui me tint plus de trois semaines à la chambre, sans que je pusse rien faire. Ce fût le premier accès un peu grave que j'eus de cette affection, qui se reproduisit désormais de temps en temps et dont je fus plus tard incommodé.

Au mois de juin, il fut question que l'Empereur, à son retour de Milan, où il était allé se faire couronner roi de Lombardie, passerait par Besançon. J'en fus enchanté. A cette occasion, j'écrivais à mon père : « L'administration, la tenue, la police du corps, son instruction sont dans un tel état que je ne puis que trouver mon compte à supporter les regards du maître ; et d'ailleurs je suis assuré que les autorités du pays ne donneront de moi que de bons témoignages. » Mon espoir fut déçu, l'Empereur ne fit pas à Besançon l'honneur de le visiter.

Cependant les mouvements de nos flottes, les manœuvres de la flottille de Boulogne, les immenses préparatifs qui paraissaient avoir le but prochain d'une descente en Angleterre, occupaient sérieusement tous les esprits ; on était dans l'attente de grands événements : tout à coup, c'était au commencement de septembre, on apprit que le camp de Boulogne était levé. L'armée se dirigeait, à marches forcées et suivant plusieurs directions, sur le Rhin et de là sur la Bavière pour s'opposer à la marche de l'armée autrichienne qui déjà venait de franchir les frontières de ce pays allié à la France et en opérait l'invasion. A cette nouvelle, je sentis que les chances de l'avancement allaient être là où on se battrait et que je n'avais rien à espérer tant que je resterais à Besançon, quoique j'y fusse certainement le capitaine de toute l'arme le plus occupé. Ce motif et puis un peu d'enthousiasme et d'amour de la gloire me firent écrire de suite au ministre et à mon colonel pour demander instamment d'être appelé à l'armée. A défaut d'une prompte réponse, j'écrivis itérativement : la réponse de mon colonel vint me donner de l'espoir, mais celle du ministre fut positivement négative. J'en fus très contrarié. Tout le monde connaît les prodiges de cette mémorable campagne. Je partageai l'ivresse générale que produisirent ses résultats, mais non sans le regret poignant de n'en avoir pas partagé les bonnes comme les mauvaises chances.

Dans cette même année, il y eut une seconde inspection générale à la fin de septembre. Cette fois, ce fut le général Seroux qui la fit. J'eus lieu d'être content de la manière dont il me traita et des bons témoignages qu'il rendit de moi.

Forcé de faire contre fortune bon cœur, je passai l'hiver doucement, m'associant à tous les plaisirs qui se présentaient et attendant patiemment des jours plus favorables à mon avancement. Je ne manquais d'ailleurs pas d'occupations, ayant, outre mes obligations ordinaires, celle de former les nombreux conscrits que le régiment recevait. Partagé ainsi entre de nombreuses distractions et mes devoirs militaires, je fus bientôt consolé du refus que mes demandes avaient éprouvé et des chaînes qu'on avait imposées à mon dévouement.

Cependant, à la fin d'avril 1806, une circonstance vint renouveler mes ennuis. Il se fit une promotion dans l'arme et je n'y fus pas compris. Acquérant de nouveau l'expérience que la fortune ne faisait rien pour moi, tandis qu'elle souriait à d'autres qui ne faisaient rien pour le mériter, je fus abreuvé de dégoûts. Heureusement mon major, M. Le Noury, qui était en crédit et employé près du premier inspecteur général de l'arme, m'écrivit ce qui suit : « Si vous n'êtes pas encore chef de bataillon, mon cher Boulart, ce n'est ni oubli des personnes qui ont dû apprécier les services que vous rendez au régiment depuis plus de deux ans, ni négligence de la part de ceux qui ont reçu les comptes avantageux rendus sur vous. Vous avez été porté sur les listes présentées à l'Empereur. Votre absence de l'armée ne vous a pas nui ; vous n'avez point été agréé, mais par des considérations particulières étrangères à votre personne. Je ne doute pas qu'au premier travail vous ne soyez porté et présenté avec plus de chaleur. Si, à cette époque, je puis vous être utile, je regarderai comme une dette de contribuer de tout mon pouvoir à vous faire rendre justice. »

L'homme se laisse facilement prendre aux amorces flatteuses ; ces quelques lignes furent pour moi une fiche de consolation et une sorte de baume qui me rendit moins amère l'injustice que j'éprouvais : je me remis donc à l'œuvre avec mon ardeur accoutumée. J'avais alors à faire sur les compagnies du régiment qui étaient à l'armée des expéditions de recrues, de chevaux de remonte et d'habillement ; c'était un surcroît d'occupations.

Dans une grande ville où il y a beaucoup de demoiselles et peu de marieurs, un jeune homme qui se trouve dans une position, comme celle où j'étais, est choyé partout, et il est difficile qu'il reste toujours indifférent. On finit par trouver la personne que l'on cherche et l'on est heureux de fixer à la fois ses idées, ses affections et son sort. C'est ce qui m'arriva. J'avais distingué plus particulièrement au milieu de toutes, mademoiselle Bathilde Dessirier, qui demeurait alors chez sa sœur, Mme Delélée. Mme Delélée est la marraine de Victor Hugo.

Vingt-quatre ans, une douceur angélique, une belle éducation, de l'esprit, une réputation sans tache, de la beauté et de la grâce ; tel était le portrait de mademoiselle Dessirier, et l'opinion publique, à cet égard, était unanime.

Je me déterminai donc à faire une demande en mariage : elle fut accueillie et, à partir de ce moment, je pris mes dispositions en conséquence près de mon père.

Mademoiselle Bathilde était alors à Nancray, chez madame Delélée ; j'allai souvent la visiter et lui consacrai tous les instants que mon service me laissait disponibles ; c'était une douce existence, et je ne songeais guère que rien dût la troubler, lorsque, dans les premières semaines de juillet, ma compagnie reçut l'ordre de partir pour l'armée, sous quelques jours. Ce fut pour moi un coup de foudre ; la famille Delélée et moi nous en fûmes consternés ; jamais plus grand embarras n'avait entravé un pareil projet, et nous ne voyions pas comment nous en tirer, car nous ne nous étions pas défiés et il ne fallait pas moins de trois semaines pour nous mettre en mesure de nous marier. J'étais donc dans la plus cruelle anxiété que j'aie jamais éprouvée ; mais une main providentielle m'en tira au bout de deux jours ; le même ministre qui me causait tant d'ennui m'expédia ma nomination au grade de chef de bataillon et en même temps l'avis que je recevrais bientôt une destination en ma nouvelle qualité. Il est des émotions impossibles à exprimer, celle que j'éprouvai à la lecture de cette dépêche est de ce nombre : apprendre mon avancement, voir mon départ retardé de manière à me permettre d'exécuter mes projets, sortir ainsi brusquement de l'état d'angoisse où je me trouvais, c'était autant de bonheur qu'il est possible à un mortel d'en avoir à la fois. Il n'y avait plus de temps à perdre ; je me hâtai de prendre toutes mes mesures, et, le 19 août, j'eus la joie d'unir mon sort à la femme que mon cœur préférait et qui était appelée à le rendre si doux. J'avais alors mon ordre de départ en poche : ce n'était pas pour moi un faible sujet d'ennui, de chagrin ; mais à cette époque, on était façonné à toutes les chances qui résultent de l'état de guerre ; on réfléchissait beaucoup à l'avance, mais, une fois le parti pris, on se résignait à toutes les conséquences, et l'on profitait habilement pour le plaisir de tous les instants que le service de l'Etat ne réclamait pas impérieusement. Les temps sont bien changés !

C'est à Nancray qu'eut lieu la double cérémonie civile et religieuse, au milieu de la famille de ma femme et de quelques amis, et loin des obsessions de la ville. M. Ledoux, garde-magasin des vivres, représentait mon père. A l'ennui d'un départ prochain, se joignit bientôt celui de voir ma femme envahie par la fièvre : c'était débuter dans l'état de mariage d'une manière triste et décourageante ; pourtant j'avais confiance en mon étoile ; je ne perdis pas l'espoir d'un meilleur avenir et je fus assez heureux pour faire partager ces sentiments à ma femme.

CHAPITRE VII

1806

Augsbourg. — Bamberg. — Bataille d Iéna. — Entrée à Berlin. — Marche sur la Pologne. — Varsovie. — Pulstuck. — Retour à Varsovie.

Enfin, le 30 août, je me mis en route pour Augsbourg où j'avais l'ordre de rejoindre le quartier général du général Songis, alors premier inspecteur général de l'artillerie et commandant en chef l'artillerie de l'armée. Un frère de ma femme, au 61ᵉ régiment, Hubert Dessirier, officier, et depuis capitaine aux grenadiers de la Garde, après avoir pris un drapeau à Iéna, avait eu un congé pour assister au mariage de sa sœur ; nous fîmes route ensemble dans mon cabriolet et en poste. A Strasbourg, on ne voulut pas nous laisser traverser le Rhin ; le général Rapp, aide-de-camp de l'Empereur, y était arrivé, avec la mission d'empêcher aucune troupe se dirigeant sur l'Allemagne de passer outre, ce qui faisait croire généralement au retour prochain en France de notre armée.

Cette circonstance me contraria, parce que j'aurais déjà dû être à Augsbourg ; j'allai expliquer mes raisons au général et il consentit à nous laisser continuer notre route.

Non loin de Rastadt, on me fit voir le petit bois où avait eu lieu l'assassinat de nos députés, et ces localités m'offrirent d'autant plus d'intérêt que j'avais souvent entendu parler de cette scène par M. Debry, préfet du Doubs, qui y avait été acteur et qui s'en était échappé miraculeusement. Rastadt me rappela les célèbres négociations qui y eurent lieu en 1797, auxquelles assista un instant Bonaparte, général en chef, et qui furent terminées par la paix avec l'Autriche.

De Rastadt à Stuttgard le pays est très beau ; j'en ai été émerveillé. Il me semblait voir le bonheur sur les physionomies et l'aisance partout ; c'était à mes yeux comme la terre promise. A Stuttgard, j'ai visité le palais du roi dont les grands appartements m'ont été ouverts. Je n'avais jamais rien vu de plus beau, de plus frais, et il y régnait le meilleur goût.

De là, au lieu de me diriger sur Augsbourg par Ulm, suivant la droite route, je me dirigeai sur Nordlingen, par Gemunden, pour reconduire mon beau-frère jusqu'à son cantonnement. Pendant que je faisais ce détour, mon domestique et mes chevaux passaient par Ulm. Je restai un jour avec mon beau-frère à Nordlingen, puis je pris la direction d'Augsbourg, et après avoir passé le Danube à Donauwerth, j'arrivai à ma destination le 9 septembre. Je ne connaissais aucun des généraux et chefs qui s'y trouvaient ; ni le général Songis, ni le général Pernety, son chef d'état-major, ni le major Berge, etc... ; j'ai été étonné et flatté à la fois de me voir accueilli, comme une vieille connaissance et avec une sorte de distinction. J'ai vu de suite que j'avais été précédé par des préventions favorables, et j'en tirai un bon augure pour l'avenir. J'appris là que j'avais été placé au 3e d'artillerie à cheval (colonel Navelet), comme chef d'escadron et, quoique je regrettasse un peu mon ancien régiment, cependant cette destination me convenait assez, parce que je connaissais particulièrement le colonel et quelques officiers de mon nouveau corps.

On était alors dans l'incertitude la plus complète sur l'avenir. Les Prussiens faisaient des armements et des préparatifs de guerre considérables, mais leur cabinet continuait à assurer le nôtre de ses dispositions amicales ; puis on n'était pas sûr de la Russie, en sorte que, d'un jour à l'autre, les bruits de retour en France ou de guerre changeaient. Pendant ce temps, logé chez un vieux chanoine, M. Späth, homme riche et de bonnes façons, et n'ayant rien à faire à l'état-major où tous les emplois étaient remplis, j'aurais eu une existence très douce, n'eût été qu'en qualité de nouveau marié je regrettais de n'avoir pas ma femme avec moi, et surtout de la savoir malade.

Enfin, nous reçûmes l'ordre de partir, et, le 26 septembre, nous nous mîmes en route sur Wurtzbourg, à marches forcées. Oh ! alors, nous ne doutâmes plus que le gant n'eût été jeté et que la campagne allait s'ouvrir. Pour moi, j'en fus content, je n'aspirais qu'à une fin et, pour y arriver, il fallait commencer. J'étais d'ailleurs trop récemment marié pour n'avoir pas encore un peu de cet enthousiasme belliqueux qui distingue particulièrement les jeunes gens indépendants; et puis je ne voyais dans la guerre que de bonnes chances pour moi, ma pensée ne savait pas s'arrêter sur les mauvaises.

Nous passâmes par Wertingen, Dillingen, Heydenheim, Aalen, Elwangen, Croilsheim, Blanfelden, Mergentheim et, le 2 octobre, nous étions à Wurtzbourg : ce qui fait en tout 58 lieues en sept jours, chose que je ne rapporte que pour donner la mesure de la vitesse de notre marche. De toute cette route, il ne me reste aucun souvenir, sinon qu'à Mergentheim, j'ai vu un ancien château qui appartenait autrefois à l'ordre des Templiers et était la résidence du grand-maître.

A peine arrivé, je fus chargé de former une division d'artillerie de 12 bouches à feu, pour être attachée à la Garde impériale, et de la commander. Pour se rendre compte de cette mesure, il faut savoir que l'infanterie de la Garde fut transportée en voitures de Paris à Wurtzbourg, tant l'Empereur mettait de célérité dans ses dispositions d'attaque et que l'artillerie et la cavalerie qui, nécessairement, venaient à petites journées, étaient encore loin de rejoindre. Ce commandement me flatta infiniment; aussi fus-je très empressé d'organiser mon matériel. Une certaine fois, dans une course que je fis à cette occasion, je sortais de la ville, me dirigeant sur mon parc qui était là tout près : j'aperçois une nombreuse cavalcade qui s'avançait à une grande allure; je me range, c'était l'Empereur qui arrivait. Une pauvre paysanne, qui était un peu en arrière de moi, ne s'étant pas détournée à temps, est renversée par le cheval que montait Napoléon ; celui-ci s'arrête tout court, fait un geste de regret et de compassion expressif, ordonne de relever cette femme, s'assure qu'elle n'a pas de mal, lui adresse quelques paroles par l'intermédiaire de quelqu'un de sa suite, l'indemnise généreusement et continue son chemin. Je n'avais pas vu l'Empereur depuis le couronnement ; cette rencontre inattendue m'émut doublement, car il n'était pas possible de rester insensible à l'intérêt qu'offrait cette scène.

On me donna pour le service de ma division d'artillerie deux compagnies à cheval de mon régiment (capitaines Lebel et Cachardi), belles toutes deux par la tenue et par la composition en hommes. J'avais donc, sous tous les rapports, de quoi être fier de mon commandement.

Je me mis en relation avec le maréchal Bessière qui commandait la Garde et le général Roussel, son chef d'état-major, et j'eus la satisfaction d'en être bien accueilli et d'apprendre que le maréchal avait remercié le général Songis de lui avoir donné un officier *de choix*.

Dès le 4 octobre, la Garde partit de Wurtzbourg ; le 6, elle était à Bamberg. Cet essai de trois jours de service avec la Garde avait déjà étendu mes rapports, le terrain ne m'était plus étranger, je me sentais plus à mon aise, enfin, j'étais dans un ravissement que je ne peux mieux faire connaître qu'en transcrivant quelques passages d'une lettre que j'adressai de Bamberg à mon père : « Mon poste est envié de tous mes ca-
» marades, chefs de bataillon ou d'escadron et même de quel-
» ques colonels ; mais l'affaire est faite, il ne me reste plus qu'à
» tâcher d'en recueillir les fruits, et déjà je sais qu'on est con-
» tent de moi. Je sais aussi que mon service n'est que momen-
» tané, mais il n'importe ; si je fais la campagne avec la Garde,
» c'en sera assez pour mériter de l'avancement et peut-être
» même d'entrer dans la Garde. La carrière m'est ouverte, je
» ne veux point en sortir comme j'y suis rentré, et sans tâcher
» de mettre à profit la faveur dont je jouis actuellement. Il me
» semble que, depuis quatre mois, la fortune a plus fait pour
» moi que pendant quatorze ans de bons services ; cela m'en-
» courage et me donne de belles espérances. »

Il est clair d'après cela que l'ambition m'avait gagné : comment, venant d'être nommé chef d'escadron, pouvais-je déjà prévoir de l'avancement ? C'était prétentieux, pour ne pas dire plus. Pourtant l'avenir a justifié et ces prétentions et ces espérances.

Le 8 octobre, nous partîmes de Bamberg et passant par Cronach, Schleitz et Auma, à travers un pays de montagnes difficile et pauvre, d'où nous aurions eu du mal à nous tirer, si nous n'avions été favorisés par un temps magnifique, nous arrivâmes à Géra, le 12, ayant fait 8 à 9 lieues par jour. C'est dans cette marche que notre avant-garde rencontra pour la première fois les Prussiens et que le prince Louis de Prusse fut tué à Saalfeld. A partir de ce moment, les Prussiens fuyaient partout devant nous ; le maréchal Lannes, qui leur avait pris beaucoup de monde et 28 pièces de canon à la première rencontre, les menait battant et menaçait déjà Leipzig, lorsque nous arrivions à Géra : l'armée était superbe, dans un ordre parfait, pleine d'enthousiasme, de confiance et d'ardeur pour se mesurer avec l'ennemi et « il n'y avait pas de doute, écrivais-je de Géra à ma femme, que le jour où elle donnerait mettrait fin à la campagne. »

Ce jour que tous désiraient ardemment était plus rapproché que je ne supposais alors. Dès le lendemain, quittant brusquement la direction sur Leipzig que nous avions suivie jusqu'alors, et se jetant tout à fait à gauche, la Garde marcha sur Iéna. La journée était longue, je n'arrivai qu'à la nuit tombante ; mais il fallait traverser la ville et une rue où un incendie s'était manifesté à droite et à gauche ; ce passage exigea beaucoup de temps et de précautions, les pièces et caissons étant obligés de passer un à un, à de grands intervalles les uns des autres, et ayant dû être débarrassés du fourrage dont on les charge habituellement. J'eus le bonheur qu'il n'arrivât aucun accident. J'avais l'ordre d'aller, aussitôt que j'aurais traversé Iéna, bivouaquer sur un plateau élevé qui domine la ville et la vallée de la Saal et où la Garde était établie ; mais à peine mes premières voitures furent-elles engagées dans le chemin creux et rapide par lequel on y montait qu'elles furent arrêtées, le chemin manquant de largeur. Grand fut mon embarras, car je savais déjà qu'on se battrait le lendemain, et mes chevaux, harassés d'avoir marché tout le jour, avaient besoin d'arriver pour manger et se reposer. Il n'y avait pas de temps à perdre ; je fis parquer comme je pus, au pied de la hauteur, la partie de mon matériel qui n'était pas encore engagée dans le chemin creux, puis armant mes canonniers de tout ce que j'avais de pics-hoyaux, je les employai à tailler dans le roc pour élargir la route. Il y avait beaucoup à faire et l'ouvrage avançait peu, vu sa difficulté ; je me mettais en quatre, j'étais partout, animant, pressant et encourageant mon monde, rempli d'anxiété, plus encore que de fatigue, me figurant qu'on ne pouvait se battre sans moi, ou au moins que je serais déshonoré si mon artillerie ne se montrait pas à temps pour prendre part à l'action. Enfin, à la pointe du jour, au moment où la Garde quittait ses feux pour prendre les armes, mes dernières voitures arrivèrent sur le plateau et je commençai à respirer, heureux d'être arrivé à mes fins. Les premiers coups de fusil se firent bientôt entendre et en peu de temps l'affaire devint sérieuse. Le bruit s'éloigna d'instant en instant, mais la Garde ne donna point ; elle resta en bataille pendant toute l'action, changeant de position pour avancer à mesure que la première ligne gagnait du terrain et contenant son impatience dans l'attente d'un ordre qui appellerait sa participation. Un ordre arriva en effet vers midi, mais c'était mon artillerie qu'il concernait, l'Empereur demandait qu'elle arrivât de suite et je devais aller prendre ses ordres. En un instant mes batteries furent en route et pendant qu'elles s'avançaient au petit trot, je les devançai pour aller annoncer leur arrivée à Sa Majesté. Je la trouvai devant le front d'une nombreuse cavalerie, terminant une harangue. Cette cavalerie venait de fournir les brillantes charges qui avaient déterminé le gain de la bataille et l'empereur lui en témoignait sa satisfaction. Ce moment était solennel. Je m'approchai pour prendre ses ordres : « C'est bon, me dit-il, je n'ai plus besoin de votre artillerie, retournez à ma Garde. »

On sait les résultats immenses, prodigieux de cette victoire. Ce qui resta de l'armée prussienne s'enfuit dans toutes les directions, cette armée n'était plus. Nous restâmes sur le terrain toute la journée du 15, et le 16 nous nous mîmes en route, dans la direction de Berlin. Rien désormais n'arrêta plus notre marche, et passant à Naumbourg, Mersebourg, Hasse, Dersau et Vittenberg, nous arrivâmes le 23 à Potsdam. Chaque jour nous apprenions de nouveaux succès ; aujourd'hui c'était tel corps, son artillerie et ses bagages qu'on avait pris, demain tel autre corps ; jamais la victoire n'avait produit autant d'ivresse et d'enthousiasme : mais aussi jamais souverain et armée n'avaient autant mérité d'être châtiés, l'un par sa perfidie, son insigne mauvaise foi, l'autre par sa jactance et son insolence.

Le 24, l'Empereur passa une revue générale de sa Garde dans la cour du château royal. J'allais figurer pour la première fois à une revue semblable, je savais que l'Empereur avait l'habitude de faire aux chefs les questions les plus inattendues et qu'il ne fallait pas balbutier pour répondre, cela me tint dans une sorte d'émotion. Lorsque mon tour arriva, à cela près d'un mouvement que je fis exécuter comme je le savais, mais non comme il l'entendait, ce qui me valut quelques observations critiques, je me tirai passablement d'affaire, je fus content de mes réponses, et désormais, au courant de la manière dont se passaient ces revues, je ne les craignis plus.

Potsdam est le Versailles de la Prusse. C'est une ville superbe; les palais, les rues, les places, les promenades, les canaux, les quais, tout concourt à l'embellir et à la rendre magnifique. Je la parcourus avec intérêt. Pendant le séjour que nous y fîmes, nous recueillîmes les détails des succès de l'armée, et nous en étions tous émerveillés.

Erfurt, ce boulevard dont on vantait tant la force, et où commandait le vieux maréchal de Mœllendorf, cet ancien et honorable compagnon d'armes de Frédéric, Erfurt s'était rendu; l'Electeur de Saxe avait fait sa paix avec l'Empereur et rentrer ses troupes; l'armée prussienne, en huit jours, avait perdu le prince Louis, frère du roi, le duc de Brunswick, fameux par le manifeste et l'invasion de 1792, ses meilleurs généraux, plus de 80,000 hommes et 250 pièces de canon; il n'en restait plus que des débris épars çà et là, que poursuivaient nos corps d'armée; enfin nous étions entrés à Berlin, et le roi de Prusse, dans un tel désastre, jugeant l'impossibilité où il était de continuer une guerre qui ne lui offrait plus que ruine, s'humiliait, et avait envoyé au quartier général de l'Empereur le marquis de Lucchesini pour négocier la paix. Tant de prodiges s'étaient passés en moins d'un mois, à dater de notre départ d'Augsbourg.

Le lendemain 25, la Garde se dirigea sur Berlin, à travers un pays de sables et de forêts de pins, pays misérable, semblable à celui que nous avions déjà traversé pendant 20 lieues pour arriver à Potsdam. En voyant cette misère, on se demande s'il est vrai qu'on approche de la capitale d'un grand État, et comment on a pu faire tant de dépenses dans ces déserts pour établir à Potsdam une résidence royale. Au lieu d'entrer à Berlin, on nous fit aller à Charlottenbourg, joli bourg sur les bords de la Sprée, à une lieue de Berlin, résidence royale d'été. L'Empereur s'établit au château, et la Garde dans la ville, qui n'est guère habitée que par des personnes attachées à la cour et leurs adhérents.

Le 27, l'Empereur fit son entrée triomphale dans la capitale de la Prusse, à la tête de toute sa Garde. Les premières autorités de Berlin l'attendaient sous ce superbe arc de triomphe, surmonté d'un quadrige en bronze, qui forme l'entrée de la ville du côté de Charlottenbourg et lui firent leur soumission. C'était un spectacle imposant et flatteur pour nous, Français : le contraste frappant de notre fierté nationale, mais sans insolence, avec la profonde humilité des vaincus, qui naguère avaient tant de jactance et d'arrogance, offrait un vaste champ aux méditations et une profonde leçon aux grands de ce monde. Après cette cérémonie, toute d'étiquette, l'Empereur, escorté de son nombreux et brillant cortège, se rendit au palais du Roi, en suivant une longue, large et magnifique rue, plantée d'arbres. Une nombreuse population garnissait les fenêtres et fournissait à notre curiosité un aliment sans cesse renouvelé. Nous devions leur paraître grands, après les prodiges qui venaient de s'opérer ! Quant à nous, nous nous sentions fiers d'être Français. Il est de beaux moments dans la vie militaire, de ces moments qui vous remuent puissamment et vous grandissent à vos propres yeux ; pour moi, celui-là fut de ce nombre ; il a laissé de profondes traces dans mon souvenir.

Après l'installation de l'Empereur au château, une partie de la Garde, mon artillerie entre autres, retourna à Charlottenbourg. J'y étais logé chez la comtesse Hænckel von Donnersmarck, dont le mari, officier supérieur de l'état-major de l'armée prussienne, errait à l'aventure avec les débris de cette armée. La jeune comtesse me reçut avec beaucoup de politesse, sans affectation, ni rancune apparente, et même, lorsqu'elle me connut, et qu'elle sut que j'étais un nouveau marié, enlevé par les circonstances aux embrassements de sa femme, elle devint aimable, confiante, bonne même, comme si l'analogie de nos positions eut excité sa sympathie. Elle était musicienne et touchait du piano ; je l'accompagnai quelquefois avec la flûte ; enfin je fus heureux de trouver dans mon logement les ressources d'une aimable société, avantage dont mes camarades étaient privés, au milieu d'une noblesse altière qu'exaspérait le malheur.

Charlottenbourg est si rapproché de Berlin que je me procurai souvent le plaisir de visiter cette capitale : la route qui y conduit est d'ailleurs, elle-même, une jolie promenade où tout annonce le voisinage d'une résidence royale, et que l'on fréquenterait sans autre but que celui de se promener. Je ne me lassais point d'admirer la beauté de cette ville ; ses rues longues et larges, ses palais, ses hôtels, ses monuments, d'un si bon goût et aussi frais que s'ils fussent bâtis d'hier ; partout des lignes d'architecture sévères, partout un air grandiose, tout cela me charmait. J'éprouvais seulement de l'étonnement et du regret que de si belles choses eussent été exécutées au milieu des sables et des forêts de pins, dans le pays le plus ingrat et le plus aride que j'aie jamais vu. Probablement, me disais-je : le génie du grand Frédéric, à qui on doit cette création, aura vu en elle un moyen de peupler et de féconder ce désert : le temps a manqué à l'achèvement de son œuvre, des siècles feront le reste.

Dans mes excursions autour de Charlottenbourg, j'allai visiter la forteresse de Spandau, qui n'en est qu'à quelques lieues. Elle m'a paru une vraie bicoque, ne méritant pas l'importance qu'on lui avait donnée. Je m'y trouvai un jour où il y arriva plusieurs milliers de chevaux tout harnachés, provenant d'une division de cavalerie prussienne faite prisonnière : ces chevaux étaient destinés à monter les régiments de dragons à pied qui marchaient avec la Garde. C'était un encombrement à faire fuir.

Cependant, chaque jour nous apprenait de nouveaux succès ; les débris de l'armée prussienne, traqués dans toutes les directions, tombaient chaque jour entre nos mains et l'armée française, continuant sa marche victorieuse, avait passé l'Oder et pénétrait en Pologne. La monarchie prussienne, si violemment ébranlée, menaçait ruine ; et, pour éviter ce dernier désastre, le Roi cherchait à entrer en négociations avec l'Empereur. C'étaient MM. le marquis de Lucchesini et de Zastrow, deux de ses ministres, que j'avais occasion de rencontrer quelquefois dans le monde, qui avaient mission d'opérer sa réconciliation avec l'Empereur ; mais ce dernier ne voulait entendre à rien, que l'armée prussienne ne fût anéantie. Un jour, j'appris par ces messieurs qu'un armistice venait d'être convenu, que le maréchal Duroc avait été expédié vers le Roi pour le lui faire ratifier et qu immédiatement après son retour on traiterait de la paix. Ma joie fut extrême, car mon premier feu belliqueux était passé ; l'anéantissement des Prussiens, leur profonde humiliation m'avaient désarmé. Mais cela n'était qu'illusion. Effectivement les choses s'étaient passées comme me l'avait dit M. de Lucchesini, mais les résultats ne répondirent pas à ce qu'on attendait : pendant qu'on perdait du temps pour la conclusion de l'armistice, les Russes s'approchaient de la Vistule, leur armée nombreuse et fortement organisée se croyait appelée à rétablir les affaires du Roi de Prusse et était impatiente de nous aborder. Dans cet état de choses, le Roi, dont l'Empereur avait repoussé les premières propositions, refusa la ratification de l'armistice en question.

Au bout d'un mois de séjour à Charlottenbourg, il fallut en partir ; nous nous mîmes donc en route le 24 novembre sur Custrin, d'où nous fûmes dirigés, par Landsberg et Schwerin, sur Posen où nous arrivâmes le 1er décembre.

Mon artillerie fut attachée pendant toute cette marche à la division des grenadiers de la Garde, commandée par le général Dorsenne. Cet officier général me traita bien et je n'eus qu'à me louer de lui.

Le maréchal Lefèbvre avait alors le commandement de toute l'infanterie de la Garde, et à ce titre, j'étais sous ses ordres. Il m'avait pris en belle affection, j'avais mon couvert à sa table, chaque fois que je me trouvais à son quartier général. Je n'avais donc, avec les généraux dans mon service, que de bonnes relations ; mais les marches étaient longues, la saison rude et les gîtes souvent misérables, je ne pouvais échapper aux peines inhérentes à ce concours de causes fâcheuses. « Il n'y a rien de plus pauvre qu'un village polonais, écrivais-je à ma femme : la France n'offre rien de semblable. Deux chambres composent l'intérieur d'une maison ; dans l'une, celle qui est la plus grande, la famille, si nombreuse qu'elle soit, habite, fait sa cuisine, mange et couche ; l'autre sert de décharge. C'est naturellement dans la première que nous logeons, pêle-mêle avec les paysans, braves gens, accoutumés à la plus grande humilité, en leur qualité de serfs, mais d'une saleté à faire bondir le cœur. Les poux y sont si communs qu'on dit, pour en donner une idée, qu'ils fourmillent dans les murs, et ce n'est pas une petite affaire de s'en garantir. Nous ne savons quand finira cet état de choses ; nous savons seulement qu'il n'est pas un de nous qui n'en désire un meilleur et qui ne regrette beaucoup notre bonne France. »

On m'assigna près de Posen trois villages pour cantonner mon artillerie, et personnellement je me tins à Jezice, à une demi-lieue de la ville. J'y restai neuf jours ; on était en plein hiver, la campagne était couverte de neige ; ce repos devait me paraître doux néanmoins. J'attendais avec impatience l'ordre d'un déplacement, Posen est une ville ancienne et considérable de la Pologne. Elle n'est pas belle ; pourtant j'y ai vu quelques jolies maisons, de construction récente et d'un bon goût. On est frappé tout d'abord, en y entrant, du nombre de Juifs qu'on y rencontre ; ils forment une grande partie de la population. A leur longue robe à ceinture, à leur haute coiffure et grande barbe, à leur regard mobile et fourbe, enfin à l'ensemble de leur accoutrement toujours sale et souvent pittoresque, on les reconnaît de suite. Ce sont eux qui font tout le commerce du pays, et, malgré le dégoût que leur vue inspirait, force était de recourir à eux fréquemment. Enfin le 15 décembre, la Garde quitta Posen et marcha sur Varsovie. Il est inutile de rappeler les difficultés et les fatigues de cette marche, ce que j'ai enduré de froid, et ce que mon alimentation avait de peu ragoûtant. Je dois dire cependant que, lorsqu'il m'arrivait de loger dans ce que nous appelions un petit château polonais, ce qui était rare, oh ! alors, le châtelain nous accueillait avec beaucoup de cordialité. Ce soir-là, les viandes rôties et la bière abondaient, et la société des dames de la maison venait ajouter un nouveau charme à cette hospitalité ; enfin une chambre propre et chaude et de la paille fraîche et abondante nous assuraient une bonne nuit. A ce nom de château, il ne faut pas se figurer un de nos châteaux de France, ni même une maison de campagne, comme il y en a dans tous nos villages ; c'est tout simplement une maison de bois, à péristyle, ordinairement plus grande et mieux construite que celle des paysans, où l'on trouve au moins quelque intention architecturale. C'est là que réside cette foule de nobles polonais peu riches, autrefois si fiers de leur part de souveraineté, dont tout le mérite est d'avoir plus ou moins de serfs, et la principale occupation la chasse.

Nous arrivâmes à Varsovie le 24 décembre ; depuis plu

sieurs jours le temps était pluvieux ; le dégel était complet et les routes défoncées. C'était le cas de nous y donner quelques jours de repos; pas du tout : à peine arrivés, on nous annonça que nous passerions la Vistule et continuerions à marcher le lendemain, attendu que notre première ligne était en face des Russes et avait déjà eu des escarmouches avec eux. Je logeai dans le faubourg par lequel nous étions arrivés, chez un boulanger qui paraissait à son aise; la tenue intérieure et propre de la maison me rappela l'Allemagne.

Empressé que j'étais de me sécher et de me reposer, je m'abstins de sortir pour voir cette célèbre capitale de la Pologne.

Le lendemain, avant le jour, j'avais passé la Vistule et marchais sur le Bug. Un pont de bateaux avait été construit un peu au-dessous du confluent de la Narew dans cette rivière, à environ 6 lieues de Varsovie; c'est là que mon artillerie alla passer le Bug, rivière large de 200 mètres au moins, à courant très lent et bords marécageux. Nous nous dirigeâmes ensuite sur Nasielek, où nous n'arrivâmes que le 26, pour en partir de suite et marcher sur Novemiasto, Ciecanow et Pulstuk, le tout sans autre interruption que celle nécessaire pour faire manger les chevaux. Je ne puis redire tout ce que j'ai souffert pendant cette marche. Il est vrai que l'armée entière était à peu près dans une position aussi difficile, mais le mal de l'un ne guérit pas celui de l'autre. Obligé de traîner une artillerie considérable dans des chemins de traverse que les pluies continuelles avaient détrempés profondément, ma marche était singulièrement ralentie. Cependant, l'infanterie de la Garde que je devais suivre allait toujours son train et gagnait à chaque pas de l'avance sur moi, puis chaque jour j'entendais le canon gronder à quelques lieues seulement. Cet appel était pressant, et, pour y répondre, je marchais jour et nuit, recevant la moitié du temps la pluie sur le corps, et l'autre moitié me fourrant dans la boue jusqu'au genou, pour encourager mes canonniers et soldats du train à tirer les voitures arrêtées à chaque instant et les chevaux que la fatigue, la faim et la profondeur des trous et des bourbiers faisaient tomber. Le zèle me soutenait, mais le souci de ne pas me trouver en mesure de seconder les opérations de l'armée me tuait, et pour comble de misère, les vivres nous manquaient à tel point que pendant huit jours nous n'avons reçu ni même vu de pain, et que les chevaux refusaient tout service. Pourtant, à force de persévérance, je pus arriver à Pulstuk, mais sans avoir participé à aucun combat. Le spectacle des champs de bataille que nous avons traversés, joint à celui de la misère qui nous entourait, formait des tableaux déchirants et faisait naître des réflexions tristes. Je ne sais pourquoi je n'ai jamais eu l'âme aussi émue que dans ces circonstances. C'est que, probablement, il n'est point de courage que n'affaiblissent des maux si prolongés.

Heureusement l'Empereur, témoin de tant de misère, du peu de ressources du pays, de l'impossibilité d'y faire agir de l'artillerie et de la cavalerie, et des difficultés qu'il présentait même à l'infanterie (car il a vu ses malheureux fantassins se tirant de ce sol mouvant avec des peines inouïes, il en a vu même qui y sont restés et y ont péri), l'Empereur, dis-je, ayant chassé les Russes jusqu'au-delà de la Narew, prit le parti de s'arrêter là. Les corps d'armée s'étendirent dans tout le pays et la Garde reçut l'ordre de retourner à Varsovie.

Le lendemain de mon départ de Pulstuk, c'était le premier jour de l'an 1807, le temps avait subitement tourné au froid; il gelait fort; la boue des routes, saisie par la gelée, ne présentait qu'aspérités et creux qui rendaient la marche très pénible pour les chevaux; je cheminais donc sur le côté de la route dans une prairie coupée par des fossés gelés et dont la glace paraissait assez forte pour me porter. Cela allait à merveille en commençant, la glace résistait et ne me faisait point obstacle, mais voilà qu'au passage d'un fossé plus large que les autres, elle se brise, mon cheval s'enfonce et je me vois moi-même disparaître jusqu'aux oreilles. En ce moment, il me sembla qu'on me coupait par tronçons; néanmoins, je ne perdis point la selle et je parvins à l'autre bord. Les deux canonniers à cheval qui étaient d'ordonnance près de moi furent plus heureux, en passant sur un autre point, et arrivèrent vite à mon aide. Tous mes effets étaient mouillés, même ceux que j'avais dans mon porte-manteau; mes deux canonniers m'en offrirent: l'un d'eux me donna une chemise et l'autre son manteau. En un instant, je me débarrassai le buste de ce que j'avais de mouillé et j'endossai les effets qu'on me prêtait. J'aurais voulu aussi changer de pantalon et de bottes, mais il n'y avait pas moyen de faire toilette complète : saisi par un froid très vif et grelottant, je pris de suite le parti de faire route à pied et à une grande allure jusqu'au premier village qui était à une lieue de là. Je trouvai le chemin long et je maudis à mon aise la mauvaise étoile qui m'avait amené dans cette maudite passe. Enfin, j'arrivai, je me mis au lit sans tarder, on chauffa fortement la chambre où j'étais, je pris de l'eau-de-vie et quelque chose de chaud et j'attendis dans cette bienheureuse position que mes effets fussent secs pour me remettre en route. Chose extraordinaire, je n'ai pas eu le plus petit rhume à la suite de cette mésaventure ; mais, en revanche, je n'ai jamais perdu le souvenir des sensations douloureuses qu'elle me fit éprouver, et peut-être a-t-elle été une des causes éloignées des douleurs qui m'ont accablé plus tard.

Le soir du même jour, mon artillerie ayant eu à traverser une fondrière dont la superficie était gelée et le fond mouvant, les dernières voitures eurent de la peine à s'en tirer, et, malgré de longs et incroyables efforts, je fus obligé d'y laisser un caisson et un affût, me réservant d'attendre le jour pour les enlever de là. Le lendemain, on ne trouva plus d'affût et le caisson était à moitié vide. D'après les indices et traces laissés sur le terrain, je supposai que c'étaient les juifs d'un bourg voisin qui avaient commis ce vol et que, ne pouvant tirer l'affût du bourbier, ils l'avaient démonté et dérobé pièce par pièce. Certes, voilà un vol d'une espèce tout à fait nouvelle ; j'en fus stupéfait. Ce n'est donc pas à tort qu'on dit proverbialement : *voleur comme un juif de Pologne*. Je fus embarrassé pour la justification de cette perte.

CHAPITRE VIII

1807

Combat d'Ostrolenka. — Nomination dans la Garde. — Officier de la Légion d'honneur. — Prise de Dantzig.

Le 4 janvier, je rentrai à Varsovie ; j'étais exténué ; le repos m'était indispensable, aussi j'en jouis avec délices pendant les premiers jours. Le lieutenant Legriel logeait avec moi; il était gai, spirituel, d'un caractère affectueux, sa société me fut très agréable, Nous vîmes et parcourûmes ensemble Varsovie. C'était la saison des traîneaux, les rues en étaient sillonnées ; on traversait ainsi la ville avec une vitesse extraordinaire, et il ne fallait pas peu d'adresse pour éviter les chocs au milieu de la foule de traîneaux qui se croisaient dans tous les sens. La variété de leurs formes ou plutôt de leurs ornements, l'élégance de quelques-uns, le luxe des fourrures des hommes et les femmes qui les montaient, l'air pittoresque et tout-à-fait nouveau pour nous des costumes, et, au milieu de ce mouvement si animé, si extraordinaire, l'apparition subite et fugitive de charmantes figures et de beaux yeux dont on ne saisissait qu'un éclair, tout cela ensemble formait un tableau ravissant qui me faisait oublier momentanément les rigueurs de la saison.

Cependant la trop grande accumulation de troupes dans cette ville y rendant les approvisionnements difficiles, on en fit sortir une partie, pour les cantonner dans les environs. On m'assigna donc pour mon artillerie le bourg de Villanow et six villages, et, le 15 janvier, j'effectuai ce mouvement.

De ma personne je m'établis à Villanow, comme étant le plus beau et le meilleur de ces cantonnements. Ce bourg est propre, bien bâti et seulement à deux lieues de Varsovie ; on y voit le château royal bâti par Jean Sobieski et où mourut ce célèbre prince.

Pendant ce temps, on s'occupa à Varsovie d'une grande promotion dans laquelle l'artillerie eut sa part et où je ne fus pas compris. J'appris, à cette occasion, que M. le maréchal Lefèbvre s'était donné la peine d'aller chez le général Songis, commandant en chef l'artillerie de l'armée, pour le prier de ne pas m'oublier dans son travail de proposition et que celui-ci lui aurait répondu : « Mais, monsieur le maréchal, vous ignorez que monsieur Boulart n'est chef d'escadron que depuis six mois. Je veux moi-même beaucoup de bien à cet officier ; mais puis-je, en conscience, accéder à vos désirs ? Permettez que je remette l'effet de votre recommandation à une autre promotion. » M. le maréchal a insisté en disant : « Si Boulart n'est chef d'escadron que depuis six mois, c'est que vous l'avez laissé trop longtemps capitaine ; son avancement actuel ne serait qu'une réparation. » La chose en resta là ; néanmoins, quand je sus ce qui s'était passé, mon amour-propre fut flatté et je vouai au maréchal un sentiment profond de reconnaissance. Cette démarche que je n'avais point du tout provoquée, car personne n'a jamais été ni moins courtisan, ni moins intrigant que moi; que j'ignorais même, et qui était toute d'inspiration de sa part, fut pour moi l'équivalent d'une récompense.

Je passais donc mollement mon temps dans ce *dolce farniente* qui constitue le bonheur des Italiens, état dont j'entretenais le charme, en le comparant cent fois par jour avec un passé si récent, et je me berçais de l'espoir que rien n'en troublerait le calme avant le printemps, les Russes ayant tout aussi besoin de quartiers d'hiver que nous ; mais cet espoir était un rêve : un beau jour, je reçus à la fois l'avis que l'artillerie de la Garde étant arrivée de Paris, mon artillerie serait désormais attachée à la division des grenadiers et voltigeurs réunis sous les ordres du lieutenant-général Oudinot, et l'ordre de quitter mes cantonnements pendant la nuit, pour rejoindre cette division à Varsovie, d'où elle devait partir prochainement. Je conviens que j'ai été doublement contrarié et en quelque sorte abasourdi d'un changement si brusque et si inattendu dans ma position ; mais ce fut l'affaire d'un moment ; je suis d'une nature à vite prendre mon parti de tout ce qui m'arrive. Donc le 29 janvier, je me mis en route pour Varsovie. Chemin faisant, les lieutenants Legriel et Pailhou, qui étaient avec moi à la tête de la colonne, égayèrent notre marche par la tournure enjouée de leur esprit. Ce dernier surtout ; il sortait de l'école, était jeune, conséquemment, plein de vivacité et complètement étranger à cette nouvelle manière d'être ; son heureux caractère lui faisait prendre tout du bon côté ; il s'accommodait de tout, et plaisantait sur ce qui n'était rien moins que plaisant. Le sol était couvert de neige et glissant, il fit une chute assez bruyante, et le voilà qui, étendu tout de son long sur la route, se met à chanter au lieu de songer à se relever, ces paroles d'un opéra : « *Voyez-vous d'ici le tableau.* »

Arrivé à Varsovie, j'allai tout de suite demander les ordres au général Oudinot. Je ne le connaissais pas ; prendrais-je bien avec lui ? c'était la question. J'eus lieu d'être content de cette première entrevue. Le jour de départ n'étant point encore arrêté, je m'établis de nouveau en ville. J'appris alors que l'armée russe avait fait un grand mouvement sur sa droite, et se dirigeait sur la basse Vistule, et que notre gauche, compromise par cette manœuvre, était déjà aux prises avec elle. La Garde et les autres corps d'armée se rendaient à marches forcées sur le point attaqué, à l'exception du 5ᵉ corps, commandé par Savary, et du corps Oudinot qui étaient destinés à couvrir le pays entre Varsovie et le nouveau théâtre de la guerre, distant d'environ 50 lieues.

Le 4 février, le corps Oudinot quitta Varsovie se dirigeant sur Pulstuck. Nous passâmes le Bug à Sierack et le 5, nous étions à Pulstuck. Cette fois rien ne ralentit notre marche ; nous ne rencontrâmes point d'ennemis et la gelée rendait les chemins roulants. Après être restés trois jours dans cette ville, nous en partîmes, nous dirigeant sur Ostrolenka par la rive droite de la Narew. Notre marche fut lente, incertaine, comme si l'on eût craint l'approche ou quelque surprise de l'ennemi, et en même temps pénible, à cause du froid et de la neige qui tomba à gros flocons pendant plusieurs jours ; d'un autre côté le pays était pauvre, nous n'avions de ressources pour vivre que celles qui suivaient la division. J'échappai aux privations, grâce aux attentions aimables du général Oudinot qui me faisait appeler chaque fois qu'on allait, je ne dis pas se mettre à table, car on s'en passait le plus souvent, mais prendre un repas et qui finit par me dire : « Vous êtes un de nos ayants-cause, n'attendez plus qu'on vous fasse chercher. » Toutefois cela n'empêchait pas les tribulations provenant du froid, de la neige, de la lenteur et de la durée des marches et de l'obligation de coucher, soit dans des chambres infectes et où l'on suffoquait de chaleur, soit sous des abris à tout vent où l'on grelottait la nuit, cherchant en vain à rassembler ses membres. Nous passâmes à Pysky, mauvais village, à 20 lieues de Pulstuk et même distance d'Ostrolenka, et le 13, nous entrâmes dans cette dernière ville, qui est située sur la rive droite de la Narew. Là nous apprîmes qu'un corps d'armée russe, venant des frontières de la Turquie, était arrivé tout récemment à Byalistock et se dirigeait vers Ostrolenka par Novogorod. Dès lors, nous nous attendîmes à l'avoir d'un jour à l'autre sur les bras.

Le 15, dans l'après-midi, le général monta à cheval pour faire une reconnaissance, et je l'accompagnai. Etant montés sur un monticule de sable, espèce de dune, qui s'étend à l'est et à 600 mètres de la ville, à droite de la route de Novogorod, nous vîmes apparaître successivement au loin quelques cosaques, puis un plus grand nombre, enfin une forte reconnaissance qui s'approcha de nous à bonne distance et longea la ligne de nos avant-postes. Il nous parut clair que cette démonstration annonçait une attaque pour le lendemain, et peut-être même quelque escarmouche avant la fin de la journée. Il y avait là des généraux du 5ᵉ corps; on était bien placé pour observer; rien au loin, sur ce fond de neige, ne pouvant échapper à la vue. Ce fut dans cette situation que je vis pour la première fois le général Fouché, commandant l'artillerie du 5ᵉ corps, et le lieutenant Gourgaud, son aide de camp. Je remarquai ce dernier, alors jeune, vif et sémillant, à un certain air tranchant et d'aplomb qu'il se donnait, et je me le suis toujours rappelé, quoique j'aie été, depuis, longtemps sans le revoir.

Ainsi que je l'ai dit, on s'attendait à une attaque prochaine, mais l'ennemi pouvait marcher sur Ostrolenka par l'une et l'autre rive de la Narew; il y avait de l'incertitude sur le côté par lequel il arriverait, et l'on était disposé à croire que la reconnaissance faite sur la rive gauche n'était qu'une feinte, qui cachait son projet d'attaquer par la rive droite. En conséquence, une partie du 5ᵉ corps et une brigade avec une demi-batterie de la division Oudinot ayant été affectées à la défense de la ville, le reste de ces deux corps repassa la Narew, le lendemain, 16, à la pointe du jour, et s'achemina en remontant cette rivière, au devant du corps russe qu'on supposait se diriger de ce côté. Nous étions en marche depuis moins de deux heures, lorsqu'une vive canonnade nous annonça qu'Ostrolenka était attaqué; cependant l'on continua à marcher, dans l'espoir d'avoir bientôt aussi affaire à l'ennemi. Mais la canonnade devenant plus sérieuse d'instant en instant et indiquant suffisamment que le vrai point d'attaque était Ostrolenka, le général nous fit rétrograder et, vers une heure après-midi, nous rentrâmes dans la ville que nous ne fîmes que traverser. A la sortie, nous vîmes les traces sanglantes du combat acharné qui venait d'y avoir lieu. Un peu plus loin, et tout près du monticule dont j'ai déjà parlé, une quantité considérable de Russes tués ou blessés couvraient le sol et offraient le spectacle le plus affreux. C'était la tête de la colonne d'attaque russe qui s'était formée en arrière et à l'abri du monticule et qui, après l'avoir dépassé pour se jeter sur la ville, avait été écrasée, détruite par la mitraille de la batterie qui en défendait l'entrée, batterie dont faisait partie la demi-batterie de ma division qui était resté là avec la brigade Ruffin.

Le champ de bataille était déplacé; d'instant en instant il s'éloignait, les Russes étaient malmenés et se trouvaient déjà à une demi-lieue de là. La division Oudinot, s'étant portée sur la gauche de l'ennemi et manœuvrant de manière à le déborder, le mena battant, sans presque être arrêtée. Je me rappelle deux particularités qui se rattachent à cette circonstance. Mon artillerie marchait en tête de la première brigade de la division pour se porter sur la ligne de bataille, et de ma personne, je l'avais devancée pour reconnaître le terrain et prendre les ordres du général Oudinot que son ardeur chevaleresque poussait toujours aux avant-postes. J'étais donc près de lui, lorsqu'une nuée de cosaques se rapprocha de nous, comme pour nous charger. Le général n'avait alors sous sa main qu'un régiment de dragons qui était à quelque distance en arrière; il le fait arriver tout de suite et ne consultant ni le nombre, ni l'obstacle que présentait un pont à passer, il se met à sa tête et charge les cosaques avec une vivacité qui laissait à peine le temps de la réflexion. Entraîné dans ce mouvement, moi, fort étranger aux manœuvres de la cavalerie et surtout aux charges, je me trouvais en assez fâcheuse position; pourtant il fallait bien se tirer de là; je mis flamberge en main et, advienne que pourra, je suivis le mouvement. Deux coups de canon à mitraille, sur lesquels nous n'avions pas du tout compté, blessèrent quelques hommes et chevaux mais n'arrêtèrent point notre élan. En quelques instants nous fûmes sur le terrain d'où étaient partis ces coups, mais cosaques et canons, tout avait fui, la charge s'arrêta. Content d'en être quitte à si bon marché, je retournai vers mon artillerie que je rencontrai non loin de là et dont je continuai le mouvement en avant. Nous eûmes bientôt l'occasion de tirer le canon, mais les Russes ne tenaient point, il fallait sans cesse changer de position. Au milieu de ces mouvements qui s'exécutaient dans une plaine très unie et couverte de neige, un craquement se fait entendre, une pièce s'arrête, ses roues s'enfoncent; quel est notre étonnement! nous sommes sur un lac d'une assez grande étendue. Je ne pus me défendre d'une grande inquiétude, le danger était évident. J'ordonnai de suite qu'on continuât à marcher, mais au pas et en tenant les voitures à quelque distance l'une de l'autre, et je défendis surtout qu'on se mît en batterie et qu'on fît feu avant d'être sorti de dessus ce gouffre. En même temps, je fis rester là les canonniers de la section pour dégager la pièce et cette mesure n'ayant point l'assentiment du capitaine Lebel, parce que c'était lui enlever momentanément les canonniers de deux pièces et un officier lorsqu'à chaque instant on avait à tirer le canon, je dus me fâcher sérieusement et lui imposer la responsabilité de la perte de la pièce compromise. J'avais calculé avec raison qu'à l'heure actuelle et dans l'état de retraite où étaient les Russes, sur dix-huit pièces que je commandais, une d'elles se trouvant forcément hors de combat, il n'y avait pas d'inconvénient de suspendre momentanément le service d'une seconde pièce, pour sauver la première. Si j'eusse cédé, probablement cette bouche à feu eût été perdue, car aurait-on pu faire pendant la nuit ce qu'il était déjà si difficile de faire en plein jour, et puis d'ailleurs dans les mouvements ultérieurs nous nous sommes toujours éloignés de cette position sur laquelle il eût fallu revenir exprès ; il eût été presque impossible de la retrouver dans l'obscurité de la nuit, et peut-être un quart d'heure après que nous l'eûmes quittée les cosaques qui infestaient tout le pays y étaient-ils déjà revenus. Si je suis entré dans quelques détails, à l'occasion d'une circonstance si peu importante, c'est qu'elle m'a mis à même d'apprécier par moi-même l'opinion erronée de quelques officiers d'artillerie à cheval de cette époque qui, ayant, par exemple, deux pièces sous leurs ordres, et se trouvant en péril d'en perdre une, se seraient crus déshonorés si, pour la sauver, ils avaient retardé de quelques instants l'arrivée de l'autre sur le champ de bataille et dont le mérite consistait à faire du bruit et beaucoup.

Mais je reviens à mon sujet ; mon artillerie sortit, sans autre accident, de cette étrange et critique position et eut plusieurs fois à se mettre en batterie, jusqu'à ce que, la nuit étant venue, on s'arrêta et prit position. Un peu plus tard, je reçus l'ordre de rentrer à Ostrolenka, dont nous étions déjà à près de deux lieues : le 5ᵉ corps resta sur le champ de bataille.

Le lendemain 17, nous sûmes que les Russes avaient disparu. Ils avaient perdu beaucoup de monde et n'étaient plus en mesure de renouveler leurs attaques. De notre côté, la perte fut moindre, et supportée surtout par le 5ᵉ corps et la brigade Ruffin, qui repoussèrent avec une grande vigueur les efforts opiniâtres de la première attaque et furent engagés toute la journée. Aussi l'honneur de cette journée leur appartient-il, notre tardive coopération n'ayant contribué qu'à compléter la défaite commencée. Pour ma part, je ne perdis que quelques hommes et quelques chevaux et j'aurais pu rentrer en ligne immédiatement. Ce jour-là, j'écrivis à ma femme et à mes parents ; cela ne m'était pas arrivé depuis longtemps ; il était d'autant plus pressant que je calmasse leur inquiétude que la sanglante bataille d'Eylau, qui avait eu lieu le 8 février et dont nous venions seulement de recevoir la nouvelle, devait jeter la consternation dans bien des familles.

Le 18 février, le corps Oudinot quitta Ostrolenka pour rejoindre le quartier général impérial, en passant par Villenberg. Il paraît que le corps d'armée russe battu à Ostrolenka reçut lui-même l'ordre de rallier la grande armée, car il ne resta point de troupes françaises sur ce point.

L'infanterie marchant plus vite que mon artillerie, je fus bientôt abandonné à moi-même avec une centaine d'hommes d'escorte. La route était longue, le sol couvert de neige, le froid rigoureux, le pays infesté de cosaques ; autant de causes de peines et de souci. Nous reposâmes trois jours à Villenberg. Tout près de cette ville eut lieu, à l'occasion du passage de notre division, un incident qui nous égaya beaucoup. Les cosaques ne craignaient point les dragons et les attaquaient partout où ils les rencontraient, et, dans ces rencontres, nos malheureux dragons recevaient presque toujours les étrivières. Ce jour-là donc un régiment de cuirassiers, couverts de manteaux blancs par extraordinaire, — le manteau blanc étant particulièrement celui des dragons — fut assailli par un nombreux parti de cosaques qui, trompés par la couleur, croyaient avoir beau jeu. Leur illusion ne fut pas longue et leur coûta cher ; les cuirassiers les reçurent avec leur calme et leur vigueur ordinaires, sans se laisser entamer, et, leur tombant ensuite dessus à bras raccourcis, en firent une grande déconfiture qui les rendit désormais plus circonspects.

La journée pour arriver à Neidenbourg fut longue et pénible. Un vent d'ouest nous fouettait dans les yeux une neige épaisse. La soirée que je passai dans une chambre propre et chaude à la suite d'une journée si rude m'a procuré une impression de bonheur, dont j'ai toujours conservé le souvenir.

De là, je me dirigeai sur Lobau, en passant par Seebosen et Gohenstein et par des chemins de traverse, dont les traces étaient la plupart du temps perdues sous la neige. C'est un pays très plat, coupé par des lacs, des étangs, de nombreux cours d'eau et des marécages ; on n'y trouve que de mauvais petits ponts, sans solidité, par la rupture desquels je courais risque à chaque instant d'être arrêté. Si cet accident me fût arrivé ou que le dégel fût survenu pendant que j'étais dans ces chemins, j'aurais eu du mal à m'en tirer ; aussi fus-je en grand souci pendant plusieurs jours.

Enfin le 1er mars, j'eus la satisfaction d'arriver à Lobau, sans avoir éprouvé d'accidents graves ou un retard de quelque importance.

Je trouvai là installés le général Lariboisière et l'artillerie de la Garde à laquelle on me ralliait, parce que le corps Oudinot, en sa qualité de corps d'élite, servait avec la Garde impériale. Je connaissais une partie des officiers de cette artillerie et aussi le général, j'en fus très bien accueilli. Mon personnel fut envoyé dans des cantonnements et moi je restai en ville. Ayant été mis sous les ordres du général Lariboisière, il s'établit naturellement entre lui et moi des relations de service, dont je sus, au bout de quelques jours, qu'il était si content, qu'il citait mes rapports comme pouvant servir de modèles. Je n'étais pas bien à Lobau, mais j'y trouvai au moins du repos et une nourriture, sinon abondante et recherchée, au moins régulière, et c'était beaucoup après tout ce que j'avais souffert depuis mon départ de Varsovie. Pourtant, ce repos devait encore être troublé : le 8 mars, les divisions de grenadiers et de cuirassiers s'étant réunies se portèrent en avant, à la recherche d'un corps russe qu'on supposait être écarté du reste de l'armée et pouvoir surprendre. Nous passâmes successivement à Osterode, Hohenstein, Kurken, Passenheim, Wartenbourg, Allenstein et Wittigvalde, battant le pays et le reconnaissant à fond, sans rencontrer le corps prétendu. En traversant les cantonnements de la division Morand, le hasard me fit coucher dans celui du 61e régiment où était mon beau-frère Hubert Dessirier, que je n'avais pas vu depuis quelques jours après la bataille d'Iéna. Je le revis avec bien du plaisir et je passai avec lui et quelques-uns de ses camarades une soirée d'une conversation animée, au milieu d'une épaisse fumée de tabac.

A Osterode, alors quartier général de l'Empereur, mon ami, le capitaine Renaud, adjoint à l'état-major du général Songis, me donna l'hospitalité la plus cordiale, je ne dis pas la plus distinguée, car alors tout le monde était sans ressources et vivait de ses rations. Se retrouver après tant de mauvaises chances, c'était déjà être heureux. Il m'apprit que j'étais proposé pour passer dans l'artillerie de la Garde, que j'avais des concurrents, mais le plus de bonnes chances et que, du reste, cette question serait prochainement résolue. Je ne m'attendais pas le moins du monde à cette communication, j'en fus surpris autant que ravi.

Le 17 mars, je rentrai à Lobau, nous avions fait dans ces jours, par un froid rigoureux, sur un sol de neige, et sans avoir grand'chose à nous mettre sous la dent, 52 lieues qui m'ont paru longues.

Avant mon départ, déjà Lobau était pauvre des choses les plus nécessaires à la vie ; à mon retour, le pays était tout à fait épuisé ; on était obligé de faire venir tout de très loin, ce qui portait nos dépenses à un taux considérable.

Le pain coûtait 24 sous la livre de 12 onces, le beurre 48 sous, le café 6 francs, le sucre 6 francs, le riz 48 sous, un citron 18 sous, etc. Depuis longtemps on se disait : « Il est impossible que nous restions dans ce pays, faute de moyens d'y subsister », et pourtant on y restait et on y subsistait. C'est que les Juifs, qui font à peu près tout le commerce dans cette contrée, sont industrieux, actifs et ne dorment point, quand il s'agit de faire quelque bénéfice.

Enfin le 30 mars, l'artillerie de la Garde et la mienne quittèrent ce lieu de disette pour venir s'établir à Riesenbourg et villages environnants, et, le 1ᵉʳ avril, nous étions installés dans nos nouveaux cantonnements. Nous nous y trouvâmes moins mal qu'à Lobau, mais ce n'était pas encore là du bien, et nous jugeâmes tout d'abord que le peu de ressources que nous trouvions serait bientôt épuisé.

Le 3 avril fut pour moi un jour de bonheur : je reçus ma nomination de chef d'escadron dans l'artillerie de la Garde, en remplacement de M. Digeon qui était nommé major. J'écrivais à ce sujet : « Je suis d'autant plus flatté de cette faveur que je suis le premier qui ait fait un saut semblable, et qu'il semblait impossible aux officiers supérieurs de la ligne de l'obtenir, les officiers de la Garde trouvant plus naturel de faire rouler l'avancement sur eux-mêmes ; et puis, cette place était convoitée par bien des officiers ; il y a d'autant plus de mérite à l'avoir obtenue. »

A ma nouvelle position se trouvaient attachés plus de neuf mille francs de traitement ; servant auprès du soleil, j'avais plus de chances pour l'avenir ; tous ces avantages me séduisaient singulièrement.

Je ne tardai pas à aller offrir mes remerciements à M. le maréchal Bessière, commandant la Garde, qui me fit bon et aimable accueil.

Je connaissais déjà tous les chefs et les officiers de mon nouveau corps ; mon admission parmi eux fut favorablement accueillie et célébrée plusieurs jours de suite par des punchs fort gais où régnait cet esprit de famille qui distinguait particulièrement l'artillerie de la Garde. Moi-même, je leur en rendis un, qui fut accompagné de fanfares ; on y fit de copieuses libations, on y chanta et rit beaucoup.

Cependant, je conservais toujours, jusqu'à ce que je fusse remplacé, le commandement de l'artillerie du corps des grenadiers. Il était question d'envoyer bientôt ce corps au siège de Dantzig qui était commencé ; j'étais donc exposé à partir avec lui d'un jour à l'autre, ce dont je n'étais que médiocrement charmé. Aussi souhaitai-je ardemment de voir arriver mon successeur. Le mois d'avril se passa ainsi dans cette incertitude, et dans cet intervalle nous finîmes par épuiser et ruiner le pays et n'y être pas mieux qu'à Lobau, notre cantonnement précédent. J'achetai là un jeune cheval, à peu près sauvage, élevé dans les forêts, qui n'avait encore été ni ferré, ni monté ; bête remplie de moyens, que j'ai dressée à ma main et qui m'a rendu de précieux services.

Le 30 avril, le mouvement que je craignais commença ; la division Oudinot se rapprocha de Dantzig, en venant s'établir à Marienbourg et environs, et on m'affecta pour cantonnements le village de Villemberg, près de Marienbourg, où je me tins personnellement, et l'île de la Nogat. Cette contrée est certainement la plus belle et la plus riche de la Prusse, elle n'était point épuisée et, sous ce rapport, j'avais beaucoup gagné au change. Bientôt la saison vint l'embellir, et alors notre existence actuelle offrit le contraste le plus frappant avec celle passée. La maison où je fus logé à Villemberg était déjà occupée par le chef d'escadron d'artillerie Caron, bel et bon officier de guerre, mais grand causeur, et nous fraternisâmes peu ; je crus remarquer que ma qualité d'officier de la Garde l'offusquait.

Le siège de Dantzig se continuait ; j'en étais à neuf lieues, en ligne directe, et, du haut de certain tertre qui était derrière la maison que j'habitais et qui dominait le cours de la Vistule et l'île de la Nogat, on pouvait compter les coups de canon et même distinguer, par le plus ou moins de retentissement du son, les coups de nos batteries de ceux des assiégés. J'allai bien des fois me reposer sur ce tertre, et me livrer à toutes sortes de rêveries que m'inspiraient le retour des beaux jours et de la verdure, le tableau de la nature la plus riante et la plus variée qui se déroulait sous mes yeux, le bruit sourd et prolongé du canon que la vallée de la Vistule m'apportait, l'incertitude de l'avenir et ma position spéciale de jeune marié, éloigné de sa femme de plus de 400 lieues. Chaque fois, assis, la face tournée vers l'occident, mes yeux se dirigeaient comme par instinct vers le point de l'horizon où je supposais qu'était la France, ma pensée les accompagnait, et puis un souhait! et puis un regret! mon cœur alors était profondément rémué.

Cependant la saison de rentrer en campagne était venue et rien n'indiquait que l'armée dût se mouvoir. On s'en étonnait, on regrettait cette perte d'un temps qu'il nous paraissait si précieux d'utiliser, à nous qui avions eu tant à souffrir de la dernière campagne d'hiver. Chacun conjecturait à sa façon : c'est que l'Empereur attachait une grande importance à la prise de Dantzig, et, voulant en couvrir le siège, ne pouvait songer à un mouvement en avant qui aurait pu tout compromettre.

Pendant que j'étais à Villemberg, j'allai visiter mes cantonnements dans l'île de la Nogat, île dont le sol est un atterrissement formé par les eaux de la Vistule et dont la forme est celle du delta du Nil. Je trouvai les 600 hommes et 600 chevaux dont se composait mon personnel, logés dans six à sept fermes, et y recevant une bonne et suffisante nourriture. Y a-t-il en France beaucoup de fermiers qui pourraient supporter une telle charge, voire même dans la Normandie et la Picardie où il y a des fermes si considérables et si riches? C'est qu'aussi il n'est point de pays plus fertile que celui-là; c'est un nouvel Éden ou terre promise, dont les habitants bons, hospitaliers, à la tenue simple et propre, à l'air heureux, nous faisaient partager leurs ressources avec un calme et une résignation admirables; ils semblaient nous savoir gré de n'être pas plus exigeants et d'avoir pour eux des égards auxquels ils n'étaient probablement pas accoutumés de la part des Prussiens. Je couchai au milieu de ces braves gens et rentrai le lendemain à Villemberg, émerveillé de ce que j'avais vu : ce tableau était si différent du spectacle de désolation et de misère dont j'avais été témoin depuis quatre mois.

J'allai aussi assez souvent à Marienbourg voir le général Oudinot, et toujours j'en étais accueilli avec une cordialité qui me touchait; mon remplaçant était annoncé et n'arrivait pas ; il eût bien voulu qu'il ne vînt pas du tout et m'exprima plusieurs fois combien il désirerait que je le suivisse au siège de Dantzig, où tout annonçait que son corps se rendrait prochainement.

Enfin ce remplaçant arriva, c'était le commandant Lignim. Je lui remis mon service et pris congé du général et de son état-major. Je ne puis redire tous les regrets qu'ils me témoignèrent et toutes les choses flatteuses et obligeantes qu'ils me dirent, et j'aurais été moi-même peiné de rompre tant de douces relations, si ce n'eût été pour mon avantage et si le remède n'eût été à côté du mal. Du reste, j'ai conservé et je conserverai toujours un profond souvenir de reconnaissance de tant de bienveillance et de bonté et je me complais même souvent à me les rappeler. A côté des avantages matériels que m'offrait la Garde, je ne pouvais cependant pas me dissimuler que je changeais un commandement élevé, distingué, contre un commandement subalterne; que du premier rang où j'étais j'allais passer au septième, car j'étais le troisième chef d'escadron dans l'artillerie de la Garde, et il y avait encore au-dessus de nous un général de division, un général de brigade et deux majors ou colonels; que je n'aurais plus de relations directes avec un maréchal Bessières, un maréchal Lefèbvre, un général Oudinot, qui tous trois m'avaient tant gâté ; enfin que je n'aurais pas la même indépendance : mais le temps m'a fait voir que, si tout cela était fondé, ma nouvelle position pouvait m'offrir des dédommagements que je n'étais pas encore à même d'apprécier.

En quittant le commandement de l'artillerie d'une division de la ligne, pour n'avoir plus désormais de commandement pareil, je ne puis m'empêcher de dire que ce poste est le plus beau, le plus brillant et le plus agréable qu'un officier d'artillerie puisse avoir, si celui qui en est investi a le bonheur de plaire à son général de division.

Tout aussi chef de corps que le colonel d'un régiment, il a sur lui l'avantage d'être en relations directes avec le général de division, tandis que le colonel reçoit les ordres du général de brigade : il est chef d'arme, c'est-à-dire qu'à lui seul il représente son arme, le colonel ne commande qu'une portion de l'infanterie attachée à la division ; celui-ci n'agit que dans les limites du terrain compris entre les deux régiments qui le flanquent, le commandant d'artillerie au contraire opère sur tout le front de la division, suivant qu'il convient ; si l'artillerie passe pour se porter en batterie, elle excite l'attention de tous, on entend dans tous les rangs un murmure de satisfaction : si elle tire le canon, elle est l'objet de tous les regards ; le canonnier semble une espèce à part, il est très rehaussé dans l'esprit des autres troupes. C'est donc à juste titre qu'un officier supérieur actif, qui a de l'amour-propre, le désir d'avancer, enfin un peu de feu sacré, doit ambitionner un poste comme celui-là. Son avenir est sûr ; c'est, suivant moi, le chemin le plus court et le plus honorable pour le fonder.

Le 11 mai, je rejoignis mon nouveau régiment à Marienwerder où il était cantonné. J'en connaissais tous les officiers, ainsi que je l'ai déjà dit, et j'avais été reçu et fêté par eux à Riesenberg, de même aussi que je leur avais payé une bienvenue, mais c'était tout ; je n'avais point été reçu solennellement devant le régiment, ni mis en possession de mon escadron. Cette cérémonie eut lieu avec toutes les pompes d'usage et on me donna le commandement de l'escadron des vélites. Les vélites étaient pleins de zèle et d'ardeur, mais avaient peu d'instruction militaire : c'était une éducation à faire et on s'en occupait.

Avant d'aller plus loin, il faut au moins que je donne quelques notions sur les chefs et les officiers avec lesquels j'allais vivre désormais. Il en est des hommes comme des choses ; vus de près et individuellement, ils ne répondent point toujours à l'effet qu'ils produisent de loin et en masse ; et puis d'ailleurs, pour l'intelligence de quelques-unes des situations où je me suis trouvé et dont j'aurai à parler par la suite, il est bon que je fasse connaître les personnages avec lesquels j'entrais en scène.

L'état-major de l'artillerie de la Garde était formé avec un luxe prodigieux, on peut même dire ridicule, et composé comme il suit :

Le lieutenant-général Lariboisière, commandant en chef. Ses hautes qualités sont assez connues pour que je me dispense d'en parler.

Le général Coin, commandant en second, troupier renforcé, au langage trivial, au physique commun, au visage défiguré par une dépression du nez qui équivalait presque à l'absence de cet organe ; mais, pour rendre hommage à la vérité, excellent homme, très obligeant, simple et loin d'avoir les prétentions qu'affectaient beaucoup de parvenus de cette époque — et c'était un mérite.

Le colonel-major Doguereau avait l'emploi de major. C'était un jeune homme à l'air fier, au ton tranchant, sec, impérieux, voulant bien cependant avoir quelquefois des dehors ronds qui trahissaient toujours le chef. Il avait l'habitude du personnel.

Le colonel-major Digeon avait la direction du matériel. Homme d'esprit, à façons aimables et gracieuses, gai, aimant le plaisir, très bon camarade ; supérieur en capacité à son collègue et beaucoup plus aimé que lui.

Le chef d'escadron Chauveau, officier ordinaire, bilieux, atrabilaire, à langue sardonique, dont je n'ai pu m'expliquer l'admission dans la Garde.

Le chef d'escadron Greiner, surnommé le beau Greiner. C'était en effet un bel homme, quoique d'un blond hasardé, portant beau, ayant l'air très content de sa personne ; souvent ennuyé et presque toujours ennuyeux ; d'une susceptibilité facile à chatouiller, mais très bon camarade et fort obligeant.

Parmi les capitaines, il y avait quelques hommes d'esprit et d'un commerce aimable ; ainsi : MM. Lafond, Fourcy, Marilhac, Levaillant de Beauvent ; les autres étaient de vrais troupiers, fort communs.

Les lieutenants étaient presque tous d'anciens sous-officiers servant bien, mais sans autre mérite.

Les docteurs Therrin et Souchotte, tous deux officiers de santé du corps, hommes de mérite ; le premier surtout, gai, très aimable, d'une grande ressource dans la société.

Au milieu d'éléments si différents, on peut même dire si hétérogènes, il régnait la plus parfaite harmonie, un esprit de famille vraiment édifiant. C'est que les chefs réunissaient souvent les officiers et les traitaient avec cordialité ; c'est aussi que l'avantage, l'honneur de servir dans la Garde, tenaient chacun en respect, dans les limites de la décence et des convenances et dans l'habitude de ces bons procédés qui font le charme de la communauté.

Cependant il y avait depuis peu dans le corps des éléments

de discorde qui étaient d'un mauvais augure et menaçaient d'une tempête; c'était l'arrivée du général Lariboisière qui les avait soulevés. Pour bien comprendre ce que j'ai à dire à ce sujet, il faut savoir que l'administration de l'artillerie de la Garde avait été jusqu'alors exploitée comme une ferme, et il était avéré qu'à ce métier chacun des fermiers s'était constitué un beau commencement de fortune; seulement on ne pouvait citer des chiffres, les mystères de l'administration étaient impénétrables.

Or, l'arrivée d'un nouveau chef, homme d'une probité et d'une intégrité connues, allait peut-être révéler toutes les turpitudes passées; ou au moins en empêcherait la continuation. Brisant bien des espérances et faisant obstacle à beaucoup d'ambitions, cette arrivée, dis-je, dut causer un émoi prodigieux et soulever des craintes, des haines, des animosités, de l'irritation enfin. Ces mauvaises passions se communiquèrent à presque tous les officiers du régiment. Tel était l'état des esprits quand j'arrivai à Marienwerder. Je n'avais pas d'autre ligne à suivre que celle de la neutralité, c'est ce que je fis, quoiqu'il soit difficile, au milieu de gens passionnés, de tenir le juste milieu sans se faire des ennemis. Le général Lariboisière était au siège de Dantzig, dont il commandait l'artillerie; cette circonstance me rendit ma tâche plus facile; mais que de sottises ne dus-je pas entendre sur le compte de ce pauvre général ! C'était, disaient ses ennemis : « un homme sans antécédents, sans mine, sans représentation, peu fait pour relever le corps qu'il commandait et qu'il était ridicule d'y avoir placé. Il ne pouvait y rester, il fallait le saper, le miner, le ridiculiser, se plaindre, intriguer, ne négliger enfin aucun moyen pour en être débarrassé. » Et moi, qui aimais le général, j'étais obligé d'entendre tout cela et mille calomnies ou extravagances ! Je le défendais bien quelquefois quand mon indignation se soulevait, mais ce ne pouvait être qu'avec réserve; j'avais besoin effectivement de ménager ceux avec lesquels j'avais des relations forcées de tous les instants, et c'était déjà me rendre suspect à leurs yeux que de ne pas crier aussi fort qu'eux.

Marienwerder est une assez jolie petite ville, bâtie sur le penchant d'un coteau qui borde la rive droite de la Vistule, et au milieu d'un paysage riche, varié et agréable. La promenade était ma principale distraction et la saison était si belle qu'elle y engageait irrésistiblement.

Le régiment des *gendarmes d'ordonnance*, commandé par le baron de Montmorency, dernier rejeton de cette illustre race, occupait la ville conjointement avec nous. Les officiers de ce corps et les simples gendarmes appartenaient tous à des familles nobles ou riches et distinguées ; c'était donc un véritable corps d'élite pour la naissance, mais médiocre pour la tenue et la discipline, et ayant peu de consistance militaire. Nous vivions en parfaite intelligence avec eux: point de fatuité, point de prétentions de leur part, ils oubliaient leur nom et trouvaient les nôtres respectables. J'y fis quelques connaissances intéressantes et entre autres celle de M. de Norvins, homme aimable d'un esprit piquant, mais grave et réfléchi.

C'est à Marienwerder que je reçus ma nomination au grade d'officier de la Légion d'honneur, datée du 14 mai. Cette faveur m'avait été accordée sur la proposition du général Oudinot, pour mes services à son corps d'armée. Elle me flatta infiniment et produisit un certain effet sur mes camarades de la garde qui me connaissaient à peine, en me rehaussant dans leur esprit. Ainsi, j'avais obtenu au choix, depuis dix mois, deux grades, — car le chef d'escadron de la garde avait le grade de major (lieutenant-colonel), dans la ligne — et de l'avancement dans la légion, c'est-à-dire plus de faveurs que dans les treize années précédentes de ma carrière militaire. C'était prodigieux, mais j'en étais surtout flatté à cause de l'effet que je supposais que cela produirait sur ma femme et mes parents. Il me semblait que j'en vaudrais mieux à leurs yeux.

J'écrivis au général Oudinot pour lui exprimer tous mes remerciments, et cela me valut de sa part la réponse la plus gracieuse.

Cependant nous continuions à presser Dantzig et sa position devenait critique. Les Russes, qui avaient un immense intérêt à l'empêcher de tomber entre nos mains, avaient fait embarquer à Pillau une vingtaine de mille hommes qui étaient venus au fort de Woechlselmünde, à une lieue au-dessous de Dantzig.

Par suite de ce mouvement, mon ancienne division du corps d'Oudinot avait quitté Marienbourg, le 12 mai, lendemain de mon départ, pour aller couvrir les opérations du siège. Le 14, les Russes avaient fait une attaque vigoureuse, et avaient été repoussés avec non moins de vigueur et une grande perte. Après l'inutilité de cette tentative, Dantzig étant aux abois, le vieux général Kalkreuth, ce respectable débris des armées et de la gloire du grand Frédéric, qui était gouverneur de la place, avait consenti à capituler, et, le 26 mai, le maréchal Lefébvre en avait pris possession.

CHAPITRE IX

1807-1808

Bataille de Friedland. — Entrevue de Tilsitt. — Retour à Berlin. — Séjour à Hanovre. — Retour en France. — Séjour à La Fère. — Passage à l'armée d'Espagne.

Par suite de la prise de Dantzig, il n'y avait plus de raisons pour que l'armée restât stationnaire dans cette contrée, il fallait nous attendre à une prochaine reprise des hostilités. Effectivement elles recommencèrent le 4 juin; mais ce furent les Russes qui prirent l'initiative. L'armée française, attaquée sur plusieurs points de sa ligne, le 4 et les jours suivants, se défendit vaillamment et repoussa les Russes avec beaucoup de succès. Mais le canon avait tiré, le signal était donné ; de tous côtés l'armée, sortie de ses cantonnements, marchait à grands pas vers l'ennemi. L'artillerie de la Garde, partie de Marienwerder, le 6 juin, et passant par Riesenberg, Saalfeld, Mohrangen et Guttstadt, était le 10 près de Heilsberg, ayant fait ainsi 38 à 40 lieues en cinq jours. Pendant tout ce temps, je n'ai pas mis les pieds dans une maison; faim, chaleur, froid, poussière, pluie, insomnies, nous avons tout éprouvé; enfin, le 10, nous arrivâmes en face de l'ennemi : l'affaire n'avait commencé à s'engager que vers midi et était devenue plus vive d'instant en instant, à mesure que les divisions des corps d'armée, qui arrivaient, entraient en ligne. L'ennemi, se défendant avec acharnement et ne cédant le terrain que pied à pied, avait enfin été obligé de se retirer derrière des retranchements que le général Benningsen avait fait élever pour couvrir Heilsberg ; et là, sa résistance était d'une opiniâtreté insurmontable. Diverses attaques avaient échoué ; les fusiliers de la Garde n'avaient pas été plus heureux ; tout indiquait que d'un instant à l'autre, je serais appelé à prendre part à cette horrible mêlée ; mon artillerie, en colonne sur la route, était donc toute prête à se lancer en avant. La nuit me prit dans cette position et vint enfin, mais lentement, mettre un terme au combat, sans que les Russes aient été débusqués de leurs retranchements. C'était donc une lutte à recommencer le lendemain et nous nous y attendions : le général Benningsen, qui craignait de voir les communications de sa droite coupées, en jugea autrement. Nos pertes furent grandes dans cette journée, mais celles de l'ennemi ne furent pas moindres en hommes, et il abandonna en outre les magasins qu'il avait établis à Heilsberg ; c'était pour lui un grand échec.

Le 12, la Garde quitta le champ de bataille ; marchant par Landsberg et ce Preussisch-Eylau, si fameux par la bataille du 8 février précédent, elle arriva dans la journée du 14 près de Friedland. Dès le matin de ce jour, nous entendîmes gronder le canon, en avant de nous et dans la direction de Friedland. « C'est aujourd'hui l'anniversaire de la bataille de Marengo, dirent quelques-uns, et cela se répéta ; c'est d'un bon augure, les affaires iront bien ». C'étaient les deux avant-gardes françaises et russes qui s'étaient rencontrées, au moment où cette dernière, qui arrivait par la rive droite de l'Alle, débouchait du pont pour entrer dans Friedland. Les deux armées étaient encore en arrière ; ce premier engagement ne fut donc pas très sérieux et la canonnade cessa au bout de quelque temps ; mais le champ de bataille était marqué. Le projet de Benningsen, en passant l'Alle, était évidemment de marcher sur Kœnigsberg et de se réunir au corps prussien de Lestocq qui était dans cette direction. Or, nous arrivions tout juste pour lui fermer ce passage. Un engagement général était inévitable.

Les corps d'armée prirent successivement place sur la ligne de bataille, à mesure de leur arrivée, ce qui fut long, car nous marchions sur une seule route, et la Garde fut placée en deuxième ligne. Pendant le repos que nécessitèrent les premières dispositions, ayant appris que la division Oudinot était à peu de distance en avant de moi, j'allai visiter mon ami Lignim et mon ancienne artillerie. Ils étaient aux avant-postes et en batterie, prêts à faire feu. Les figures étaient calmes, recueillies, graves, et la première ligne ennemie présentait un aspect pareil.

Il y avait là quelque chose d'instinctif qui annonçait la tempête.

Il était environ cinq heures après-midi, l'armée était formée, chacun à son poste ; une vive canonnade annonça que l'action commençait. Bientôt un feu roulant de mousqueterie vint s'y mêler, et puis ce ne fut plus jusqu'à huit heures qu'un tonnerre grondant sans discontinuité. Des efforts incroyables furent faits de part et d'autre ; c'était une horrible boucherie, surtout sur le centre de la ligne russe qui couvrait la ville ; une batterie de 30 bouches à feu, commandée par le général Sénarmont, contribua puissamment à l'ébranler. Enfin, cette ligne fut enfoncée, coupée, repoussée dans la ville et rejetée au delà du pont, et la droite de l'armée russe, séparée du reste de l'armée par cette manœuvre, fut détruite plus tard au milieu des efforts inouïs qu'elle tenta pour rejoindre le pont et repasser la rivière. L'attaque fut si impétueuse et le succès si peu contesté que l'artillerie de la Garde ne fut pas appelée à y concourir. La disposition des lieux ne nous permit pas même de rien voir de ce qui se passait, et de satisfaire ainsi notre impatiente curiosité.

Cette affaire fut décisive, Benningsen perdit au delà de 30,000 hommes tués, blessés ou faits prisonniers, et sa déroute fut complète ; jamais victoire ne fut plus signalée, et il n'avait point fallu plus de trois heures pour opérer ces prodiges ! Et l'armée était harassée de fatigue avant d'entrer en ligne !

Attaquée dans ses cantonnements, le 5 juin, l'armée venait donc de s'avancer de cinquante et quelques lieues, en dix jours, se battant presque tous les jours, de gagner une bataille des plus sanglantes et d'anéantir l'armée russe ! Quelle activité ! quelles fatigues ! quel courage ! C'est qu'aussi l'Empereur était un adversaire redoutable, terrible, pour un ennemi en retraite. Son inspiration était prompte, soudaine et l'exécution qui la suivait, rapide dans sa prodigieuse activité ; il s'attachait à l'ennemi comme à une proie ; il le harcelait, le pressait sans cesse et ne lui laissait ni le temps de s'établir, ni celui de respirer. Les jambes de ses soldats préparaient le succès, leur audace, dirigée par des chefs habiles, le fixait, et puis encore une fois les jambes venaient en multiplier, grandir et compléter les résultats. C'était la stratégie et la tactique, savamment appliquées ou ensemble ou séparément, sur la plus grande échelle et par le plus grand capitaine que le monde eût connu. C'était ainsi qu'il obtenait ces brillantes victoires dont les résultats immenses émerveillaient les uns et jetaient les autres dans la stupéfaction.

Le soir de cette journée, vers les dix heures, j'eus besoin de lire un billet, je pus le faire sans le secours d'une lumière : et le lendemain, ayant été réveillé vers les deux heures, je trouvai que le jour commençait à poindre. Nous n'avions donc eu qu'environ quatre heures de nuit, quoique nous fussions alors à l'époque des plus longs jours de l'année; j'ai été étonné qu'une différence de 6 degrés seulement entre la latitude de Paris et celle de Friedland en produisît une aussi sensible dans la durée des jours sur ces deux points.

Le 15 juin, l'armée se mit à la poursuite de l'ennemi et la Garde se porta par la rive gauche de l'Alle sur Wehlau, pendant que des corps d'armée détachés se dirigeaient sur Kœnigsberg et s'emparaient de cette seconde capitale de la Prusse. Nous fûmes arrêtés un jour auprès de Wehlau, par le passage de la Prégel, dont Benningsen avait fait détruire le pont : il fallut en établir un de bateaux. Pendant ce temps, campés sur les hauteurs qui bordent cette rivière, nous pûmes à notre aise contempler la belle nature dont la vallée de la Prégel nous offrait le tableau; nous avions, il est vrai, plus besoin de sommeil que de ce spectacle, mais la chaleur était accablante et nous n'avions point d'abri. Enfin, le 19 juin, l'armée russe, ayant tout à fait évacué le sol prussien et repassé le Niémen, nous entrâmes à Tilsitt, dernière ville de la monarchie prussienne de ce côté et située sur la rive gauche du Niémen. Nous vîmes encore les restes fumants du pont que les Russes avaient brûlé pour mettre entre eux et nous la barrière imposante d'un fleuve large et profond, heureux d'en finir ainsi avec notre incessante poursuite et de pouvoir se rallier. La plaine sur la rive droite était encore couverte de leurs troupes qui n'avaient pas eu le temps de s'écouler; elles y fourmillaient et l'on en distinguait parfaitement les uniformes et les mouvements : cela nous amusa une partie de la journée.

Depuis l'affaire de Friedland, il était constaté que les Russes ne voulaient plus se battre et désiraient la paix aussi vivement que nous. A chaque instant, il arrivait des parlementaires et ces parlementaires étaient des princes ou des personnages très haut placés. Il résultait des paroles qu'ils laissaient échapper que les négociations prenaient une bonne tournure, et déjà l'on ne doutait plus de la conclusion prochaine de la paix. Le 21, on annonça un armistice entre les deux armées. Le 25, une entrevue eut lieu entre les deux empereurs et le roi de Prusse ; il est curieux de voir comment on s'y est pris pour opérer le rapprochement des deux souverains, dont chacun croyait n'avoir rien à céder à l'autre en fait de préséance. Et d'abord, chacun d'eux ne devait faire que la moitié du chemin ; c'était donc au milieu du fleuve qu'ils devaient se rencontrer. Sur des radeaux construits et assemblés en hâte par les soins des officiers et ouvriers de l'artillerie de la Garde, on éleva un pavillon en planches qu'on orna du mieux qu'on put, et auquel on fit deux entrées opposées, pour ménager les susceptibilités impériales qui, en tout pays, sont très chatouilleuses. Ce travail se fit en une nuit et, au matin, cet assemblage fut conduit au milieu du fleuve où on l'ancra. On avait en même temps nettoyé, disposé deux grands bateaux pour transporter les deux empereurs ; je montai sur celui des deux qui était destiné à Alexandre et m'associai à l'officier de l'artillerie de la Garde qui fut chargé de le conduire à l'autre rive et de le remettre aux Russes, ce qui me procura le plaisir de la traversée du Niémen et de causer avec quelques officiers russes.

A midi, les deux puissants régulateurs des destinées européennes s'embarquèrent et partirent simultanément de leurs rives pour aborder le radeau qui les attendait. Ils y descendirent en même temps et entrèrent dans le pavillon, chacun par l'entrée qui était du côté de son bord ; le roi de Prusse suivait l'empereur Alexandre. On raconte que les deux souverains s'embrassèrent avec une sorte d'abandon et de cordialité. La foule était grande sur les deux rives ; c'était un spectacle aussi imposant qu'intéressant et neuf ; puis il s'agissait de si grandes destinées ! Après sept quarts d'heure de tête à tête, les monarques se séparèrent bons amis, après être convenus qu'ils auraient une nouvelle entrevue le lendemain, mais dans Tilsitt même.

Effectivement, le 26, Alexandre et le roi de Prusse passèrent à notre rive. Des chevaux des écuries de Napoléon les attendaient, ils les montèrent et allaient entrer en ville, quand l'Empereur, qui savait être galant dans l'occasion et qui était monté à cheval de son coté pour aller au devant d'eux, les rencontra. Les deux cortèges s'arrêtèrent, et, après échange de courtoisies, continuèrent à marcher confondus. Napoléon et Alexandre étaient en avant, Alexandre à la droite. Le roi de Prusse était à gauche, mais sur un alignement d'un pas plus en arrière, l'air humble et embarrassé, comme quelqu'un qui a le sentiment de son infériorité. Quelle réunion magnifique que celle de tant de souverains, de princes, de généraux, naguère ennemis acharnés, aujourd'hui sinon amis, du moins prêts à le devenir et, en attendant, remplis d'égards, de bons procédés et d'urbanité les uns pour les autres, et ayant les dehors de la bonne harmonie! Que l'Empereur alors était grand! qu'il devait être fier et heureux! Pour moi, je n'oublierai jamais l'impression profonde que j'éprouvai, en voyant passer sous mes fenêtres un cortège si nouveau, si parlant, si plein de grandes et terribles leçons, et je dirai même, qu'au milieu de l'exaltation et de l'ivresse qu'excitaient en moi toutes les idées de gloire nationale résumées dans ce tableau vivant, je ne pus voir le roi de Prusse sans éprouver un sentiment de peine ; il me semblait que je ressentais moi-même l'humiliation dont il était si durement oppressé.

Les 27 et 28, autre spectacle. Nous étions reservés à une suite de scènes merveilleuses ; il y en avait pour tous les jours. L'empereur Alexandre et le roi de Prusse viennent s'établir en ville et y amènent chacun un bataillon de grenadiers de sa garde : on leur assigne un quartier de la ville pour eux seuls, mais la circulation fut libre à tous et partout, si bien qu'on rencontrait fréquemment dans les rues des groupes de soldats des trois gardes, qui fraternisaient dans un langage mimique et avec des manières fort pittoresques. La variété de leurs costumes offrait aussi un coup d'œil curieux.

Le 30, l'artillerie de la Garde exécuta de grandes manœuvres devant les trois souverains : elle se composait de soixante bouches à feu, y compris quelques batteries auxiliaires. C'était le général Lariboisière qui les commandait, mais il faut dire que cet officier général, d'un si rare mérite d'ailleurs, n'y entendait rien du tout, et qu'il avait la vue si basse qu'il ne pouvait absolument voir ce qui se passait à plus de cent pas de lui. Il m'avait pris pour un de ses conseillers, et le colonel Doguereau était à la fois un conseiller et son porte-voix. On manœuvra aussi bien qu'il est possible de le faire avec soixante bouches à feu, ce qui n'est pas beaucoup dire, et pourtant cela nous valut quelques compliments ; puis nous défilâmes devant les trois majestés, la tête haute et l'air fier, comme de juste.

Pendant ces jours de si glorieuse et magique mémoire, la Garde impériale française traita les soldats des deux autres Gardes qui étaient à Tilsitt. De nombreuses granges servirent de salles à manger : la consommation fut grande en viande, bière et eau-de-vie et la gaieté bruyante ; et le pêle-mêle de ces divers langages, sur un diapason que les libations rendaient criard, était étourdissant. Il se mêlait aussi à ces scènes militaires quelque peu de grotesque, dont un crayon habile aurait pu tirer un grand parti.

Cependant les souverains avaient tous les jours des conférences d'où il transpirait quelque chose ; nous savions qu'ils étaient d'accord ; que les bases de la paix étaient arrêtées, et que la rédaction seule des conditions en retardait la publication. Chacun de nous dès lors de faire ses projets de retour en France et de bâtir des châteaux en Espagne ; c'était le sujet obligé de toutes les conversations. Le moment du départ ne se fit pas attendre ; il fut fixé au 1er juillet.

Ce jour-là donc, l'artillerie de la Garde mit sa première colonne en route pour Berlin ; la seconde partit le lendemain. Le général Lariboisière et le colonel Doguereau marchaient avec la première, le général Couin, Digeon et moi avec la seconde. Dans les séjours, les deux colonnes se réunissaient.

Dans la supposition que nous retournions en France, nous nous étions imaginé qu'on nous dirigerait par Dresde, route à la fois plus courte et plus agréable ; il y eut un peu de désappointement lorsqu'on sut que la direction était par Berlin, et à ce sujet chacun fit ses conjectures desquelles il résultait que la chance la moins désavantageuse pour nous était que nous n'éprouvions qu'un retard d'une dizaine de jours pour rentrer en France ; mais les pessimistes nous arrêtaient dans la Prusse et nous y faisaient passer une partie de l'hiver au moins. Mon idée fixe à moi était qu'une fois en marche, à quelques haltes près, nous continuerions notre mouvement jusqu'en France.

Les premiers jours de route furent très gais ; point de soucis, point de privations, point trop de fatigue, malgré l'extrême chaleur qu'il faisait ; un avenir riant, parfaite harmonie entre nous tous officiers de la même colonne, tout cela était charmant : mais quel charme peut tenir à l'épreuve de trente-deux jours de route! L'obligation de se lever avant le jour, la monotonie et la régularité des habitudes, la durée des marches sous un soleil brûlant, la poussière, la médiocrité de certains gîtes étaient très propres à dissiper les illusions, et, au bout de huit jours, il n'y avait déjà plus d'entrain.

A partir de Dirschau, nous entrions dans une contrée neuve pour moi et qui avait été peu froissée par les armées. C'était déjà une amélioration morale de n'avoir plus à vivre au milieu d'une population ruinée, triste et mécontente. Il fait bon rencontrer sur sa route des figures expansives et qui n'annoncent pas la misère, des êtres qui vous font accueil. La verve poétique revint à plusieurs de nos officiers : chaque matin voyait éclore de nouveaux couplets ; on les récitait ou plutôt fredonnait à la tête de la colonne et en marchant ; bientôt tous les savaient. Nous avions alors dans l'artillerie de la Garde, pendant les marches, une habitude que j'ai trouvée très bonne et dont je ne puis que conseiller l'emploi, comme devant servir à rapprocher et lier chefs et officiers et à établir entre eux une sorte de confraternité, qui est l'esprit de corps porté au degré le plus désirable ; voici en quoi elle consistait : chaque matin à la première halte, un des officiers supérieurs, chacun à son tour, faisait aux officiers de la colonne les honneurs de l'eau-de-vie, et, à cet effet, le moment venu, on faisait sonner un demi-appel, signal auquel tous accouraient. Alors une gourde pleine d'eau-de-vie passant de main en main, chacun mettait la bouche au goulot et s'en donnait à sa guise ; les plus adroits et les plus dégoûtés parvenaient à boire sans que les lèvres touchassent la bouteille. C'était dans ces réunions que se débitaient les nouvelles du matin et les couplets, quand il y en avait. Pour en revenir à ces couplets, je dirai que, s'ils ne faisaient pas toujours fortune, du moins ils amusaient un instant. En général, ils étaient spirituels, et il en est même dont la mémoire s'est toujours conservée parmi les officiers de cette époque : ce sont surtout ceux qui étaient relatifs aux capitaines Levaillant de Beauvent et Bonafosse. Les faiseurs principaux étaient les capitaines Lafont et Fourcy et le docteur Therrin; les aides ne manquaient pas.

Le beau château de Blankensen, près Filehne, est comme une oasis dans ces contrées de sables et peu riches. J'y trouvai le général Lariboisière établi; il y faisait séjour; mais il y avait de la place pour son état-major et le nôtre. C'était la première fois que nous nous trouvions ainsi ralliés sous le même toit, depuis notre départ de Tilsitt; le comte et la comtesse de Blankensen en firent les frais sans grimaces, et cette halte nous procura assez d'agrément pour que nous en ayons conservé un souvenir durable; elle est un des très rares jalons, qui restent dans ma mémoire, de toute cette longue route; car je ne me rappelle de Conitz, Landsberg et Custrin, où nous passâmes, que les noms de ces villes.

Le 4 août, j'arrivai à Berlin et fus de suite envoyé à Charlottenbourg, où j'avais déjà été en cantonnement dans le mois de novembre précédent. Mais ce n'était plus le Charlottenbourg d'alors; je l'avais vu morne et presque inhabité; l'arrivée des Français et l'hiver en avaient fait fuir la belle population; aujourd'hui toutes les maisons avaient leurs maîtres et ces maîtres étaient des personnes de la meilleure compagnie. J'aurais pu tirer parti des ressources que m'offrait cette société; le comte de Knesebeck, chez qui j'étais logé, et la comtesse Hœnkel von Donnersmarck que j'avais connue précédemment, m'en auraient donné les moyens; mais ce temps d'arrêt dans notre marche me contrariait excessivement parce qu'il était illimité; je m'étais bercé dans l'espoir que notre rentrée en France ne serait pas retardée, et maintenant cette rentrée même devenait un problème. Chaque jour me semblait donc un jour enlevé à ma femme, et plein de mes préoccupations et de mon ennui, j'ai préféré ne pas me jeter dans ce nouveau monde. J'allai plusieurs fois à Berlin, promenade agréable, et, pour faire comme plusieurs de mes camarades, j'y achetai une calèche neuve, les voitures de la fabrique de cette ville passant pour être bien faites, solidement établies et à meilleur marché qu'ailleurs.

Nous étions dans cet état provisoire depuis neuf à dix jours, quand l'ordre arriva de nous rendre à Hanovre. Oh! alors ce ne fut qu'un cri d'étonnement. Tant de projets se trouvaient déçus! Il était difficile de s'expliquer ce singulier détour. Peut-être, disaient quelques-uns, nous dirige-t-on ainsi pour nous préparer à aller plus tard à Cassel assister au couronnement du roi Jérôme, et l'on se raccrochait à cette supposition, parce que c'était celle qui présentait le plus de chances d'une prompte rentrée en France.

Je partis donc pour Charlottenbourg le 15 août, emmenant mon nouvel équipage, fier de mon acquisition et me réjouissant à l'avance d'en pouvoir faire les honneurs à ma femme; un peu plus tôt, un peu plus tard, il n'importait.

C'est le 27 août que nous arrivâmes à Hanovre. L'infanterie de la Garde y était établie; dès le lendemain, on nous dispersa dans des cantonnements. De ma personne, je fus envoyé au village de Gheldheim, à trois lieues de Hanovre. Là, je fus logé dans un beau château chez le baron de Reden. C'était une maison d'un bon ton : Digeon, Fourcy et trois autres officiers s'y trouvaient avec moi et nous y étions à l'aise. La baronne était une femme altière, pleine d'orgueil et d'un caractère assez raide. Mari et femme étaient des types de féodalité ; ils nous firent d'abord l'effet de gens qui détestaient cordialement les Français, mais ils nous traitèrent avec politesse; c'était l'important.

Cependant, il n'était aucun de nous qui ne fût très contrarié de voir que nous prenions une assiette solide à Hanovre, car il n'était pas, le moins du monde, question de nous envoyer ailleurs. Moi surtout, je m'ennuyais de cet état de choses au-delà de toute expression ; et, pour comble de contrariété, une légère blessure que je m'étais faite pendant la route à un cou-de-pied, avec un éperon, en retirant une de mes bottes, m'empêchait de m'habiller en tenue militaire, de monter à cheval et de me promener. Je me résignai comme je pus et passai tous les instants que la bienséance me permit dans la société de mes hôtes, qui, mettant bientôt de côté leur raideur allemande, finirent par me traiter comme si j'eusse été de la famille. Le personnel de leur intérieur se composait du baron et de la baronne, d'une fille de quatorze ans, très jolie et qui promettait de devenir une femme superbe, et d'une demoiselle de compagnie ou gouvernante, qui savait plusieurs langues et la musique, avait toutes sortes de talents et faisait l'éducation de mademoiselle de Reden. Ces dames avaient de l'esprit, de la littérature, des habitudes régulières ; on conçoit que, dans ma disposition d'esprit, leur société m'ait convenu ; de même qu'on peut concevoir que ma qualité de jeune marié, éloigné de sa femme et fort contrarié de cette séparation, les ait intéressées et disposées pour moi. A défaut d'être en France, j'étais donc aussi bien que possible, et, pour mieux apprécier les douceurs de cette position, je la comparais quelquefois à ce que j'avais souffert l'hiver précédent.

Cet état de choses durait depuis six semaines quand nous apprîmes que l'ordre était arrivé pour la Garde de se mettre en route pour Paris. Jamais, je crois, joie ne fut plus grande, mais elle devait durer peu ; on sut bientôt que cet ordre ne concernait pas l'artillerie et qu'il y avait apparence que nous passerions là l'hiver ; et en même temps nous dûmes rentrer à Hanovre, où l'artillerie se concentra. Ainsi mes plus chères espérances étaient détruites et, en quittant le château de Fransbourg, il me fallait renoncer à des habitudes déjà prises et qui me convenaient beaucoup.

« Puisqu'il nous est refusé de retourner près de nos femmes, dis-je au colonel Doguereau qui était aussi marié, faisons-les venir et arrangeons-nous pour embellir un peu notre séjour à Hanovre. »

Cette idée lui sourit, il y applaudit, et bientôt nous convînmes que chacun de nous écrirait à sa femme de se rendre à Mayence pour le 2 novembre et que nous irions les y chercher.

Effectivement, nous prenons nos arrangements en conséquence et, en attendant la réalisation de ce ravissant projet, je quitte mes hôtes de Gheldheim, qui me témoignent beaucoup de regrets et je viens m'établir à Hanovre, où l'on me loge chez le grand-maréchal de la cour, M. de Lowe. Ce M. de Lowe était un homme d'esprit, aux grandes et belles manières. Soit qu'il fût veuf ou célibataire, il n'avait point de femme. Sa maison était sur un grand pied, et je dois convenir que j'y étais mieux que chez M. de Reden. Néanmoins j'eusse préféré le sans-gêne de bon ton de son château à l'étiquette du grand chambellan.

Le moment venu, le colonel Doguereau et moi, nous nous mettons en route dans ma calèche. J'étais heureux comme un amant qui va revoir sa bien-aimée. Plein des plus douces préoccupations, je donnai peu d'attention à Goettingen, ville si célèbre par son université, à Minden, à Cassel, capitale du roi Jérôme, à Marbourg autre université, à Giessen, Friedberg et Francfort ; je m'occupais plutôt du soin de faire aller les postillons, et mon compagnon de route était probablement dans les mêmes dispositions d'esprit.

Enfin, le 2 novembre au soir, nous descendîmes à Mayence, à l'hôtel indiqué comme rendez-vous. Nous étions les premiers, et il était tard, nous commençâmes à croire que nous ne verrions pas encore nos femmes ce jour-là et ce fut un grand désappointement ; je crois même avoir trouvé peu de saveur au souper.

Le lendemain matin, nous allâmes visiter le général gouverneur de la ville, P. Boyer, surnommé dans l'armée Pierre le Cruel ; Doguereau le connaissait, il nous fit accueil et nous invita à dîner, pour le jour suivant, nous et nos femmes. Puis, pour nous distraire un peu, en attendant les voyageuses, nous fîmes quelques courses dans la ville et les fortifications. Dans l'hiver de 1794 à 1795, j'avais vu ce boulevard du dehors et seulement à portée de canon ; j'étais aise d'en voir maintenant l'intérieur, et de juger à son tour le dehors vu du dedans, et puis peut-être de retrouver le point jusqu'où je m'étais avancé. Mes yeux et mes souvenirs me servirent mal ; tout me parut nouveau aussi loin que ma vue s'étendit.

A notre rentrée à l'hôtel, point de voiture dans la cour ; c'était d'un mauvais augure. On nous dit qu'il n'était arrivé qu'un Anglais et sa femme qui avaient absolument voulu s'installer dans une de nos chambres, qui était à leur convenance, attendu qu'ils ne faisaient que passer et que cela ne pouvait nous déranger sensiblement ; et cette chambre était la mienne. Je trouvai le procédé un peu impertinent, et montai de suite pour aller faire déguerpir les obstinés, bon gré, mal gré.

J'entre donc brusquement dans la chambre ; que vois-je ? C'étaient ma femme et son beau-frère Delélée ! J'avais été refait complètement. Je ne dirai pas ma surprise, ma joie, ni ce que j'éprouvai de délicieux : un pareil bonheur ne peut s'exprimer. Je revis aussi avec un plaisir sincère mon bon et excellent ami Delélée. Jacques Delélée était un ancien aide de camp du général Moreau et, malgré ses beaux services, avait été arrêté au moment du procès fait au général. Mis en liberté quelques jours après le jugement, il reprit du service, 10 ans après, en 1810, et mourut, à Pernès, en 1811, des fatigues qu'il subit à l'armée d'Espagne. Je présentai immédiatement le colonel Doguereau aux deux arrivants et nous lui exprimâmes le vœu de le voir bientôt jouir de la même satisfaction. Ce vœu ne tarda pas à s'accomplir ; au bout d'une heure, mon camarade embrassa sa femme..

En cas semblables on fait vite connaissance ; aussi après le premier à-parté, à-parté des épanchements, des interrogations réciproques sur ce qui nous intéressait le plus, après les premiers lieux communs, une décente familiarité, une gaîté franche régna entre nous. Destinés désormais à vivre ensemble, il était naturel d'abréger les formalités par lesquelles on procède d'usage pour former une liaison ; nous eûmes le bonheur de nous entendre et de nous convenir parfaitement. Madame Doguereau avait été accompagnée jusqu'à Mayence par le capitaine Marin Dubuard, troupier renforcé, écorcheur impitoyable de notre langue, mais bon enfant, d'une gaîté triviale, parfois amusante et surtout d'un empressement sans bornes à se rendre utile et agréable.

Telle était la composition du groupe dont Paris, Besançon et Hanovre venaient de fournir les éléments. Nous passâmes la journée du lendemain à Mayence ; et le dîner du général Boyer, homme d'esprit, ayant beaucoup vu, et très agréable conteur, la termina d'une manière très gaie. Le surlendemain, nous eûmes l'ennui de nous séparer de Delélée ; il prit la route du retour et nous celle de Hanovre. Doguereau avait sa voiture et moi la mienne, nous ne fûmes pas fâchés d'échapper ainsi à l'obligation d'être toujours, les uns et les autres, face à face ; seulement les dames convinrent de se réunir quelquefois quand l'ennui du tête à tête marital les gagnerait. Cette situation était toute nouvelle pour moi ; à peine avais-je passé quelques jours avec ma femme depuis notre mariage, et quels jours encore ! jours qu'une fièvre survenue à cette pauvre amie avait décolorés et attristés. A cet état de maladie avait succédé la santé ; après tant de jours de séparation et d'impatience, je possédais enfin tout ce que j'aimais, je lui procurais les douceurs d'une bonne voiture et d'une existence agréable. Que de motifs pour moi d'être heureux ! Aussi l'étais-je véritablement et je savourais délicieusement les charmes de cette position.

Nous nous arrêtâmes à Francfort pour voir un peu la ville et le spectacle. Je ne me rappelle rien de cette station ; j'étais avec ma femme, tout ce qui n'était pas elle fixait probablement très peu mon attention. Entre Marbourg et Cassel, un essieu de ma voiture vint à casser ; ma femme passa dans la voiture de madame Doguereau, le capitaine Marin vint dans la mienne, s'offrant à m'aider et à partager mes chances, et nous voilà, les premiers continuant leur route, comme si rien ne fût arrivé, et nous, moi et Marin, restant en arrière, très embarrassés et ne sachant trop comment nous tirer de là. Nous réunîmes les deux parties cassées de l'essieu et les fixâmes au moyen d'une forte branche d'arbre et d'un cordage et nous parvînmes ainsi, assez difficilement et par une nuit obscure, jusqu'à la première poste. Cela nous fit perdre beaucoup de temps ; je ne comptais plus rejoindre ma femme qu'à Cassel ; je la retrouvai au relai le plus près de cette ville, étendue sur la paille, dans une grande salle à manger, avec M. et madame Doguereau et beaucoup d'autres voyageurs. C'était un assez drôle de pêle-mêle, au milieu duquel j'eus de la peine à retrouver celle qui m'appartenait, sans mettre le pied sur des ronfleurs. Je n'avais point soupé et la fatigue avait encore développé mon appétit ; force me fut pourtant de renoncer à manger et de dormir le ventre creux, il est vrai, mais le cœur content. Au jour, nous nous remîmes en route et bientôt nous fûmes à Cassel. C'était une ville à voir, la capitale des états du roi Jérôme ; nous nous y arrêtâmes. M. de Norvins, que nous avions connu officier des gendarmes d'ordonnance à Marienwerder, se trouvait alors dans cette résidence, attaché à la maison du roi ; nous le vîmes, il se mit aux ordres de nos femmes et nous voilà courant la ville et visitant le château et ce qu'il y avait de plus important, de tout quoi il ne me reste qu'un souvenir intéressant, que voici : à une lieue environ de Cassel se trouve, au pied d'une colline assez élevée, un château royal, dit de Wilhelmshœhe, d'une élégante et gracieuse architecture. Tout ce qui l'entoure, sur une lieue carrée de superficie, à peu près, jusque sur le haut de la colline, est une promenade des plus magnifiques ne ressemblant à rien de ce que j'ai vu. La nature en a fait un lieu délicieux par l'abondance des eaux qui sortent des flancs du côteau, par la force et la fraîcheur de la végétation, par la variété et la beauté des sites ; l'art en a fait un lieu de féerie. De nombreuses cascades, présentant des effets toujours variés et inattendus ; des ponts chinois, des pavillons champêtres, des grottes, des fourrés, de belles pelouses ; un château-fort construit à l'imitation de ceux du treizième ou du quatorzième siècle, gardé par des hommes de bois vêtus et armés comme on l'était alors, contenant des logement meublés à l'antique et tous les ustensiles analogues, plus une salle, garnie d'armes offensives et défensives artistement rangées ; tout en haut de la colline, à son point culminant, une statue en fonte et colossale d'Hercule, dont les proportions gigantesques sont telles que trois de nous tenaient à l'aise dans la massue, et si bien harmonisées avec l'ensemble des localités que, vu à distance, ce colosse ne paraît pas gigantesque ; tels sont les objets dont notre vue a été émerveillée pendant une promenade de plusieurs heures qui ne nous ont paru qu'un instant.

De Cassel à Hanovre, nul incident remarquable. J'étais heureux, je n'avais qu'une pensée en dehors de laquelle rien ne me touchait. Nous rentrâmes, le 8 novembre, à Hanovre. Mon hôte, M. de Lowe, en homme qui sait vivre, s'empressa de faire visite à ma femme et de lui offrir ses services. Madame de Reden, mon ancienne hôtesse, vint tout exprès du château de Fransbourg pour la voir ; il y avait probablement autant de curiosité que de politesse dans cette démarche ; nous n'avons pas moins dû y être sensibles. Du reste, nous ne vîmes personne autre de la ville : cette population aimait peu les Français, pour ne pas dire point du tout, et ne leur manifestait aucune sympathie, excepté dans les relations forcées de l'hospitalité, lorsque l'individualité effaçait les préventions nationales.

Toute l'artillerie de la Garde était alors réunie à Hanovre et vivait comme en famille ; madame Doguereau devint le centre de ralliement ; tous les soirs nous allions chez elle ; on faisait une partie, on buvait le punch, on causait beaucoup, et nos soirées, pour n'être composées que de deux dames, n'en étaient pas moins très gaies. Lorsqu'on est loin de chez soi, au milieu d'étrangers, on a plus besoin les uns des autres, plus de bienveillance réciproque et de dispositions à saisir les occasions de passer un moment agréable : c'était là précisément notre position à tous. Le général Lasalutte, je crois, commandait alors à Hanovre ; il se mit aussi en frais d'accueil et nous jetions ainsi les fondements d'une petite société pour passer l'hiver le moins maussadement possible, lorsque la Garde reçut l'ordre de rentrer en France. La marche du régiment d'artillerie fut d'abord tracée jusqu'à Mayence, où il devait arriver le 9 décembre. Je fus moins sensible à ce départ que si j'avais été seul, néanmoins : *dulcis amor patriæ, dulce videre suos!*

Je m'associai franchement à la joie des autres. La saison, il est vrai, se gâtait beaucoup, mais n'avais-je pas une calèche et un bel attelage pour transporter ma femme et la préserver des rigueurs du temps? Puis un voyage semblable, par étape, avec un régiment, avec toutes les chances des bons et mauvais gîtes, avait quelque chose de neuf et de piquant pour des dames peu identifiées avec les habitudes militaires.

Je ne m'arrêterai pas à faire la description de nos gîtes jour par jour ; il y en eut plus de mauvais que de bons, et la pluie, la neige et le froid nous accompagnèrent constamment. Cette marche longue et pénible nous offrit peu d'épisodes à raconter. Nos femmes étaient chacune dans sa voiture et s'y amusaient peu ; nous, maris, nous étions à cheval avec la troupe, grelottant plus ou moins. Nous arrivions toujours avant elles pour prendre possession du logement et les y installer à leur descente de voiture. Le soir, on se réunissait régulièrement chez le général Couin, madame Doguereau ou chez moi ; c'était toujours la maison la plus centralement placée qui était le rendez-vous, et là, dans une chambre chauffée, comme savent se chauffer les Allemands, le verre de punch à la main, on se racontait les événements de la journée. A Marbourg, ville d'université, *nous fûmes logés chez un professeur qui donnait précisément une soirée.* Il fallait voir la mine allongée et l'accueil maussade que nos hôtes nous firent. Nous vîmes tout d'abord que nous arrivions comme un inconvénient et nous nous excusâmes de notre mieux de la gêne que nous venions leur imposer. Nos bonnes façons et surtout les manières si douces et si aimables de ma femme produisirent bientôt leur effet ; on s'aperçut que, loin d'être des ours, nous appartenions à une civilisation assez avancée ; les figures se déridèrent, les physionomies devinrent bienveillantes et l'on nous invita à la soirée avec une telle grâce que nous ne pûmes refuser, malgré la contrariété que nous éprouvions de cette obligation. La soirée fut gaie et nous y fûmes l'objet de beaucoup d'attentions.

A Francfort, nous courûmes beaucoup les boutiques ; c'est le bonheur des dames ; je me bornai à acheter quelques services de linge de table. Le soir, le punch eut tort, nous allâmes au théâtre où nous entendîmes de très bonne musique.

Jusque-là tout s'était très bien passé, aucune douane ne nous avait gênés ; mais, pour arriver à Mayence, il fallait courir la chance d'être fouillés en passant à Cassel. Or, il y avait peu d'officiers qui n'eussent acheté à Hanovre des marchandises anglaises et autres, et moi-même j'en rapportais pour assez d'argent. Tout cela était plus ou moins bien caché dans les caissons ou fourgons, mais enfin courait la chance d'une visite. Ce fut moi qui fus chargé de conduire le matériel, ce jour-là, et de répondre aux douaniers. Les gardes avaient l'ordre de se tenir à leurs postes et d'avoir leur trousseau de clefs prêt. A l'arrivée de ma tête de colonne à la barrière, les employés de la douane se présentent à moi, me prient de faire arrêter et de permettre qu'ils visitent au moins quelques voitures. « Toutes celles que vous m'indiquerez, leur répondis-je, mais, comme il neige actuellement, j'excepte les caissons de poudre, que vous pourrez voir plus tard au parc, lorsque le temps le permettra. Garde, arrivez ici avec vos clefs pour ouvrir à ces messieurs les voitures qu'ils vous indiqueront. »

Cette démonstration de bonne volonté de ma part, et le soin que je pris de ne témoigner aucune impatience, bien que la neige tombât à gros flocons, pendant qu'ils procédaient, eurent le résultat que j'en attendais. A peine eurent-ils fait ouvrir quelques fourgons et eus-je autorisé de forcer quelques serrures de malles dont les clefs manquaient, qu'ils renoncèrent à continuer, je ne dirai pas leur fouille, mais leurs recherches. J'entrai donc à Mayence, fier de mon succès, me promettant bien d'user toujours de ma recette de politesse envers les douaniers, toutes les fois que j'aurais affaire à eux.

A Mayence, nous reçûmes l'ordre de nous diriger sur La Fère.

A Sainte-Menehould, j'obtins la permission de précéder le régiment et de ne le rejoindre qu'à Soissons ; je pris donc la poste pour aller à Reims, et, le 27 décembre, j'eus le bonheur d'embrasser mes parents et ma sœur et de leur présenter ma femme. Nous passâmes cinq jours ensemble, au milieu des jouissances de famille.

Le 1er janvier 1808, je rejoignis mon régiment à Soissons ; le 2, nous arrivâmes à Laon, à travers des chemins défoncés et effroyables qui fatiguèrent beaucoup ma femme et nous donnèrent de l'inquiétude ; enfin le 3, après 36 jours de route, nous fîmes notre entrée à La Fère, entrée que la saison et l'aspect des lieux rendirent aussi maussade que froide.

On avait retenu à l'avance mon logement chez madame de Charbonnel, veuve d'un officier supérieur d'artillerie. Nous y descendîmes de suite et en peu de temps notre installation fut complète. Au lieu de trouver dans les habitants de La Fère des gens bienveillants, comme il était naturel qu'ils le fussent, eux qui étaient accoutumés à avoir un régiment d'artillerie et à vivre par l'artillerie, nous trouvâmes des Arabes qui s'étaient entendus pour nous rançonner, en nous faisant payer très cher logements et vivres, et cela, parce que nous appartenions à la Garde et qu'en cette qualité nous étions mieux payés que la ligne. Ces étranges dispositions achevaient de nous faire prendre la ville en horreur, nous nous arrangeâmes pour vivre entre nous et nous suffire à nous-mêmes. Nous menions donc une vie assez monotone et que nous avions de la peine à égayer, parce qu'il y avait alors peu de dames présentes au régiment et que madame Doguereau s'était dirigée sur Paris, sans même venir à La Fère.

Tout d'un coup, c'était à la fin de janvier, arrive l'ordre à mon escadron (celui des Vélites) de partir pour Bayonne, ce qui voulait dire pour l'Espagne. Oh ! ce coup me frappa rudement et ne consterna pas moins ma femme. Le jour du départ était fixé au 1er février, il n'y avait pas de temps à perdre en jérémiades, ni complaintes, ce qui est heureux en pareil cas ; nous avisâmes donc de suite au parti à prendre et nous résolûmes que ma femme retournerait à Besançon pour y passer dans sa famille tout le temps de mon absence, et qu'elle partirait de La Fère, le même jour que moi, emmenant ma calèche et mes chevaux de voiture.

CHAPITRE X

1808

Départ pour Bayonne. — Entrée en Espagne. — Madrid. — Insurrection du 2 mai. — Retraite sur Vittoria.

Nous nous séparâmes donc, le 1er février, émus aux larmes tous deux, ne voyant pas trop clair dans l'avenir, mais nous promettant bien de ne négliger aucune occasion de nous réunir.

L'itinéraire de mes batteries était par Saint-Quentin, Noyon, Compiègne, Clermont, Beauvais, Gisors, Vernon, Ivry, Dreux, Chartres, Tours, etc., etc. C'était faire un grand détour pour éviter Paris.

Que dire de nos quarante-deux jours de route jusqu'à Bayonne? J'avais avec moi des officiers gais et bons vivants, entre autres MM. de Montebert, Folard, Maillard, d'Hautpoul, Bonafosse, mais est-il possible de ne pas s'ennuyer prodigieusement pendant une route aussi longue, dans une saison comme celle où nous étions! Ce ne sont pas la vue du clocher de Chartres, l'aspect de la vallée de la Loire et de Tours, la bonne chère d'Angoulême, la beauté et le spectacle de la ville de Bordeaux, quelques heures enfin de distraction, qui ont pu répandre du charme sur ce voyage.

Enfin nous arrivâmes à Bayonne dans les premiers jours de mars, désireux de savoir quels nouveaux ordres nous y attendaient, et de nous y reposer un peu. Nous y restâmes quelques jours sans recevoir de destination ultérieure, ce qui nous allait très bien, car aucun de nous ne se souciait de mettre le pied en Espagne. Du reste, nous ignorions parfaitement dans quel but on réunissait un corps d'armée dans cette contrée, nous savions seulement que le corps s'appelait *Corps d'armée d'observation des côtes de l'Océan*, nom sans portée, qui paraissait n'être hostile qu'aux Anglais, auxquels on portait la guerre partout où l'on pouvait les joindre, et dont une armée française, précédemment entrée en Espagne sous les ordres de Junot, était allée combattre l'influence en Portugal. Nous savions encore que, sous ce nom, et malgré ce nom tout pacifique ou plutôt inoffensif qu'il était pour l'Espagne, nos troupes venaient de s'emparer, par surprise, de Barcelone, de Pampelune et de Saint-Sébastien, sous le prétexte spécieux que l'occupation de ces places était nécessaire pour assurer nos communications ; enfin il nous était également connu que le quartier général de l'armée était à Vittoria, et que nos troupes s'échelonnaient dans la direction de Madrid, direction qui nous éloignait des côtes de l'Océan plutôt que de nous en rapprocher, et l'on disait que l'Empereur ne tarderait pas à arriver, ce qui expliquait la présence d'une partie de la Garde à l'armée : mais de tout cet imbroglio, qui paraissait couvrir un grand mystère et un manque de loyauté, nous ne pouvions tirer aucune conjecture. En attendant de nouveaux ordres, je profitai de mon séjour à Bayonne pour remettre en état mon matériel, qui avait nécessairement un peu souffert d'une si longue route. Je visitai l'arsenal, la fortification, mais ce qui m'intéressa le plus fut une promenade sur l'Adour, jusqu'à son embouchure dans la mer. Ce fleuve, dont la largeur est déjà considérable à Bayonne, où les eaux sont grossies, lors du flux, par celles de la mer, présente un volume d'eau majestueux, courant entre deux collines couvertes d'habitations et d'une riche végétation, ce qui donne à ses bords un aspect pittoresque. Il va s'élargissant jusqu'à son embouchure, où il a une lieue de large ; un fort en garde l'entrée. Je visitai aussi le chantier de construction des navires ; il y en avait alors plusieurs, à divers degrés d'avancement, ce qui me permit d'en suivre les détails et d'en admirer la perfection.

Enfin le 14 mars, je quittai Bayonne, avec l'ordre de rejoindre le quartier général de l'armée et la Garde à Burgos, et le même jour je passai la Bidassoa, rivière qui sépare la France de l'Espagne et fis mon entrée à Irun, première ville espagnole. Je fus tout d'abord frappé de l'aspect nouveau que me présenta la physionomie de cette population. Caractère de figure, langage, habillement, d'une rive à l'autre tout diffère d'une manière tranchée, et déjà à Irun on trouve moins de personnes parlant français que dans les villes d'Allemagne les plus reculées. J'avais une grammaire espagnole, mais j'étais peu porté à l'ouvrir parce que je me figurais que je ne resterais pas longtemps dans ce pays. Force me fut donc de jouer la pantomime et de gesticuler beaucoup pour me faire peu comprendre. Je ne puis pas redire le dégoût que j'éprouvai au premier repas que je fis dans cette ville, en buvant du vin provenant des outres qui, dans toute l'Espagne, remplacent les tonneaux ou barils en bois, vin que nous appelions *vin de peau de bouc*. Le goût est d'un amer à faire bondir le cœur, et je ne m'y habituai que difficilement.

Nous continuâmes notre route en passant par Tolosa, Vittoria, Miranda, ayant passablement à souffrir du froid, quoique nous fussions presque au printemps. A cette occasion, je dirai une fois pour toutes qu'il n'y a point de pays où l'on se chauffe aussi mal qu'en Espagne. Il n'y a dans les chambres ni cheminées, ni poêles, mais ce qu'on appelle un *brasero*, et là où ce petit meuble manque, il faut se promener en long et en large, si l'on veut n'avoir pas trop froid. D'un autre côté, nous faisions très mauvaise chère; on ne sait pas ce que c'est que faire de la cuisine dans ce pays-là ; la *frittata*, autrement dit l'omelette, est le mets par excellence ; heureux quand on peut l'accompagner d'un poulet maigre ! Le lieutenant Maillard, homme de ressource, sachant tout faire, nous fut utile bien des fois et fit preuve d'un talent distingué en cuisine. En somme, pendant cette route, tout était pour nous un sujet d'étonnement et de regrets d'avoir quitté la France. « Va, écrivais-je à ma femme, si jamais je te fais voyager pour ton agrément, je te réponds bien que ce ne sera pas dans ce pays-ci que je t'emmènerai; la civilisation y est arriérée de plusieurs siècles, il y a encore du sauvage dans ses habitudes. »

Le 20 mars, nous arrivâmes à Burgos, où nous rejoignîmes la Garde pour ne plus la quitter. Ce fut une chose satisfaisante pour nous de nous trouver à notre poste naturel, au milieu de notre famille militaire.

Burgos est une ville très ancienne et une des grandes cités du nord de l'Espagne, mais sale et laide. Je n'y ai vu de remarquable qu'une très belle place à arcades, et les églises ; une citadelle bâtie sur un rocher assez élevé la domine. Je fus logé assez mal et sans aucunes relations avec mon hôte ; il était manifeste, dès cette époque, que les Espagnols nous voyaient avec défiance et ne nous aimaient pas.

Le lendemain de mon arrivée fut signalé par des démonstrations d'allégresse publique, telles qu'on n'en voit point chez nous. Le bruit des cloches, et l'on sait qu'en Espagne c'est un bruit à fendre les oreilles, des pétards, des coups de fusil, les vociférations d'un peuple exalté jusqu'au fanatisme et répandu dans toutes les rues, annoncèrent qu'il s'était passé quelque événement extraordinaire qui plaisait à la population. Cette manifestation si soudaine et si étourdissante d'un enthousiasme que nous ne connaissons pas, nous autres Français, avait de prime abord de quoi nous surprendre, et même nous inquiéter ; nous vîmes bientôt qu'elle n'avait rien d'hostile. C'était la nouvelle de l'abdication du roi Charles en faveur de son fils Ferdinand, prince des Asturies, et de l'arrestation du fameux Godoï, prince de la paix, homme en exécration dans toute l'Espagne, qui causait ce mouvement populaire. C'est que chez les Espagnols, la royauté est l'objet d'un culte tout particulier et l'amour pour le roi est poussé jusqu'au fanatisme. C'est un des traits remarquables du caractère de cette nation.

A l'occasion de cet événement, je fus encore témoin, le lendemain, d'un spectacle nouveau pour moi, spectacle dont l'Espagne seule donne l'exemple, d'un combat de taureaux. La grande place servait d'arène ; toute la population était aux fenêtres et sous les arcades qui l'entourent. Des gradins avaient été placés pour recevoir les spectateurs, et les barrières, fixées entre les piliers des arcades, mettaient d'ailleurs ceux-ci en sûreté. On ne combat qu'un taureau à la fois, et, quand ce dernier a succombé, on en présente un autre, jusqu'à ce qu'on ait épuisé le nombre des victimes à sacrifier. Le taureau introduit est d'abord excité par des gens qu'on nomme *toreadores*, qui courent ou passent devant lui en agitant des drapeaux de couleur rouge ; après eux, viennent les *picadores*, hommes armés de piques; ils sont à cheval ou à pied et attaquent le taureau avec leurs armes; enfin, quand l'animal est arrivé au dernier degré de rage, on lance sur lui les *matadores*, hommes à pied, armés d'une épée, et destinés à le tuer. Un coup de cette épée, porté entre les deux cornes, sur certain point de l'occiput, abat ordinairement la victime, mais c'est là qu'est la difficulté, car la condition exigée est que le matadore, pour porter le coup, se présente au taureau en face; aussi cette attaque offre-t-elle des dangers et demande-t-elle des hommes très exercés et d'une grande agilité. Lorsque la bête est d'un caractère froid, difficile à exciter, et que les picadores ne parviennent pas à la mettre en furie par le moyen ordinaire de la pique, ils emploient des flèches garnies d'artifices qui la percent, y restent fixées et, s'enflammant par le choc, produisent une continuité de détonations et de brûlures, dont l'effet immanquable est de l'animer jusqu'à la fureur. J'ai vu des picadores atteints de coups de corne, dont l'effet était annulé par les coussinets dont ils se recouvrent les parties vulnérables; j'ai vu des chevaux blessés, dont les intestins sortaient et pendaient jusqu'à terre, spectacle aussi dégoûtant qu'horrible; j'ai vu un cheval gisant sur le sol, à peu près mort, remis sur ses jambes d'un coup de corne, faire encore quelques pas et tomber de nouveau; j'ai vu un malheureux soldat du train, qui s'était glissé imprudemment, et malgré les défenses, dans l'arène pour combattre un taureau, percé de part en part par ses cornes et fixé par elles sur la tête de l'animal, spectacle affreux; et figurez-vous qu'au milieu de ces scènes sanglantes l'air retentit souvent des cris : « *Bravo el N.* (le nom du matador ou du picador qui porte un beau coup) ou *Bravo toro!* » Car là, c'est la vue du sang qui excite l'admiration et l'allégresse; que ce soit celui du taureau ou celui de ses agresseurs, il n'importe, il en faut; ce n'est qu'à ce prix qu'on intéresse, qu'on émeut, qu'on amuse cette population. Je me trompe bien, si ce n'est pas là de la férocité.

J'employai le peu de jours que je restai à Burgos à visiter les églises, dont l'architecture gothique offre de grandes beautés et où d'ailleurs l'or et l'argent sont prodigués à profusion. J'allai, entre autres, un jour, voir le couvent de chartreux qui est à une demi-lieue de la ville et voici ce que, à l'occasion de cette visite, je retrouve dans ma correspondance : « L'église du couvent offre, par ses bas-reliefs et son architecture intérieure, tout ce que l'art gothique a pu créer de plus délicat. On y voit les tombeaux d'un roi et d'une reine d'Espagne, morceaux riches de sculptures et de reliefs. On allait enterrer un moine ; l'idée de la mort que les préparatifs de la cérémonie firent naître en moi ; le silence de ces lieux, leur antiquité, leur aspect religieux, le demi-jour qui y règne, l'isolement où l'on y semble être du reste du monde, tout cela m'inspira des idées tristes que je ne pus m'empêcher de rapporter jusque chez moi. »

Cependant la prolongation de notre séjour à Burgos n'avançait en rien nos relations avec les habitants, leur antipathie pour nous était évidente ; aussi, Dieu sait comme nous nous y ennuyions. Mécontents du présent, il ne nous était pas même donné d'entrevoir l'avenir, tant était impénétrable le mystère de notre présence en Espagne. Enfin, nous fûmes appelés à Madrid, et le 1er avril, nous nous mîmes en route, à grandes journées, pour nous y rendre. Nous y entrâmes le 6. Le colonel Digeon nous y avait précédés, venant de Paris ; je passai tout naturellement sous ses ordres. Je fus logé dans une maison d'assez mauvaise apparence, mais pourtant dans une chambre propre. Mon hôte venait chaque matin s'informer de ma santé, et se faisait suivre d'une tasse de chocolat que j'acceptais sans compliments. C'était le premier Espagnol qui m'eût fait politesse. On pouvait par là juger que la civilisation était plus avancée dans la capitale que dans les provinces. Voilà pour le logement et nos relations avec les habitants ; en ce qui regarde la nourriture, il n'y avait qu'un restaurant passable, c'est là que la plupart des officiers français allaient ; ils s'y trouvaient en contact avec des Espagnols des classes aisées et surtout des officiers, mais il y avait peu de frottements entre eux et nous ; il était facile de voir qu'ils étaient en défiance. Effectivement, depuis l'abdication du roi Charles et l'avènement de Ferdinand au trône, le prince Murat, qui commandait l'armée française et dont le quartier général était à Madrid, n'avait pas fait la moindre démarche pour être admis à présenter ses hommages au roi. Les Espagnols, pour qui le roi est une sorte de divinité, étaient blessés de ce manque de courtoisie et en concluaient que le Prince n'avait pas reçu d'instructions de l'Empereur et conséquemment que ce dernier n'avait pas encore reconnu la légitimité de l'avènement de Ferdinand. De là, ce froid, ce peu d'épanchement, ce mécontentement sourd qui trahissaient leurs craintes ; de là pour nous une position désagréable et qui réclamait beaucoup de prudence et de circonspection.

Bientôt nous apprîmes que l'Empereur était arrivé à Bayonne et que Ferdinand était parti pour aller au devant de lui jusqu'à Vittoria ; ces circonstances nous donnèrent l'espoir d'un dénouement prochain. En attendant je m'occupai de faire connaissance avec Madrid. J'en fis le tour que j'évaluai être de près de quatre lieues ; au dedans, je visitai les places, promenades et principaux monuments. D'assez belles portes de ville, quelques hôtels remarquables, une grande variété et multiplicité de fontaines, quatre grandes et larges rues, un grand nombre de places, entre autres la *Plaza Major*, la *Plaza del Sol*, où aboutissent les voies les plus fréquentées de la ville, la place du Palais-Royal, embellie par ce magnifique palais, les promenades du *Prado* et du *Buen retiro ;* tels sont les objets qui ont plus particulièrement fixé mon attention.

Le palais du roi est magnifique et immense. C'est un monument digne d'un grand souverain et je n'ai pu me défendre d'un sentiment de respect, en pensant que c'était de là que partaient les lois qui gouvernaient la moitié de l'Amérique. Malheureusement cette gigantesque habitation est sans dégagements, sans alentours, sans verdures qui la rendent agréable.

La promenade du Prado se compose de trois longues et larges allées d'un quart de lieue, où l'on dirait que toute la population, éminemment oisive et paresseuse, se réunit les soirs d'été. Deux allées sont destinées aux voitures et l'autre aux gens de pied, on s'y coudoie comme sous les arcades du Palais-Royal, c'est une foule inconcevable. Là, point de femme sans mantille ; le costume espagnol est comme de rigueur pour les dames et s'y étale dans toute sa pureté et sa simplicité. Les Espagnoles sont, en général, plutôt petites que grandes ; leur taille est parfaitement prise, leurs formes ne sont point perdues dans des vêtements d'un développement et d'une longueur exagérés, comme en France, et se laissent un peu deviner ; elles ont les jambes bien faites, les pieds bien attachés, une chaussure remarquablement propre, une allure franche, aisée ; elles portent la mantille avec une grâce et une coquetterie particulières ; à les voir par derrière, on serait disposé à les croire toutes jeunes, toutes jolies ; malheureusement l'illusion cesse le plus souvent dès qu'on les voit en face et la volupté des idées s'évanouit incontinent.

A propos de cette promenade, je me rappelle avoir été témoin d'une pratique religieuse qui m'a étrangement surpris. L'immense foule des promeneurs s'agitait dans tous les sens : tout à coup la cloche de l'*Angelus* sonne : l'effet électrique n'est pas plus prompt, gens à pieds, à cheval, en voiture, tous s'arrêtent comme par enchantement, se découvrent, se signent et récitent l'*Angelus* ; puis le mouvement recommence avec le bourdonnement des causeries. Je n'avais rien vu de semblable en Italie, même dans la capitale du monde chrétien ; c'est que l'Espagnol fait consister la religion dans la pratique, parce que, sous l'épouvantable régime inquisitorial auquel il était habitué, c'était surtout l'apparence qu'il fallait sauver. Du reste, l'homme qui récite ainsi son *Angelus* n'en est pas moins armé d'un poignard, toujours prêt à en jouer au besoin.

Le jardin du *Buen retiro* est assez grand et tracé un peu en jardin anglais, mais il est desséché par la chaleur, malgré les nombreuses fontaines qu'il renferme, fontaines où je m'abreuvais souvent d'une eau de 18 degrés au moins, que je trouvais rafraîchissante sous le soleil brûlant de juillet.

Le général Lariboisière arriva peu de jours après nous à Madrid, en qualité de commandant en chef de l'artillerie de l'armée. Depuis longtemps il méditait une réorganisation de l'artillerie de la Garde, afin d'arriver à déposséder les anciens chefs de ce corps, et l'on commençait à dire que son projet avait été accueilli par l'Empereur. Il prenait donc un air de triomphe et ses adversaires avaient la rage dans l'âme. La neutralité de ma part était tout ce que je voulais, mais ce n'était pas chose facile. Dans cet état équivoque de position, je devais avoir quelque éclaboussure ; effectivement, un beau jour, le général me nomma directeur du parc du corps du maréchal Moncey et m'ordonna de rejoindre mon nouveau poste, alléguant que c'était assez d'un officier supérieur pour le commandement du personnel de l'artillerie de la Garde qui était à Madrid. En cela il avait raison, mais ce personnel était précisément mon escadron ; il était donc plus naturel que ce fût moi qui restât. Je fus contrarié de ce déplacement, d'autant plus que le corps du maréchal Moncey paraissait destiné à se diriger prochainement sur Valence, ce qui devait m'éloigner beaucoup de Madrid et rendre plus difficiles et plus rares mes relations avec la France. Le général Couin commandait l'artillerie de ce corps ; c'était une fiche de consolation, car j'étais bien avec lui et à peu près certain de n'être point contrarié dans mon service.

A la fin d'avril, le bruit courait que le corps Moncey était destiné à marcher sur Valence ; mais, dans le but de le rendre plus mobile, il devait n'emmener que ses batteries avec un approvisionnement et demi. Son parc fut envoyé au couvent de Valverde, à quatre lieues en arrière de Madrid et une lieue du bourg d'Alcobendas. Ce couvent était énorme ; les moines y étaient nombreux et conséquemment à craindre. Je m'installai avec quelques officiers dans la partie qu'ils n'occupaient pas, et j'y établis mes ateliers et magasins. La troupe (j'avais un bataillon d'infanterie et deux compagnies d'artillerie) campa en dehors et j'ordonnai de faire bonne garde. Mon établissement devint bientôt un grand foyer d'activité, le grand atelier de fabrication des munitions de l'armée, enfin le dépôt général des poudres et munitions et, à ce titre, une dépendance du parc général, de sorte que j'étais à la fois sous les ordres du général Couin et du colonel Drouot, directeur général des parcs. Je ne puis redire quel mouvement j'ai imprimé autour de moi, ce qui a passé par les mains des canonniers et ce que j'ai éprouvé de fatigue et de souci. De la fatigue : je n'étais pas moins de seize heures par jour à l'œuvre, soit au bureau pour suivre la correspondance et les écritures, soit dans les ateliers ; du souci : au milieu de l'encombrement de poudres et de munitions, je vivais comme sur un volcan et il est prodigieux qu'il ne soit arrivé aucun accident. D'un autre côté, l'état d'insurrection dans lequel étaient toutes les populations et l'exaspération des esprits me faisaient craindre un coup de main sur mon établissement, dont l'importance devait être connue, et lorsque je dormais, ce n'était jamais que d'un œil et toujours habillé.

Le 2 mai, vers dix heures du matin, nous entendîmes le canon dans le lointain et dans la direction de Madrid. Grand sujet d'émoi! vite je fis prendre les armes. C'était une insurrection générale de la population de Madrid contre les Français, qui donnait lieu à cette canonnade. Bon nombre de militaires, surpris dans les rues par le premier mouvement, en furent victimes. Ce ne fut pas sans un grand déploiement de forces, sans l'usage du canon et de longs tiraillements, enfin, sans une effusion considérable de sang, qu'on parvint à dissiper tout à fait les insurgés. Du reste, c'est de l'histoire et je n'ai pas la prétention d'en faire. Je me bornerai à dire que le capitaine de la garde Legriel, un de mes amis, aide de camp du général Couin, a failli être la victime de la fureur populaire et n'a dû la vie qu'à l'intervention d'un officier espagnol, qui le conduisit, à grand'peine, jusqu'à un corps de garde, où il fut confié à un poste de soldats espagnols ; et je dirai encore, parce que ce fait appartient à mon escadron, que le lieutenant Maillard a fait grand mal aux insurgés avec un obusier dont il fit tirer plusieurs décharges à mitraille. Ces circonstances sont très peu importantes, mais elles intéressent des officiers de ma connaissance intime, et, à ce titre, j'aime à en rappeler le souvenir.

Cet événement fit que j'ajoutai de nouvelles dispositions à celles déjà prises pour la défense de mon couvent et que j'en fis comme une petite place forte à l'abri de toute attaque.

A quelque temps de là, il y eut une grande cérémonie religieuse, à l'occasion de la Fête-Dieu, et toute la population des villages environnants y afflua. Je n'ai voulu contrarier en rien les dispositions du supérieur du couvent, je me prêtai à tout ce qu'il désira, je lui dis même que, conformément aux habitudes religieuses suivies en France en pareille circonstance, moi-même, tous mes officiers et la troupe sous mes ordres, nous assisterions à la procession. En me faisant à ses yeux un mérite de cette offre, j'avais l'arrière-pensée qu'il fallait me mettre en garde contre de nouvelles vêpres siciliennes, et que rien ne convenait mieux, pour remplir ce but, qu'une prise d'armes générale et notre présence à la cérémonie. Tout se passa à merveille; je portai un des glands du dais, les officiers et la troupe montrèrent du recueillement et de la décence, si bien qu'il ne fut bruit dans tous les alentours que de mes mérites et que cette population, qui nous était hostile de cœur, eût protégé au besoin ma personne contre des tentatives criminelles.

Je restai ainsi pendant deux mois à Valverde, sans nouvel incident, mais toujours sur le qui-vive, toujours occupé et fatigué. A propos de fatigue, je me rappelle que le plus grand ennui que j'y aie éprouvé était celui d'entendre, du matin au soir, le carillonnage le plus agaçant que des oreilles humaines puissent supporter. Mais il le fallait bien, *ad majorem Dei gloriam et nostram securitatem.*

Cependant nos affaires s'enlaidissaient tous les jours davantage; l'insurrection était complète; ce n'étaient plus seulement des bandes partielles que nous avions à craindre, c'étaient des armées; les troupes du corps du maréchal Moncey campées près d'Alcobendas étaient en route sur Valence ; Valverde n'était plus couvert. La prudence commandait l'évacuation de ce grand dépôt; elle eut lieu vers le 1er juillet sur Madrid, où je ralliai tout mon matériel à celui du parc général au couvent du Retiro, dont on avait fortifié les dehors, de manière à le mettre hors de danger. Ce couvent était immense et presque exclusivement à la disposition de l'artillerie de l'armée; Drouot aussi y logeait. Le premier bien que j'éprouvai de mon déplacement et d'habiter en lieu sûr fut l'absence complète de tous les soucis qui m'assiégeaient à Valverde et leur remplacement par un calme d'esprit que je ne connaissais plus : puis mon existence matérielle et sociale changea du tout au tout ; ce fut encore un autre bien. Outre les fonctions ordinaires attachées à mon commandement, on me chargea de l'armement des fortifications du Retiro, qu'on avait fixé à 50 bouches à feu, nombre un peu élevé, parce qu'on voulait contenir la population de Madrid par ces énergiques démonstrations. Je m'occupai de cette mission avec tout le zèle possible, mais non sans avoir eu singulièrement à souffrir de l'extrême chaleur qu'il faisait à cette époque et qui s'élevait tous les jours, en plein air et à l'ombre, à 28° Réaumur. Or, c'était au soleil que tous nos travaux se faisaient.

Il y avait dans le couvent une immense galerie de tableaux, succursale de la galerie royale et j'y avais un accès facile. Je la visitai plusieurs fois ; j'étais en admiration devant ces nombreux chefs-d'œuvre de l'école espagnole et de cette admiration je passai à une mauvaise pensée. La tentation me prit d'enlever deux ou trois tableaux, de ceux de petites dimensions; j'avais arrêté mon choix, les moyens d'enlèvement étaient faciles, on ne s'en serait peut-être même pas aperçu : c'était séduisant. Après plusieurs jours de combats, ma raison et ma délicatesse triomphèrent de cette tentation, et longues années après, quand j'écris ceci, je trouve que j'ai bien fait.

Le 20 août fut un jour de grande solennité pour Madrid. Le roi Joseph y fit son entrée au milieu de salves nombreuses d'artillerie, auxquelles participèrent tous les canons du fort, et au milieu des cris d'allégresse et des acclamations de tous les Français qui étaient en armes sur la route. « Les Espagnols, écrivais-je le lendemain, ont fait plus qu'on n'attendait d'eux ; il y a eu quelques « *vivat* », des chapeaux jetés en l'air, puis un peu d'empressement de la part du peuple à se trouver sur son passage. Cela nous fait espérer qu'ils feront plus une autre fois et qu'enfin la ville se pliera bientôt au nouvel ordre de choses, quoiqu'on ne puisse pas s'attendre que la soumission soit aussi facile que dans les provinces. »

Le lendemain, nous fûmes présentés au roi par le général Lariboisière, présentation aussi insignifiante que le sont toutes ces cérémonies et de laquelle il ne me reste rien, si ce n'est que Joseph ressemblait beaucoup à Napoléon. J'ai retrouvé, dans sa suite, un ancien lieutenant du 5ᵉ régiment d'artillerie à cheval où j'étais capitaine, le marquis de Clermont-Tonnerre, alors colonel aide-de-camp du roi. Il me fit accueil ; si ce n'était plus le lieutenant à qui je parlais, au moins le colonel n'avait point oublié ce temps-là et ses camarades.

Nous ne savions pas trop au juste alors ce qui se passait dans les Provinces ; les événements qui arrivaient à notre connaissance étaient racontés par les Espagnols différemment que par nous : mais on savait la malheureuse capitulation d'Andujar, 22 août, et tout annonçait que le mal grossissait et que Madrid ne tarderait pas à être menacé. Des préparatifs de départ qui eurent lieu dans les derniers jours de juillet et le bruit d'un prochain mouvement rétrograde vinrent confirmer les apparences.

Le 1ᵉʳ août, la Garde et le corps Moncey quittèrent Madrid, se dirigeant sur Burgos. J'emmenai un matériel d'artillerie immense, mais mal attelé, parce qu'il avait fallu dédoubler ou au moins affaiblir beaucoup les attelages. Là commence pour les artilleurs une longue série de fatigues et de maux.

La marche était lente et remplissait toutes les journées, en même temps qu'une partie des nuits. Le 9, nous arrivâmes à Burgos ; j'éprouvai dans ces neuf jours tout ce que la fatigue et l'insomnie ont de plus pénible.

Pour comprendre les difficultés de cette marche, il faut savoir que, sous le ciel brûlant et desséchant de la Castille, il n'y a point de roue du matériel de l'artillerie qui n'ait éprouvé plus ou moins promptement du jeu dans ses assemblages : ainsi les rais par le jeu des pattes et des broches n'offraient bientôt plus d'appui aux jantes, les jantes s'écartaient les unes des autres, au lieu de s'arc-bouter, et les goujons ne les liaient plus ; les clous des bandes tombaient en route, les bandes se détachaient et souvent se perdaient ; enfin les roues faisaient ce qu'on appelle « *le chapelet* ». Cette circonstance nous a fait apprécier la supériorité des roues de l'artillerie espagnole, qui sont cerclées, sur les nôtres qui sont à bandes, et nous a expliqué comment les Espagnols ont été amenés à adopter ce mode de construction plutôt que le nôtre, quand le système de leur artillerie semblait avoir été copié sur le système Gribeauval. Cette différence de construction, qui jusqu'alors avait été l'objet de la critique des officiers d'artillerie, leur parut, dès ce moment, justifiée par la nécessité la plus impérieuse.

Pour diminuer les inconvénients que je viens de signaler et qui se manifestaient à chaque instant, il fallait que des ouvriers fussent répartis le long de la colonne, munis de fiches en bois, dites clous de campagne, de clous de bandes et d'un marteau. Dès qu'ils s'apercevaient qu'un clou manquait, la voiture s'arrêtait, ils en remplissaient le trou par un clou de campagne, et appliquaient ensuite un clou en fer ; et ainsi on arrivait péniblement à la halte de nuit, non sans avoir perdu quelques bandes et vu des roues se briser complètement. Pendant la nuit, les ouvriers ne perdaient pas un instant, ils châtraient et réparaient le plus de roues qu'ils pouvaient, et c'était tous les jours à recommencer.

L'approvisionnement en roues de rechange menaçant de bientôt s'épuiser, je ne négligeai aucune occasion de faire prendre des roues dans tous les villages où nous passions. Malheureusement les voitures agricoles en Espagne nous offraient peu de ressources, à cause de leur peu de solidité et à cause du mode d'attache des roues à l'essieu. Là, les roues sont peu élevées et généralement formées d'une seule jante en bois de chêne vert, courbée circulairement, enrayée comme à l'ordinaire, et souvent non cerclée. Ces roues sont fixées invariablement à l'essieu et au lieu de tourner autour, c'est lui qui, en tournant dans ses encastrements, avec un bruit désagréable et on ne peut plus agaçant, qu'on entend de loin, leur imprime un mouvement de rotation. Vu la difficulté des dispositions à faire pour les utiliser, on ne s'en servait que lorsqu'on ne pouvait faire autrement, et toujours pour peu de temps. Ces particularités continuèrent à se produire tant que durèrent les grandes chaleurs, mais désormais je ne redirai plus les embarras qu'elles nous occasionnèrent, embarras d'une espèce nouvelle pour nous et auxquels notre longue expérience ne nous avait pas préparés.

Il faut que je dise quelques mots de la manière dont j'ai vécu pendant ces jours de pénible mémoire. J'avais pour capitaine-commandant d'une compagnie d'artillerie attachée à mon parc, un vieux brave homme, nommé Médard, qui était marié et dont la femme, troupière finie, était avec lui. Dépourvu de tous moyens de faire faire ma cuisine séparément, j'avais été heureux de les avoir à Valverde et de vivre avec eux. C'est encore avec ces excellentes gens que je vécus pendant cette retraite, et je conserve un bon souvenir des soins et attentions dont j'ai été l'objet de la part de madame Médard. Sans elle, j'aurais été embarrassé, je puis dire même misérable. Son mari et elle étaient francs-comtois, des environs de Vesoul; j'étais pour eux comme un compatriote; c'était un titre à leur intérêt. Un peu plus tard, lorsque M. Médard prit sa retraite et se mit en route pour Besançon, je me fis un plaisir de les recommander à ma femme qui les accueillit bien. Cette digression m'acquitte d'une dette envers eux; je le leur devais.

Je partis de Burgos dès le lendemain et, le 14, j'arrivai à Arminione, quatre lieues de Vittoria, pour y stationner. Le quartier général du maréchal Moncey et le général Couin s'y trouvaient; il y avait un grand encombrement, je dus rester au bivouac pendant quelques jours avant de m'y gîter.

Alors le quartier général du roi et le général Lariboisière étaient à Vittoria : on disait que l'armée s'arrêtait pour garder la ligne de l'Ebre, et tout indiquait en effet qu'elle prenait position. C'était de quatre-vingts lieues que cette retraite nous rapprochait de la France; nous n'étions plus éloignés de notre frontière, et rien ne devait désormais plus empêcher nos communications ; je m'accommodai donc de ce nouvel état de choses.

Bientôt, le maréchal et son quartier général étant partis, je restai seul chef du cantonnement. Je m'installai naturellement dans le logement qu'il quittait ; j'y fus passablement et c'est ainsi que j'en écrivis à ma femme : « Monsieur couche dans un bon lit pour la première fois depuis quatre mois ; monsieur a de beaux rideaux rouges à son alcôve et à ses fenêtres, ce qui donne à tout l'appartement, et aussi à son teint basané, certain reflet rose et un air de vie qui ne lui va pas mal. Dans nos temps de prospérité, j'aurais trouvé ce logement détestable, aujourd'hui je le trouve délicieux, je suis ravi d'y être. »

Toutefois je ne devais plus y rester longtemps ; le 30 août, je m'établis à Vittoria. Je m'y trouvai mieux qu'à Arminione, sous tous les rapports, et les jours que j'y passai furent des jours de bon repos.

Dans le même temps, je reçus ma nomination de chef de bataillon au régiment d'artillerie à pied de la Garde, dont la formation était enfin décrétée. Je m'en réjouis peu d'abord, parce que je quittais l'artillerie à cheval, dont le service était plus brillant ; ensuite parce qu'il semble qu'il y a moins de mérite à appartenir à une belle position, lorsqu'elle est partagée par plus de monde. Toutefois, comme je n'étais pas encore près de prendre les fonctions de mon nouveau grade, je m'accoutumai à ce changement.

Pendant le mois de repos que nous venions de goûter sur les bords de l'Ebre, les armées de l'insurrection s'étaient organisées et singulièrement renforcées, et l'armée du Portugal avait capitulé, ce qui ouvrait l'Espagne à l'armée anglaise.

La scène devait bientôt changer : le maréchal Ney venait d'arriver à l'armée avec quelques troupes, mais le gros de son corps, parti des cantonnements de l'Allemagne, était encore très loin ; on lui forma un corps d'armée en attendant, on y attacha trois batteries et je reçus l'ordre d'en prendre le commandement. Me voici donc encore une fois changeant de destination.

CHAPITRE XI

1808-1809

Prise de Logrono. — Revue de l'Empereur. — Rentrée dans la Garde. — Sommo-Sierra. — Prise de Madrid. — Valladolid. — Retour en France.

Était-ce un nouveau tour du général Lariboisière à mon égard? où était-ce l'effet de sa confiance en moi? Quoiqu'il en fût, j'en éprouvai beaucoup de mécontentement. Deux des batteries dont il vient d'être question étaient commandées par le chef de bataillon de Villeneuve, plus ancien officier supérieur que moi; ce me fut une raison de réclamer contre l'inconvenance qu'il y avait à me donner le commandement. « A grade égal, me répondit le général, les officiers de la Garde ont le commandement sur ceux de la ligne, allez. » J'allai donc : le Maréchal me reçut bien, mais avec un sérieux, un froid qui lui étaient particuliers; Villeneuve, à qui je me présentai avec des formes convenables, ne me fit pas trop la mine : me voilà donc installé dans mes nouvelles fonctions, ayant pour adjoint le capitaine Abeille.

Le corps du Maréchal Ney ne tarda pas à partir pour aller prendre position sur la rive droite de l'Ebre, à la gauche du corps Moncey. Le 12 septembre, il se mit en route; il s'arrêta à Haro quelques jours et arriva le 19 à Logrono. Il y a là un beau pont en pierre sur l'Ebre, l'occupation de cette ville, comme tête de pont, était donc importante; mais, au bout de cinq jours, nous reçûmes subitement l'ordre d'en partir, et nous voilà en marche, repassant par Haro et Vittoria, nous dirigeant sur Mondragon, sans savoir où cela nous conduisait. Arrivé dans cette dernière ville, le corps d'armée, par un changement de direction à gauche, se porta sur Durango et de là sur Bilbao. C'était à la rencontre du corps d'armée espagnol, commandé par le général Blacke, que nous allions, mais ce général ne jugea pas à propos de nous attendre ; cependant notre avant-garde rejoignit son arrière-garde à environ deux lieues de Bilbao, et il y eut, à cette occasion, quelques tiraillements qui ne réclamèrent pas même la participation de l'artillerie. Le pays que nous parcourions était un pays de montagnes, difficile pour la grande guerre, très propre à être disputé pied à pied ; nous étions étonnés de n'éprouver pas plus de résistance. C'est que les armées espagnoles, ainsi improvisées et fortes numériquement, n'avaient point cette force d'organisation qui donne la confiance et sans laquelle on ne peut rien. Blacke mit entre lui et nous la rivière qui, plus bas, passe à Bilbao et disparut dans les montagnes.

Le 1er octobre, nous entrâmes à Bilbao, ayant exécuté des marches forcées depuis notre départ de Logrono (7 jours) et conséquemment harassés et disposés au repos et aux douceurs que pouvait nous offrir cette ville. Bilbao a l'aspect d'un port et d'une cité riche et commerçante. Nous y fûmes traités un peu mieux qu'amicalement, c'est-à-dire, comme des ennemis qu'on craint. Je dois pourtant dire que j'ai trouvé une sorte de cordialité dans l'accueil que me fit mon hôte et ne pas oublier le cadeau précieux qu'il y ajouta d'une bouteille de rhum vieux et parfait, vrai Jamaïque. Puisse le ciel avoir donné des jours prospères à ce brave et digne homme, d'une espèce si rare en Espagne !

Le surlendemain, le corps d'armée rétrograda sur Vittoria ; mais cette fois il ne repassa pas à Durango, il se dirigea directement sur Vittoria, à travers les difficultés nombreuses que présentait la chaîne de montagnes qui règne entre Bilbao et cette ville. Mon artillerie fit cette marche particulièrement avec la division du général Dessoles, ancien chef d'état-major de Moreau, homme aimable et de mérite. Je fus heureux de faire la connaissance de ce général distingué, et des relations que cette circonstance établit entre nous

Le 8 octobre, le corps d'armée coucha à Usquiamo, il ne s'arrêta point à Vittoria, et, le 12, il s'établissait sur la rive gauche de l'Ebre, vis-à-vis Logrono qu'un détachement de l'armée d'Aragon était venu occuper, pendant notre excursion sur Bilbao. Une de mes batteries fut placée à la Guardia, et moi, avec le reste du matériel, je fus cantonné à Peña-Cerrata, une lieue plus en arrière, dans un pays sauvage, dont la plupart des habitants nous étaient hostiles et servaient dans les guérillas.

J'étais passablement logé, mais chez un homme qui avait l'air d'avoir la rage dans l'âme d'être obligé de loger des Français, un homme plein d'orgueil, d'insolence et de mauvais vouloir. Outré de ses mauvais procédés et de voir que les menaces ne l'émouvaient point du tout, je fis un jour le geste de le frapper avec une lampe à longue tige en cuivre que je levai sur lui, il resta impassible et son sang-froid me contint ; mais ses yeux foudroyants avaient produit leur effet, je n'eus plus qu'à me défier de sa vengeance. Je me tins donc soigneusement sur mes gardes : le jour, j'avais peu à craindre ; la nuit, c'était différent. Il avait un gendre qui passait pour faire partie des guérillas et qu'on ne voyait jamais pendant le jour conséquemment, mais qui ne manquait point de venir chaque nuit coucher avec sa femme : or, sa chambre et la mienne n'étaient séparées que par une cloison qui était percée d'une porte de communication ; c'était être trop près de l'ennemi. Aussi je ne me couchai jamais sans avoir deux pistolets sur ma table de nuit.

J'avais peut-être tort de craindre des gens qui, de leur côté, pouvaient me craindre encore plus. Dans tous les cas, prudence est mère d'assurance.

Un jour j'allai, accompagné d'un seul canonnier à cheval d'ordonnance, à la Guardia visiter la batterie que j'y avais. Il me fallait traverser un pays de montagnes affreux et difficile ; je m'annuitai pour rentrer ; je me rappelle toujours à combien d'inquiétudes je fus en proie ; tous les jours on signalait le meurtre de quelques Français, je marchais sur ce sol assassin comme sur un volcan.

Dans les derniers jours d'octobre le corps d'armée se rapproche de l'Ebre. Je vins camper avec mon artillerie en face de Logrono, dans un petit bois d'oliviers, sur les hauteurs qui bordent le fleuve. Une des extrémités du pont était près de moi et à ma gauche ; l'autre extrémité était défendue par un épaulement en terre. Vis-à-vis de nous, sur les quais de la ville, l'ennemi avait élevé quelques batteries qui paraissaient bien armées ; les postes étaient nombreux et nous vociféraient mille injures ; tout enfin annonçait des projets sérieux de défense. Mais si les Espagnols avaient l'avantage d'être séparés de nous par un fleuve large et profond, dont le passage nous eut beaucoup embarrassés, s'il eut fallu le faire à force ouverte, nous avions sur eux celui de dominer la ville dont nous n'étions éloignés que d'environ 500 mètres et de pouvoir l'abimer par le canon.

Dans cette position, les gardes d'infanterie tiraillaient quelquefois, mais mes canons restaient silencieux ; j'attendais que le moment fut venu. Le soir du 30 octobre, excité par des tiraillements plus répétés qu'à l'ordinaire et par les bravades de l'ennemi, j'essayai de lui tirer un coup de canon. Ce fut pour lui comme un signal, il me répondit de toutes ses bouches à feu, il pouvait en avoir une douzaine, et continua à tirer. Ce n'était pas le cas de refuser la partie, je lui fis immédiatement répondre par deux batteries, et voilà la canonnade engagée. Elle dura environ une heure et, par un hasard miraculeux, je n'eus personne blessé et je perdis seulement un cheval. Mais les oliviers, sous lesquels nous étions, furent maltraités et cette petite action tourna ainsi au grand préjudice des lieux. A cette occasion, je ne peux pas me rappeler sans rire la frayeur et la décontenance d'un jeune chirurgien aide-major, attaché à mon artillerie, M. Stockli, qui entendait les boulets pour la première fois. Il allait d'olivier en olivier, n'en pouvant trouver d'assez gros pour se couvrir, toujours effrayé et sans cesse débusqué par le craquement et la chute des branches que les boulets ou obus détachaient. Ses mines, ses manœuvres avaient quelque chose de si comique que je me pris à pouffer de rire en les voyant, et le pauvre docteur s'en amusa beaucoup lui-même depuis.

Puisque j'en suis aux anecdotes, il faut que j'en rapporte encore une : à une petite distance de ma batterie, sur le quai en amont du pont et un peu à ma droite, une assez belle maison à balcon se faisait remarquer, et sur le balcon nous distinguions des dames de belle mine, des officiers et d'autres hommes qui, parce qu'ils ne se trouvaient pas dans la direction de nos feux, s'imaginaient n'avoir rien à craindre et avaient l'air de prendre plaisir à regarder ce qui se passait et de nous narguer. Je trouvai cette hardiesse insolente et, pour la faire cesser, je fis diriger un coup de canon sur le balcon. Je ne crois pas que personne ait été touché, mais ce fut pour nous tous un grand plaisir de voir ce groupe impertinent se précipiter les uns sur les autres pour rentrer plus vite et disparaître devant le souffle d'un seul boulet.

La canonnade finie, je montai à cheval et allai rendre compte de cet incident au maréchal, dont le quartier général était à une lieue en arrière, et je vis avec satisfaction qu'il ne désapprouvait pas ce que j'avais fait.

Le lendemain, à la pointe du jour, un de ses aides de camp, le capitaine Lemercier, arrive à mon bivouac, chargé de recueillir des renseignements sur ce qui se passait dans la ville et de voir par lui-même quelle était l'attitude de l'ennemi. Je l'accompagnai aux divers postes, il questionne et les réponses s'accordent à dire que les feux des bivouacs de l'ennemi ont brûlé presque toute la nuit et ne sont éteints que depuis deux heures environ. Pendant ce temps, le jour se levait, le silence le plus profond régnait du côté des Espagnols et notre vue ne pouvait parvenir à apercevoir le moindre mouvement dans leurs batteries et sur les quais. Nous descendons vers le pont, bientôt nous sommes à découvert..., point de coup de fusil... nous nous rapprochons lentement, toujours l'œil et l'oreille au guet... nous voilà à la culée... nous continuons à avancer et toujours point de cri, point de détonation, point de trace d'être vivant. Nous étions ainsi arrivés à environ les deux tiers de la longueur du pont, lorsque je remarquai, sur le côté gauche, des déblais de pierre et de terre et une trace fraîchement remuée, se prolongeant le long du pied du mur, garde-fou, jusqu'à l'extrémité du côté de la ville. « Voilà un indice certain que le pont est miné, dis-je à mon compagnon, nous allons sauter, vite sauvons-nous. » Et par instinct nous courons vers la partie la plus rapprochée, c'était vers la ville. Un épaulement en terre en barrait la largeur, à la réserve près d'un passage sur le côté, il ne nous fallut qu'un instant pour le franchir. Ma première pensée fut de chercher où aboutissait la traînée ou le saucisson qui devait communiquer le feu aux fougasses, afin d'en éloigner la mèche, s'il en était temps, et j'eus le bonheur effectivement de la trouver et de l'enlever. La conservation du pont ainsi assurée, l'aide de camp appela le poste qui était à l'autre extrémité sur notre rive et l'établit dans cette position, après quoi nous nous en revînmes. Il alla aussitôt prévenir le maréchal et, deux heures après, le corps d'armée passait et s'établissait à Logrono. Tous les habitants avaient fui ; il fallut forcer les portes des maisons pour y entrer. Chacun choisissait celle dont l'apparence lui plaisait le plus. Je trouvai dans celle où je me logeai chaque chose à sa place, les lits avaient été fraîchement occupés, tout indiquait que la fuite était récente et avait été inattendue et prompte. « Que ne peut la frayeur sur l'esprit des mortels! » Certainement, si les habitants étaient restés chez eux, il ne leur serait arrivé aucun mal ; mais leur haine pour les Français, poussée jusqu'au fanatisme, les aveuglait.

Vers le 4 novembre, nous nous mîmes en route sur Haro et Calzada ; l'ennemi fuyait de toutes parts ; il n'y eut point d'engagement sérieux. Pendant cette marche, notre corps, à défaut d'autre viande, fit une consommation de mouton qu'on ne peut se figurer.

Le 11 novembre, nous n'étions plus qu'à quelques lieues de Burgos ; nous eûmes à passer une chaîne de montagnes assez hautes, au-dessus de laquelle était un couvent considérable et curieux par sa position élevée et silencieuse, et par quelques parties d'architecture gothique. L'aspect extérieur annonçait la richesse et le confortable, et l'église paraissait être un lieu de pèlerinage. Son nom est tout à fait perdu de ma mémoire ; pourtant je me rappelle qu'en le traversant je fis d'assez tristes réflexions sur l'esprit envahissant et de domination des moines dont l'Espagne pullule, sur l'emploi pitoyable des richesses qu'ils dévorent, sur la prodigieuse influence qu'ils exercent sur une population qu'abrutissent l'ignorance et la superstition et que rend féroce le fanatisme, enfin sur tout le mal qu'ils nous faisaient, à nous Français.

Le même jour, en nous approchant encore de Burgos, nous apprîmes que l'Empereur était arrivé à Vittoria le 7 ; que l'armée s'était immédiatement portée en avant ; que la veille, le maréchal Soult et le maréchal Bessières avaient complètement battu l'armée d'Estramadure près du lieu où nous étions ; que la prise de Burgos, où nos troupes étaient entrées pêle-mêle avec les soldats espagnols, et la reddition du château étaient la conséquence de cette brillante journée ; enfin que l'Empereur devait nous passer en revue. Il n'en fallait pas tant pour me mettre la joie dans l'âme. Ces nouvelles étaient un puissant réconfortant.

Enfin, l'Empereur parut ; son arrivée excita un enthousiasme général que manifestaient assez les exclamations de tous. En arrivant à mon artillerie, me reconnaissant pour un officier de sa Garde : « Comment êtes-vous ici ? » me dit-il. « Sire, je commande l'artillerie de M. le maréchal ; c'est M. le général Lariboisière qui m'a envoyé à ce commandement. » « Maréchal, êtes-vous content de lui ? » « Sire, parfaitement, parfaitement. » Puis, se tournant vers moi : « Vous allez rejoindre ma Garde. » Je m'inclinai pour toute réponse ; j'eus de la peine à ne pas laisser déborder ma joie.

Après la revue, on pense que je m'empressai d'exécuter mon ordre. Je pris congé du maréchal et m'acheminai de suite sur le quartier général impérial, qui était à une petite distance du lieu de la revue. J'étais heureux du bon témoignage que le maréchal venait de donner de moi et de penser qu'après avoir été ballotté de la Garde au corps du maréchal Moncey, et de ce dernier corps à celui du maréchal Ney, j'allais rentrer à mon poste naturel ; j'étais dans le ravissement.

Le général Lariboisière me reçut bien et m'envoya rejoindre mon escadron ; je dis mon escadron, parce que, bien que j'appartinsse désormais au régiment d'artillerie à pied de la Garde et que mon escadron fût supprimé sur le papier, cette nouvelle organisation n'avait encore reçu qu'un petit commencement d'exécution. Je retrouvai avec plaisir Doguereau, Greiner et mes autres camarades, qui étaient arrivés récemment de La Fère avec le reste de l'artillerie de la Garde. Il me semblait revoir ma famille, et je repris vite mes habitudes de service et de camaraderie régimentaires.

Nous partîmes bientôt pour Burgos et de là pour Lerma. Je profitai des quelques jours de repos que nous eûmes dans cette petite ville pour retourner à Burgos, à l'effet d'en ramener mon fourgon qui y était arrivé depuis mon départ.

C'est en revenant de Burgos à Lerma que j'eus l'occasion et l'idée de charger sur une dizaine d'aiglons qui dépeçaient un cheval mort, sur la route. Ces oiseaux, vu leur grande envergure, ne s'élèvent pas facilement au-dessus du sol, lorsqu'ils veulent s'envoler ; il leur faut des bonds et battements d'ailes répétés, avant qu'ils puissent prendre franchement leur essor. J'arrivai donc au grand galop au milieu d'eux, faisant jouer mon sabre pour en atteindre ; mais mon cheval était trop lancé : je ne frappai que l'air, dont mes aiglons eurent bientôt gagné les régions élevées. Je ne rapporte ce fait que pour donner une idée de la grande quantité d'aigles qu'on rencontre dans cette partie de l'Espagne, et parce qu'en France une si nombreuse réunion de ces oiseaux serait un fait extraordinaire.

Nous quittâmes Lerma le 17 novembre, suivant l'armée pas à pas et conséquemment lentement, parce que l'ennemi défendait les positions tenables qu'il rencontrait. L'histoire a conservé le souvenir du beau fait d'armes des lanciers polonais de la Garde, à la prise du formidable défilé de la montagne dite Somma-Sierra.

Le 3 décembre seulement, nous arrivâmes devant Madrid. Cette ville était défendue par une armée considérable et une populace nombreuse, qu'exaltaient les prédications des moines ; il fallut l'attaquer sérieusement sur plusieurs points.

Mon collègue Greiner fut chargé de l'attaque de la caserne des Gardes-du-corps, qui touche au mur d'enceinte, du côté et à droite de la route qui vient de Burgos. Il y consomma toutes ses munitions, sans autre résultat que celui d'être légèrement blessé au cou ; et, à sa rentrée au parc, à nuit close, je fus désigné pour aller le remplacer avec mes batteries, sur le même terrain, le lendemain, à la pointe du jour. Je m'y portai effectivement, conduit par le colonel Doguereau, qui devait seulement m'indiquer la position. Le plus grand silence régnait alors dans cette partie de la ville ; on n'apercevait aucune lumière par les nombreuses fenêtres de cette caserne, d'où était sortie la veille, quelques heures seulement auparavant, une fusillade si nourrie et si longue ; et, à mesure que le jour s'élevait, on n'entrevoyait absolument personne. Il n'y avait vraiment pas lieu à se battre contre des murs ; je restai donc simplement en batterie, attendant le premier coup de fusil pour commencer, et pensant que cet étrange silence signifiait une évacuation. Quelque temps après, on annonça que des négociations étaient ouvertes pour la reddition de la ville, et, dans l'après-midi, l'armée y pénétra. L'Empereur ne voulut point y entrer; il resta, avec la Garde, au village de Chamartin, près de Madrid. L'artillerie de la Garde alla s'établir au couvent du Retiro, où j'étais déjà avant la retraite et où elle commença à s'organiser. Qu'ai-je fait, que m'est-il arrivé depuis ce jour jusqu'à notre départ, c'est-à-dire pendant vingt jours que nous y restâmes? Probablement rien de remarquable, car il ne me reste pas de ce temps le plus léger souvenir.

Le 22 décembre, l'Empereur, accompagné de sa Garde et de deux corps d'armée, l'un d'infanterie commandé par Ney, l'autre de cavalerie commandé par Bessières, partit de Madrid, prenant la direction de Valladolid. On disait que nous marchions au-devant d'une armée anglaise qui arrivait par la Galice, armée formée des corps du général Moore, qui venait du nord du Portugal, et du général Baird, qui était débarqué récemment ou au Ferrol ou à la Corogne. A notre passage à Lescurial, il faisait nuit, la neige tombait, le froid devenait saisissant. Bientôt, en montant le Guadarrama, la tourmente augmenta, la marche se ralentit et devint des plus difficiles. « A partir de ce moment, écrivais-je de Villanuova, le 5 janvier 1809, mon artillerie est restée en arrière. Je voyage dans un pays où il n'y a pas le plus petit poste français, sans avoir pu encore rejoindre le quartier-général. Il n'y a point de maux que nous ne souffrions dans cette expédition; les forçats en ont moins que nous. Nous voyons se renouveler les fameuses boues de Pulstuck (Pologne, 1806 et 1807), et tous les embarras qui en sont la suite. Nous étions près de Benavente, lorsque toute la Garde a reçu l'ordre de rétrograder : il paraît que les Anglais sont en pleine retraite sur le Ferrol, et que l'Empereur, désespérant de les atteindre, s'est borné à envoyer un corps d'armée à leur poursuite pour les faire rembarquer. »

Dans cette courte et si dure expédition, nous passâmes à Lescurial, Espinar, Arevalo, Medina-del-Campo, La Rueda, Tordesillas, Lamota, Medina-del-Rio-seco et Fuentes, près Benavente, d'où nous rétrogradâmes sur Valladolid, en passant de nouveau à Medina-del-Rio-seco et par Villanuova. Enfin, le 7 janvier, nous nous arrêtâmes à Valladolid. Le quartier général de l'Empereur y était, mais l'Empereur, de sa personne, venait de partir pour Burgos.

Cette halte nous était nécessaire : le général Lariboisière en profita pour organiser le régiment d'artillerie à pied de la Garde. Le général Couin, Doguereau et Digeon avaient déjà reçu leur destination dans les divers corps de l'armée et n'étaient plus avec nous depuis Madrid, tandis que les colonels Drouot et d'Aboville, destinés au commandement, l'un du régiment à pied et l'autre du régiment à cheval, nous avaient rejoints, ainsi que bon nombre d'officiers, entre autres le chef de bataillon Cottin et l'adjudant-major Henrion, avec qui j'ai eu depuis des relations très intimes.

On forma autant de compagnies que l'on put avec les officiers et canonniers déjà arrivés, et, pendant ce temps-là, on en organisait d'autres à La Fère. Le commandement des deux premières compagnies m'advint tout naturellement : ce ne fut pas sans regret que je renonçai à mes galons et à tout ce clinquant qui faisait de l'ancienne artillerie à cheval de la Garde un corps magnifique.

Une partie de la Garde était à Valladolid en même temps que nous : tous les jours donc le maréchal Berthier, qui voulait continuer les bonnes habitudes de l'Empereur, avait une parade. C'était une heure de passe-temps; nous allions y flâner pour apprendre des nouvelles, causer de nos ennuis et parler des probabilités de notre prochain retour en France. Nos relations avec les habitants étaient nulles; entre eux et nous, antipathie la plus complète : c'était, de notre part, un chorus général de malédictions pour le pays et de vœux pour rentrer en France. Outre mes camarades de la Garde, je fréquentais beaucoup les chefs de bataillon Flamand et Bodelin, des grenadiers de la Garde : le premier, parent des demoiselles Renout, de Besançon; l'autre, ami de mon beau-frère Hubert, tous deux connus de ma femme. Il n'y a rien qui lie les hommes comme la communauté d'ennuis.

Enfin le départ partiel des malades et convalescents, ensuite et successivement celui des autres corps indiqua suffisamment que notre tour ne tarderait pas à arriver : Dès lors, plus de bornes à ma joie. Le 6 mars fut le jour heureux, si impatiemment attendu; nous fermâmes la marche, sous les ordres du colonel d'Aboville; le temps était beau, la saison commençait à être douce; cette longue marche s'ouvrait sur les apparences les plus riantes. Chemin faisant, nous nous entretenions des motifs présumés de notre retour en France; il ne paraissait point douteux que l'Autriche, à l'instigation de l'Angleterre, voulant à la fois profiter de la présence de la plus grande partie de notre armée en Espagne et faire une diversion utile aux Espagnols, ne nous déclarât la guerre prochainement ; les immenses préparatifs qu'elle faisait l'annonçaient du reste. Néanmoins cette perspective n'avait rien qui nous effrayât. Ne devrions nous que traverser la France, c'était, disions-nous, déjà nous retremper. Et puis, en sortant de l'Espagne, être appelé à faire la guerre en Allemagne, c'était passer de l'enfer au paradis.

Arrivé à Burgos, le 10 mars, on me propose d'aller en courrier à Bayonne, à l'occasion des dispositions à prendre pour notre installation dans cette ville, où nous devions séjourner pendant quelque temps : j'accepte assez inconsidérément, malgré les mauvaises chances qu'il y avait à courir de la part des guérillas, et, dans l'incertitude de sauver ma personne, j'ai besoin de mettre en sûreté mon argent. J'avais alors dans ma ceinture environ 3,000 francs en or, je les confiai à mon camarade Henrion, et à la fois plus léger et plus tranquille, je m'écriai : « Advienne que pourra. » Un officier supérieur des marins de la Garde, M. Roquebert, capitaine de frégate, ayant reçu la même mission que moi pour son corps, nous nous associâmes et nous voilà en route. Les bidets de poste espagnols sont très agréables à monter ; ils partent au galop, et le conservent tout le temps de la course ; leur allure est douce, assez rapide, au moins 3 lieues à l'heure, et peu fatigante. Il y a pourtant un moment désagréable à passer, c'est celui où, au sifflet du postillon, le bidet s'arrête brusquement : si on ne s'y attend pas, on court risque d'être lancé par dessus le col du cheval.

Nous n'étions pas sans inquiétude, chaque fois qu'il fallait passer un défilé ou un pays couvert et nous étions sans cesse sur nos gardes. Nous tenions surtout à traverser de jour la montagne connue sous le nom de *las Salinas*, lieu ordinaire d'embuscade pour les guérillas, et nous pressions notre marche en conséquence. Effectivement nous gravîmes cette haute montagne qui domine la plaine de Vittoria, au coucher du soleil.

Arrivé au dernier tournant de la route, presqu'au point culminant, j'aperçois tout à coup six hommes de mauvaise mine,

armés de fusils, ayant tout l'air de guérillas. Vite je passe à
la gauche du postillon pour le mettre entre eux et moi; Roquebert était encore à cent pas en arrière, ne pouvant être vu et
faisant avec les grelots de son bidet un bruit qui pouvait faire
croire qu'il n'était pas seul. Au moment où je passai devant
ces hommes ils adressèrent la parole au postillon, mais, avant
qu'il eût eu le temps de répondre, j'avais donné un coup de
cravache sur la croupe de son cheval, et, doublant de vitesse,
nous étions déjà, par la configuration de la route, hors de leur
portée. Je craignais beaucoup pour Roquebert, il ne lui arriva
rien. Pourquoi ces hommes, à vraie tenue et figure de brigands et que notre postillon nous a dit être des guérillas, ne
nous ont-ils pas attaqués ? C'est ce que nous n'avons pu concevoir. Cela tient peut-être à cette circonstance que, mon compagnon et moi, nous étions à une telle distance l'un de l'autre,
sur une route sinueuse, qu'on ne pouvait nous apercevoir tous
les deux à la fois et que le bruit que faisait celui qui était en
arrière pouvait tromper sur le nombre des courriers. Le premier ayant échappé, il était également tout naturel qu'on laissât passer le second, car l'éveil de son arrestation eût été
donné et suivi de poursuites. La nuit était close quand nous
arrivâmes au relais qui est au versant nord de la montagne.
Nous craignions d'être suivis par la bande que nous avions
rencontrée, nous hatâmes donc notre départ. Il n'y avait de là
à Montdragon, où était un poste français, que 3 ou 4 lieues,
mais le pays était dangereux à traverser; une malle-poste
française y avait été arrêtée deux jours auparavant, ce n'était
nullement rassurant. J'engageai mon camarade Roquebert à
ne pas rester en arrière, comme il le faisait habituellement, et
nous nous abandonnâmes à la conduite du maître de poste qui
se chargea lui-même d'être notre guide. A peu près à moitié
chemin, celui-ci nous arrêta pour nous dire que nous étions
près du lieu où se tenaient les dernières embuscades et qu'il
fallait être sur nos gardes. Pour être plus tôt prêt au besoin,
je mis de suite le sabre à la main et de nouveau nous voilà
lancés au galop. Nous n'avions pas encore fait beaucoup de
chemin que le conducteur, près duquel j'avais toujours soin de
me tenir, botte-à-botte en quelque sorte, me montra du mouvement sur la route et me dit: « les voilà. » Sans plus attendre,
j'appelle Roquebert et je me lance à corps perdu, en m'aidant

de cris énergiques, sur ce que j'avais vu en mouvement. La route, en ce point, était étroite et comprise entre deux haies et deux rangs de coteaux assez rapprochés, de sorte qu'il y régnait une profonde obscurité. Je me trouve bientôt au milieu de ces corps qui fuyaient devant moi et je sabre à tort et à travers, fort étonné de n'entendre ni cris, ni plaintes, ni coups de fusil, car je m'attendais d'instant en instant à en recevoir. A qui donc avais-je affaire? L'obscurité et la rapidité de ma course ne me permettaient pas d'éclaircir ce point. Enfin une ruade bien lancée m'apprit que c'était avec des chevaux ou des mulets que j'escarmouchais. Jamais éclat de rire ne partit d'une manière plus subite ni plus éclatante et ne fut plus communicatif, car le conducteur et Roquebert qui arrivèrent sur ces entrefaites s'y associèrent d'une manière bruyante. C'était en apparence une vraie scène de Don Quichotte qui venait de se passer. Pourtant, ces mulets ne se trouvaient pas là tout seuls; que faisaient leurs conducteurs? si c'était un guet-apens, le bruit de trois cavaliers arrivant au galop était dans le cas de les avoir intimidés. Quoiqu'il en fût, nous ne perdîmes pas notre temps à chercher la cause de cet événement; une heure après, nous étions à Montdragon. Nous venions de faire 35 lieues sans nous arrêter, nous étions éreintés, nous ne pûmes nous décider à passer outre sans nous reposer. Dès la pointe du jour nous nous remîmes en route, et l'après-midi du 12 mars, d'assez bonne heure, nous repassâmes la Bidassoa et éprouvâmes, en mettant le pied sur la terre de France, la plus ravissante émotion. Dans cette espèce d'état extatique, je m'aperçus à peine de la longueur du chemin qui me restait à parcourir pour arriver à Bayonne et de la fatigue qui résultait pour moi de la manière expéditive dont je venais de faire environ 80 lieues.

CHAPITRE XII

1809-1810

Campagne de 1809 en Allemagne. — Vienne. — Passage du Danube. — Bataille d'Essling. — Bataille de Wagram. — Nomination de major dans la Garde. — Paix de Vienne. — Retour en France. — Séjour à La Fère.

Il faut peu de chose pour se trouver heureux, quand on sort d'un état prolongé de privations, et qu'après avoir vécu au milieu d'une population antipathique, hostile et contre laquelle on est toujours en défiance, on se retrouve sur une terre amie. C'est ce que j'éprouvai à Bayonne, quoique cette ville ne soit certainement pas un lieu de délices. Mines gracieuses, air de la France, langage français, c'étaient beaucoup de biens à la fois, je les savourai avec bonheur.

Après avoir satisfait à mes obligations de service, qui d'ailleurs étaient peu considérables, je n'eus presque d'autre passe-temps que celui de badauder jusqu'à l'arrivée de l'artillerie de la Garde. J'appris que les cartes étaient brouillées entre la France et l'Autriche; que les hostilités étaient imminentes de la part des Autrichiens qui depuis longtemps faisaient des préparatifs de guerre; que toute la Garde se dirigeait vers l'Allemagne et que l'artillerie elle-même aurait la même destination. Tous ces bruits ne m'amusaient point du tout, cependant j'en pris assez vite mon parti, pensant que la traversée de la France me rapprocherait de ma femme et me donnerait au moins le temps de passer quelques jours près d'elle.

Ce que c'est que de n'être pas gâté ! Le plus petit bien vous console d'un grand ennui.

L'artillerie de la Garde arriva le 20 mars à Bayonne et y trouva des ordres pour le prompt départ de quelques officiers qui devaient aller en poste à Paris et La Fère, où ils recevraient de nouveaux ordres. Greiner, Henrion et moi nous fûmes particulièrement désignés pour cette mission. Donc, nous voilà encore une fois en route : Greiner avait un cabriolet ; l'un de nous alternativement prit place près de lui, pendant que l'autre courait à franc étrier, métier qui ne laissait pas que d'être fatigant, malgré ce partage de la course, parce que les bidets français sont loin d'avoir la souplesse, la légèreté, la douceur d'allure des bidets espagnols.

Arrivé à Paris le 25 au soir, j'y passai la journée du 26 et le 28, de bonne heure, j'étais à La Fère. Je m'occupai de suite de la formation de deux batteries, qui devaient partir pour Strasbourg à mesure qu'elles seraient prêtes, et moi-même j'étais prévenu qu'après leur départ je recevrais l'ordre de les rejoindre.

Les deux compagnies que j'étais chargé d'organiser et de mettre en route étaient commandées par les capitaines Bizard et Lefrançais. Elles partirent à six jours de distance l'une de l'autre, la dernière vers le 10 avril, et moi j'étais prévenu que je recevrais l'ordre d'être à Strasbourg du 18 au 20. Cette circonstance m'empêchait de bouger avant que cet ordre me fût parvenu, et pourtant j'étais impatient d'aller passer à Reims, près de mes parents, les quelques instants qui me restaient et d'y rallier ma femme.

Chaque jour que je passai dans cette attente, et j'en passai ainsi au moins huit, était un jour perdu et de grande contrariété. Enfin, je reçus mes instructions : je quittai La Fère le 20, avec le lieutenant Augustin qui allait rejoindre les batteries parties, et j'arrivai à Reims pendant la nuit, à travers le chemin le plus épouvantable que j'aie jamais vu, celui de Bery-au-Bac à Reims, et brisé par les cahots et la dureté de la voiture. Les embrassements et les caresses de mes parents m'eurent bientôt fait oublier tout cela. Le lendemain, je n'osais trop compter sur le bonheur de voir ma femme ; elle arriva pourtant. Je n'avais que six jours à donner à ma famille, c'était peu ! Nous en profitâmes du mieux que nous pûmes.

Je devais être à Strasbourg le 1ᵉʳ mai ; j'aurais pu conséquemment ne partir de Reims que le 29 avril, accompagner ma femme jusqu'à Saint-Dizier et là me séparer d'elle ; c'était ce que conseillait la raison : point du tout, je m'arrête à l'idée de la reconduire jusqu'à Besançon, et pour cela, je pars deux jours plus tôt, avec un attirail de deux voitures, calèche et cabriolet, conduites par la poste, et je fais ainsi environ cinquante lieues de plus, semant mon argent sur les routes comme si j'eusse été un grand seigneur. O insigne folie ! Il faut dire qu'à cette époque on était monté dans la Garde sur le pied d'une grande dépense. Le présent était tout, et l'avenir paraissait si assuré qu'on ne s'en inquiétait pas ; c'était un temps de délire et d'illusions, je vivais dans une atmosphère de vanité, comment ne me serais-je pas laissé aller à ce mouvement ? C'est égal, ces raisons ne me justifient pas ; je n'ai pas fait preuve d'assez de solidité d'esprit dans cette circonstance, et, je le dis une fois pour toutes, dans tant d'autres qui se rapportent à mon service dans la Garde. Il faut que nous ayons été presque tous dans une sorte d'état de fascination.

Après avoir déposé ma femme à Besançon, je me mis en route pour Strasbourg, où j'arrivai au jour fixé, le 1ᵉʳ mai. Le général de division Rapp, aide de camp de l'empereur, était là qui donnait une destination à tout ce qui appartenait à la Garde. Je pris ses ordres en arrivant ; ils furent de me diriger sur le quartier général de l'armée, partout où il serait. Depuis quelques jours, on recevait les nouvelles les plus satisfaisantes et l'on annonçait que nous gagnions du terrain ; il fallait donc me dépêcher ; c'est ce que je fis, quoique, suivant ma feuille de route, je ne fusse pas obligé d'accélérer ma marche. J'avais droit à des chevaux de réquisition ; je doublai, je triplai même les étapes dans un jour, lorsque je le pus, et même au besoin je pris la poste. Je rejoignis à Augsbourg la dernière de mes batteries partie de La Fère et je marchai quelques jours avec elle ; mais, ennuyé d'aller si lentement et sentant d'ailleurs que j'avais encore une batterie en avant, je hâtai de nouveau ma marche. Il m'en coûta de l'ennui ; en arrivant sur le bord de la rivière de l'Inn, près de Braunau, pour m'embarquer sur le bac qui sert à la traverser, le cheval de brancard de mon cabriolet tomba mort. Je fus embarrassé, je craignais d'avoir affaire à un conducteur récalcitrant, et qu'attribuant la perte de ce cheval à la pesanteur de ma voiture et à la vitesse de la marche, quoiqu'en réalité je n'eusse pas pressé ce brave homme, il ne réclamât une indemnité, ce qui eut peut-être provoqué un sacrifice de ma part ou au moins m'eut fait perdre du temps. Vaines craintes ! mon homme prit son parti sans mot dire et s'en alla avec le cheval qui lui restait. Je suppose qu'il aura été indemnisé par la commune à laquelle il appartenait.

En passant la Traun sur le pont d'Ebersberg, je fus frappé de la longueur de ce pont, de sa hauteur au-dessus des eaux, de la rapidité du courant à travers les rochers, enfin des difficultés qu'il avait fallu vaincre et de l'audace qu'il avait fallu déployer pour s'en emparer. Ce fait d'armes m'a paru prodigieux et devoir faire honneur au général Claparède qui commandait. Le bourg d'Ebersberg était entièrement brûlé, de nombreux cadavres gisaient encore dans les rues, c'était un spectacle horrible.

Malgré l'accélération de ma marche, je ne pus rejoindre la batterie Bizard que le 13 mai, à Schœnbrünn, le jour même où la ville de Vienne ouvrit ses portes à l'armée française. Schœnbrünn est à une lieue de Vienne et la résidence d'été de l'empereur d'Autriche ; l'empereur Napoléon s'y était établi dans le château impérial et son quartier général, ainsi que les troupes de sa Garde, étaient logés chez les habitants ou bivouaquaient non loin du château. Je fus bien accueilli du général Songis, premier inspecteur général de l'artillerie, commandant en chef l'artillerie de l'armée, et de ceux de mes camarades qui faisaient partie de son état-major, à savoir: le capitaine Renaud, mon ami particulier, le capitaine Pertusier, de Besançon, dont je connaissais particulièrement la famille. J'ai retrouvé dans le général Songis la même bienveillance flatteuse dont il m'avait honoré pendant les campagnes de Prusse et de Pologne, et j'aime à en rappeler le souvenir. J'étais le seul officier supérieur de l'artillerie de la Garde présent à l'armée, je commandais donc tout naturellement les troupes de mon arme. C'était la seconde fois que j'avais momentanément le commandement en chef de l'artillerie attachée à la Garde ; on se rappelle que je l'avais eu déjà à la bataille d'Iéna et jusqu'à Varsovie. En cette qualité, l'Empereur me faisait appeler presque tous les jours pour me demander divers renseignements, soit sur mon artillerie, soit sur la marche de la masse de l'artillerie de la Garde qui, à cette époque, en était encore à traverser la France. Cela ne signifiait pas grand chose ; j'aimais pourtant à profiter de ces occasions pour me faire connaître de lui plus particulièrement.

Le capitaine Lefrançais ne tarda pas à arriver avec sa batterie ; l'Empereur alors passa en revue mes deux batteries, à l'une des parades quotidiennes de Schoenbrünn ; tout se trouvait en règle, malgré la minutie avec laquelle il s'occupait de tout. Il sut par les canonniers qu'une des pièces de 12 de ces batteries était *folle*, c'est-à-dire avait un tir bizarre, incertain : on verra plus tard qu'il ne l'oublia pas.

Le 19 mai, je partis de Schoenbrünn avec mes 12 bouches à feu pour me rendre au village d'Ebersdorf, près duquel l'Empereur faisait des dispositions pour le passage du Danube. Le 20, une partie de l'armée passa dans l'île de Lobau, et j'attendis inutilement près de la culée du pont que l'ordre de traverser m'arrivât. Pendant ce temps, nous entendions très distinctement le bruit de la canonnade engagée à l'autre extrémité de l'île, environ une lieue un quart de l'endroit où nous étions ; c'était l'établissement d'un pont sur le second bras du Danube qui donnait lieu à cet engagement. Enfin le 21, dans l'après-midi, je passai dans l'île et j'allai immédiatement me mettre en batterie sur le bord du second bras, un peu en aval du pont. Dans cette position, nous fûmes témoins du combat qui avait lieu sur l'autre rive, mais sans y prendre d'autre participation que celle de tirer quelques coups de canon qui nous valurent une vigoureuse mais courte riposte.

Dans la nuit du 21 au 22 mai, de nouvelles divisions passèrent sans interruption sur la rive gauche, pour aller prendre leur ligne de bataille, car tout annonçait que le prince Charles, qui commandait l'armée autrichienne et qui nous avait amenés exprès dans cette position équivoque, difficile, d'avoir le Danube à dos, n'attendrait pas que toute notre armée fût réunie pour nous attaquer et chercher à nous culbuter dans le fleuve. A la pointe du jour, je reçus moi-même l'ordre de diriger une batterie avec la division des chasseurs de la Garde, commandée par le général Curial. Ce fut le capitaine Bizard qui partit et je marchai avec sa batterie. Le capitaine Lefrançais resta dans l'île, en batterie près du pont. Cependant la canonnade et la fusillade devenaient plus vives d'instant en instant, tous les corps se hâtaient de se porter sur la ligne. La division Curial, à laquelle j'étais attaché, se dirigeait sur Essling et était déjà sur la sphère d'action des boulets ennemis, lorsque, par un changement de direction à gauche, elle dut se porter sur Gross-Aspern. Alors, et durant toute cette marche, elle présenta son flanc droit à l'ennemi qui, occupant une position qui nous dominait, nous fit un grand mal pendant l'espace d'environ 1,000 toises. Je me mis en batterie dès que je pus le faire, mais je fus bientôt écrasé ; le capitaine Bizard y perdit un bras, et moi je reçus par ricochet une balle au talon, qui n'occasionna qu'une contusion. Cette position n'était pas tenable, je la quittai pour me rapprocher de Gross-Aspern et de la division Curial, et vins m'établir près d'une tuilerie touchant au village, mais partout le canon m'abîmait ; j'avais au moins douze bouches à feu contre mes six. Je m'appliquai à faire arriver des munitions de manière à soutenir le feu longtemps, et ce n'était pas un de mes moindres soucis, car tout le terrain en arrière de la ligne de bataille était sillonné dans tous les sens par les projectiles ennemis. Enfin, après avoir eu la moitié de mon monde et le tiers de mes chevaux hors de combat, le manque de munitions me força à cesser le feu et à céder la place à une nouvelle batterie.

Le maréchal Masséna était à 3 ou 400 mètres en arrière, avec la division Curial qui avait l'arme au bras ; je me retirai jusqu'à sa hauteur, et me tins là jusqu'à la fin de l'affaire, exposé encore au feu de l'artillerie ennemie. Le village de Gross-Aspern, attaqué depuis le matin avec acharnement et récidive, s'était défendu et se défendait encore avec opiniâtreté ; on y faisait une fusillade d'enfer ; sur tous les points de la ligne, c'était un bruit de tonnerre, il ne semblait pas que nous eussions avancé ou reculé d'une semelle depuis le matin. Le maréchal, à qui je faisais cette remarque, me dit : « Depuis le matin les ponts sur le grand bras du Danube sont coupés ; les Autrichiens ont livré au courant de gros bateaux, chargés de pierre et de nombreux corps flottants de grande masse, et ont ainsi fini par couper nos communications. Il n'arrive plus personne, nous sommes un contre quatre, les Autrichiens s'acharnent à l'attaque parce que l'archiduc connaît notre position, il est heureux que nous n'ayons point encore perdu de terrain, il y va de notre salut. » Je compris alors tout le danger que nous courions, mais je ne perdis nullement confiance, tant nos soldats avaient d'exaltation et de dévouement.

Deux choses, pendant cette sanglante affaire, me causèrent un grand embarras et une profonde impression de peine. J'étais arrivé à Vienne en poste et conséquemment je n'étais point monté. J'avais pris provisoirement à mon service un des chevaux de réquisition, dont mon artillerie s'était recrutée, et je l'avais fait harnacher à l'anglaise à Vienne. Or ce diable de cheval était si mince, si serré des flancs, que ma selle, qui était sans poitrail, ne pouvait garder sa position ordinaire et glissait toujours en arrière ; alors il fallait mettre pied à terre et la rajuster ; cela m'arriva plusieurs fois pendant l'action ; de là pour moi contrariété : devant l'ennemi, il faut n'avoir à s'occuper que de lui.

La seconde circonstance que j'ai à rapporter est celle-ci : à mesure que j'avais des blessés, je les faisais évacuer et je profitais à cet effet du départ des caissons vides ; les morts étaient portés à quelques pas, sur le côté ; en un mot, je faisais déblayer la batterie, autant que possible, pour éloigner des yeux des canonniers le spectacle horrible et hideux de la mort et de certaines blessures. Il arriva donc une fois qu'ayant commandé à deux hommes de prendre, l'un par les pieds, l'autre par les épaules, un de leurs camarades qui gisait à côté de sa pièce et de le placer dans un fossé qui bordait la route, ces deux malheureux furent atteints d'un boulet et renversés morts dans le fossé, au moment où ils y déposaient leur camarade. Je n'oublierai jamais l'expression de douleur que j'en ressentis, comme si j'eusse été la cause de la mort de ces braves gens.

Les détails de la bataille d'Essling appartiennent à l'histoire ; je ne les rapporte pas, je retrace seulement ce que j'ai vu : à ce propos, je dirai encore que, l'armée étant formée suivant un arc de cercle dont les deux extrémités s'appuyaient au Danube, à moins d'une demi-lieue l'un de l'autre et dont la flèche n'avait pas un quart de lieue, il n'y avait pas un point de la ligne de bataille et du terrain en arrière qui ne fût en butte aux feux croisés du canon ; et j'ajouterai que le sol était tellement sillonné par les projectiles qu'en nombre d'endroits les sillons se coupaient et s'entrecoupaient de manière à former des espèces d'étoiles.

Enfin, grâce à l'opiniâtreté de nos soldats pendant cette si longue, si éternelle journée, la nuit nous trouva encore dans les positions que nous occupions le matin. Les attaques réitérées et acharnées des ennemis avaient échoué partout contre la bravoure et le dévouement si glorieux des Français ; notre honneur était sauf et l'avortement des projets de l'archiduc était presque l'équivalent d'une défaite.

Je repassai le pont vers dix heures du soir et le reste de l'armée le repassa pendant la nuit, après quoi on le replia. J'allai de suite trouver le capitaine Lefrançais, et, après quelques causeries, je m'étendis sur l'herbe, près de lui, et ne tardai pas à m'endormir. A la pointe du jour, j'étais encore dans cet état de sommeil précieux, lorsqu'un bruit subit vint m'en tirer brusquement : j'entendis comme le bruit de corps qu'on lance dans l'eau et qui s'y meuvent en clapotant. L'idée que l'ennemi tentait le passage du bras du Danube qui nous séparait de lui, bras qui n'avait pas plus de 100 mètres de largeur, m'effraya d'abord ; je fus vite debout et n'eus qu'un pas à faire à travers quelques broussailles pour constater, à ma grande surprise, que cet ennemi menaçant, c'était tout simplement cinq à six cerfs qui s'étaient jetés à l'eau pour passer d'une rive à l'autre.

L'armée ne pouvant communiquer avec la rive droite du Danube, parce que le pont avait été coupé, ainsi que je l'ai déjà dit, et replié, et que l'opération d'en construire un nouveau, sur un fleuve large de 1,000 mètres et roulant un volume d'eau aussi rapide et aussi considérable, devait être chose longue, après la perte qu'on avait faite d'une partie des matériaux du premier pont, l'armée, dis-je, resta dans l'île pendant quelques jours, à peu près dépourvue de vivres, car il ne pouvait en être apporté que par quelques barques. A défaut de viande, les soldats firent la guerre aux chevaux ; dès la première nuit, il y en eut un bon nombre de saignés et dépecés : les chevaux d'officiers y passaient comme les autres ; chacun fut obligé de faire bonne veille pour échapper à ce coûteux tribut.

Le 26, dès que le pont fut rétabli, la Garde et mon artillerie avec elle repassèrent sur la rive droite et allèrent s'établir au village d'Ebersdorf, où était le quartier-général impérial. Il n'y avait pas une heure que j'étais arrivé, que l'Empereur me fait appeler ; on m'introduit dans son cabinet, il était droit, près d'une table où étaient étalées des cartes. « Ramenez-vous toute votre artillerie, me dit-il. — Oui, Sire. — Vous reste-t-il des munitions? — Quelques cartouches à balles, mais point de cartouches à boulets. — Et pourquoi ne leur avez-vous pas tout *craché à la figure?* — Sire, parce que je n'étais pas à portée, et que ma position de batterie était subordonnée à celle des troupes avec lesquelles j'étais. M. le maréchal Masséna qui était là a pu voir que je ne pouvais mieux faire. — Combien avez-vous perdu d'hommes et de chevaux? — Sire, tant. — Et votre pièce folle, en a-t-on tiré bon parti ? » Quelle mémoire pour s'être rappelé une si minime circonstance ! Rien ne lui échappait. « Oui, Sire, son tir a été plus assuré que je ne m'y attendais ; d'ailleurs il y avait de la prise. — Et vos autres pièces sont-elles en état ? — Sire, il y en une dont la lumière est extrêmement évasée et qui a besoin d'un grain de lumière. — Et pourquoi, Monsieur, ce grain n'est-il pas déjà mis ? » me dit-il d'un ton plus élevé et fâché. « Dans quel régiment avez-vous servi ? » Cette sortie-là, tout à fait imméritée, me déconcerta un peu. « Sire, j'arrive de l'île de Lobau où je n'avais aucune ressource pour faire cette réparation ; il n'y a qu'à l'arsenal de Vienne qu'elle puisse avoir lieu, et déjà je suis en mesure de faire partir la pièce. — Oui, pressez-vous de l'expédier, demain je passerai en revue votre artillerie et vous me présenterez la pièce réparée. — Sire, vos ordres seront exécutés. » Je savais la chose impossible, mais ce n'était pas le cas de le dire : l'Empereur ne connaissait point d'impossibilités.

Grand fut mon embarras en sortant de là. Cependant j'avisai de suite à faire le plus pressé ; je fis partir le capitaine Lefrançais pour Vienne, avec la pièce en question, en lui donnant mission d'en presser la réparation, si toutefois l'on pouvait trouver à l'arsenal une machine à mettre les grains. Dans tous les cas, que la réparation fût possible ou non, le capitaine Lefrançais ne pouvait être de retour pour la revue que devait passer l'Empereur ; il me fallait donc aviser à me procurer un canon pour remplacer provisoirement celui qui manquait. Il me semblait qu'il devait suffire à l'Empereur que mes batteries fussent complètes et prêtes à marcher. Je courus chez le général Songis pour lui faire part de mon embarras, et le prier de me venir en aide. « Je le veux bien, me dit-il, mais il n'y a, en fait de canons de 12, au parc général, que des canons autrichiens, qui d'ailleurs sont du même calibre que les nôtres; si vous le voulez, j'en ferai mettre un à votre disposition. » A défaut de mieux, j'acceptai. Cependant la pensée de la revue du lendemain me remplissait l'esprit. L'Empereur s'apercevrait nécessairement du non-retour de ma pièce; que lui dirais-je, s'il était encore d'aussi mauvaise humeur qu'aujourd'hui? Au demeurant, je n'avais pu mieux faire, le pis-aller serait de recevoir encore une bordée.

Le lendemain, à onze heures, je me rendis chez Sa Majesté, où je fis antichambre assez longtemps avec le colonel russe Czernischeff, jeune et joli homme, aux grandes et belles façons : enfin je fus introduit. Ce n'était plus le même homme que la veille ; il avait reçu d'excellentes nouvelles de l'armée d'Italie, sa figure était épanouie et son œil content; je m'en aperçus tout d'abord, et je pris assurance. « Eh bien, commandant, votre pièce de 12 est-elle de retour? — Pas encore, Sire, j'en ai des nouvelles, je la recevrai dans la journée. En attendant, elle a été remplacée par une pièce que m'a fait prêter M. le général Songis.

Avez-vous fait remplacer aussi vos munitions?

— Oui, Sire, je pouvais dès hier reparaître devant l'ennemi.

— C'est bien, je ne vous passerai pas en revue.

Et tout cela fut dit sans saccades et d'un ton de bonté rempli de charme.

Plusieurs autres fois, l'Empereur me fit encore appeler, mais désormais je ne fus plus intimidé. J'étais fier de cette faveur, et dès ce temps j'osai y voir un germe d'avenir. « Je ne sais pas si cela me conduira loin, écrivais-je à mon père; en tout cas, je suis sûr d'être assez connu de l'Empereur pour n'être pas oublié de lui. »

Au bout de quelques jours, l'Empereur revint établir son quartier-général à Schœnbrünn. Un des faubourgs de Vienne fut affecté au logement de l'artillerie de la Garde, celui de Vidden. Sur ces entrefaites, cette artillerie arriva enfin et s'installa : Drouot, Cottin, Henrion et moi nous fûmes logés dans l'hôtel Kolowrath, Drouot au rez-de-chaussée dans un appartement donnant sur un grand jardin et nous autres au premier étage. C'était la première fois que je couchais dans un lit, depuis que j'avais rejoint l'armée, je trouvai délicieux de m'étaler tout à mon aise dans celui de madame de Kolowrath qui, pour le moment, habitait son hôtel de la ville. La nourriture ne répondait pas au logement ; la comtesse nous traitait avec une parcimonie qui décélait pour nous une très médiocre sympathie, et, sans Drouot, nous aurions probablement fait des représentations à l'intendant, pour qu'il les portât à sa dame et maîtresse ; mais notre cher camarade était si bon, si tempérant, si peu exigeant et nous l'aimions tant que nous préférâmes l'imiter et nous contenter du régime modeste auquel on nous avait mis. Il est des hommes dont la sagesse et la profonde raison contiennent les autres par l'influence qu'ils exercent autour d'eux, et le colonel Drouot était précisément un de ces hommes.

A propos de lui et du logement où nous étions, c'est ici le lieu de rapporter un vol d'une grande hardiesse, dont il fut la victime. J'ai déjà dit qu'il logeait au rez-de-chaussée sur le jardin ; une certaine nuit, à cette époque de chaleur étouffante, il s'endormit, laissant ses fenêtres ouvertes. A son réveil, il veut s'habiller, les chaises sur lesquelles on avait déposé ses habits étaient vides ; il cherche, il se rappelle parfaitement avoir placé son uniforme, garni d'épaulettes et d'aiguillettes, à tel endroit et il n'y est plus. Sa surprise est grande ; peut-être est-ce son domestique qui, plus matinal que lui, aura déjà pris ses habits ; il l'appelle, mais il le trouve encore endormi ; le domestique ignore ce que les habits sont devenus. Les fenêtres étaient restées ouvertes, le jardin était grand et communiquait facilement avec d'autres jardins voisins ; il fallait bien que ce fût par là qu'on se fût introduit pour dévaliser le colonel. Cet événement rendit chacun plus soigneux.

A la même époque à peu près, j'eus un sujet d'ennui qui m'a vivement affecté. Il fut question d'envoyer un officier supérieur à La Fère, pour commander le dépôt de l'artillerie de la Garde et diriger l'administration, et ce fut sur moi qu'on jeta les yeux. Le colonel d'Aboville, chef d'état-major du général Lariboisière, me fit appeler un jour pour me faire une communication à laquelle je ne m'attendais aucunement ; ma réponse ne se fit pas attendre : « Je suis le plus ancien des chefs de bataillon, ce ne peut être à moi à marcher pour une mission semblable ; d'ailleurs je suis arrivé à l'armée le premier, j'ai rendu des services à la bataille d'Essling, j'ai eu la faveur d'être appelé plusieurs fois près de l'Empereur, je ne peux pas renoncer aux avantages de cette position, au moment où les hostilités sont près de recommencer. — Mais qu'avez-vous à espérer ? » me dit le colonel. Cette question m'indigna : « La récompense de mes services, colonel, dont je ne suis pas plus indigne qu'un autre ; et n'aurais-je rien à espérer, je ne souscrirais pas à me déshonorer en quittant l'armée à la veille d'une bataille pour aller commander un dépôt. » Ma résistance produisit son effet, on ne me parla plus de départ.

Pendant que ceci se passait et en attendant le renouvellement des hostilités, je m'occupai beaucoup de l'instruction de mon régiment. Ce corps venait d'être formé d'éléments fournis par tous les régiments d'artillerie ; c'était la première fois que toutes ses compagnies étaient réunies ; il fallait leur donner de l'ensemble et les préparer à paraître avec avantage aux parades de l'Empereur ; c'est moi qui fus chargé de ce soin : tous les jours donc je faisais exécuter les manœuvres de bataillon sur le glacis de Vienne, terrain triangulaire fort gênant.

Le 3 juillet, départ général de la Garde pour l'île de Lobau, où l'Empereur s'établit. Trois ponts sur le Danube, l'un pour l'infanterie, le second pour la cavalerie, le troisième pour l'artillerie et les équipages, rendent le passage du fleuve facile et prompt. C'est un travail immense que ces ponts ; des estacades le défendent contre l'approche des corps flottants ; cette fois, leur conservation est tout à fait assurée.

Dans la nuit du 4 au 5, l'Empereur fait jeter plusieurs ponts sur le bras du Danube qui nous sépare de la rive gauche : cette opération est à la fois favorisée et contrariée par une nuit obscure et par un orage épouvantable. L'eau tombait à torrents, et le tonnerre grondait sans discontinuité, pendant qu'une nombreuse artillerie y mêlait aussi ses éclats et ses éclairs. Pour ceux qui, comme moi, ne participaient pas à la construction des ponts et aux mouvements militaires qui l'accompagnaient, ce fut une vraie nuit de déplaisir. Rien n'est plus propre à jeter la consternation dans l'âme, à produire de grandes émotions, que ce déchaînement réuni du ciel et de la terre au milieu d'une nuit profonde ; je l'éprouvai fortement. Au matin, on ne voyait de toutes parts que feux de bivouac, des feux d'enfer, où chacun s'empressait d'aller se réchauffer et sécher à la fois linge et habits.

Cependant, à mesure que nos troupes passaient les ponts nouvellement construits, la fusillade et la canonnade devenaient plus nourries, en même temps qu'elles s'éloignaient. Nous passâmes vers quatre heures après midi ; déjà l'action était engagée non loin de Wagram et tout annonçait un engagement sérieux. L'artillerie à cheval de la Garde y prit part, et c'est là que mon collègue Greiner perdit un bras. Ce pauvre Greiner était malheureux, il ne pouvait paraître au feu sans être blessé ; on peut se souvenir que déjà il l'avait été devant Madrid, à l'attaque de la caserne des gardes du corps. Il était nuit noire quand l'action cessa ; l'armée passa la nuit sur le terrain même, où elle était en bataille ; la Garde formait la troisième ligne. Il faisait si peu d'air que la fumée de la poudre resta très longtemps stationnaire et comme suspendue au-dessus du sol, et nous entoura, comme un brouillard épais.

Le 6 juillet, le jour commençait à peine à poindre que déjà les tirailleurs étaient aux prises ; bientôt les attaques se formèrent, et la mousqueterie et le canon se firent entendre sur toute la ligne. L'armée de l'archiduc occupait les collines qui bordent la rive gauche du ruisseau Russbach et s'y était retranchée ; sa gauche était à Neusiedel ; son centre à Wagram, au bas de la colline, où il formait comme un bastion en saillie sur la ligne ; sa droite se recourbait et allait s'appuyer au Danube. La Garde et son artillerie étaient placées en face de Wagram, à peu près au centre de notre armée, et formaient une masse de troupes imposante. L'artillerie seule avait douze batteries et soixante-douze bouches à feu.

Du point où nous étions, on découvrait très bien les opérations de notre droite sur le vieux château qui dominait Neusiedel et l'on pouvait mesurer les progrès, quoique lents, de l'attaque du corps du maréchal Davoût ; ce spectacle excitait notre intérêt à un haut degré. En avant de nous, du côté de Baumersdorf et de Wagram, l'action avait lieu au pied du coteau, sur les bords du ruisseau ; nous ne pouvions rien voir qu'une épaisse fumée s'élever le long de la ligne, du milieu de laquelle sortait une continuité de détonations si nourries qu'il était facile de juger que, sur ce point, il y avait une grande opiniâtreté d'attaque et de défense.

L'Empereur se tenait le plus souvent au milieu de nous ; on

le voyait néanmoins monter fréquemment à cheval et galoper sur les différents points de la ligne; son activité le portait partout. Tout était grave, imposant, solennel, sur ce vaste théâtre où se débattaient, au prix de tant de sang, de si grands intérêts, sans qu'on puisse encore apercevoir, au bout de quelques heures, de succès un peu concluant. Et puis, il ne nous échappait pas que nous avions un fleuve à dos, à moins d'une lieue de nous et que notre gauche était un peu en l'air ; et le bruit du canon, qui se faisait entendre de ce côté et qui paraissait même s'élever de nos derrières, rembrunissait les esprits et les tenait dans une sorte d'anxiété qu'on n'osait pas se communiquer et que pourtant chacun pouvait lire sur la figure des autres.

Tout à coup une grande agitation se manifeste autour de nous ; le tambour, la trompette, se font entendre ; en moins d'une minute tout le monde est à son poste ; la Garde entière, formée en une seule masse, part, et se meut sur la gauche. L'artillerie prend le galop et la devance ; d'Aboville est en tête, avec l'artillerie à cheval, je la suis avec deux batteries de 8 ; Pommereul vient après moi; la marche est fermée par Drouot, qui est à la tête de la réserve de 12. A peine avons-nous marché 600 mètres, l'artillerie ennemie nous maltraitait déjà beaucoup; le colonel d'Aboville se mit en batterie, j'en fis autant à sa gauche, Pommereul se déploya à la mienne, tandis qu'au contraire Drouot alla se déployer à droite de l'artillerie à cheval. Dans cette position, notre formidable batterie battait tout l'intervalle, entre les villages de Bretenlee et Süssenbrünn, et secondait même l'attaque de ce dernier village. Ce feu imposant arrêta de suite la marche des masses ennemies qui n'avaient pas encore débordé notre gauche et contribua, par l'appui important qu'il donnait ainsi au corps de gauche que commandait le maréchal Masséna, à lui faire reprendre l'offensive et à déterminer le mouvement rétrograde des troupes autrichiennes, qui s'étaient déjà avancées sur nos derrières jusqu'au village de Gross-Aspern. Nous quittâmes un instant cette position pour nous porter un peu plus en avant jusque sous la mitraille de l'artillerie ennemie, mais nous ne pûmes nous y tenir, nous dûmes bientôt rétrograder. C'est dans cette circonstance que le colonel d'Aboville eut le bras droit coupé près de son articulation avec l'épaule, et que fut aussi blessé mortellement le capitaine Martin, commandant une de mes batteries. Le feu dura ainsi plusieurs heures ; l'artillerie ennemie, au moins aussi nombreuse que la nôtre, nous faisait un grand mal et nous enlevait d'instant en instant hommes et chevaux ; j'avais, à droite et à gauche et en arrière de mes batteries, un régiment d'infanterie et un de cuirassiers, ils furent abîmés. Moi-même je fus contusionné par le choc d'un boulet de 12 qui, ricochant à la fin de sa course, vint s'amortir entre une fonte de pistolet et le manteau qui la recouvrait ; mes officiers crurent que j'avais la jambe emportée, j'en fus quitte pour boiter pendant deux jours. Mon cheval aussi reçut au poitrail le frottement d'un boulet qui écorcha cette partie et le fit boiter.

Après que le village de Süssenbrünn fut enlevé, nous reçûmes l'ordre de cesser le feu sans nous retirer. Nous ne l'eûmes pas plus tôt cessé que l'ennemi cessa aussi le sien ; comme nous, il avait besoin de repos ; mes canonniers étaient haletants, le soleil de deux heures après midi les brûlait et ils n'avaient aucun abri ; une petite mare d'eau sale et croupissante, de 3 à 4 pieds au plus de superficie, se trouvait par hasard à côté de nous, ils la tarirent et burent jusqu'à la boue. Moi, j'avais dans ma sacoche une bouteille de vin étranger, je la débouche pour en donner à mes officiers, mais voilà qu'arrivent le général Fouché, son aide de camp et d'autres amateurs des batteries voisines : ma pauvre bouteille s'en alla ainsi, presque sans profit pour personne ; à peine en eus-je moi-même la valeur d'un verre à liqueur. J'ai regretté le tort fait par ces survenants à ceux qui naturellement étaient les vrais élus. Ce repos nous permit de jouir de la beauté de la vue qui s'offrit à nos yeux, celle de la ville de Vienne et de ses clochers, qui étaient à deux lieues de nous au plus et presqu'en face.

Pendant que ceci se passait, les efforts réitérés de l'Empereur pour enlever Wagram avaient un plein succès, et les corps Davout et Oudinot, s'étant emparés des hauteurs occupées par la gauche de l'armée ennemie, la forçaient à se replier sur le centre. Ce concours de succès devait obliger l'archiduc Charles à la retraite ; cependant il ne paraissait pas se hâter, les troupes et l'artillerie qu'il avait en face de nous conservaient encore leur position ; nous reçûmes l'ordre de continuer le feu, mais de nous borner à user les munitions que nous avions encore. Je me rappelle, à ce sujet, que le capitaine Boisselier, commandant la batterie d'artillerie à cheval qui était à ma droite, pressa les canonniers de tirer en leur criant : « Dépêchons-nous, canonniers, plus tôt fait, plus tôt quittes. »

Nous nous mîmes donc de suite à l'œuvre, ce qui nous attira de la part de l'ennemi une prompte riposte, d'un feu aussi nourri qu'avant et aussi meurtrier. Cependant, avant que j'aie tout à fait consommé mes munitions, son feu commençait à se ralentir, sa retraite s'effectuait. Je fis aussitôt marcher mes batteries en avant et le suivis pendant près d'une lieue en le canonnant, mais il se retirait d'une manière accélérée, il finit par échapper à ma vue. Dans cette marche, je fus soutenu par la division bavaroise de Wrède qui me parut marcher avec un ordre, un aplomb et un silence admirables. J'avais déjà dépassé le village de Geraldsdorf, quand je reçus l'ordre de rétrograder et de me réunir à la Garde, qui s'était établie à peu près sur le terrain où elle se trouvait la nuit précédente.

La bataille était gagnée, l'Empereur était arrivé à ses fins : il avait séparé l'archiduc Charles de l'archiduc Jean, qui arrivait de la Hongrie avec une armée ; désormais le premier, étant en pleine retraite par la route de la Bohême, ne pouvait plus rallier l'autre, c'était le plus grand résultat apparent de la journée. Nous nous en réjouissions et nous commencions à nous livrer au repos, nos chevaux mêmes étaient allés par moitié boire au Danube, à un quart de lieue sur nos derrières, lorsqu'on aperçut au loin une grande masse de fuyards accourir vers nous. La peur se communiquant, rapide comme l'éclair, à tous les hommes qui étaient éparpillés dans la campagne, ce fut une panique générale.

« Vite ! aux armes ! cria-t-on, la cavalerie ennemie arrive. » Tout en cherchant à vérifier le fait, on courut aux armes ; l'Empereur lui-même monta à cheval. Les grenadiers et chasseurs à pied de la Garde furent bientôt prêts, quoi qu'il y eût beaucoup d'absents dans leurs rangs, mais l'artillerie, dont une partie des canonniers et des chevaux étaient allés à l'eau, eut bien de la peine à se mettre sur la défensive : nous parvînmes enfin à nous former en carré et nous attendîmes cette charge qui causait tant d'émoi. Rien n'arriva, nous n'aperçûmes même aucun ennemi, si loin que la portée de nos lunettes d'approche nous permit de voir. On a su depuis qu'un corps autrichien, coupé par notre cavalerie et manœuvrant pour rejoindre l'archiduc Jean, avait donné cette épouvante et fini par être fait prisonnier.

Cette bataille, dans laquelle l'artillerie de l'armée tira le nombre prodigieux de 96,000 coups de canons, coûta cher à l'artillerie de la Garde, elle perdit nombre de soldats et beaucoup d'officiers : « Il était sans exemple que l'artillerie eût fait une perte aussi considérable, écrivais-je le lendemain, mais aussi nous avons rendu des services distingués et l'Empereur nous en a témoigné sa satisfaction. » En ce qui concerne les résultats généraux, à savoir, les pertes faites par les deux armées en généraux, officiers et soldats, le nombre d'hommes et de canons pris à l'ennemi, qu'on consulte l'histoire, les chiffres qu'elle donne témoignent de l'opiniâtreté de l'attaque et de la défense ; mais le résultat le plus capital de cette journée, à jamais mémorable, c'est l'isolement où l'archiduc Charles se trouva des grands centres de ressources de la monarchie autrichienne et la démoralisation qui s'introduisit dans son armée ; la bataille de Wagram avait été pour elle un coup de massue qui lui retirait tous ses moyens.

Le lendemain 7, la Garde resta dans la même position : l'artillerie fournit tous ses chariots et les travailleurs nécessaires pour aller ramasser les armes et nombreux projectiles répandus sur le champ de bataille. Pendant cette journée, je parcourus aussi certaines parties de ce champ de bataille, et notamment le village de Wagram.

Par places, c'était un tableau horrible à voir, et il était facile de juger que, de part et d'autre, c'était surtout la mousqueterie qui avait fait le plus grand mal. J'ai eu la curiosité de me porter également sur le terrain que, la veille, l'artillerie de la Garde avait tout sillonné de ses projectiles et je n'ai pas trouvé que le mal fut proportionné à la consommation et au bruit ; d'autres parties du terrain si disputé m'ont produit le même effet. Les champs d'Essling et de Gross-Aspern étaient plus affreux à voir. Et pourtant jamais artillerie aussi nombreuse n'avait fait retentir l'air d'un bruit aussi nourri, aussi continu, aussi effroyable, et ceux qui entendaient ce vacarme au loin auraient pu croire que les deux armées s'entredétruisaient.

Le 8, nous quittâmes la plaine de Wagram, et, prenant la route qu'avait suivie l'ennemi dans sa retraite, nous allâmes coucher à Wohlkersdorff. Le lendemain, nous arrivâmes en vue de Znaün ; nos troupes étaient engagées partiellement avec les Autrichiens dans les vignes et sur les hauteurs qui dominent la ville ; nous n'étions pas encore maîtres de la ville, mais on parlait d'un armistice, et effectivement le feu cessa peu à peu.

Ce jour-là fut un jour de bonheur pour moi ; je reçus ma nomination de major dans l'artillerie de la Garde, ce qui me donnait le rang de colonel dans la ligne et la qualification de colonel-major. Je n'ai point de mots pour exprimer combien je fus heureux, et de ce qui m'arrivait, et en pensant au plaisir qu'en éprouveraient ma femme et mes parents ; car ma première pensée fut pour eux. C'est pendant que j'étais encore dans l'ivresse de la joie que se présenta à moi le lieutenant Lyautey (Hubert), qui, sortant de l'École de Metz, avait rejoint l'armée seulement depuis quelques jours et précisément assez à temps pour assister à la bataille. Je l'avais connu encore écolier à Besançon ; j'avais eu des relations d'amitié avec son père, et beaucoup à me louer de sa bienveillance pour moi. J'accueillis le jeune lieutenant aussi bien qu'on pouvait le faire au bivouac.

Le 12 ou le 13, on apprit que l'armistice proposé avait été conclu, que des négociations allaient s'ouvrir pour la paix, et qu'en attendant la Garde retournerait s'établir à Schœnbrünn. Ce fut encore un sujet de satisfaction générale, et je m'y associai de grand cœur.

Le 15 juillet, nous entrâmes à Vienne, où nous reprîmes les logements que nous avions auparavant. Le capitaine Martin, blessé mortellement à Wagram où il commandait ma première batterie, avait été déposé dans l'hôtel Kolowrath, où je logeais ; j'eus la douleur d'assister à ses obsèques. C'était un officier d'un mérite solide, le même qui me reçut à Aquila, Abruzzes, en décembre 1798, lorsque j'y arrivai à travers toutes les mauvaises chances dont j'ai parlé en leur temps : je lui donnai des regrets sincères et mérités.

A partir de ce moment et jusqu'à celui de notre départ pour rentrer en France, je ne mène plus qu'une vie d'ennui et monotone, à laquelle très peu d'incidents et de distractions viennent se mêler. Aller voir assez souvent mes camarades d'Aboville et Greiner, logés tous deux dans la même chambre, privés de leur bras droit qu'on avait désarticulé à l'épaule, et tous deux courant des chances de mort; visiter Vienne et ses monuments, fréquenter ses boutiques pour y acheter entre autres des fourrures et du linge de table; me rendre trois ou quatre fois par semaine aux revues de Schoenbrünn, moins pour les revues en elles-mêmes que pour prendre langue et savoir ce qui se disait sur les négociations. Assister quelquefois au spectacle de la cour, à Schoenbrünn, où brillaient les premiers talents du théâtre français, ce qui nous valut, une certaine nuit, au colonel Drouot et à moi, qui étions ensemble dans ma voiture, coupé neuf que j'avais acheté récemment, d'être culbutés par mon maladroit cocher, de recevoir d'assez fortes contusions et d'être ensuite très embarrassés pour relever la voiture.

Nous prenions place assez rarement dans les divers théâtres de Vienne, dont je ne me souviens qu'à cause de l'opéra *des Croisés*, qui a excité en moi un vif intérêt. On célébra la fête de l'Empereur, le 15 août, par *Te Deum*, grand banquet, spectacle à la cour et feu d'artifice, fait par les artificiers de la Garde. Je me promenai quelquefois aux environs de Vienne et entr'autres : au Prater, île du Danube, immense jardin anglais, boisé et riche de végétation et de gibier, lieu de délices pour les Viennois; et sur la crête des monts Josephsberg et Leopoldsberg, d'où l'on plane sur Vienne et très au loin sur le cours du Danube, tableau magnifique et des plus grandioses. Je commandais aussi quelques manœuvres de bataillon : voilà à peu près le cercle dans lequel a roulé l'emploi de mon temps pendant environ trois mois et, certainement, il me restait bien des instants vides.

Pendant ce temps, on démantelait les fortifications de Vienne, on travaillait toujours à la confection des munitions; il en résulta même l'explosion de la salle d'artifice et la perte de quinze à vingt artificiers, enfin on s'occupait, comme s'il n'eût pas été question de paix. Cependant les négociations se continuaient, mais aujourd'hui on en augurait bien et le lendemain tout semblait brouillé. A l'occasion des mesures que l'Empereur prenait pour qu'on crût au renouvellement possible des hostilités, je l'ai entendu dire au général Lariboisière : « faites exécuter ce que j'ai dit, général, à côté de cela est la politique. »

Cet état d'incertitude était irritant ; enfin, le moment si impatiemment attendu arriva ; la paix fut publiée le 14 octobre, ce qui donna lieu à des nombreuses salves d'artillerie, des illuminations, un *Te Deum*, et une grande manifestation de joie de la part des habitants et de la nôtre.

Dès le lendemain, les corps de la Garde commencèrent à se mettre en route pour rentrer en France : mon tour arriva le 19 octobre. Nous marchions lentement, faisant fréquemment des haltes ou séjours, mais enfin nous marchions.

Le 5 novembre, nous entrâmes à Munich ; c'était une résidence royale, on ordonna la grande tenue. Nous fîmes une visite de corps au roi de Bavière, et le lendemain, en ma qualité d'officier supérieur, je fus invité à dîner chez Sa Majesté. Je me serais volontiers passé d'un tel honneur, ce fut pour moi une insigne corvée, d'autant plus que nous n'étions que quatre ou cinq invités et qu'il n'y avait pas là à se perdre dans la foule. Nous allons ; Drouot était à notre tête ; on nous introduit dans le salon de réception, bientôt on annonce le Roi, qui nous accueille avec une bienveillance et une courtoisie remarquables ; quelques instants après, arrive la Reine avec plusieurs demoiselles, fraîches et jolies ; c'étaient de vraies roses : le Roi nous présente à la Reine, qui nous reçoit avec une grâce parfaite, puis au Prince royal, et ensuite il nous présente ses autres enfants, en appelant chacune d'elles par son nom. C'était comme une réception de famille ; nous admirâmes cet intérieur édifiant, où l'étiquette n'empêchait pas l'esprit et l'éducation de la famille de se faire jour, et s'alliait parfaitement à un laisser-aller plein de grâce et de bienveillance.

Pour mes péchés je fus placé à la gauche du Prince royal. Or, ce prince que j'avais vu fréquemment à l'état-major du duc de Dantzig, pendant la campagne de 1807, et pour qui je n'étais pas inconnu, a le malheur d'être sourd et à la fois grand questionneur, et j'étais précisément du côté de la mauvaise oreille. Bientôt il m'entreprit, une question succédait à une autre ; à peine me laissait-il le temps de manger, mais c'était le moindre de mes embarras. Obligé de parler haut, comme à un sourd, je ne savais trop à quel diapason me mettre et, en tout cas, j'attirais forcément l'attention d'une grande partie de la table qui était composée d'une vingtaine de personnes, dont beaucoup de dames ; ajoutez à cela qu'ayant à cœur de me borner à répondre, pour ne pas manquer à la bienséance en me jetant dans la prolixité, je tachais d'être bref, et je l'étais peut-être aux dépens de la clarté et de la grâce du style. Je fus donc comme sur le gril, pendant tout le temps du dîner.

Depuis longtemps je caressais l'idée de devancer le régiment, dont la marche à petites journées était singulièrement monotone, et je préparais le général à m'en donner la permission. Je l'obtins à Augsbourg; donc, prenant de suite la poste, je m'acheminai diligemment vers Besançon. Le capitaine Eggerti, qui était de Colmar et qui avait aussi la permission de s'absenter, m'ayant proposé de se joindre à moi, nous fîmes route ensemble. Au pont de Kehl, les douaniers arrêtèrent ma voiture pour la visiter ; je leur déclarai que j'avais des fourrures et me prêtai de bonne grâce à leur visite, en les priant seulement d'être expéditifs.

Ma qualité de colonel-major de la Garde, et probablement, mieux que tout cela, le prestige dont la gloire de nos armes nous entourait, nous, acteurs dans les derniers événements, firent que leurs recherches se bornèrent à un simulacre.

Nous dormîmes quelques heures à Strasbourg. En passant à Colmar, je déposai mon compagnon de voyage chez son père, sans m'y arrêter, bien que je fusse pressamment sollicité par lui de le faire, et le lendemain, 15 novembre, au soir, j'embrassai ma femme, au milieu de la joie générale de sa famille. Six mois auparavant je les avais quittés chef de bataillon, aujourd'hui j'étais colonel, et c'était après des combats de géants que je leur étais rendu : j'étais à la fois un sujet d'allégresse et un objet de curiosité. A partir de ce moment commencent les scènes de famille et une vie pleine de charmes, mais dont je m'abstiendrai de décrire les détails, soit parce qu'ils ressembleraient à ce qui se passe dans tous les intérieurs, soit parce qu'ils contiendraient trop de futilités, et que je n'aurais pas l'art de faire valoir tant de riens.

J'avais annoncé, en arrivant près de ma femme, que je ne resterais qu'une quinzaine de jours à Besançon, parce que je voulais disposer d'autant de temps en faveur de mes parents, avant de rentrer à La Fère. Nous partîmes donc le 2 décembre et arrivâmes à Reims, ravis et bien portants. Mon père avait des relations peu étendues dans la ville ; moi, j'en avais conservé très peu avec mes contemporains : je consacrai donc presque tout mon temps à mes excellents parents que tout ce qui m'était arrivé d'heureux rendait fiers de me voir.

J'aurais pu, j'aurais même peut-être dû, à cette époque, profiter de mon séjour dans ma ville natale pour faire visite aux premières autorités et leur présenter un compatriote, dont la position pouvait les intéresser et faisait quelque honneur à la ville ; j'aurais pu aussi revoir mes anciens condisciples, dont plusieurs appartenaient à la première classe des citoyens ; au lieu de cela, je ne vis qu'un de mes anciens et meilleurs amis d'enfance, M. de Lacombe, receveur de la ville. Cet isolement, dans lequel je me suis toujours tenu vis-à-vis de mes compatriotes, explique comment ils ne me connaissent pas et savent à peine si le général Boulart est de leur pays. Si on me demande pourquoi j'ai agi ainsi, je répondrai : 1° J'ai toujours eu de la modestie, même de la timidité, jamais d'ostentation : je n'ai pas connu l'art de me faire valoir ; 2° J'ai toujours été persuadé de la vérité et justesse de cet adage : *Nul n'est prophète dans son pays;* 3° En faisant des visites, c'était me mettre dans l'obligation d'en recevoir ; or, je n'étais pas logé, chez mes parents, de manière à m'exposer à cette sujétion ; 4° Enfin, l'avenir commençait seulement à s'ouvrir pour moi ; je sentais que je n'étais pas au bout de ma carrière, et je me réservais d'en faire, plus tard et peut-être dans des circonstances plus favorables.

Pendant que j'étais à Reims, mon régiment y passa. Je m'arrangeai seulement de manière à arriver à La Fère en même temps que lui, le 16 décembre, et ma femme m'y rejoignit le 17.

CHAPITRE XIII

1810-1812

Mariage de l'Empereur. — Baron de l'Empire. — Ordre de départ
pour la campagne de 1812.

Depuis mon mariage, à trois mois et demi près que j'avais passés près de ma femme en différentes fois et en camp volant, j'avais toujours été sur les routes ou à l'armée. Ici, je vais prendre de l'assiette ; habitudes, travaux, tout change : au mouvement succède le repos ; au désœuvrement, l'occupation la plus continue ; à la camaraderie et à l'indépendance de garçon, la vie intérieure et celle du monde ; à l'agitation de l'esprit et aux inquiétudes du cœur, le calme de l'un et de l'autre ; au vide et à l'aridité de la vie de camp, les jouissances de l'état de mari et de père.

La revue que je vais passer du temps de mon séjour à La Fère sera rapide. Que dirais-je en effet d'une époque traversée par si peu d'événements, et dont tous les jours coulaient avec une régularité d'habitudes qui permettait à peine de distinguer l'un de l'autre ?

Le régiment étant parti pour aller s'établir à Vincennes et à Orléans, le général Lariboisière me laissa à La Fère avec un personnel peu considérable, mais qui s'accrut bientôt du commandement du dépôt et de la direction de l'administration de toute l'artillerie de la Garde, administration qui comprenait l'artillerie à cheval et à pied, vieille garde, l'artillerie jeune garde et le train, et qui avait deux quartiers-maîtres et deux officiers d'habillement. C'était un travail immense, mais, comme j'avais été déjà à la tête de l'administration du 5ᵉ régiment d'artillerie à cheval, à Besançon, pendant près de trois ans, je compris que cette charge n'était pas au-dessus de mes forces, et je la préférai à l'obligation d'aller à Vincennes, ou sur la Loire, avec mes batteries, et à la chance possible de retourner en Espagne, car il en était fortement question.

Les officiers supérieurs, avec lesquels je me trouvai en relations, étaient : le colonel de Chanteclair, directeur à La Fère, qui avait, en 1792, commandé la première batterie d'artillerie à cheval formée en France, actuellement abîmé de goutte, et à moitié ankylosé; le chef de bataillon de Fontou, son sous-directeur, petit vieillard, homme d'esprit; le chef de bataillon de Pommereul, sous-directeur du matériel de l'artillerie de la Garde, officier bizarre, morose, spirituel et agréable conteur.

Peu après, le général d'Aboville vint commander l'école, mais il n'avait point à s'immiscer dans les affaires du régiment. Le professeur Servois, dont le mérite et la réputation étaient établis, y fut également nommé. Enfin, plus tard, le chef de bataillon Cottin, étant entré au dépôt avec quelques-unes de mes compagnies détachées, fut des nôtres.

Je m'acquittai de mes fonctions avec un zèle persévérant, quoiqu'elles m'occupassent assez généralement du matin au soir, et que cette vie sédentaire et de bureau me fatiguât parfois beaucoup et convînt peu à ma santé. Il est vrai que, par compensation, je n'étais contrarié par personne. Le général Lariboisière avait une telle confiance en moi que ce n'est qu'au bout de neuf mois qu'il vint passer une semaine à La Fère pour nous inspecter, ce qui me valut des témoignages flatteurs de sa satisfaction.

A la fin de mars, la célébration du mariage de l'Empereur fut l'occasion de fêtes à Paris. J'y fus appelé, et, lors de la présentation générale, je fus admis à passer devant la nouvelle Impératrice, à lui faire face, à joindre les deux talons et à la saluer, ce à quoi j'employai tout ce que j'avais de grâces. Du reste, je participai aux plaisirs de l'époque. Banquet, feu d'artifice, illuminations et jeux aux Champs-Élysées, voilà en quoi ils consistèrent.

A l'occasion de ce mariage, je fus nommé baron de l'Empire, avec majorat ; cette faveur était accompagnée de 6,000 francs.

Je n'ai jamais fait grand cas des titres de noblesse, parce que je ne comprenais pas que les nobles pussent être une classe d'hommes à part. Je comprenais qu'un homme méritât des distinctions ou s'anoblît par des vertus, des services ou un mérite éminent, mais ma raison repoussait l'opinion que, plus ses descendants s'éloignaient de leur souche, autrement dit plus ils avaient de quartiers, plus ils étaient nobles. Pourtant je ne puis dissimuler que cette nouvelle me fit grand plaisir et me flatta beaucoup. C'est qu'aussi on pouvait s'enorgueillir, à juste titre, de ce qui provenait de cette main-là, et chacun de nous pouvait dire : « C'est le prix de mon sang, de mon dévouement ou de mes bons services. » Cette création d'une nouvelle noblesse a été blâmée par beaucoup de monde dans le temps et depuis, mais il faut dire qu'alors nous sortions à peine de l'ère républicaine, que les esprits et les sentiments étaient généralement républicains, et puis qu'il y avait des envieux ne trouvant rien de bien, parce que la faveur ne les atteignait pas. Que l'Empereur ait agi contrairement au principe de notre révolution, c'est ce qui est incontestable : mais au moins on ne lui refusera pas d'avoir tiré un merveilleux parti de ce nouveau moyen de faveur, qui est devenu, pour les classes militaires supérieures, un puissant stimulant de dévouement. Quoiqu'il en soit, ainsi que je l'ai dit, je fus flatté de la distinction honorifique, dont je venais d'être l'objet.

Dès que je reçus officiellement la lettre d'avis de ma nomination, j'ajoutai mon nouveau titre à ma signature, moins par gloriole que par calcul, me figurant qu'il y aurait de ma part faiblesse ou extrême fatuité à n'oser me qualifier, suivant qu'il avait plu à l'Empereur de le faire. Beaucoup des nouveaux titulaires ne firent pas comme moi et ne se décidèrent à prendre leur titre que plus tard ; je n'ai jamais conçu cette fausse honte ; on doit s'honorer de tout ce qui est honorable.

De retour à La Fère, je voulus, quoique homme de bureau, ne pas rester étranger à mes autres devoirs de chef. Je passais des revues tous les dimanches, en été, et j'étais exigeant pour la position sous les armes, la netteté et la régularité de la tenue ; ensuite je faisais manœuvrer. Or, puisqu'il est question de la tenue, c'est ici le cas de dire qu'alors les canonniers, comme le reste de la Garde, portaient la queue et se poudraient et pommadaient les cheveux : la longueur du ruban, celle de la queue, et l'uniformité de l'épingle d'attache du ruban étaient réglés, et l'on tenait beaucoup à ce qu'il ne manquât rien à cette partie de l'uniforme, dont je condamne l'usage, mais qui était d'un bel effet à l'œil. Je parlerai aussi d'une tenue d'été adoptée dans la Garde, qui paraîtrait bizarre aujourd'hui et ferait jeter un cri général de haro, celle de la culotte de nankin, avec les bas blancs et souliers à boucles d'argent.

C'était pourtant dans cette tenue que quelquefois, à la volonté des chefs, les revues du dimanche avaient lieu, en été ; les officiers portaient aussi la culotte de nankin, mais des bas de soie et des boucles dorées aux jarretières et aux souliers. Alors, on trouvait cela superbe et élégant : c'était la mode : cette reine de la tenue imposait aussi sa loi dans les rangs militaires.

En février 1811, nous apprîmes que notre beau-frère Delélée était mort, le 25 décembre précédent, à l'armée de Portugal, d'une fièvre maligne. Cet événement nous attrista beaucoup et nous donnâmes de sincères regrets à notre excellent ami.

Vers la même époque, le général Lariboisière ayant été nommé premier inspecteur général de l'artillerie, en remplacement du général Songis, décédé, fut remplacé dans la Garde par le général Sorbier. Ce dernier jouissait d'une des plus belles réputations militaires de l'artillerie et avait du faste ; il convenait donc parfaitement à la Garde, sous ce double rapport ; mais on le disait, et il l'était en effet, dur, sec, tranchant. Je ne m'en effrayai pas et j'eus raison ; il fut toujours très bien pour moi. Dans le mois de mai, il vint à La Fère, accompagné du général Desvaux, qui avait remplacé le général d'Aboville dans l'artillerie à cheval de la Garde, et du colonel Drouot.

Pendant huit jours que le général passa à La Fère, ce ne furent que grandes manœuvres de batteries, commandées par le général lui-même, exercices de tir, promenades dans les environs et entre autres à la manufacture de glaces de Saint-Gobain, fêtes, soirées, banquets dont je faisais les honneurs, concurremment avec le général d'Aboville ; enfin La Fère avait un air de vie, que les anciens de la ville ne se rappelaient point lui avoir vu.

Depuis quelques mois, le colonel Pellegrin, directeur de notre artillerie, était à La Fère, occupé de l'organisation d'un équipage d'artillerie de campagne, lorsque le général Desvaux vint aussi s'y établir. Le personnel était déjà considérable, et, de plus, on faisait une remonte de 1,500 chevaux; la besogne ne lui manqua pas plus qu'à moi. Le général, que je connaissais depuis Douai, était un homme doux, aux belles manières, et très aimable. Il avait avec lui sa femme, jeune et jolie personne, fort gaie : ils contribuèrent à répandre de l'agrément dans la société dont ils furent aimés.

Tous ces préparatifs annonçaient suffisamment une guerre prochaine; mais on ne se doutait pas avec qui. Au commencement de février 1812, un bruit vague de départ prochain circulait dans la Garde. Enfin, à la fin de février, nos pressentiments se réalisèrent. L'artillerie de la Garde reçut l'ordre de partir pour Mayence.

CHAPITRE XIV

1812

Campagne de Russie. — Passage du Niemen-Vilna. — Witepsk. — Prise de Smolensk. — Valoutina. — Wiasma. — Bataille de la Moskowa.

L'artillerie de la Garde se mit en route sur trois colonnes. La deuxième, dont on me donna le commandement, partit le 2 mars, et moi comme j'avais, en ma qualité de commandant de dépôt à La Fère, beaucoup de choses à régler, je restai là jusqu'au 8 ; je donnai trois jours à mes parents de Reims et je rejoignis ma colonne à Metz, le 14. Là, on me fit une autre part ; je reçus le commandement de l'artillerie des grenadiers et chasseurs de la Garde. Le chef de bataillon Cottin commandait deux de ces batteries. Toute l'artillerie à pied fut passée en revue par le colonel Drouot sur la petite place de la mairie. Elle était magnifique et était l'objet de l'admiration générale.

Le 16, je continuai ma route sur Mayence, d'où l'on me dirigea sur Dresde, où je devais être rendu le 23 avril. Je passai le Rhin, le 27 mars, et pris ma direction par Francfort, Hanau, Aschaffenbourg, Wurtzbourg, Bamberg, Bayreuth, Münchberg, Plauen, Reichenbach, Chemnitz. Là, je reçus un autre itinéraire ; on voulait ménager Dresde, on changea ma direction, qui devint Glogau. Je passai l'Elbe à Riessa et continuai ma route par Grossenhayn, Hoyerswerda, Sagau, Sorau ; enfin le 5 mai, je m'établis à Gramschütz, village près Glogau, qu'on m'assigna pour cantonnement, jusqu'à nouvel ordre. Notre marche a été lente ; jamais route ne m'a paru plus longue et plus ennuyeuse ; nous allions toujours, sans savoir ni où nous allions, ni quand nous nous arrêterions. Tout indiquait que nous marchions contre la Russie, et s'il fallait aller trouver les Russes chez eux, quelle longueur de chemin à parcourir. Le présent n'offrait aucun intérêt, aucune sensation qui distinguât un jour de l'autre ; une moitié du jour se passait sur les routes, la plupart du temps dans les boues ; l'autre moitié au milieu d'une population, tous les jours nouvelle, pour laquelle nous n'avions pas plus de sympathie qu'elle n'en avait pour nous, et qui était d'ailleurs fatiguée des charges qui pesaient sur elle depuis plusieurs années. La nuit n'arrivait jamais assez tôt pour mettre fin à ce que le jour avait de maussade. L'avenir était vague, et ses chances éloignées ; rien ne se dessinait, il n'y avait pas matière à exercer l'imagination, à réveiller l'enthousiasme. Aussi, n'ai-je jamais moins conservé de souvenirs que de cette époque, et je ne me rappelle pas plus les localités par lesquelles je suis passé que si j'avais été transporté en une nuit de Mayence à Glogau ou Gramschütz. Les capitaines que j'avais avec moi étaient Couin, Pion, Bonafos. J'avais Hortet pour sous-adjudant major.

Nous restâmes assez longtemps à Gramschütz. Autre ennui, le repos nous tuait. J'en profitai pour faire souvent manœuvrer mes batteries et leur donner l'ensemble qui leur manquait.

J'eus le plaisir de voir mon beau-frère Hubert, qui était dans un cantonnement peu éloigné du mien. Cette rencontre me fut une chose douce.

Mon bon camarade Berthier était alors à Glogau ; je m'empressai d'aller l'embrasser. Il me fit faire la connaissance du général d'Anthouard, dont il était chef d'état-major.

Après 15 jours de séjour à Gramschütz, nous partîmes pour Posen, où l'Empereur nous joignit le 29 mai, et, sans nous y arrêter, nous continuâmes notre route sur Thorn. Cette journée-là, ou plutôt la fin de cette journée fut fatigante, à cause de sa longueur et des sables dans lesquels nous étions engagés. A dix heures du soir, nous n'avions encore aucune nouvelle de nos officiers de logement ; je craignais sérieusement de n'être pas sur la bonne route et j'étais embarrassé de ce que nous deviendrions, lorsqu'un officier, qui nous attendait, me montra le lieu où l'on devait parquer. Je rappelle cet incident, tout minime qu'il est, parce que c'est le seul souvenir qui me soit resté de toute la route, depuis Glogau jusqu'à Thorn, tant cette marche offrait peu d'intérêt. Celui qui voyage pour son plaisir, ou pour observer, observe ; le militaire fatigué n'observe rien, quand ce qu'il voit ressemble à ce qu'il a vu. Il lui faut des émotions, des sensations, et il ne s'émeut point facilement. Il admire la belle nature et ne s'extasie pas devant elle. Pour lui, les villes, auxquelles ne se rattachent pas de grands souvenirs, sont comme des bornes millitaires et des poteaux indicateurs des routes et ne laissent point d'autres traces, ou comme des auberges, où l'on est aise d'arriver, et dont la mémoire ne s'étend pas au-delà de l'auberge du lendemain.

A Thorn, nous passâmes la Vistule sur un pont de bateaux. Je ne fis que traverser la ville avec mon matériel et j'allai parquer à une demi-lieue, près d'un petit bois, où tout le monde se baraqua du mieux qu'il put.

Le 5 juin, l'Empereur vint passer mon artillerie en revue. Il n'était pas complimenteur, pourtant il la trouva belle. Il eut la bonté de s'entretenir assez longtemps avec moi, avec ce ton de bonne humeur et séduisant qu'il savait prendre, quand il n'était pas sous l'influence de quelque grande préoccupation. Cela encouragea un de mes capitaines, M. Bonafos, à lui remettre une demande d'emploi de directeur des contributions indirectes pour un beau-frère, qui était tout-à-fait étranger à l'administration. C'était, de prime abord, pousser la prétention un peu haut : néanmoins, l'Empereur l'accueillit, la direction fut accordée.

Je reçus immédiatement de sa bouche l'ordre de me mettre de suite en route, et je partis, à mon grand déplaisir, avant d'avoir pu faire prendre à Thorn un approvisionnement d'avoine. Je rappelle cette circonstance, assez insignifiante en apparence, parce qu'effectivement j'en éprouvai une extrême contrariété, et que je prévoyais, pour ainsi dire, les fâcheux résultats qu'elle devait avoir sur mon attelage, ainsi qu'on le verra plus tard. A cette époque, on n'avait pas encore fait les foins ; on n'en trouvait presque plus, la cavalerie immense qui nous précédait avait presque tout consommé. Force était de couper l'herbe des prairies et, à son défaut, les blés, orges et avoines qui étaient encore en herbe. C'était à la fois détruire les moissons et préparer la perte de nos chevaux, en leur donnant la plus mauvaise nourriture qui leur convînt, dans l'état de marche et de fatigue où on les tenait journellement. Nonobstant, il fallait bien aller; nous tâchions de diminuer le mal, en faisant fouiller tous les greniers, le long de la route et dans les villages les plus rapprochés, quand on en avait le temps. La direction de ma colonne était sur Insterbourg, en passant par Heilsberg et Friedland, lieux célèbres par les batailles qui s'y sont livrées en 1807 et par leurs conséquences. Cinq ans avaient tout à fait effacé les traces de notre passage. Néanmoins j'y suppléai par mes souvenirs; ma pensée anima ces lieux, aujourd'hui si calmes, autrefois retentissants du tonnerre des canons, sillonnés par la mort et traversés dans tous les sens par de nombreuses masses de cavalerie et d'infanterie, se ruant avec acharnement les unes sur les autres ; et je revis avec intérêt, avec émotion même, ce théâtre de si grands évenements et de la plus grande gloire militaire des armées françaises.

Le 17 juin, nous étions à Insterbourg; l'Empereur nous y joignit, venant de Kœnigsberg. Nous nous retrouvions ainsi sur les bords du Niémen, de ce fleuve célèbre par l'entrevue des deux empereurs et du roi de Prusse qui eut lieu sur ses eaux en 1807 et par le traité de paix qui y fut signé. Mais les circonstances étaient bien différentes. En 1807, le Niémen avait été le terme des opérations de notre armée; aujourd'hui, après une marche de 600 lieues sur des terres amies, il devenait comme notre point de départ. Quel serait désormais le terme de la nouvelle carrière où nous allions entrer, carrière dans l'immensité de laquelle notre esprit se perdait? Malgré ce vague de l'avenir, il y avait de l'enthousiasme et même beaucoup; la confiance de l'armée dans le génie de l'Empereur était telle qu'on ne songeait pas même que la campagne pût mal tourner. Cette confiance, je la partageais moi-même à un haut degré ; car, lorsque dans l'entretien que j'eus avec l'Empereur, à l'occasion de la revue qu'il passa de mon artillerie, je lui disais qu'avec des troupes comme les nôtres et une artillerie comme celle qu'il voyait, on pouvait marcher à la conquête de l'Inde, je n'avais asssurément pas l'intention de le caresser, j'exprimais toute ma conviction.

Le 21, nous arrivâmes à Wilkowski, après avoir passé à Gumbinnen. Chemin faisant, nous apprîmes que les négociations entamées pour la continuation de la paix étaient rompues et la guerre déclarée. C'est à Wilkowski que la nouvelle officielle nous en est donnée par cette belle proclamation, où l'Empereur dit : « La Russie est entraînée par la fatalité, ses destins doivent s'accomplir... ». Cette fois, ses paroles, si souvent prophétiques, ne devaient pas l'être ; néanmoins elles agirent puissamment sur les esprits et réveillèrent toutes les ambitions.

A la suite de reconnaissances faites à l'avance, par des officiers déguisés, sur une longue étendue du cours du Niémen, trois ponts sont jetés sur ce fleuve, un peu au-dessus de Kowna, le 24 juin, et de suite l'armée s'y engage.

Les rives du Niémen, sur la rive gauche par où nous arrivions, sont bordées de hauteurs et le long de la rive droite s'étendent de vastes plaines. Les troupes venaient successivement prendre position et garnir ces hauteurs, pour être prêtes à passer les ponts, à mesure que venait leur tour. Il en arrivait de tous les côtés, il semblait qu'elles sortissent de dessous terre. C'était un spectacle magnifique, et peut-être unique dans l'histoire, que celui de 200,000 hommes réunis dans un rayon aussi peu étendu, se pressant incessamment sur les ponts, puis se ralliant dans la vaste plaine de la rive droite et y prenant ensuite diverses directions.

Pendant que ce mouvement s'opérait, l'armée fut assaillie par un orage épouvantable. La pluie tombait en torrent ; le ciel était horriblement rembruni et sillonné, en tous sens, par des éclairs non interrompus ; le tonnerre, dont le grondement était continu, détachait fréquemment des éclats à faire tressaillir. Cependant, cette scène, qui dura longtemps, n'arrêta pas un instant la marche des troupes ; infanterie, cavalerie, artillerie, tous continuaient leur mouvement simultanément, et ce déchaînement inutile du ciel contre la terre formait la scène la plus grandiose que l'esprit humain puisse imaginer.

Je passai le fleuve avec les grenadiers et chasseurs de la Garde et, désormais attaché à la division des chasseurs, sous les ordres du général Curial, j'en suivis tous les mouvements. Rien ne signala ma marche pendant les deux premiers jours, excepté une chaleur insupportable, telle que je n'en avais pas éprouvée de plus forte à Madrid, ce qui s'explique dans ces régions, par la longueur des jours (nous étions par le 55° degré de latitude nord). Dans la nuit du deuxième au troisième jour, entre Ewe et Vilna, un nouvel orage, de la nature du précédent, éclata. Mais la nuit en doublait l'horreur et cachait les désastres qu'une pluie glaciale occasionnait. A la pointe du jour, l'orage était passé, mais il pleuvait encore ; chacun se tire de l'abri plus ou moins mauvais qu'il s'était fait, et moi de dessous mon fourgon, où je trouvais journellement un gîte passable, grâce à certaines dispositions préparées dès longtemps ; mais quel spectacle s'offre à mes yeux ! le quart de mes chevaux étaient gisants, les uns morts ou près de mourir ; les autres grelottants. Vite je fais atteler et repartir ceux qui me restent, de manière à enlever toutes mes voitures, et je mets ce triste équipage en route, pour rendre aux animaux la chaleur dont ils avaient tant besoin et en soustraire ainsi bon nombre à la mort. Les chemins étaient défoncés : il y avait à monter et descendre : de nombreux cadavres de chevaux les encombraient déjà ; moi-même, j'étais obligé d'en laisser à chaque pas ; cette marche jusqu'à Vilna fut pénible. Un épisode que je dois rapporter vint cependant, au milieu de ce désastre, faire une utile diversion à mes ennuis, en me procurant un instant de douce jouissance. Depuis mon mariage, je n'avais jamais rencontré mon beau-frère Louis ; je savais qu'il était adjudant au 61ᵉ régiment, mais l'occasion ne s'était pas encore présentée de me rapprocher de ce corps. Chemin faisant, je vois, non loin de la route, le baraquement d'un régiment, je demande quel est ce corps, c'est le 61ᵉ ; j'y cours, je cherche, j'arrive à la baraque de mon adjudant, je vois un grand corps, affublé d'une couverte, sortir d'une petite ouverture, l'air grognon d'avoir été réveillé, c'était Louis. Je lui dis qui je suis, je l'embrasse, nous échangeons quelques compliments, nous nous promettons de ne manquer aucune occasion de nous voir, et je me sauve.

Arrivé, le 30 juin, dans la capitale de la Lithuanie, je récapitulai de suite mes pertes. Il me manquait 90 chevaux du train et 70 petits chevaux de paysans. C'était l'attelage de plus de 20 voitures ; comment annoncerais-je ce désastre au général Sorbier, qui, la veille, m'avait complimenté sur le bon état de mon attelage ? J'allai pourtant lui faire mon rapport ; je m'attendais à une sorte de stupéfaction de sa part, mais déjà il avait été prévenu des pertes faites dans d'autres divisions, il apprit les miennes sans émotion apparente.

Il était évident que les résultats de cette déplorable nuit ne pouvaient être attribués à un défaut de soins, puisqu'ils ont été communs à toute l'armée; néanmoins je restai persuadé que, si j'avais pu emporter de Thorn l'approvisionnement d'avoine que je devais y prendre et dont j'ai déjà parlé, le mal n'eut pas été si grand.

Effectivement on ne peut pas se dissimuler, que si cet orage extraordinaire, cette pluie glaciale, phénomènes atmosphériques sans exemple dans nos contrées, ont été la cause déterminante du mal, le défaut d'avoine et l'obligation de manger du vert n'aient beaucoup affaibli les chevaux et ne soient la cause première des effrayants résultats de la nuit en question.

Avant de quitter ce sujet, je dois dire que, dans toute ma carrière militaire, je n'ai jamais été témoin d'un événement aussi extraordinaire, ni même qui eut la moindre analogie avec celui-ci. C'est une leçon à ne jamais oublier.

Je profitai de notre repos pour refaire mes provisions et bien garnir mon fourgon, mesure d'autant plus indispensable que, depuis notre entrée en Lithuanie, nous ne pouvions plus rien exiger des habitants, c'était à nous de pourvoir, à nos frais, à tous nos besoins. Cette condition nous parut dure, car la guerre doit nourrir la guerre, mais l'Empereur voulait ménager les Lithuaniens ; il était même question de rétablir le royaume de Pologne; il y avait donc lieu de se résigner à un état de choses, dont on sentait la nécessité. Il n'y a point de peuple qui, sous ce rapport, entende plus facilement raison que le Français. Il comprend parfaitement les convenances et les exigences de la politique. Il faut pourtant dire, à la louange des Lithuaniens, qu'ils appréciaient notre discrétion et qu'ils nous accueillirent avec sympathie.

Cependant, l'armée n'était point stationnaire, comme la Garde. Son mouvement en avant se continuait sans opposition de la part des Russes ; il ne se passait aucun engagement sérieux. Notre repos à Vilna n'était pas perdu, notre artillerie réparait ses pertes et réorganisait ses attelages.

Enfin, l'Empereur devant se mettre en route, nous quittâmes Vilna le 16 juin, pour nous porter sur Witepsck, en passant par Glubokœ et Ostrowno. Les Russes, ayant fait mine de tenir près de ce dernier endroit, furent repoussés avec une grande vigueur. Nous approchions de Witepsck, où l'on savait qu'il y avait un camp considérable et une bonne position à défendre; le combat d'Ostrowno fit croire qu'enfin l'armée russe était décidée à nous y attendre et à nous disputer le terrain jusque-là. L'armée s'en réjouissait, c'était le but auquel elle aspirait depuis longtemps; mais cette fois encore l'ennemi évacua la belle position qu'il occupait et notre espoir fut déçu.

Le 31 juillet, l'Empereur entra à Witepsck et, moi, je pris position avec mon artillerie sur les débris du camp qui venait d'être abandonné. Jusque-là, l'artillerie de la Garde n'avait pas encore tiré un coup de canon; mais elle était fatiguée des dernières marches qu'elle venait de faire dans des chemins boueux et défoncés, à travers des bois qui ne permettaient aucun écart à droite ou à gauche ; quelques jours de repos lui convenaient parfaitement.

Nous avions déjà fait 650 lieues depuis La Fère; cette distance nous paraissait immense, et nous aimions à penser que nous ne pouvions plus aller loin. La mauvaise saison, disions-nous, commence de bonne heure dans ce pays-ci, il est donc prudent de ne pas s'engager trop avant. D'ailleurs, ne sommes-nous pas maîtres de la partie de la Pologne échue à la Russie dans les différents partages, pays immense qu'il faut protéger et organiser pour en tirer un puissant appui ? N'avons-nous pas été vainqueurs, et sans grande effusion de sang, dans les divers combats que nous avons eus avec les Russes ? Ces résultats ne sont-ils pas assez satisfaisants? Et puis, placés entre la Dwina et le Dnieper, au point où ces deux fleuves sont le plus rapprochés, ne pouvons-nous pas y prendre une solide position, couvrir ainsi la Lithuanie, dont nous recevrons des vivres facilement et avec abondance, et attendre là qu'une nouvelle campagne nous porte de prime abord au cœur de la Russie? Telles étaient mes pensées ; il semblait qu'alors j'eusse un secret pressentiment des malheurs qui nous accableraient, si nous allions plus loin.

Pendant que je laissais ainsi mon imagination se promener dans l'avenir, je n'oubliais pas le présent. Il fallait vivre et nous ne recevions ni pain, ni viande. J'organisais donc des maraudes régulières pour nous procurer bœufs, moutons, blé, seigle ou farine. Ensuite, il fallait faire tuer, moudre, pétrir et cuire, et c'est ainsi que j'assurais la subsistance de ma troupe.

J'allais tous les jours en ville pour savoir d'où venait le vent. L'Empereur y organisait les divers services ; on avait démoli des maisons pour agrandir une place, où il y avait parade tous les jours ; tout indiquait qu'il prenait une assiette stable.

La Dwina ne me parut pas avoir plus de 140 mètres de largeur, ni rouler un grand volume d'eau. Ses bords ne sont point encaissés, son courant est peu rapide, et, considéré comme barrière, ce fleuve m'a paru peu important, au moins dans les environs de Witepsck.

Après huit jours de bivouac, je fus envoyé dans un village, à deux lieues de la ville. Hommes et chevaux, tout fut logé, et ce fut un grand bien, car aucun arbre ne nous abritait dans notre première position, et nous étions, pendant les longues journées de l'époque, exposés à toute l'ardeur du soleil et à une chaleur insupportable.

Depuis mon départ de Vilna, je n'avais point couché dans une maison ; j'en appréciai d'autant mieux le mérite de mon château, car c'était dans un château que je logeais, mais un château de Pologne et sans maître. La dame du lieu qui habitait Witepsk vint avec empressement m'y voir et me procurer quelques ressources d'ameublement. Pour des vivres, c'est moi qui lui en offris, et j'eus un grand plaisir à lui faire manger de la cuisine française, arrangée par mon cuisinier qui était assez bon. Cette dame, dont je regrette d'avoir oublié le nom, parlait très bien français et était fort aimable ; mais c'était une vraie tête polonaise, d'une exaltation remarquable, ayant les Russes en horreur. Elle se livrait avec bonheur à l'espoir que l'Empereur allait rétablir le royaume de Pologne ; c'était, me disait-elle, le vœu le plus ardent des Lithuaniens ; l'Empereur n'avait qu'à le combler, et le pays recevrait ce bienfait avec enthousiasme, se lèverait en masse, et l'aiderait de toutes ses ressources, tandis que, dans l'incertitude où on les laissait sur leur avenir, il y avait crainte, l'élan étant retenu. L'avenir n'a que trop justifié et leur incertitude et leur circonspection.

Le 13 août, la Garde part de Witepsk et je la rejoins. Nous nous dirigeons à marches forcées, à travers les bois et par de mauvais chemins sur le Dnieper, ou l'ancien Borysthène, que nous passons le 14, à Rassasna, sur des ponts de bateaux. A l'occasion de cette marche, je me rappelle que mon artillerie s'est trouvée, pendant toute une nuit, à la suite de l'équipage de ponts, dont la marche était souvent arrêtée et d'une lenteur désespérante, ce qui a valu à l'équipage un concert de bénédictions.

Ce vieux nom du Borysthène, auquel s'attachent des souvenirs classiques, me fit voir ce fleuve avec un intérêt particulier.

La Garde s'étant ralliée à une demi-lieue du passage, j'ai été témoin, pendant la halte, d'une scène amusante. Non loin de mon bivouac et contre une petite maison, se trouvaient une douzaine de ruches à miel, que quelques soldats amateurs s'avisent d'aller fouiller. Le trouble est dans les abeilles, elles se ruent sur les indiscrets et les obligent à une prompte retraite ; mais voilà que, sur ces entrefaites, un bataillon en marche vient à passer près des ruches ; soudain les abeilles se précipitent avec rage sur ces passants inoffensifs et en un instant le bataillon est dans une véritable déroute. C'était une chose vraiment comique et à laquelle, après longues années, je ne puis penser sans rire, de voir les soldats s'éparpiller, se démener dans tous les sens pour s'éloigner et se débarrasser de leurs singuliers assaillants. Il y a peut-être de la niaiserie à rapporter un pareil fait, mais je n'ai point d'autre but que de passer en revue mes souvenirs, ceux du bien comme ceux du mal, au moins celui-là n'a rien que de riant, pour qui a vu le tableau. Il prouve encore qu'au milieu de nos graves préoccupations, il fallait peu de chose pour faire une utile diversion à nos soucis, et l'on est heureux d'être ainsi organisé.

Le même jour, nous couchons au delà de Krasnoé ; le lendemain, c'était le jour de la fête de l'Empereur, nous le célébrons, à la halte, en tirant les salves d'usage, et, par une circonstance particulière qui attache un nouvel intérêt à ces salves, c'est la poudre prise au combat de Krasnoé qui en fait les honneurs. A cette même halte, on me charge d'emmener six pièces de canon russes, trophées de Krasnoé, qui excitèrent alors notre curiosité parce qu'ils étaient nouveaux et les premiers que nous vissions depuis l'ouverture de la campagne.

Enfin, le 17 au matin, nous arrivons devant Smolensk ; on s'y était battu la veille, on continuait, ce jour-là, dans le but de prendre la ville d'assaut ou de vive force.

Smolensk est une ville considérable, de plus d'une lieue et

demie de circonférence, partagée en deux parties distinctes par le Dnieper. La partie qui s'offre à nous est bâtie sur une colline ; des murailles élevées et très épaisses, garnies de nombreuses tours et précédées d'un chemin couvert et d'un profond ravin, qui tient lieu de fossé sur tout le front par lequel nous arrivons, l'entourent ; sa citadelle cependant est bastionnée. Son aspect est imposant : les dômes de ses églises ont quelque chose d'asiatique. C'est la première ville de la Russie sur cette frontière, la ville sainte, une sorte de boulevard contre les Lithuaniens. Sa prise était pour nous de la plus haute importance, comme place d'armes, soit que nous voulions aller plus loin, soit que nous nous y arrêtions, et comme ville de ressources. Aussi les soldats se battaient-ils avec acharnement, heureux de pouvoir enfin aborder ces Russes qui avaient fui si longtemps devant eux et les avaient menés dans des contrées si éloignées ! heureux de pouvoir enfin en finir, car ils supposaient qu'une seule bataille, franchement gagnée, déciderait de la paix !

Pendant toute l'action, l'artillerie de la Garde resta stationnaire, à l'exception de trois batteries qui furent appelées à battre en brèche. Placé en batterie en avant des lignes d'infanterie qui couvraient le quartier général de l'Empereur, et à une portée de canon des remparts, elle fut témoin d'une partie de cette lutte sanglante, sans avoir à y prendre part.

Si l'attaque était vive, la défense n'était pas moins opiniâtre. On parvint pourtant à débusquer les Russes des faubourgs, à les réduire à la défense intérieure, et à établir des batteries qui battaient le pont de communication d'une partie de la ville à l'autre. Un bastion était ouvert par la brèche ; les portes pouvaient être brisées, la retraite était devenue difficile, tout indiquait donc la fin prochaine de cette scène de carnage. Cependant les Russes tinrent bon jusqu'à la nuit. Alors se manifesta un incendie qui, se développant et s'étendant d'instant en instant, finit par couvrir la ville.

A travers l'horreur de ce spectacle, les tirailleurs russes, postés sur les remparts et se détachant sur ce fond de flammes, comme des diables au milieu des enfers, ou comme des ombres chinoises, offraient un aspect pittoresque tout-à-fait nouveau. Le développement si prompt de cet incendie ne laissait pas de doute qu'il ne fût l'ouvrage des Russes ; il nous contrista, moins à cause de l'effet moral que produit toujours un grand désastre et des ressources de toutes espèces que les flammes dévoraient, que parce qu'il annonçait, de la part de l'ennemi, une exaspération qui ne laissait plus d'espoir d'arrangement et qu'il éclairait en quelque sorte tout notre avenir.

Le lendemain 18, l'armée prend possession de la ville, que les Russes avaient évacuée pendant la nuit, et l'Empereur y établit son quartier général. Moi, je m'installe avec mon artillerie et celle de Cottin dans le faubourg Nokolskoï, au milieu des morts qui couvraient encore ce théâtre de carnage. Nous y trouvons une maison fort humble et non ensanglantée, nous nous y logeons et, tout aussitôt, la curiosité nous pousse en ville. Les abords de la porte, l'intérieur d'une batterie en fer à cheval qui couvre la porte, sont jonchés de tués, Russes surtout ; c'est un tableau hideux. En ville, la scène est encore plus horrible : maisons en flammes, maisons brûlées, ruines, cadavres, population au désespoir, tableau de la misère sous les formes les plus déchirantes, tel est l'attristant spectacle qui se présente à nos yeux. L'église la plus considérable de Smolensk est encombrée d'hommes, de femmes, d'enfants qui sont allés y chercher un refuge, le parvis même en est couvert : quelle expression sur toutes ces physionomies ! L'âme en est déchirée.

Nous arrivons à la porte de la ville qui donne sur le Dniéper. Elle est fermée, des coups de fusil se font entendre au dehors. Je monte dans un logement qui est établi au-dessus de cette porte, et de là, par des croisées ou plutôt des lucarnes qu'on n'aborde qu'avec précaution, je découvre et le cours du fleuve, et le pont dont il ne reste que des débris, et l'autre partie de la ville qui est bâtie sur le penchant d'une colline. Elle est encore en proie aux flammes et les ravages de l'incendie y sont plus grands que sur la rive gauche. Quelques tirailleurs, postés derrière les ruines ou dans les jardins, tirent et ripostent à des soldats français qui sont sur notre rive. Dans la chambre même où je suis, un officier, à épaulettes de colonel, se poste à une lucarne, fait le coup de fusil et décharge successivement les fusils du poste sur les tirailleurs ennemis, quand un paysan se glisse dans une nacelle et se dirige vers notre rive. C'est désormais sur lui que tire mon officier ; il est atteint d'une balle, regagne vite son point de départ et parvient à se cacher avant qu'un autre projectile vienne l'achever. Je demande quel est ce tireur ? C'est le maréchal Davout lui-même. J'en suis tout saisi.

Cependant les restes mortels du général Gudin, général d'une haute réputation, blessé mortellement au combat de Valoutina, ayant été rapportés à Smolensk, on les enterra dans un bastion de la citadelle, avec un appareil digne d'un homme si justement estimé, aimé et regretté. Cette cérémonie, à laquelle j'assistais, me parut avoir un caractère imposant et grave. Il était facile de voir, dans ce silence morne et religieux, qu'une grande pensée se rapportant à l'avenir préoccupait tous les esprits, indépendamment des regrets donnés à l'illustre défunt.

Effectivement, c'était pour tout le monde assez de fatigues, de chances et de gloire, pour une campagne ; personne ne se souciait d'aller plus loin ; le besoin et le vœu de s'arrêter étaient sentis et exprimés franchement par tous. Que déciderait l'Empereur dans cette grave circonstance ? C'était le motif de l'anxiété générale que je partageais moi-même très vivement.

Notre marche forcée de Witepsk sur Smolensk n'avait point pour but définitif d'aller à Moscou ; ce n'était qu'une manœuvre inspirée à l'Empereur par un de ces éclairs de génie qui le distinguaient si éminemment et qui l'avaient si admirablement servi jusqu'alors. Le but de l'Empereur était moins d'enlever Smolensk que d'y passer le Dnieper, pour tomber ensuite, par un changement de direction à gauche, sur les derrières de l'armée russe qui avait pris, entre la Dwina et le Dnieper, une position parallèle à celle que nous occupions en avant de Witepsk, couper sa ligne de communication avec Moscou et la séparer de ses corps détachés. Cette conception brillante, audacieuse, qui pouvait avoir des résultats immenses et conduire à une paix prochaine, ne les eut pas, et ne nous valut que la prise de Smolensk, où nous arrivâmes une demi-journée trop tard, devancés malheureusement par un corps d'armée russe. Mais cette prise, seule, était déjà un grand résultat ; elle donnait une grande valeur à notre position de Witepsk : c'était une tête d'avant-garde excellente.

Mais la fatalité entraînait l'Empereur vers Moscou ; c'étaient ses destinées et non celles de la Russie qui devaient s'accomplir.

Le 24, il passa en revue, dans Smolensk même, toute l'artillerie de la Garde, que quelques jours de repos avaient rendue à sa beauté ordinaire, et, le soir du même jour, il la fit partir dans la direction de Moscou.

En passant sur le champ de bataille de Valoutina et sur le pont, près duquel le général Gudin avait été blessé à mort, je donnai une triste pensée à la mémoire de ce digne général. A peu de distance de là, en montant vers le village de Loubino, la route et les à-côtés, les pentes de la colline, étaient encore encombrés de morts russes ; les lignes de bataille étaient tracées par les cadavres ; l'air en était infecté.

Dorogoboni et Wiasma sont les seules villes, méritant un peu ce nom, que l'on rencontre jusqu'à Gjatz, distance de dix jours de marche. Ces villes et les villages sur la route avaient été incendiés par nos ennemis, ce qui indiquait de leur part un plan arrêté de ne nous laisser que des ruines. Notre marche n'a point été sensiblement retardée par les Russes ; cependant, chaque jour, notre avant-garde était aux prises avec eux, et ils avaient l'air de ne nous céder le terrain que parce que cela entrait dans leurs convenances : leur attitude était même quelquefois telle que nous nous sommes attendus à une bataille.

En revanche, la marche a été très fatigante ; elle était lente à cause des ponts qui formaient défilé et de l'accumulation de toute l'armée sur la même route ; la chaleur était extrême, l'eau quelquefois rare, et les moyens de nourriture dépendaient journellement de la bonne direction que je donnais aux maraudes que j'organisais, et de l'activité intelligente des hommes que je mettais à l'œuvre ; car il fallait qu'ils fussent meuniers, boulangers ou bouchers. Je n'ai peut-être jamais plus souffert de la chaleur et de la soif que pendant ces dix jours : je m'étais fait une règle de m'abstenir d'eau : je trouvais beaucoup plus de soulagement et moins de danger à prendre de temps en temps une goutte de rhum ; une seule goutte suffisait pour m'humecter le palais et étancher ma soif.

Il me reste peu de souvenirs des lieux, tant l'aspect en est uniforme. Terrain peu accidenté, n'offrant rien de tranché ; d'assez belles moissons ; beaucoup de forêts, où le bouleau paraît être l'essence de bois la plus ordinaire ; de très larges routes non empierrées, dont le tracé sur le terrain est indiqué, de chaque côté, par une ou deux rangées d'arbres magnifiques : tel est le tableau que chaque jour nous offrait.

Wiasma m'a paru mieux bâtie, car l'incendie n'avait consumé qu'une partie de la ville, et offrir plus de ressources que ce que j'avais vu depuis Smolensk. Son site aussi était plus frais, plus riant.

A Gjatz, on apprit qu'enfin l'armée ennemie s'était arrêtée sur les hauteurs de Borodino, s'y retranchait et paraissait vouloir s'y défendre. C'était tout ce que nous désirions. L'Empereur s'y arrêta deux jours, nous y fit prendre des vivres et vint établir, le 5 septembre, son quartier général près de Waloniewo, à une lieue environ de la position qu'occupait l'ennemi. Sa tente fut placée au milieu de sa Garde ; elle était un peu au-dessous et très près de la position, où mon artillerie était en batterie.

Le soir de ce jour, une redoute, construite sur un mamelon peu élevé et qui couvrait le centre de la position des Russes, fut enlevée par le 61e régiment. L'attaque fut vive et prompte et la défense opiniâtre, et, à en juger par le bruit du canon et de la fusillade, par l'épaisse fumée qui s'élevait du lieu du combat, l'action devait être meurtrière. Les éclairs qui se détachaient du milieu de la fumée, car nous étions à la chute du jour, rendaient ce tableau assez pittoresque, vu du point où j'étais.

Quand j'appris que c'était le régiment où était mon beau-frère Louis qui avait enlevé la redoute, je conçus quelques inquiétudes ; je ne fus rassuré que le lendemain.

Le 6, au matin, dès qu'on vit l'armée russe dans la même position, malgré l'échec de la veille, il ne fut plus possible de douter que la bataille aurait lieu. L'Empereur monta à cheval et nous attendîmes. Pour nous, la journée se passa dans cette attente ; pour d'autres, elle se passa en mouvements préparatoires. A 750 ou 800 lieues de notre pays, c'était un grand événement que celui qui se préparait ! Aussi me fit-il faire de sérieuses réflexions. Si nous sommes battus, quelles épouvantables chances ne courons-nous pas ! Un seul de nous peut-il espérer rentrer dans sa patrie ! Si nous sommes vainqueurs, la paix s'ensuivra-t-elle immédiatement? Cela n'est pas probable, dans l'état d'exaspération, non équivoque, de la nation russe. Dans tous les cas, combien terrible et sanglant devait être le choc de deux armées si nombreuses et dont l'exaltation, quoique provoquée par des motifs différents, était à son comble! Dans une situation d'esprit semblable, une journée est longue. C'était pour moi une habitude de consulter souvent mes cartes, ou au moins de les déployer, n'aurais-je eu rien à leur demander; les idées naissent de cette vue. Je me rappelle donc que, parcourant celle des lieux où nous étions, je vis avec une sorte d'intérêt que nous nous trouvions dans la région la plus élevée de la Russie; que nous étions dans les affluents et non loin de la source du Volga, de ce grand fleuve qui, après avoir traversé la Russie européenne, va se jeter, en Asie, dans la mer Caspienne; que les sources du Borysthène qui s'écoule dans la mer Noire, et de la Dwina qui se jette dans le golfe de Bothnie, étaient aussi très rapprochées de nous; et, suivant de la pensée le cours de ces fleuves, à destinations si différentes et si éloignées, mon esprit prit plaisir à s'égarer un instant dans le vague de l'immensité.

Le soir du même jour, la Garde passa la Kalocza et alla prendre possession de la redoute, dont on s'était emparé la veille, pour être prête aux éventualités du lendemain. Mon artillerie fut placée entre un petit bois et cette redoute. Une proclamation de l'Empereur, qui nous fut remise alors, ne laissa plus de doute que le moment de vaincre était arrivé, et les feux nombreux de l'armée russe qui couvrait les hauteurs, en avant de nous, nous faisaient voir que nous n'avions plus qu'un pas à faire pour être aux prises. Cette nuit, les sérieuses réflexions que j'avais faites dans le jour se présentèrent de nouveau à mon esprit, un peu aux dépens de mon sommeil; enfin, le sommeil prit le dessus.

Le lendemain 7, à cinq heures du matin, sans tiraillements préliminaires, une vive canonnade s'engage; la bataille est commencée. Je ne chercherai point à la décrire; je ne rapporte que des souvenirs, et ces souvenirs se bornent naturellement aux impressions que j'ai reçues.

J'ai dit tout à l'heure que la Garde était en deuxième ligne; toutefois, elle était encore assez rapprochée de la position de l'ennemi pour que, dans le commencement de l'action, quelques boulets l'aient dépassée. C'est par un de ces coups perdus que le capitaine Pautinier, commandant une batterie attachée à la division Frederich, fut tué près et même en arrière de nous, avant que sa division entrât en ligne. C'était un de mes anciens camarades du 5ᵉ à cheval : sa mort me peina. L'Empereur s'établit de sa personne près de sa Garde, et là, dans l'attitude d'un homme profondément absorbé, il se tint, pendant une grande partie de la journée, se promenant les bras derrière le dos, s'arrêtant, se reposant, tantôt appelant le prince de Neufchâtel, Berthier, tantôt recevant des officiers d'ordonnance, d'état-major, et généraux, qui venaient lui faire le rapport de ce qui se passait et prendre ses ordres, ou bien entretenant les officiers généraux blessés, qui arrivaient d'instant en instant. Les officiers de sa maison se tenaient à distance de lui, toujours prêts à monter à cheval, et moi, par un heureux hasard, je ne me trouvais pas éloigné de lui de plus de soixante pas.

C'était une chose imposante que le silence qui régnait autour de lui et dans toute la Garde, et ce silence faisait un singulier contraste avec le vacarme épouvantable qui retentissait à nos oreilles ! Il s'agissait de si grandes destinées, et ces destinées nous touchaient de si près, que chacun de nous devait entrer dans la pensée de l'homme extraordinaire à qui elles étaient confiées.

Mon attention était partagée entre ce sombre tableau et la scène sanglante qui se passait près de nous et dont nos regards pouvaient facilement embrasser une partie. Trois redoutes canonnaient les hauteurs qui étaient en face et faisaient un feu d'enfer ; dans les intervalles et sur les pentes, on voyait les lignes russes, et les mouvements de l'infanterie, de la cavalerie et de l'artillerie françaises, dirigées vers ces lignes et ces redoutes ; mais, à travers la fumée et la poussière, tous ces objets étaient un peu confus, et il n'était pas possible d'apprécier le mal. J'ai suivi des yeux, pendant assez longtemps, trois batteries de la Garde ; elles étaient sous un feu nourri de mitraille et couvertes d'une grêle de balles dont on pouvait voir la chute par la trace de poussière qu'elles soulevaient. Je les croyais perdues, au moins à moitié ; heureusement les Russes tiraient mal et surtout trop haut.

Cependant, nous apprenions, de temps en temps, les succès des diverses attaques, mais nous savions aussi que le terrain gagné et les redoutes prises avaient été achetées au prix de bien du sang. Accoutumés que nous étions, sous l'Empereur, à voir ses moyens stratégiques produire des résultats prodigieux, nous nous attendions à voir, d'un instant à l'autre, sa figure s'épanouir, devenir radieuse, comme elle était dans les jours de haute prospérité, et annoncer quelque nouveau prodige. Vain espoir !

Enfin, après la prise des redoutes et de la première position de l'ennemi, la vieille et la jeune Garde se portèrent en avant. Etait-ce le moment décisif? Je le pensais, ou, pour mieux dire, nous le pensions tous. Notre ardeur, engourdie par au moins six heures d'attente et d'inaction, se réveilla bientôt et ce mouvement eut quelque chose de solennel, de grave comme la circonstance, qui indiquait assez que chacun ferait son devoir. Mais les deux Gardes s'arrêtèrent sur les hauteurs dont on venait de s'emparer. De là, on découvrait les lignes de l'armée russe, dans un ordre parfait, et prêtes à recevoir une nouvelle attaque ; après avoir reconnu l'état des choses, l'Empereur se borna à lancer la jeune Garde en avant pour appuyer les corps d'armée et entretenir un feu qui gênât la retraite des Russes et, regardant l'affaire comme finie, nous renvoya dans notre première position. Ainsi se termina pour moi cette mémorable journée, sans que j'aie tiré un seul coup de canon. Nous rentrâmes dans nos bivouacs, consternés du bel ordre dans lequel nous avions vu l'armée russe opérer sa retraite et du peu de résultats obtenus après une affaire aussi longue, aussi générale et aussi sanglante. Qu'avions-nous gagné en effet ? une position, rien de plus. L'avenir commença dès ce moment à m'apparaître sous des couleurs sombres.

Je profitai de mon retour pour examiner un peu le champ de bataille. Il était difficile de passer sans marcher sur quelques cadavres. La terre en était jonchée ; entre les redoutes, les lignes de bataille, les carrés étaient tracés par les morts ou les blessés restés sur place ; dans les redoutes et en arrière d'elles, les Russes étaient les uns sur les autres ; en avant au contraire, c'étaient des Français. A ce spectacle horrible, on pouvait juger de l'acharnement réciproque des deux armées. Il est vrai de dire pourtant que, si par place il y avait plus de Français que de Russes, sur d'autres points les Russes étaient beaucoup plus nombreux et que, somme toute, leurs pertes ont été plus considérables que les nôtres. (On a évalué depuis que l'armée française a eu de vingt à vingt-deux mille tués ou blessés, et l'armée russe de quarante-cinq à cinquante mille. Cette grande différence s'explique par cette circonstance que les Russes ont tenté à plusieurs reprises, et avec opiniâtreté, de reprendre leurs positions, sans pouvoir y parvenir.)

Le lendemain matin, les restes d'un hourra qui eut lieu sur notre droite nous donnèrent un instant d'émoi. La journée fut froide ; il faisait un grand vent, accompagné d'un peu de pluie. C'était la première atteinte de la mauvaise saison.

Je reçus sous mon fourgon, ou plutôt sous ma tente, l'officier d'ordonnance d'Hautpoul, qui était chargé de prendre près de moi divers renseignements, et je le fis participer à mon dîner, dont il s'accommoda très bien, quoique accoutumé à un meilleur ordinaire : celui de la maison de l'Empereur.

Le soir, je partis avec la vieille Garde, pour aller prendre position à une demi-lieue, en deçà de Mojaïsk. Nous étions là en première ligne ; il était question que mon artillerie attaquerait la ville à la pointe du jour, et, dans cette attente, nous allumâmes nos feux de bivouac qui ne m'empêchèrent pas de trouver la nuit froide. A peine le jour commence à poindre, quelques coups de fusil se font entendre ; nous courons à nos pièces ; nous ne pouvons encore voir à plus de 3 à 400 mètres. Enfin nous commençons à apercevoir la ville, mais point d'ennemis. Ils s'étaient retirés pendant la nuit et, en ce moment, leur arrière-garde paraissait encore sur les hauteurs, au bas desquelles se trouve Mojaïsk, suivie par nos éclaireurs : de là les tiraillements que nous entendions.

Ce jour-là, l'Empereur établit son quartier général et sa vieille Garde dans la ville ; mon artillerie et celle de mon fidèle Cottin, placées en dehors, sur les hauteurs et sur la route de Moscou. Nous y restons jusqu'au 12 et nous nous acheminons ensuite sur cette ville. Le 14, à une lieue en deçà de Mojaïsk, des retranchements nouvellement élevés nous indiquent l'intention qu'avait eue l'ennemi d'y faire résistance. Un peu plus loin est une hauteur, de laquelle nous apercevons soudain Moscou. Je ne dirai point de quel transport je fus saisi à cet aspect magnifique, à la vue de ces dômes dorés, de ces coupoles de toutes couleurs et sans nombre qui donnent à cette immense cité un caractère tout à fait asiatique. Un tableau pareil ne peut se peindre ; ou plutôt pour l'admirer, le comprendre, le sentir comme j'ai fait, il faut arriver de 800 lieues à travers toutes les privations, les fatigues et les mauvaises chances de la guerre ; il faut arriver, en vainqueur, avec toutes les illusions de la gloire, et les excitations de l'orgueil national ; il faut y voir le terme prochain de ses maux et l'espoir d'un prompt retour, auquel se rattachent mille idées de bonheur ; il faut enfin savoir tout ce que renferme de souvenirs cette ancienne capitale de la Moscovie, berceau du grand empire, dite *la sainte*, et si vénérée des Russes.

CHAPITRE XV

1812-1813.

Incendie de Moscou. — Retraite. — Bataille de Malo-Jaroslawetz. — Smolensk. — Combat de Krasnoë. — Passage de la Bérésina. — Vilna. Kœnigsberg. — Posen. — Retour à La Fère.

Le soir du même jour, 14 septembre, nous nous établissons dans un des faubourgs, à gauche de la route et près du pont de la Moskowa.

Déjà une partie de l'armée était entrée en ville ; nous savions que presque toute la population avait fui, mais que ses ressources étaient immenses et intactes ; l'ivresse était générale ; il tardait à chacun d'être au lendemain pour y faire son entrée triomphale ; nous avions une curiosité, incomparablement plus dévorante que notre appétit.

Mais voilà que, pendant la nuit, se manifeste un incendie, puis un second, puis un troisième et, de proche en proche, un nouveau. Ces divers incendies, dont rien n'arrêtait la propagation, prirent bientôt un accroissement rapide et prodigieux, tel que, bien que la partie de la ville qu'ils dévoraient fût la plus éloignée de nous, il nous était facile de lire à la lueur des flammes, et qu'avant le point du jour le feu nous paraissait embrasser au moins une demi-lieue, de la droite à la gauche, et cela sans solution de continuité, comme s'il fût sorti d'un seul et même foyer. Ce feu, différemment nuancé, entre le rouge et le bleu, suivant les matières qui le produisaient, ces noirs tourbillons de fumée qui les traversaient et s'en dégageaient, offraient un tableau horrible, tel peut-être que l'histoire n'en dépeint un semblable; à moins que ce ne soit l'incendie de Troyes, ou celui de Rome, sous Néron. J'en étais profondément affecté et tout le monde paraissait partager ma triste pensée. En effet, que d'existences, que d'intérêts, compromis par ce désastre ! et même, en ne rapportant ses conséquences qu'à nous, car si le *moi* est le caractère de l'homme dans les circonstances ordinaires, il l'est surtout dans les grandes calamités, que de ressources étaient dévorées qu'il devait nous être très utile de conserver! Comment pourrions-nous nous établir et vivre au milieu de ces ruines ! Telles étaient les tristes réflexions qui remplissaient mon esprit.

Le lendemain 15, je reçus l'ordre d'entrer en ville. Le feu n'avait point encore gagné cette grande anse, formée par la Moskowa, entre le Kremlin et l'entrée par la route de Mojaïsk. C'est dans cette partie que je plaçai mon artillerie, sur une très grande place, qui est à droite et non loin de l'entrée. Je logeai mon personnel dans les maisons voisines, et moi-même je m'établis dans l'une d'elles. L'habitation était belle, mais pas un habitant pour en faire les honneurs. Tout était silencieux autour de nous et ce silence même avait quelque chose d'effrayant. Nous savions que les prisons avaient été ouvertes et que des matières incendiaires avaient été distribuées aux prisonniers, avec ordre de propager l'incendie partout ; déjà même on en avait pris sur le fait et j'avais vu de ces brigands, à l'aspect sauvage et horrible ; il y avait lieu d'être dans un état continuel de défiance et sur ses gardes ; je fis donc fouiller à fond, et ma maison, et toutes celles occupées par ma troupe, avec ordre de surveiller toutes celles qui étaient à proximité.

Cependant, le feu s'étendait toujours ; un grand vent du nord s'étant élevé, ses progrès devinrent de plus en plus rapides et, pendant la nuit, il se rapprocha sensiblement du quartier où j'étais. Déjà même des flammèches, portées par le vent, arrivaient jusque près de mon parc. J'en conçus beaucoup d'inquiétude et je ne me rappelle pas avoir passé une nuit plus agitée. Je ne recevais pas d'ordres et pourtant il m'était évident que je finirais par être envahi par les flammes ; je résolus donc d'aller moi-même au Kremlin rendre compte au général Curial de l'état des choses et demander à sortir de cet enfer. En attendant le point du jour, je fis éloigner de mes caissons le foin et la paille qui s'y trouvaient ; je postai des canonniers pour veiller à la chute des flammèches, quoiqu'avec des caissons, aussi bien fermés que les nôtres et recouverts en tôle, il y eût peu à craindre ; et je donnai des ordres pour qu'en mon absence on sortît de la ville, dans le cas où l'incendie menacerait d'atteindre la seule rue par laquelle on pouvait se retirer.

Dès que le jour parut, je me dirigeai à cheval sur le Kremlin, accompagné d'un homme d'ordonnance. C'était assez loin et je ne connaissais pas le chemin ; personne pour me guider ; je savais seulement que le Kremlin était dans telle direction, parce que j'avais vu le dôme doré de la tour d'Ivan qui domine cette partie de la ville. Le sifflement du vent, le grondement du feu, l'isolement où je me trouve dans ce désert, tout cela me serre le cœur ; mais bientôt j'arrive dans la région que dévore l'incendie : A droite et à gauche, les flammes s'élèvent au-dessus de ma tête ; les charpentes, les feuilles de tôle, qui forment le toit des nombreux hôtels ou palais, s'écroulent à chaque instant, avec un bruit retentissant et sinistre ; ici, de nombreux et légers débris de la combustion me tombent dessus ; là, je suis enveloppé par une épaisse fumée ; plus loin, je suis obligé de fermer les yeux, tant la chaleur est grande, tant la flamme s'approche de moi ; je vois à peine pour me conduire ; souvent mon cheval frémit et refuse d'avancer. Non, je ne sache rien d'aussi horrible, et, dans aucune circonstance, je ne me suis trouvé dans une position aussi déchirante ! Enfin, je sors de cette zone brûlante : autre spectacle, c'est un quartier brûlé encore fumant, mais calme. Mes yeux s'ouvrent et se reposent, mais c'est sur des ruines !

On pense vite dans les circonstances difficiles ; aussi que de tristes réflexions se pressèrent dans mon esprit pendant ce court espace de temps ! Déjà, je craignais de m'être fourvoyé dans mon chemin, quand je me trouvai devant les hautes murailles du Kremlin. Alors je commençai à respirer, je me sentis soulagé. J'arrivai bientôt à la porte du fameux fort, de cette ville à part dans la grande Moscou ; mais j'observai peu cette entrée, à l'aspect antique et noir. Je cherchais des ordres et non de l'extase. Je trouvai un abattement, une consternation remarquables sur toutes les physionomies ; la crainte, l'anxiété y étaient peintes, toutes avaient l'air de se comprendre, sans se dire un mot. J'attendis assez longtemps avant d'avoir une réponse positive de mon général ; l'incertitude de l'Empereur sur le parti qu'il devait prendre, au milieu de cette scène de désolation qui menaçait le Kremlin d'un embrasement prochain et même d'une destruction générale, car il y avait là un approvisionnement considérable de poudre et de munitions, cette incertitude, dis-je, ne permettait à personne de s'arrêter à rien. Enfin, on me dit que l'Empereur et sa Garde allaient sortir de Moscou par la porte près de laquelle était mon artillerie et que je n'avais qu'à suivre le mouvement. Vite, je retourne à mon poste à travers les mêmes horreurs et les mêmes difficultés qu'en venant, persuadé que ce que j'avais fait une fois je pouvais le faire une seconde ; je n'avais d'ailleurs point à reculer. J'arrive, je mets mon artillerie en route, et déjà la tête de ma colonne va repasser la Moskowa, quand l'Empereur, que ma longue colonne avait retardé dans sa marche, se présente avec son état-major et me devance. Il avait été tellement compromis, et au Kremlin, et dans la marche qu'il venait de faire, que j'éprouvai une douce satisfaction de le voir échappé d'un tel désastre.

La Garde suivait ; elle retraversa la Moskowa en même temps que moi. Une lieue plus loin, nous repassâmes de nouveau sur la rive gauche du fleuve et de là nous nous dirigeâmes sur le village de Petrowskoi, où était un château impérial. C'est là que l'Empereur s'établit ; sa Garde bivouaqua près du château.

Nous n'étions qu'à deux lieues de Moscou et de là nous apercevions parfaitement toute la ville. De ce point de vue, nous pouvions juger, mieux que nous n'avions fait jusqu'alors, de toute l'étendue de l'incendie. L'embrasement paraissait général ; la ville ne formait qu'un seul foyer et cet horrible spectacle dura encore pendant deux jours. Cependant, les troupes du 1er corps d'armée, maréchal Davout, qui occupaient Moscou et les environs, se répandaient en foule dans la ville, s'introduisant dans tous les lieux accessibles et surtout dans les caves, faisant butin de tout ce qu'elles pouvaient trouver et se livrant à tous les excès de la boisson. C'était une procession continue de soldats, portant à leur camp du vin, du sucre, du thé, des meubles, des fourrures, etc., et l'on était témoin de ce pillage! et l'on n'y mettait aucune opposition! Ne valait-il pas mieux en effet laisser faire que de laisser tout dévorer par les flammes? au moins, au milieu de tous les excès et de tout le gaspillage inséparables de ce désordre, tout n'était pas perdu ; la plus grande partie de ce qu'on enlevait aux flammes était profitable. D'ailleurs, après tant de fatigues, de privations et de dangers, le soldat était-il coupable de pourvoir à ses besoins, quand l'administration, depuis si longtemps, n'y pourvoyait pas? Dans les grandes catastrophes, quand tous les intérêts sont gravement compromis, personne n'est indifférent à la conservation des siens; c'est une espèce de sauve-qui-peut général.

Enfin, le 18, l'incendie ayant sensiblement diminué et l'horizon de Moscou s'étant éclairci, l'Empereur rentra dans la ville et s'établit de nouveau au Kremlin que les flammes avaient ménagé. La Garde logea tout près, dans le seul quartier qui ait été préservé des flammes.

J'avais peu de choses, ou, pour mieux dire, je n'avais rien à faire ; mon personnel commençait à recevoir des rations et mon matériel était en parfait état. Je profitai donc de mon séjour pour visiter le Kremlin, la ville chinoise, et parcourir ces immenses ruines. J'étais assez bien logé, mais point d'hôte (c'était, disait-on, un médecin). Point de ressources autres que quelques meubles. De mes fenêtres, je voyais, à une grande distance, et par dessus les décombres, le plus bel hôpital de Moscou, beau monument, de construction moderne et grandiose, qui était rempli de Russes blessés et que sa destination sauva de l'incendie.

Au Kremlin, je vis avec intérêt l'ancien palais des Czars, moins à cause de son architecture qui n'a rien de régulier et ne dit rien, qu'à cause des souvenirs qui s'y rattachent. L'arsenal, de construction moderne, est très beau. La tour d'Ivan, bâtie à côté de la cathédrale, est remarquable par son dôme et l'immense croix d'argent qui la surmonte. Au pied et tout près de cette tour, on voit, enfoncée en terre, la plus grosse cloche qui ait jamais été coulée, pesant, à ce que l'on assure, au moins 160,000 kilogrammes. La cathédrale m'a paru, par son architecture intérieure, appartenir plutôt au style de chapelle qu'au style grandiose. Une partie des murs était tapissée de lames d'argent.

La ville chinoise est en dehors et voisine du Kremlin. C'était là qu'on trouvait les produits de la Chine. Elle consistait principalement en une longue rue, dont les maisons, régulièrement bâties et dans un style sévère et uniforme, présentaient chacune une vaste boutique et un aspect marchand. Le calme silencieux qui régnait dans ce quartier, dont les maisons, d'ailleurs, n'étaient pas brûlées, et dont les magasins étaient remplis de thé, m'a frappé, je dirais presque attristé. Serait-ce que j'ai comparé, par une opération prompte et subite de la pensée, ce sévère silence avec le grand mouvement commercial dont ces lieux étaient ordinairement le théâtre? L'intérieur de Moscou est légèrement ondulé par des accidents de terrain et traversé par quelques ruisseaux, affluents de la Moskowa, ce qui allonge la circulation. Je l'ai parcouru dans ses plus grandes dimensions ; c'est immense. A travers les ruines, on pouvait distinguer où étaient les palais, où étaient les cabanes ; celles-ci étaient groupées entre ceux-là ou les hôtels, de manière à ne point former de lignes continues d'architecture. C'était l'opulence et le luxe, à côté de la misère et de la pauvreté.

Je reçus quelquefois la visite de mes beaux-frères et j'eus la satisfaction de pouvoir leur offrir de bons repas. J'avais alors un maître-cuisinier, Jarlot, de Laon ; j'avais trouvé à renouveler mes provisions et d'ailleurs le service des distributions était assuré ; c'était donc une chose agréable, une utile diversion, un passe-temps apprécié alors, que les heures de table ; car je ne manquais pas de convives qui venaient oublier momentanément qu'ils étaient à Moscou, en mangeant de la cuisine française. Dans des temps heureux, je n'aurais certainement donné nulle attention à cette circonstance, j'aurais même eu quelque honte de la rappeler ; à cette époque, la vie matérielle était l'important ; hors d'elle tout était ennui et inquiétude ; le tableau du présent était aussi triste, aussi noir, auss. effrayant pour l'esprit que pour les yeux.

Cependant toute l'armée s'inquiétait de la prolongation de notre séjour à Moscou ; déjà les journées étaient froides et même il avait neigé, les fourrages devenaient difficiles, les communications avec la France étaient à peu près interceptées ; chacun sentait qu'il fallait se presser de s'en aller et avait, en quelque sorte, le pressentiment des malheurs qui nous attendaient. Mais l'Empereur avait ouvert des négociations pour la paix ; c'était une chimère ; néanmoins il se berçait du fatal espoir de la réaliser ; il était, pour la première fois, entraîné par la fatalité.

Enfin, le 18 octobre, on vint lui apprendre, pendant qu'il passait la revue d'un corps d'armée, que l'ennemi avait attaqué, maltraité et repoussé notre avant-garde et que notre cavalerie, surtout, avait beaucoup souffert. Incontinent son parti est pris ; il donne des ordres pour le départ, et, le soir même, je sors de Moscou avec la vieille Garde. Le maréchal Mortier reçoit spécialement l'ordre de n'évacuer la ville que le surlendemain, avec la jeune Garde, et de prendre des dispositions pour faire sauter le Kremlin.

Nous voilà donc en route, mais ce premier mouvement n'était point un mouvement de retraite, il nous paraissait tout à fait offensif, sa direction nous portant droit à l'ennemi. Nous ne savions qu'en penser ; la confiance était ébranlée ; mais enfin, le gant étant jeté encore une fois, et le mouvement imprimé, il nous semblait qu'au moins nous ne serions plus arrêtés. C'était beaucoup de s'être arraché de Moscou ; puis la direction que nous prenions vers le sud nous faisait entrer dans un pays neuf et nous éloignait de ces plateaux les plus élevés de la Russie et conséquemment des frimas. J'aimais à trouver dans toutes ces raisons un motif d'espoir.

C'était un spectacle singulier, bizarre, que celui de cette armée, ne formant qu'une colonne qui se prolongeait à plusieurs lieues, composée de la partie combattante des corps, dont l'accoutrement était déjà bigarré, puis de chariots, de charrettes, de voitures de luxe, mal attelées, chargées de femmes et d'enfants qui fuyaient Moscou, et portant des vivres et des objets de toute espèce, dont les officiers, les soldats, les vivandiers s'étaient approvisionnés par précaution. C'était une vraie caravane, ou plutôt ce devait être ainsi que se composaient et que marchaient ces armées si nombreuses des Perses, dans leurs expéditions contre les Grecs.

Et, moi-même, entraîné par cette manie d'avoir une voiture, que j'ai toujours eue depuis le grade de capitaine, ne me suis-je pas fait suivre par un très beau coupé, tout neuf, qu'un officier général, qui ne savait qu'en faire, me donna ! N'ai-je pas même fait la folie d'acheter des chevaux pour les y atteler ! Pauvre raison humaine, de quels égarements n'es-tu pas capable ! Cet élégant coupé contenait du sucre, du thé, des fourrures et quelques livres d'éditions magnifiques et, dans mon délire, je supposais que je pourrais ramener en France une partie de ces objets.

A quelques lieues de Moscou, je visitai le château où avaient été fabriqués, sous la direction du célèbre Rostopchin, les artifices et matières combustibles qui ont servi à incendier Moscou.

Après deux journées de marche, l'armée changea brusquement de direction, à droite, et, par une marche de flanc, se porta sur Malo-Jaroslawetz. L'Empereur espérait y devancer Kutusof et, s'interposant entre l'armée russe et Kaluga, se diriger sur cette ville. Effectivement, la division Delzons, de l'armée d'Italie, y arriva avant les Russes, mais ne s'établit pas assez en forces sur le plateau qui domine la ville et que traverse la route de Kaluga ; les troupes qui y étaient postées en furent vivement débusquées et, à cette occasion, il s'engagea une action des plus meurtrières, de la part des Français, pour reprendre le plateau et couper la route, et de celle des Russes, pour le conserver et nous chasser de la ville. Pendant ce combat, la Garde s'approcha et vint prendre position à une petite lieue de Maloiaroslawetz. Le reste de l'armée était échelonné entre la ville et nous, et en arrière de nous. Nous sentions toute l'importance de l'heureuse issue de cette affaire, mais elle était engagée entre un seul corps qui formait tête de colonne et toute l'armée russe qui se grossissait à chaque instant, tandis que le reste de notre armée ne pouvait y prendre part, à cause de la difficulté du défilé, et nous pressentions sa malheureuse fin et ses conséquences plus fâcheuses encore, qui devaient être notre retraite à travers le pays que nous avions déjà parcouru.

Le soir de cette journée de désolation, l'Empereur s'établit dans une mauvaise chaumière, sur la route, et sa Garde rétrograda un peu, pour se rapprocher de lui et couvrir à la fois ses derrières et son flanc gauche, qui étaient infestés de Cosaques. Mon artillerie se posta en vue et près de ces derniers, à côté des divisions, vieille Garde. Je dormis peu, j'avais l'esprit rempli de sinistres présages. Tout à coup, c'était une heure ou deux avant le jour, des cris effroyables se font entendre dans la direction du quartier général, l'air en est ébranlé : jamais concert de voix, de hurlements, aussi considérable n'a frappé mes oreilles, c'est un tonnerre de nouvelle espèce et ce tonnerre semble pendant quelque temps se rapprocher de nous et nous menacer d'une prochaine catastrophe. Nous prenons les armes en hâte, chacun est à son poste, mais que faire ? que tenter ? il fait encore nuit ; en attendant, la Garde est prête à croiser la baïonnette du côté d'où vient le bruit, et moi, j'ai mon artillerie en batterie circulairement pour faire feu de tous côtés. Cependant le bruit commence à diminuer, il s'éloigne et bientôt on ne l'entend plus. Platof avait passé l'Oka, au-dessus de Maloiaroslawetz, avec six mille Cosaques, c'était un *hourra* renouvelé des Scythes, leurs ancêtres. L'Empereur qui venait de monter à cheval a failli être pris et ne s'en est tiré que par un bonheur inouï. Rapp, son aide-de-camp, a eu, à quarante pas de lui, son cheval tué d'un coup de lance. La cavalerie de la Garde arriva à propos pour le tirer de ce mauvais pas.

Le même jour (25 octobre), l'armée se retire, en se dirigeant sur Mojaïsk. Elle repasse à Borowsk, le 28, elle est à Mojaïsk : elle retraverse le fameux champ de bataille, où trente mille Français sont restés, et y voit encore de nombreux et dégoûtants débris ; j'avais le cœur serré en contemplant ce champ d'horreurs et de désolation.

Je ne rappellerai pas ici, jour par jour, les lieux où nous nous sommes arrêtés et quelques incidents peu importants, jusqu'au 6 novembre. Les journées étaient froides et humides, mais supportables ; les provisions ne manquaient pas encore.

L'arrière-garde de l'armée était tous les jours aux prises avec les Russes, mais le reste de l'armée n'était point inquiété et s'écoulait tranquillement et sur une seule colonne, peu serrée et allongée. On commençait déjà à prendre l'habitude de marcher à volonté et le nombre des traînards s'augmentait de jour en jour.

Enfin ce ciel d'automne, qui jusque-là avait soutenu notre espoir et notre courage, se chargea de nuages épais, le jour de notre arrivée à Dorogobouj, et se répandit sur nous en flocons de neige très gros et rapprochés. La terre en fut bientôt couverte, et, un vent de tourmente s'y joignant, toutes les inégalités du sol disparurent, même les traces de la route.

C'est à partir de là que commence notre misère, et cette misère devait croître tous les jours et durer encore six semaines ! Heureusement, cet avenir était pour nous un mystère ; le mal présent absorbait toutes nos facultés, nous n'étions occupés que des moyens de l'adoucir et nous songions peu au mal du lendemain ; à chaque jour suffisait sa peine.

La neige continua à tomber pendant plusieurs jours. Le vent la fouettait dans la figure avec violence ; les piétinements de ceux qui ouvraient la marche la durcissaient et la faisaient passer à l'état de glace. Que si imprudemment on s'engageait à droite ou à gauche de la route battue, on risquait d'enfoncer et de disparaître dans des trous ou fossés que la neige recouvrait, mort affreuse que subirent bien de nos malheureux soldats. Cependant le froid devenait plus intense et ajoutait ses rigueurs aux difficultés déjà sans nombre de notre marche ; nos soldats, peu vêtus pour un climat aussi rigoureux, peu ou point nourris, affaiblis par le froid et la faim, se portaient avec peine sur ce sol glacé, tombaient lourdement et, une fois à terre, ne se relevaient plus. Dans le commencement, ils trouvaient du secours, mais bientôt, la même chance menaçant tout le monde et les rechutes ayant constaté l'inutilité des secours, on passait à côté de ces malheureux, on les voyait couchés sur le ventre, faisant de vains efforts pour se relever, ou les bras étendus en avant, grattant la neige et luttant contre la mort, et l'on ne s'arrêtait pas ! La pitié semblait éteinte dans tous les cœurs, on réunissait tout ce qu'on avait de facultés pour ne s'occuper que de soi et éloigner la dernière catastrophe. Affreux tableau ! dont les couleurs font mal ressortir notre pauvre humanité, et seraient propres à nous brouiller avec elle, si notre position n'eut pas été tout à fait exceptionnelle et aussi contre nature que l'insensibilité apparente qu'elle a fait naître.

J'ai décrit, une fois pour toutes, à l'occasion de la chute de la neige et de l'apparition du froid, une partie des misères qui en ont été la conséquence, non seulement dès le commencement, mais encore, à plus forte raison, dans la suite, à mesure que les rigueurs du climat augmentaient, et jusqu'à ce que nous ayons abordé le sol de la Prusse. Je ferai de même pour ce qui concerne les autres misères, auxquelles nous avons été en butte pendant cette longue et cruelle route, au moins celles qui étaient de tous les jours, de tous les instants, et dont l'uniformité dispense de toute répétition ; puis, je parlerai des divers incidents qui ont marqué certains jours et qui ont laissé des traces particulières dans ma mémoire.

Aussitôt que le jour paraissait, on se mettait en route ; si l'on tardait, les Cosaques étaient là qui vous harcelaient. Les jours étaient très courts et la route mauvaise, on faisait donc peu de chemin. On ne faisait point de halte, parce que les Cosaques, après deux heures de route, nous atteignaient, se répandaient sur notre flanc gauche et tombaient sur tout ce qui traînait ou marchait isolé. Pendant très longtemps un peu de biscuit et de sucre faisait mon déjeuner ; à la fin, je n'avais plus ni l'un ni l'autre ; je me nourrissais d'un peu de pain, quand à prix d'argent je pouvais en acheter près de quelque soldat maraudeur.

Le soir, on s'arrêtait, toujours près de quelque village ruiné ou encombré ; il fallait bivouaquer. Vite, les cavaliers allaient chercher du chaume ou de la paille, du bois sec, des poutres, portes ou volets ; d'autres coupaient des arbres ; on allumait du feu sur la neige, on répandait tout autour un peu de paille, et on se formait par groupes de huit à dix autour de ce feu, formant un cercle resserré, pour perdre le moins de chaleur possible. Pendant ce temps, si l'on avait des matériaux pour faire des abris, on s'occupait de cette construction, chacun faisait son lit comme il l'entendait, c'est-à-dire mettait sous soi ce qu'il pouvait, pour n'être pas couché immédiatement sur la neige ; moi, je me servais, à cet effet, d'une grande couverture de cheval en cuir ; les cuisiniers remplissaient les marmites de neige et, quand elle était fondue, ils y démêlaient de la farine ou faisaient du thé ; ceux qui avaient du sucre en mettaient. Il était rare que ceux qui restaient à leur corps n'eussent pas de quoi faire cette mauvaise bouillie. Malheur aux isolés, ils ne trouvaient accès nulle part. Nous mangions donc avec un appétit dévorant de cette bouillie à l'aspect dégoûtant et encore n'en mangions-nous que la moitié de notre saoûl, car il fallait songer au lendemain. Cette nourriture, si mesquine qu'elle fût, nous réchauffait, nous substantait et nous disposait au sommeil. Un homme était chargé, à tour de rôle, d'alimenter le feu et de l'éloigner de la paille, et nous nous endormions ainsi, malgré la souffrance que la chaleur développait aux pieds, pour recommencer le lendemain.

A propos de notre marche, je ne dois point oublier de parler de notre accoutrement, qui lui imprimait un caractère et lui donnait un aspect sauvage. A la première apparition du froid, chacun s'était vêtu de ce qu'il avait de plus chaud ; les officiers, surtout, avaient presque tous des manteaux, pelisses ou vitchouras, garnis de fourrures plus ou moins belles, faits pour des hommes ou pour des femmes et conséquemment mal ajustés à leur taille, de toutes couleurs et de toutes formes. Les coiffures n'offraient pas moins de variété. Figurez-vous maintenant sous ces vêtements, sous ces coiffures sales où demi-brûlées, des figures humaines, à l'œil sinistre et enfoncé, à barbe longue et épaisse, aux moustaches plus longues encore, à la peau recouverte d'un enduit de saleté et de fumée ; représentez-vous des glaçons suspendus à leur nez, recouvrant leurs moustaches et collant les favoris au collet du manteau ou de la fourrure ; du givre poudrant à blanc les cils et tous les poils de la figure ; voyez encore ces grotesques personnages, marchant péniblement avec des chaussures de toute espèce, dont beaucoup étaient formées de guenilles ou lambeaux de drap et de fourrures, attachés tant bien que mal avec des ficelles ; et vous aurez une idée imparfaite du spectacle que nous offrions. Les soldats présentaient encore des variétés plus dégoûtantes. Les mendiants les plus déguenillés font pitié ; nous, nous faisions horreur à voir !

J'ai déjà dit que nous étions à Dorogobouj, lorsque la première neige tomba. C'est donc à partir de là que je rapporterai les faits particuliers, méritant quelque souvenir, qui, pendant cette longue retraite, distinguaient un jour d'un autre.

A Smolensk, le 9 novembre, nous n'entrâmes pas dans la vieille ville. Mon artillerie passa entre les deux villes, en longeant le Dnieper, sous les murs de la vieille ville, puis elle tourna à gauche, gravit péniblement la hauteur, passa sous la citadelle et vint se placer près de la porte de Krasnoé, sur une espèce de promenade, dont les arbres nous servirent d'abri contre la neige, presque aussi utilement qu'ils en eussent servi, en été, contre le soleil. Nous reçûmes une distribution de pain, de biscuit et de viande, et j'eus la satisfaction de régaler quelques-uns de mes camarades d'une cuisine passable.

En quittant Smolensk, les difficultés d'un terrain très accidenté, que les piétinements de ceux qui nous précédaient avaient fait passer à l'état de glace, ralentirent la marche de l'artillerie et fatiguèrent beaucoup mes chevaux. J'augurai mal des suites de cette marche. J'arrivai avec peine à Korithnia. Mes provisions alimentaires se trouvaient épuisées ; la journée du 15 fut moins pénible pour la marche, mais plus dangereuse à cause du voisinage de l'ennemi qui, se dirigeant sur Krasnoé par une route très rapprochée de notre flanc gauche, nous fit harceler tout le jour par les Cosaques. A une lieue et demie de Krasnoé, une batterie de l'artillerie à cheval de la Garde, qui me précédait, fut obligée de tirer quelques coups de canon. Le fourgon du général Desvaux fut enlevé.

Un peu plus loin, était un ravin qu'il fallait traverser sur un pont, et au-delà duquel se trouvait immédiatement une ligne de hauteurs à gravir. Ce défilé fut l'occasion d'un encombrement prodigieux de voitures de toute espèce. Arrivé là, à la chute du jour, je reconnus bientôt l'impossibilité de passer avant plusieurs heures ; je prends aussitôt le parti de parquer et de faire manger hommes et chevaux. Le général Kirgener (du génie de la Garde) commandait mon escorte. Après trois heures de halte, on me rapporte que tout mouvement de voitures, tout passage sur le pont a cessé ; que l'encombrement est impénétrable. Cependant, jugeant avec raison que le voisinage des Cosaques sur ma gauche, par où j'étais même déjà débordé, rendait ma position critique, je me décide à me mettre en route et à me faire jour par la force à travers ce ramassis désordonné de voitures ; je donne ordre que toutes mes voitures se suivent, de très près et sans interruption, pour éviter d'être coupées, et je me mets à la tête de la colonne. Avec force bras d'hommes, je fais ranger les voitures qui s'opposent à mon passage, ou je les culbute ; mes voitures s'engagent, achèvent le jour qui vient de leur être fait, et cheminant lentement ou brisant et écrasant tout ce qu'elles rencontrent, sans que les cris, les vociférations, les pleurs et les gémissements en arrêtent un instant la marche ; enfin, après mille maux, la tête arrive au pont, qu'il faut encore déblayer, et pénètre jusqu'à la tête de l'encombrement. Le chemin est libre, il est vrai, mais il va de suite en montant rapidement et le sol est de glace. Je fais piquer la glace ; prendre de la terre sur les escarpements latéraux du chemin qui est creusé dans la colline ; jeter cette terre sur le milieu de la route; pousser aux roues, en donnant moi-même l'exemple; et porter en quelque sorte les voitures, une à une, jusqu'au-dessus de la montée. Vingt fois j'ai fait de lourdes chutes, soit en montant, soit en redescendant cette colline, mais soutenu que j'étais par la volonté d'arriver à mes fins, je n'en ai point été arrêté.

Une heure avant le jour, toute mon artillerie était en haut. Je la mis en route, sans perdre de temps, et sans escorte, (celle-ci avait déjà gagné Krasnoë). Dès qu'il commença à faire jour, j'aperçus sur ma gauche, à 800 où 1,000 mètres, de nombreux éclaireurs cosaques, mais déjà j'approchais de Krasnoé, et j'avais de l'avance sur eux. En allongeant un peu le pas, je fus bientôt hors de leur portée et j'arrivai, sans autre perte que celle de quelques chevaux qui sont tombés et restés dans la montée que je venais de gravir.

Mon arrivée a fait grand plaisir au général Sorbier qui me regardait comme compromis.

J'ai rapporté avec quelques détails cette circonstance de ma vie, parce qu'elle était difficile et qu'il a fallu de l'énergie et une volonté forte pour me tirer d'embarras. Effectivement, dans les circonstances ordinaires, lorsqu'on s'arrête à nuit close, par un empêchement quelconque, après avoir marché toute la journée, il est d'usage de reposer jusqu'au point du jour au moins, et de ne se mettre en route que lorsqu'on y voit pour se conduire. Mais j'avais jugé ma position; et mes prévisions étaient fondées, puisque, après moi, (je veux dire après mon artillerie), plus rien n'arriva du défilé, au moins librement; les Russes s'étant établis sur la hauteur, cette masse de voitures de toute espèce, cet encombrement que j'avais traversés, avec tant d'efforts, de peines et si peu de commisération pour ceux dont je troublais le sommeil ou je brisais les voitures, tout fut pris. Et cependant le maréchal Davout, le prince Eugène et le maréchal Ney étaient encore en arrière et devaient aussi avoir cet obstacle à surmonter.

Je fis parquer mon artillerie près du reste de l'artillerie de la Garde, qui m'avait précédé, en dehors de la ville, à droite de la route d'Orcha, et sur les bords d'un petit lac. J'avais besoin de repos, la nuit passée m'avait tué et je commençais déjà à boiter, par l'effort du froid continu que j'avais éprouvé aux pieds.

Le 17, à la pointe du jour, on annonça que l'Empereur, à la tête de la Garde, allait se porter vers le défilé dont il a été question, afin d'en débusquer les Russes, et d'ouvrir le passage aux corps d'armée qui y étaient arrêtés et en fâcheuse position. On demanda quatre batteries de la Garde; les miennes ne furent pas désignées, et ce fut Drouot qui commanda. Peut-être fut-ce parce que j'étais rentré le dernier au parc du corps, que je fus dispensé de ce détachement.

Pendant trois ou quatre heures que dura l'affaire, je fus loin de rester au repos et désœuvré. La retraite était prévue; il fallait se débarrasser de tout ce qu'on ne pouvait emmener; car le nombre de mes chevaux, déjà diminué de beaucoup, venait encore de subir des pertes par l'obligation de compléter l'attelage des batteries qui allaient combattre, et force était de faire le sacrifice d'une partie du matériel. Le lac, près duquel nous étions parqués, m'offrait une précieuse ressource; j'en profitai pour y faire jeter bon nombre de munitions et quelques canons; quant aux affûts, caissons et autres voitures, je les fis réunir et brûler. Cependant le canon tonnait d'une manière effroyable à peu de distance de nous. L'intensité du bruit, favorisée par un beau temps de gelée, fut longtemps la même, ce qui indiquait une grande ténacité de résistance; mais, en même temps, des tiraillements se faisaient entendre sur notre gauche et annonçaient que nous étions débordés de ce côté. Nous étions tous dans la plus grande anxiété, qu'augmentait encore le mouvement désordonné de troupes et de voitures qui couvraient la route et filaient sur les derrières; c'était un véritable spectacle de désolation et une scène des plus affligeantes.

Enfin, la tête de colonne de la Garde parut, débouchant de la ville, et continuant sans s'arrêter sa marche dans la direction de Lyady; les corps d'armée du maréchal Davout et du prince Eugène avaient été dégagés du fatal défilé; celui du maréchal Ney était encore resté en arrière et on n'en avait même pas de nouvelles; le but de l'Empereur était donc atteint, au moins en ce qui concernait les deux premiers corps; il lui avait été impossible de faire plus. Je suivis le mouvement de la Garde, dès qu'elle se fut écoulée, mais déjà les Cosaques apparaissaient sur notre flanc gauche, à une faible distance, et nous inquiétaient rien que par leur présence, car nous n'avions ni un cavalier, ni un fantassin à leur opposer. A une lieue de Krasnoé, nouveau ravin, nouvel encombrement. Ma première pièce s'y engage, je ne puis l'en tirer. De suite je mesure l'impossibilité de franchir ce mauvais pas, et, par une inspiration subite, je dirige le reste de ma colonne un peu plus à gauche, quoique cela me rapprochât des Cosaques. Pour éviter de trop défoncer le sol, je recommande qu'aucune voiture ne suive l'arrière de celle qui la précède, et, au moyen de cette précaution, qui me réussit à merveille, j'ai le bonheur de rentrer dans ma route, sans aucun temps d'arrêt, et laissant derrière moi tout cet encombrement sur lequel déjà les Russes tiraient le canon. Cependant j'éprouvais un grand regret de laisser là une de mes pièces ; avant d'y renoncer définitivement, je voulus m'assurer encore une fois s'il y avait moyen de la sauver, et à cet effet je rétrogradai jusqu'au lieu où elle se trouvait ; mais déjà les boulets portaient le désordre au milieu de cette masse de gens et de voitures ; il n'y avait rien à tirer de cette confusion. Pendant que j'étais dans cette position, une scène pénible vint frapper mes yeux ; une jeune femme, fugitive de Moscou, de bonne mise, ayant l'air intéressant, venait de sortir de cette bagarre, montée sur un âne, et s'acheminant péniblement avec sa monture peu docile, lorsqu'un boulet de canon vint fracasser la mâchoire du pauvre animal. Je ne puis dire le sentiment de peine que j'emportai en laissant là cette infortunée qui allait tout à l'heure être la proie et probablement la victime des Cosaques. Mais mon artillerie commençait à s'éloigner, je n'avais à ma disposition aucun moyen de salut pour cette malheureuse femme.

A nuit close, nous arrivons sur les bords d'une petite rivière qui nous sépare de Lyady. Il y a un pont à passer, et conséquemment de l'encombrement ; mais il y a de l'ordre, les voitures s'écoulent, il ne faut qu'attendre. Pendant que je suis ainsi stationnaire, grelottant et impatient de voir arriver mon tour, on vient me dire qu'un général me demande : je cours, c'était le maréchal Davout qui me dit : « Mon corps d'armée fait l'arrière-garde, il est ici près et suivi par les Cosaques ; il est écrasé de fatigue et va passer la rivière sans s'arrêter, prenez vos mesures pour vous couvrir. » Vite, je fais serrer mes voitures sur la tête, en formant autant de lignes que possible, je mets deux pièces de la batterie du capitaine Couin en batterie sur mon flanc gauche, et mon bataillon d'escorte prend position en arrière de ma colonne. A peine ces dispositions étaient-elles arrêtées, que les Russes se présentent ; la fusillade leur répondit pendant quelques minutes, et ils se retirèrent. Cette bagatelle coûta la vie à un officier d'infanterie de l'escorte.

Il faisait nuit depuis quatre heures quand nous traversâmes Lyady ; l'Empereur y couchait avec sa Garde. A la lumière qu'on voyait paraître à travers les fenêtres, on pouvait juger que les maisons étaient remplies ; et le calme profond qui régnait partout indiquait assez que la population passagère qui les occupait se reposait, dans le sommeil, des fatigues de cette rude journée. Et moi, qui n'avais qu'un bivouac froid en perspective, je me mis à envier le sort de tant de braves gens, et je regrettai un moment de n'être pas fantassin, le métier d'artilleur étant généralement dur et fatigant à l'excès. Enfin arriva aussi pour moi le moment du repos ; le ciel était beau et le froid piquant, mais le bois ne manquait pas, on pouvait se chauffer : c'était beaucoup. Malheureusement je n'avais à manger que du biscuit dur et du sucre, non moins dur que la pierre, nourriture sèche qui m'abîmait les dents et me mettait les gencives à nu.

Le 18, marche tranquille jusqu'à Orcha, où nous repassons le Dnieper pour la dernière fois. Je vais prendre les ordres du duc de Dantzig, pendant la nuit ; il me fait coucher dans sa chambre sur une peau d'ours, ce qui ne m'empêcha pas d'avoir froid et les reins brisés. Le 19, on se repose, on distribue des vivres, un peu de viande, car Orcha était une place de dépôt. Mon bivouac est établi, à gauche en entrant, dans une vaste cour d'un bâtiment immense. Je suis sur la neige, mais deux murs m'abritent, je ne me trouve pas trop mal. On reçoit aussi des détachements venant de France, un équipage de ponts et des chevaux, et, parmi les nouveaux venus, j'ai le plaisir de retrouver le lieutenant Lyautey ; notre position enfin paraît s'améliorer ; mais on est vivement inquiet du sort du maréchal Ney et de son corps d'armée, on les croit prisonniers. Le 20 au matin, grand sujet de satisfaction pour l'armée ; on annonce l'arrivée du maréchal; à travers des prodiges inouïs d'audace et de dévouement, il a échappé au fameux défilé de Krasnoé, en se jetant à droite et traversant le Dnieper, sur une glace qui portait à peine; et il est parvenu miraculeusement à ramener son corps à Orcha, en descendant par la rive droite du fleuve. Action vraiment héroïque!!!

Le 30, dans l'après midi, l'armée quitte Orcha et se dirige sur Borisow. Le temps était plus doux, les Russes n'avaient point troublé notre temps de repos à Orcha, on renaissait à l'espoir de meilleurs jours, et puis notre entrée en Lithuanie semblait devoir nous sortir de la misère. Quel leurre était le nôtre, grand Dieu! En approchant de Borisow, nous apprenons que l'armée du général russe Tormasow, qui venait des frontières de la Turquie, s'est emparée de cette place, située au milieu des marais et dont l'occupation lui a été vivement contestée par le maréchal Oudinot; que le passage de la Bérésina se trouve fermé; et, pour comble de malheur, que l'armée russe de Witgenstein, à laquelle est opposé le corps Oudinot, n'est plus qu'à quelques lieues sur notre droite. Nous sommes donc cernés, notre position devient affreuse, partout règne la consternation, et pourtant on ne désespère pas, tant est prodigieuse la confiance de l'armée dans l'Empereur.

Le 25 au soir, nous arrivons devant Borisow, et, par un brusque changement de direction à droite, nous remontons la rive gauche de la Bérésina. Pendant cette nuit, un major de cuirassiers m'aborde, c'était Planson, de Nancray, que je ne connaissais pas encore. Le moment était fort peu opportun pour faire connaissance, néanmoins je le vis avec plaisir : parler de Nancray, de Besançon, à la distance où nous en étions, et surtout dans une situation si critique, m'offrait un intérêt particulier, et m'arrachait pour un moment à de tristes réflexions.

Le 27, de grand matin, j'arrivai à Studzianka, village à 4 lieues au-dessus de Borisow; on travaillait à la construction de deux ponts de chevalet. Déjà quelques troupes avaient passé la rivière. Le passage s'exécute lentement, parce que les ponts sont peu solides et exigent de fréquentes réparations. Les pontonniers à cette occasion ne craignent pas de se mettre à l'eau et d'y travailler malgré le froid; ils se conduisent admirablement. Sur le soir, mon tour de passer arriva; j'allai parquer sur la droite du fleuve, sur un terrain marécageux, mais gelé. On manquait de bois ; la nuit fut froide et dure. Dès le matin du 28, je me tire de là ; je traverse avec de la peine ce vaste marais, dont toutes les parties ne sont pas également gelées, et j'arrive sur les hauteurs voisines, où l'on me met en batterie, au débouché d'un bois, sur la route qui venait de Borisow. Depuis le matin, on se battait avec acharnement de l'autre côté de ce bois et aussi à Studzianka, dont Witgenstein voulait prendre les ponts : les affaires allaient mal et tout indiquait que je serais appelé à faire feu. Je remis au capitaine Maillard 2,000 francs en billets de banque, que je le priai de faire tenir à ma femme, dans le cas où il m'arriverait malheur, et je fus prêt à tout événement, non sans rouler dans mon esprit de tristes pensées. L'Empereur se tint près de mon artillerie pendant presque tout le jour ; il paraissait abattu. Il arriva sous ses yeux un petit incident qui pouvait provoquer de sa part un mouvement de mauvaise humeur contre moi ; il le vit avec calme. Voici ce dont il s'agit : une de mes pièces était chargée et on l'ignorait ; en y passant l'écouvillon pour la nettoyer, on crut que c'étaient des pierres qui étaient au fond de l'âme ; j'ordonnai qu'on la flambât, en y introduisant de la poudre par la lumière, mais une violente détonation et le sifflement du boulet indiquèrent qu'on s'était trompé. L'Empereur se borna à me dire, avec un air de bonté : « C'est fâcheux ; cela peut donner l'alarme là où l'on se bat, et surtout devant nous. »

Le général polonais Zajoncheff est apporté blessé et déposé près de nous. Un chirurgien de la Garde l'ampute d'une uisse.

Les suites du combat, sur la rive droite, nous sont favorables. L'attaque de l'ennemi échoue ; il est arrêté et nous laisse plus de mille prisonniers qui défilent devant nous.

Nous passâmes la nuit au bivouac sur ces hauteurs. J'appris qu'il régnait un désordre effroyable parmi les équipages encombrant les ponts et qu'un grand nombre de voitures étaient abandonnées avec leurs chevaux ; je fis aussitôt partir un officier du train avec quelques soldats pour y aller prendre ce qu'il pourrait de chevaux. Il m'en ramena une douzaine qui me furent d'un renfort précieux.

Le 29, de grand matin, nous nous mîmes en route dans la direction de Vilna, en passant par Zembin et, traversant des terrains marécageux sur une longue chaussée en rondins de sapin jointifs, heureux d'avoir échappé miraculeusement à deux armées russes qui nous acculaient à la Bérésina et à une troisième qui nous en barrait le passage. Très certainement si l'armée russe avait été à notre place et nous à la sienne, pas un Russe n'eût échappé. Effet prodigieux de la confiance que tous avaient dans le chef.

Le 3 décembre, on couche à Malodeczeno ; l'Empereur fait partir un courrier pour Paris ; j'en profite pour écrire à ma femme.

Le 4, mon fourgon est pris par les Cosaques. C'est pour moi une vraie catastrophe. Le froid s'élève à 26 degrés. Nous couchons à Bienitza. Le feu prend à une maison voisine de celle où j'étais. Obligation de fuir en hâte pendant la nuit, le portemanteau sous le bras.

Le 5, arrivée à Smorgoni : on y trouve quelques chevaux venus de France, dont on fait la répartition entre les différentes batteries de la Garde. On ne m'en donne pas, parce que j'étais encore le mieux monté. C'est de là que l'Empereur part, le 6, pour retourner en France.

Le 8, l'intensité du froid est augmentée. Je couche dans une église, sur un banc et près d'un bon feu qui développe dans mes pieds les douleurs les plus aiguës. La nef était encombrée ; beaucoup d'hommes y meurent ; des cris effrayants : « Fuyez, fuyez, tout le monde meurt ici » viennent me réveiller, je suis dans un fâcheux état d'abattement.

Le 9, le froid est à 28 degrés ; je souffre tant aux pieds, que je fais route, ce jour-là, dans une voiture de vivandier de mon artillerie. Quoique enfoncé dans la paille, j'y éprouve un froid cruel. Je couche à 2 lieues de Vilna, dans une mauvaise boutique de maréchal, sans porte, ni fenêtres, ouverte à tous les vents.

Nous étions sept à huit, autour d'un très petit feu, accroupis, serrés, le bout des pieds presque au milieu de la flamme. Quatorze heures de position semblable et rien à mettre sous la dent ! Besoin impérieux de dormir et presque impossibilité de le satisfaire ! Mon camarade Lefrançais me fut d'un grand secours en cette circonstance ; il se prêta obligeamment à ce que ma tête reposât de temps en temps sur ses genoux. A la pointe du jour (le 10), je mis en route pour Vilna les trois pièces qui me restaient. Le général Davout se trouva là, à pied, formant l'arrière-garde, lui tout seul, et cherchant en vain à réunir quelques hommes armés.

Dans le trajet jusqu'à Vilna, je rencontrai quelques postes de troupes françaises (division Heudelet), nouvellement arrivées de Prusse ; troupes fraîches et belles, mais, hélas ! trop légèrement vêtues, et que quelques jours suffirent pour détruire.

A l'entrée de Vilna, l'encombrement des voitures était tel que je fus obligé d'y laisser ce que j'amenais d'artillerie.

Mon premier soin, en arrivant en ville, fut de chercher à me substanter ; le défaut d'aliments avait tout à fait épuisé mes forces, je n'en avais plus que pour manger. Nous fûmes assez heureux, mon camarade Cottin et moi, pour nous satisfaire sous ce rapport, quoique la foule des affamés rendît la chose difficile. Mais ce repas m'engourdit tellement et provoqua en moi un besoin si pressant de sommeil, qu'oubliant de rallier et mes domestiques et mes chevaux, je ne songeai qu'à aller prendre possession du logement qu'on m'avait fait et me coucher. Je m'abandonnais délicieusement à la jouissance de reposer dans un bon lit, quand on vint me prévenir qu'on évacuait Vilna et qu'il fallait partir. Je ne dirai pas combien je fus contrarié. J'étais si bien ! Longtemps j'hésitai s'il ne fallait pas rester jusqu'au lendemain matin et je fus près de céder à cette inspiration ; mais enfin je fis acte de courage et, à minuit, je me rendis chez le général Sorbier, où je montai dans la calèche du colonel Lallemand, côte à côte avec le capitaine Evain qui, ayant été brûlé à Krasnoé par l'explosion d'un coffret, avait, depuis plusieurs jours, été placé dans cette voiture. Le 11, à la pointe du jour, nous gravîmes, avec une peine extrême, une hauteur où se trouvait arrêté et où demeura à peu près le reste du matériel de l'armée. Je vis en passant quelques-unes de mes pièces qui, ayant pris les devants avant l'encombrement de Vilna, avaient pu arriver jusque-là ; j'essayai en vain de les faire aller plus loin, les chevaux ne pouvaient tenir pied et d'ailleurs la manière dont elles étaient engagées dans les autres voitures ne permettait pas de les en tirer. Je vis aussi dans cette montée plusieurs fourgons du trésor arrêtés et livrés au pillage ; les passants pouvaient y prendre autant d'argent qu'ils voulaient et beaucoup ne s'en sont pas fait faute ; mais l'argent ne pouvait pas sauver du froid, de la faim, de la fatigue et de la mort. Nous couchâmes, ce jour-là, dans une vaste grange, où la calèche entra. Nous restâmes dans la voiture ; nous n'avions rien à manger, ce fut une nuit pénible.

Le lendemain, je trouve abri et souper chez le général Sorbier, ce qui me rend à la vie. Le 13, je suis incommodé par le froid ; je descends de voiture, je marche pour réchauffer mes pieds où j'éprouve les douleurs les plus aiguës, et cela ne me sert à rien. J'arrive à Kowno, à nuit noire ; toutes les maisons sont pleines, j'ai peur de ne point trouver asile ; je parviens pourtant à me loger dans une maison, où se trouve déjà une escouade de grenadiers de la Garde. Ces braves gens me traitent avec égards, et me font même participer à leur souper. Me voilà donc sauvé encore une fois. Il n'est point de petit bienfait, en certaines circonstances, et celui-là, ainsi que le souper du jour précédent, je me le rappelle toujours avec reconnaissance. Je laisse là mes bottes qui ne peuvent plus contenir mes pieds et je me chausse avec de gros souliers de soldat, où j'ai les pieds à l'aise. Le 14 au matin, je repasse le Niémen sur le pont de Kowno, et, chemin faisant, je vois nombre de soldats français gisant sur la neige ou sur la glace. Les malheureux avaient trouvé un magasin d'eau-de-vie, et, pour en avoir bu immodérément, avaient échoué en touchant presque au port !

La montée qu'il faut gravir, aussitôt après avoir passé le pont, est encore encombrée de voitures et entre autres de fourgons du trésor qui sont au pillage. Là, nous sommes sur le sol prussien ; un grand fleuve nous sépare des Russes ; nous nous croyons désormais à l'abri de leur poursuite ; point du tout, à peine arrivés sar la hauteur, nous voyons s'approcher, sur notre gauche, de nombreux Cosaques, dont quelques tirailleurs et deux canons en batterie en avant de nous ralentissent un peu, mais ne suspendent pas la marche. Déjà, ils ne sont plus qu'à deux ou trois cents pas de la calèche ; mon nouveau compagnon de route, M. Marguerie, officier des marins de la Garde, préfère courir la chance d'être pris et rester en arrière, mais moi, j'aime mieux descendre et gagner des jambes. Mais, grand Dieu ! quel désappointement ! je crois pouvoir courir, et je ne puis que sautiller, allure qu'on prend forcément, en marchant sur la glace. Heureusement les Cosaques étaient las de ramasser des hommes ; c'était aux voitures qu'ils en voulaient et ma calèche s'étant éloignée rapidement, ils tombèrent sur d'autres véhicules qui étaient en arrière, ce qui me donna le moyen de leur échapper et le temps de rejoindre à un quart de lieue plus loin la calèche qui m'attendait. A partir de ce moment, je ne fus plus inquiété sur la route. Le soir, je passai la nuit dans une chambre à four, où l'on faisait un feu d'enfer et une grande cuisine, ce qui ne m'empêcha pas d'avoir très froid et de n'avoir rien à manger, et me donna lieu à de tristes réflexions, auxquelles s'associait mon compagnon de route, gisant à côté de moi sur la paille. De là à Gumbinnen, où j'arrivai le 19 décembre, j'eus encore à souffrir de la faim, mais surtout du froid. Je ne puis exprimer tout le mal que je ressentais aux pieds, et l'impatience avec laquelle j'aspirais au moment où je pourrais me réchauffer dans un lit chaud. Je ne me figurais pas qu'il pût y avoir de bonheur au-dessus de celui-là. Enfin, ce bonheur, je l'éprouvai à Gumbinnen, où deux jours de repos dans un logement chauffé me remirent sur mes jambes. La vue de mon beau-frère, Hubert, le capitaine de la Garde, que je retrouvai là et que je n'avais pas rencontré une seule fois dans nos jours de désastre, me fut agréable ; j'ignorais comment il s'en était tiré, et je n'étais pas sans inquiétude sur son compte ; il me fit manger dans son logement une copieuse omelette, telle que je ne me rappelle pas en avoir jamais mangé une qui m'ait fait autant de plaisir. Quel prix les circonstances donnent aux plus petites choses !

Après un repos de quelques jours, nous nous dirigeâmes sur Kœnigsberg. A Insterbourg, je m'associai au colonel Pellegrin pour faire route en traîneau, et tous deux nous voyageâmes en amateurs, en hâtant pourtant un peu notre marche, de crainte d'être pris par les Cosaques, qui commençaient à reparaître et dont nous eûmes surtout à craindre une surprise dans un village où nous couchâmes, à quatre lieues de Kœnigsberg.

Arrivé le 29 décembre à Kœnigsberg, mon premier soin fut de me procurer du linge, des bottes et de me baigner. Je dépouillai avec plaisir et jetai par la fenêtre ma chemise et un gilet de flanelle, remplis de vermine. J'avais été préservé de cette dégoûtante société dans toute la partie du corps recouverte par un caleçon de peau de daim que je portais depuis Moscou.

Un commencement de dégel vint nous rendre la saison plus

supportable, mais occasionna en même temps de nombreuses maladies, dont les deux généraux d'artillerie les plus remarquables de l'époque, MM. Lariboisière et Eblé, furent victimes à quelques jours de distance. L'artillerie fut très sensible à cette perte.

Nous partîmes, le colonel Pellegrin et moi, le 1er janvier 1813 pour Elbing, où nous arrivâmes le lendemain, avec beaucoup de peine, le dégel rendant la marche de notre traineau difficile. Pendant les deux jours que je restai dans cette ville, j'achevai de me refaire et de compléter ma garde-robe ; j'évaluai à 8,000 francs les pertes que j'avais faites.

D'Elbing nous fûmes dirigés sur Posen ; à partir de ce moment, l'artillerie de la Garde marcha entièrement réunie, mais sans matériel et presque sans chevaux. Le froid avait repris, mais était peu considérable, cette marche fut assez douce. Je m'associais chaque jour à des camarades pour louer une voiture. Léger de bagages ; libre de tous soins ; sans domestique, et n'ayant d'ailleurs aucun besoin de faire brosser bottes et habits, puisque nous marchions sur la neige ; nourri dans mon logement tous les soirs, il est vrai plus souvent mal que bien ; je trouvais cette existence assez commode. Ma pensée, que rien ne dérangeait, était toujours en France, et dans cette disposition d'esprit, qui diminua les ennuis de la route, j'arrivai à Posen le 19 janvier.

Nous n'avions absolument rien à faire dans cette ville. Il était évident que nous rétrograderions encore pour nous réorganiser et qu'avant plusieurs mois il ne pouvait y avoir d'opérations militaires : je travaillai donc avec opiniâtreté à obtenir mon retour en France, et je fus assez heureux pour réussir. Dès ce moment, je m'occupai des moyens de retour, et j'achetai quelques fourrures pour ma femme. Peut-on en effet revenir de Russie sans rapporter des fourrures ! Le colonel Lallemand ayant reçu aussi la permission de rentrer en France, je m'associai à lui pour le voyage. Il avait une calèche, celle dans laquelle j'avais déjà fait route de Vilna à Insterbourg ; nous résolûmes de prendre la poste à frais communs. Avant notre départ, nous apprîmes la promotion de Drouot au grade de maréchal-de-camp et à l'emploi d'aide-de-camp de l'Empereur. C'est aussi là que le général Charbonnel fut nommé général de division.

Nous nous mîmes en route le 26 janvier. Nous passâmes à Francfort-sur-l'Oder, pendant la nuit. Berlin, Magdebourg, Francfort, voilà la direction que nous prîmes. Les journées étaient courtes, les chemins couverts de neige, les postillons peu empressés de conduire des fugitifs ; la route, à travers les forêts du Hartz, barrée par des arbres tombés ; tout cela ralentit notre marche. Enfin, le 7 février, nous repassâmes le Rhin à Mayence, sur la glace. Pour nous, le sol de Mayence était la France ; on peut se figurer tout notre bonheur en y abordant. Le 9, nous arrivâmes à Metz, où Lallemand fut rendu aux embrassements de sa mère et de sa sœur. Témoin de la joie et du bonheur de cette famille, j'éprouvai un avant-goût des sensations semblables qui m'étaient réservées pour deux jours plus tard. Je dînai au milieu de cette bonne famille, et, le soir, je la quittai, en recevant des témoignages nombreux d'affection.

Je fus obligé de prendre une voiture à chaque relais de poste ; je trouvai ma position bien changée, mais j'allais arriver : l'esprit et le cœur me soutenaient et me faisaient supporter, sans gronder, la rigueur de la saison. Le 11 février, au soir, j'embrassai mon père, ma mère et ma sœur, à Reims. J'aurais voulu pouvoir consacrer un jour à ces excellents parents ; mais ma femme, mes enfants m'appelaient. Le lendemain matin, je les quittai, et, le même jour, au soir, j'étais dans les bras de ma femme et de ma famille.

Il y avait onze mois seulement que j'avais quitté La Fère ; mais combien d'événements s'étaient passés pendant ce court intervalle de temps, dont j'avais été témoin, ou qui m'intéressaient particulièrement ! J'avais traversé l'Allemagne, la Prusse, la Pologne, la Russie jusqu'au centre de cet empire : j'avais assisté à la scène magnifique et grandiose du passage du Niémen ; j'avais éprouvé, près de Vilna, les rigueurs de l'orage le plus extraordinaire ; je m'étais trouvé au brillant fait d'armes de la prise de Smolensk, cette ville à l'aspect asiatique et tout à fait étrange, ce boulevard de la Russie du côté de la Pologne, et j'avais vu les flammes ravager cette ville remarquable ; j'avais assisté à la bataille de la Moskowa, où tant de sang français et russe coula en pure perte ; j'avais vu Moscou, le Kremlin, la tour d'Ivan et son dôme brillant, et le spectacle de l'incendie de cette capitale, incendie si prodigieux dans ses causes et ses effets ; enfin, j'avais échappé aux désastres de Krasnoé, de la Bérésina et de Vilna, non sans y laisser mes chevaux et tous mes bagages, et résisté aux fatigues inouïes d'une retraite qui a duré deux mois et demi, aux rigueurs excessives d'un froid inconnu dans nos contrées, à la faim et aux privations de toute espèce inséparables d'une telle position.

Qu'on se figure, après cela, si l'on peut, le bonheur que j'éprouvai au milieu de tout ce que j'avais de plus cher ! J'eus souvent à me rappeler et à raconter des maux si récents ; mais ces souvenirs, au lieu d'être cuisants, ne servaient qu'à me faire mieux apprécier combien j'étais heureux.

CHAPITRE XVI

1813

Campagne de 1813. — Bataille de Dresde. — Commandeur de la Légion d'honneur. — Bataille de Leipzig. — Combat de Hanau. — Rentrée à Mayence.

Par une promotion récente, le général Sorbier quittait la Garde pour passer à l'emploi de premier inspecteur général, vacant par la mort du général Eblé ; il était remplacé par le général Dulauloy ; le colonel Griois remplaçait le général Drouot au commandement de l'artillerie à pied de la Garde ; le colonel Pellegrin, directeur du matériel, était fait maréchal de camp, et moi, je le remplaçais. J'en reçus l'avis à La Fère, peu de temps après mon arrivée. Je fus ravi de ma nomination ; elle me mettait en possession d'un emploi important et me tirait de la subalternéité où j'avais toujours été dans la Garde, puisque, quoique étant colonel, je faisais les fonctions de chef d'escadron ; elle m'enlevait au service du personnel, où je n'avais plus rien à apprendre, et à toutes ses mauvaises chances que j'avais assez longtemps courues ; elle améliorait ma position financière ; enfin, en me constituant chef d'un service, elle me rapprochait du généralat : c'était tout ce qui pouvait m'arriver de plus heureux.

A partir de ce moment, je m'occupai sérieusement de former à l'artillerie de la Garde un nouveau matériel, au moyen des ressources que m'offrait l'arsenal de La Fère ; je fis de nombreuses expéditions sur l'armée et je m'habituai à songer que, quand tous les préparatifs seraient terminés, il faudrait me séparer encore une fois de ma famille. Je me recomposai une nouvelle maison militaire, en domestiques et chevaux, et je renouvelai mes équipages.

Dans le même temps, je fis avec ma femme un court séjour à Paris ; je vis beaucoup notre ami, le général Drouot qui trouvait, presque tous les jours, quelques instants à nous donner, malgré ses nombreuses occupations près de l'Empereur. Dans les grandeurs, son amitié pour nous ne s'est pas démentie un seul instant. Après un séjour de douze jours dans la capitale, nous rentrâmes à La Fère.

Enfin, arriva le moment de mon départ. Je devais rejoindre à Francfort le matériel que j'avais expédié de La Fère. Je me dirigeai donc en poste sur Metz, par Bar-le-Duc, Saint-Mihiel et Pont-à-Mousson.

Arrivé à Metz, le 21 mai, d'assez bonne heure, j'en partis presque immédiatement, dans un fiacre qui se rendait à Mayence et qui alla coucher ce jour-là à Saint-Avold.

J'étais, le 24 mai, à Mayence. J'y trouvai un de mes convois et mon domestique Dubois. Mon autre domestique et mes chevaux étaient partis la veille ; j'écrivis de suite à Francfort pour qu'on les y arrêtât à leur passage.

Le 26, j'atteignis Francfort. Je restai là douze jours, attendant des ordres. Pendant ce temps, on apprit la victoire de Bautzen et les succès de l'armée ; je me figurais déjà que je ne pourrais rejoindre que sur la Vistule. Un de mes chevaux, acheté 1,200 francs à La Fère, n'étant pas dans le cas de supporter la fatigue d'une campagne, je l'échangeai contre un autre très beau, en donnant 600 francs de retour, ce qui porta la valeur de ce dernier à 1,800 francs.

Enfin, ayant reçu l'ordre de partir pour Dresde avec tout mon matériel et d'y arriver le 25 juin, je me mis en route le 7, pour ma nouvelle destination, en passant par Hunefeld, Erfurt, Gotha, Weimar, Iéna. Cette marche a été lente et m'a laissé peu de souvenirs, quoique je suivisse cette route pour la première fois. « Je n'y trouve rien d'assez intéressant pour me désennuyer, depuis onze heures du matin ou midi que j'arrive jusqu'au soir, écrivais-je d'Hunefeld à mon père ; presque toujours logé dans des villages ou bourgs, il n'y a là rien de récréatif. »

J'appris en route qu'il y avait une suspension d'armes de cinquante-six jours, à partir du 4 juin; et de suite mon esprit de trotter : « C'est d'un bon augure, me disais-je; on va, pendant ce temps, travailler à la paix, et, comme les souverains, qui y sont le plus intéressés, sont sur les lieux, ce sera bientôt fini si on veut s'entendre. »

Erfurt, Gotha, Weimar, Iéna, villes assez célèbres, ne me présentèrent point autant d'intérêt que j'en eusse pris à les voir, si j'eusse été dans une autre disposition d'esprit. Je vis, en passant, le champ de bataille de Lutzen, mais je n'avais personne pour me le montrer avec connaissance de cause.

J'arrivai à Dresde, le 25 juin, satisfait de rejoindre le bercail. J'ai été accueilli de tous les généraux de ma connaissance et de mes camarades : je rentrais en famille. Je vis avec regret que chacun vivait à ses frais. Par un sentiment personnel pour le roi de Saxe et par un ménagement légitime pour son fidèle allié, l'Empereur avait voulu qu'il en fût ainsi. Certes, ses motifs étaient louables et le procédé délicat; mais, en définitive, c'était nous qui payions les honneurs, et ma bourse était si pauvre que j'étais obligé de trouver cette mesure onéreuse.

Le parc était près d'un faubourg, sur la route de Pirna ; je logeai dans le même faubourg, non loin de l'Elbe, logement modeste ; mais il y avait foule, l'exigence n'était pas de saison.

Quoiqu'au milieu de l'armistice, je n'étais pas au milieu du repos. J'organisais mes ateliers, je faisais remplacer, réparer, enfin approvisionner notre matériel, de manière à être prêt à tout événement. Ces soins m'occupaient beaucoup, parce que je tenais à me tenir dans les bornes du nécessaire présumé, et à n'avoir d'excédent en rien, au moins d'excédent remarquable, et que cela m'obligeait à des calculs nombreux et réfléchis ; aussi eus-je le bonheur que l'événement justifia mes prévisions.

J'avais pour commandant du train le colonel Lignim, un de mes bons camarades et amis, officier de mérite et zélé, mon affaire ne pouvait manquer de bien aller. Je me l'associai et nous vécûmes inséparables tout le reste de la campagne, et dans la plus complète intimité. Il est précieux, à la guerre, d'avoir des liaisons semblables. Cette fois, ce n'était plus le dessous de mon fourgon qui devait me servir d'abri, j'avais fait faire une tente et tout prévu pour n'avoir point à souffrir des bivouacs.

Pendant l'armistice, M. de Metternich vint à Dresde ; on parla bientôt de prolongation d'armistice et effectivement il y en eut une jusqu'au 10 août. J'en tirai un très bon augure, car il ne me paraissait point probable que l'Empereur perdît son temps en vains pourparlers, s'il n'avait pas de fortes raisons de croire à la bonne issue des négociations. Malheureusement, il devait être trompé en cette circonstance, comme il l'avait été à Moscou, et sa loyauté échoua encore une fois contre les ruses de la diplomatie. Au jeu du plus fin il n'était pas le plus fort. L'armistice, en effet, fut rompu le 16 août ; mais, avant de partir de Dresde, l'Empereur voulut qu'on célébrât sa fête. On le fit avec une grande solennité, et, à son occasion, il y eut un dîner général de la Garde, maréchaux et généraux compris, sur une grande place plantée d'arbres. On fut bien servi ; un des maréchaux porta un toast à l'Empereur, qui fut suivi d'un tonnerre d'acclamations ; une franche cordialité présida à ce festin.

Le même jour, il y eut un grand feu d'artifices, sur l'Elbe et sous les fenêtres du château royal. En amont et en aval du pont on simula un passage de rivière avec de nombreuses embarcations chargées de troupes ; des étoiles, des bombes d'artifices furent lancées des deux rives, et l'on fit partir de la rive droite des *canards d'eau* dirigés sur les embarcations, comme pour les incendier ; ce spectacle produisit un effet neuf et intéressant. Le reste du feu d'artifice se composait de diverses pièces d'un jeu varié, d'un beau portique placé sur le milieu du pont, de décors à droite et à gauche et d'un magnifique bouquet de fusées et feux de guerre. Tout a bien réussi et à la satisfaction de l'Empereur et de Leurs Majestés et Altesses saxonnes. Ce feu avait été préparé par les canonniers de la Garde, sous ma direction ; MM. Mancel et Maillard de Lescourt étaient chargés de diriger la fabrication des artifices et M. le lieutenant Tournemine de l'invention et de l'exécution des décorations. Tous ces travaux, pour lesquels nous n'avons eu que trois semaines, nous ont donné beaucoup d'ennuis, parce que le temps a été pluvieux et qu'il y a eu nécessité de faire sécher les artifices dans de grandes chambres, fortement chauffées.

Quelques jours après, j'eus l'honneur de dîner chez le roi de Saxe, avec bon nombre d'officiers généraux et colonels. Le repas fut silencieux, moins pourtant qu'il n'est d'usage à la table des souverains. Le roi, vieillard respectable, à cheveux blancs, attachés en queue affilée par derrière, à figure digne, bonne et ouverte, quoique légèrement empreinte d'un air de préoccupation, résultat forcé de sa position aventurée, reçut tout le monde avec une grande aménité. La princesse Augusta, sa fille, jeune et belle personne blonde, à formes potelées et arrondies, fit les honneurs avec grâce, esprit et enjouement ; et les deux princes, ses neveux, jeunes gens de treize à quinze ans, bien découplés, de bonne mine, malgré leurs cheveux poudrés et leur longue queue à la Frédéric, paraissaient assez insignifiants et n'étaient remarquables que comme types de la roideur et de la tenue germaniques. Les personnages accessoires étaient à peu près tous à l'avenant, suivant leur âge, car, dans tous les temps et tous les lieux, les Majestés et les Altesses ont le privilège de donner le ton et d'avoir des imitateurs pour ce qui est bien, comme pour ce qui est mal.

Enfin, le 15 août, la Garde partit de Dresde pour se porter sur la ligne. Il y avait de l'irritation, car il était évident pour tous que l'Empereur avait été joué ; aussi désirait-on vivement une occasion de vengeance. Cette marche se fit donc sous l'inspiration de l'enthousiasme et de la confiance. En passant près de Bautzen, le 16, on me montra l'endroit où ont été tués le grand maréchal Duroc et le lieutenant-général du génie Kirgener, qu'un même boulet, lancé comme au hasard, est venu frapper, loin du champ de bataille, en passant par dessus un monticule qui les séparait du lieu de l'action. Je les connaissais ; la vue du lieu où s'était passée cette fatale scène renouvela mes regrets et me fit faire de tristes réflexions sur la vanité des grandeurs humaines et sur les étranges caprices du sort.

Nous approchions du célèbre champ de bataille de Bautzen ; l'immense développement des positions occupées par les Prussiens et les Russes, les monticules défendus par eux avec tant d'acharnement s'offraient à nos yeux, nous allions les traverser ; un puissant intérêt se rattachait à ces localités et était propre à faire diversion à la fâcheuse disposition d'esprit dans laquelle je me trouvais. Plusieurs de mes camarades qui avaient assisté à cette bataille me donnèrent des détails sur ce qui s'était passé sous leurs yeux ; je vis les lieux où l'artillerie de la Garde avait été en batterie et avait soutenu sa brillante réputation ; on me montra aussi ceux où l'artillerie de la marine avait acquis une gloire immortelle. Je cherchai à animer par la pensée cette vaste scène de carnage, mais désormais tout y était muet, hormis quelques inégalités du sol et de la terre, remuée depuis peu de temps, indiquant que des braves reposaient là ; au bruit terrible du canon et de la mousqueterie avait succédé le calme le plus profond.

Le 18, nous couchâmes près Görlitz, le 20, à Laubau, le 21, à Lowenberg. L'ennemi cédait le terrain, à mesure que nous avancions, sans qu'il se passât un engagement sérieux ; il était facile de juger que ce n'était pas là que l'orage se préparait. Tout à coup l'on apprend que l'armée autrichienne, augmentée de nombreux corps russes et prussiens, va déboucher de la Bohême et se porter sur Dresde. Le retour est aussitôt ordonné, il a lieu à marches forcées, et, le 26, la Garde et plusieurs corps d'armée rentrent à Dresde et n'ont que le temps de la traverser, pour aller se mettre en ligne et repousser la première attaque de l'ennemi. Leur arrivée fut très opportune; sans elle, Dresde était compromis, la prise de cette ville était inévitable, et la position de l'armée sur la rive droite de l'Elbe devenait aventurée. Mais ça toujours été un des traits distinctifs du caractère de l'Empereur de faire les choses à temps et à propos. Ses inspirations étaient promptes comme l'éclair et ses combinaisons jamais en défaut. On se battit avec acharnement ce jour-là et avec succès ; les redoutes qui couvraient les portes de la ville furent reprises, l'une d'elles entre autres le fut par mon beau-frère, Hubert Dessirier, capitaine des grenadiers de la Garde, ce qui lui valut la croix d'officier de la Légion d'honneur, et l'ennemi fut repoussé hors de la portée de canon des murs.

Le lendemain 27, l'action commença avec le jour et s'engagea sur toute la ligne ; la pluie tombait par torrents. Mon premier soin fut d'expédier de suite des réserves de munitions, sous le commandement de quelques officiers, pour être à portée des points où agissaient les batteries de la Garde ; ces réserves devaient s'alimenter à mon parc. J'eus lieu de m'applaudir de cette mesure. Mon parc était établi sur la rive droite de l'Elbe, en dehors de la partie de la ville dite Neustadt, entre l'enceinte et le chemin de Kœnigsbruck, près de la porte noire, et j'étais personnellement abrité dans un petit pavillon, qui se trouvait à l'extrémité de ce terrain. Cette position était donc la plus éloignée possible du théâtre de l'action, dont j'étais séparé par toute la ville. Cet isolement, car aucune circulation n'avait lieu sur ce point, hormis celle des voitures vides ou brisées, qu'on me ramenait pour être remplacées ou réparées ; cette continuité ou plutôt ce roulement effroyable de détonations qui semblèrent pendant longtemps partir des mêmes points, comme si on n'avançait ni ne ne reculait ; ce contraste si frappant du calme et du silence profond de ce petit coin où j'étais relégué, avec le bruit épouvantable qui frappait mes oreilles, avec le mouvement extraordinaire que mon esprit se figurait avoir lieu sur cette scène de carnage ; cette pluie incessante qui venait assombrir le tableau, sorte de déchaînement du ciel contre ce déchaînement terrestre ; cet état de qui-vive dans lequel nous étions et l'extrême gravité de la position de l'armée, position à laquelle j'avais tout le temps de réfléchir, malgré les nombreux besoins auxquels je devais pourvoir, tout cela me tint dans une grande anxiété, dont je conserverai toujours le souvenir. Enfin le bruit du canon, venant à s'éloigner d'instant en instant, m'annonça nos succès, et les nouvelles que m'apprirent les hommes qui venaient chercher des munitions ne me laissèrent plus de doute sur le gain de la bataille et me soulagèrent du poids qui m'oppressait.

Je ne rapporterai rien de ce qui s'est passé sur ce nouveau et sanglant théâtre de notre gloire ; assez de relations en ont été écrites. D'ailleurs, je n'en étais point témoin oculaire.

Le gain de la bataille avait rempli les cœurs d'espoir et était un nouvel aliment à l'enthousiasme. De nombreux trophées en hommes, canons et drapeaux enlevés à l'ennemi ; les pertes immenses qu'il avait faites ; la précipitation et, disait-on, l'espèce de confusion avec lesquelles il opérait sa retraite sur Tœplitz, Bohême ; les mesures habilement prises par l'Empereur pour jeter un corps d'armée, celui de Vandamme, sur le chemin de sa retraite et l'intercepter, promettaient des résultats incalculables et décisifs ; pourquoi faut-il que les fautes de ce corps, qui devait achever ce qui avait été si brillamment commencé et compléter la ruine de l'ennemi, aient au contraire enlevé aux résultats obtenus l'influence capitale qu'ils devaient avoir sur la fin de la campagne et nous aient fait perdre tout le fruit que nous en attendions! Ainsi, en cinq ou six jours, notre position, si riche d'avenir, devint de nouveau gênée, aventurée et inquiétante.

Avant d'aller plus loin, je dois dire que l'armée fut aussi satisfaite que surprise en apprenant la mort du général Moreau, dont la plupart ignoraient la présence à l'armée russe. Seulement, on déplora l'erreur qui avait entraîné dans une voie coupable un homme, que ses services éminents et son illustration rendaient digne d'une meilleure fin. Un Français traître, de ce nom, de cette célébrité, tué par un boulet français, dirigé par un œil subalterne, comme si tous les Français étaient solidaires pour venger l'orgueil national outragé et punir la félonie ; quelle leçon pour les traîtres !

Dès le lendemain, je ralliai mes réserves, et, sans perdre de temps, je m'occupai du remplacement des munitions consommées, soit par l'infanterie, soit par l'artillerie de la Garde. Une partie des remplacements avaient déjà eu lieu, le jour même de la bataille, car, en cas semblable, il ne faut jamais perdre une minute, mais le plus fort n'était pas fait : les 196 bouches à feu servies par la vieille et la jeune Garde avaient tiré environ 45,000 coups de canon, consommation prodigieuse. D'un autre côté, grand nombre de caissons et d'affûts revinrent maltraités; il fallait promptement les remettre en état. J'avais de grands moyens, et d'ailleurs les ressources de la ville et du parc général étaient là ; je parvins donc en peu de jours à rétablir et compléter notre immense matériel et même à faire remettre des grains de lumière à plusieurs pièces, notamment de douze, opération qui jusqu'alors ne se faisait que dans les arsenaux, mais qu'un système mécanique que j'avais fait établir à La Fère me permit de faire exécuter à mon parc même. On conçoit que tout cela ne s'est pas achevé si promptement, sans que j'y aie pris peine, quoique je fusse bien secondé; mais il est dans ma nature de ne rien remettre au lendemain de ce qu'on peut faire le jour ; mon activité de tête et de corps pouvait beaucoup, et en même temps que j'avais le tact, le bonheur, si l'on veut, de bien distribuer la besogne, je savais aussi en surveiller l'exécution, sans que cette surveillance fût fâcheuse ou importune pour mes subordonnés. Je me suis étendu sur ma manière de faire en cette circonstance difficile, parce que c'était la première fois que mon emploi de directeur de l'artillerie de la Garde présentait une complication et réclamait l'usage de toutes mes facultés, et parce que cette même manière de faire me valut d'être nommé commandeur de la Légion d'honneur quelques jours après, le 16 septembre, récompense que j'obtins, sans avoir dit un mot pour l'avoir, et, je puis dire même, sans m'y être attendu. Il est vraisemblable que mon succès dans ces fonctions a été préparé par le dur apprentissage que j'ai fait de commander des parcs, lorsque je n'étais encore que lieutenant, et depuis, comme capitaine en second et même comme chef d'escadron en Espagne ; car ce n'est pas dans le service de commandant d'une batterie ou d'une division d'artillerie, service pour lequel on a des moyens tout créés et qui ne réclame point de nombreuses prévisions, qu'on peut se former à la grande complication d'une machine comme celle que j'avais à diriger ; je regarde donc comme une circonstance heureuse et importante, pour un officier, d'être quelquefois employé, pendant la guerre, dans le service du matériel, non comme adjoint, mais comme chef, ayant une responsabilité et livré tout à fait à lui-même. En temps de paix, les fonctions de directeur du parc d'une école ont quelque chose d'analogue ; elles sont très utiles et apprennent beaucoup de choses.

Après quelques jours de repos, l'Empereur mit sa Garde en route dans la direction de Berlin ; son activité infatigable le portait partout et probablement il comptait sur les bons résultats de la diversion que produiraient sa présence et la réunion de sa Garde au corps d'armée qui agissait sur la route de Berlin ; mais ce mouvement ne se continua pas et fût presqu'aussitôt arrêté que commencé.

Mon parc était éloigné, ou plutôt trop excentriquement placé par rapport aux nouvelles positions occupées par la Garde ; on peut même dire qu'il était un peu compromis. Je reçus l'ordre de l'établir en avant du faubourg de Pirna, en sortant par la porte Ziegel, sur le chemin qui longe l'Elbe ; en remontant, tout près de là était un très beau château où je logeai avec mon fidèle Lignim et les principaux officiers sous mes ordres. Je restai là près d'un mois, ayant assez peu à faire, me promenant beaucoup, parcourant le champ de bataille, visitant mes camarades dans leurs cantonnements, assistant quelquefois aux parades et au théâtre français de la cour, où l'on remarquait mademoiselle Bourgoing que se disputaient les illustres du jour, et faisant, presque chaque jour, ma partie de trictrac avec l'honnête et l'excellent Guillou, lieutenant et caissier de l'artillerie de la Garde, que les valeurs qui passaient par ses mains rendaient un homme assez important et que ses qualités sociales faisaient estimer et aimer de tous.

Cependant, notre position se resserrait chaque jour davantage, et, sur la rive droite de l'Elbe, les troupes de Blücher, par une attaque de nuit, étaient déjà parvenues à s'établir, tout près de la ville neuve, dans une espèce de faubourg qui se trouvait en face de mon château et dont je n'étais séparé que par le fleuve. On s'inquiétait, on se décourageait. « Que faisons-nous ici, disait-on ? D'un côté, nous laissons couper notre ligne d'opérations ; de l'autre, nous avons déjà l'ennemi sur les bras. Non seulement il est remis de l'échec considérable qu'il a éprouvé sous les murs de Dresde, mais il manœuvre, ses corps les plus distingués se rapprochent et nous resserrent, il devient chaque jour plus menaçant et nous attendons ! » Cette indécision de l'Empereur, le souvenir des malheureux résultats du temps perdu à Moscou, le besoin que le Français a d'être sur l'offensive, le tact avec lequel il sait apprécier sa position, son peu de confiance dans les miracles, car il en fallait un, je ne dis pas pour nous tirer de là, mais pour obtenir un succès décisif ; toutes ces raisons enlaidissaient l'avenir et attristaient le présent.

Enfin, le 7 octobre, l'Empereur quitta Dresde, en n'y laissant qu'un corps de 30,000 hommes, sous le commandement du maréchal Saint-Cyr, et se dirigea sur Vittenberg.

Il avait, disait-on, le projet de passer l'Elbe, de se diriger sur Berlin, que le mouvement convergent de l'aile droite de l'armée ennemie vers Leipzig avait laissé à découvert, de garder et défendre le passage de l'Elbe, et de transporter ainsi le théâtre de la guerre entre l'Elbe et l'Oder, sous la protection des forteresses qu'il occupait sur ces fleuves, telles que Magdebourg, Vittenberg, Torgau, Dresde, Glogau, Custrin, Stettin ; forteresses, dont il disposerait au besoin des garnisons, pour coopérer à l'exécution de ses combinaisons.

Cette conception gigantesque, qu'on aurait pu qualifier d'extravagante, si elle fût sortie d'un autre cerveau, pouvait, étant exécutée par une main aussi ferme et aussi habile, avoir des résultats prodigieux et conduire promptement à la paix, s'il y eut eu encore de l'enthousiasme et si l'Empereur eût pu compter sur le talent et la bonne volonté de ses lieutenants ; mais le découragement était partout et plus particulièrement dans les sommités et autour de lui ; en outre, les exemples récents des fautes commises par ses lieutenants et des échecs éprouvés par eux, car la victoire était restée à l'ennemi partout où l'Empereur n'était pas, ne devaient pas lui inspirer de confiance, plus qu'au reste de l'armée. On n'aspirait donc qu'à reprendre la route de France et à rentrer dans la véritable ligne d'opérations, en se portant sur Leipzig ; aussi l'anxiété fut grande pendant les trois jours qu'on passa près du château de Duben, à trois lieues de Vittenberg, où l'Empereur avait établi son quartier général, et j'avoue que je la partageai vivement. Mon artillerie était parquée au débouché d'une forêt, dans un lieu triste et sévère, en parfaite harmonie avec les idées sombres dont j'étais assiégé.

Enfin, le 15 octobre, la Garde effectue son mouvement rétrograde sur Leipzig, où elle arrive le même jour. La canonnade qui se fait entendre au Sud et à une petite distance de la ville indique qu'il était temps d'arriver, et l'on se réjouit d'avoir devancé l'armée combinée sur ce point important et d'avoir une porte ouverte vers la France. Pour moi, qui suis habitué à prendre les événements, heureux ou malheureux, avec assez de calme, et qui ne suis pas susceptible d'être terrifié, je dois dire pourtant que je me trouvai soulagé et respirai plus librement.

Mon parc fut placé à l'Est et sous les murs de la ville, près la route de Dresde. Cette fois, du moins, je ne suis pas, comme à Dresde, isolé et relégué dans un coin ; mes communications avec les batteries de la Garde sont directes, faciles et je puis apercevoir le lieu où l'action doit s'engager. Les batteries ont, avec l'approvisionnement en réserve, 44,000 coups à tirer pour 202 bouches à feu ; le parc général de l'armée est rapproché du mien ; je ne puis donc me trouver dans une circonstance plus favorable pour la facilité et les besoins de mon service.

Le 16, d'assez bonne heure, l'action s'engagea sur toute la ligne ; je n'ai peut-être jamais entendu de plus vive canonnade ; il semblait que, de part et d'autre, une destruction générale dût s'ensuivre. Les pertes furent très considérables ce jour-là et le champ de bataille nous resta. La fatigue d'une journée si longue et si sanglante obligea les deux armées à se reposer le lendemain ; mais il ne s'était passé rien de capital ; il n'y avait eu aucun de ces mouvements heureux et presque toujours inattendus qui, jetant et répandant le désordre et la confusion partout, tranchent en un instant le nœud de la difficulté ; on sentait que c'était à recommencer, et pour nous, malgré les avantages de la journée, c'était déjà un malheur, car nous étions de beaucoup inférieurs en nombre à l'armée alliée et nous étions réduits aux munitions que nous transportions, sans qu'il fût possible de les remplacer. Les dangers et la gravité de cette position étaient connus de tous, mais aussi on sentait combien l'armée était compromise et que son salut dépendait de l'opiniâtreté de sa résistance, et cette dernière pensée, si elle n'inspira pas d'ardeur, soutint au moins le courage et excita un grand dévouement.

Je profitai de cette journée de repos pour aller visiter le champ de bataille et voir mes camarades. Il avait plu ; l'armée se séchait autour de ses feux ; le sol couvert de morts, le temps, le délabrement de la tenue, le sombre des physionomies, tout cela formait un tableau hideux qui m'affligea profondément, et plus probablement que n'étaient affligés eux-mêmes les personnages qui figuraient dans leur poste de combat, car l'âme de celui qui vit au milieu de l'horreur d'un champ de bataille s'endurcit momentanément et n'est point susceptible des mêmes émotions que celle de l'homme qui, sans avoir eu sa part des dangers, se trouve tout d'un coup porté sur un théâtre semblable.

Le 18, la bataille recommença. L'armée ennemie avait été renforcée par l'arrivée de corps qui étaient encore éloignés, lors de l'affaire du 16 (celui de Bernardotte ou du roi de Suède, par exemple), et l'Empereur dont l'armée était très affaiblie avait, pendant la nuit du 17 au 18, par un mouvement rétrograde et de concentration, resserré sa ligne. L'action s'engagea donc assez près de Leipzig. Au sud où était la Garde, l'attaque fut acharnée et la résistance de notre part non moins opiniâtre. On y fit un feu roulant pendant tout le jour et la position fut conservée; c'était là qu'était la plus grande masse de l'ennemi. Au nord, où nous avions une infériorité numérique beaucoup plus forte, par rapport à nos adversaires, la défense, quoique opiniâtre, se rapprocha de Leipzig et s'y maintint. A l'est, le feu commença plus tard, c'était le corps Bernadotte qui arrivait; mais l'affaire une fois engagée, il se passa l'événement le plus inattendu, le plus monstrueux que la méchanceté et la perfidie humaines aient pu produire. Le corps entier des Saxons, fort de 12,000 hommes, et la cavalerie wurtembergeoise passèrent à l'ennemi et retournèrent immédiatement contre nous des canons qui, l'instant d'avant, étaient dirigés contre l'ennemi. Cette honteuse défection, dont la tache sera à toujours ineffacable pour l'armée saxonne, produisit une lacune dans notre ligne et faillit compromettre gravement le reste de l'armée, en découvrant Leipzig et le livrant au corps de Bernadotte; heureusement l'Empereur, à qui rien n'échappait, prit de suite des dispositions qui remédièrent au mal. L'indignation, exaltant le courage des troupes témoins de cette lâche trahison et de celles qui vinrent remplir le vide de la ligne, ne fit qu'augmenter l'acharnement de la défense.

Cependant, je reçus l'ordre de quitter de suite la position où j'étais, qui était très rapprochée du point d'attaque de Bernardotte, de passer l'Elster et d'aller établir mon parc à Lindenau. Je me mis immédiatement en route et, gagnant le boulevard qui règne, dans cette partie, en dehors des murs de Leipzig, j'arrivai bientôt près du pont de l'Elster, regrettant beaucoup de n'être pas entré dans cette ville, une des plus célèbres de l'Allemagne et de n'emporter d'elle que le souvenir de ses clochers et de ses murs extérieurs. Comment, me disais-je, ai-je pu consacrer les seules heures que j'aie eu libres à aller voir cette horreur de champ de bataille, plutôt que de visiter cette fameuse cité? Ainsi l'instinct militaire domine éminemment ceux qui sont voués à cet état et fait qu'ils mettent en première ligne d'intérêt tout ce qui s'y rapporte.

Mais là, de grandes difficultés m'attendaient. Les approches du pont étaient impénétrables, tant était grand l'encombrement de voitures de toutes espèces qui s'y était formé. C'était à qui passerait le premier, on se battait, le désordre le plus épouvantable régnait sur ce point et on perdait ainsi un temps précieux. Mon parti fut bientôt pris, je répétai là la scène de la veille de mon arrivée à Krasnoë (retraite de Russie). J'avais pour tête de colonne une batterie de 12, parfaitement attelée et commandée par le capitaine Bisch, officier aussi énergique que méritant, à qui j'ordonnai de se faire jour, par tous les moyens possibles, et sans aucune commisération, à travers cette sorte de barricade et cet imbroglio incroyable. Il fallut des peines infinies pour arriver jusqu'au pont et m'emparer du passage, enfin, hourra général, grande opposition, obstacles sans nombre, tout est surmonté, je fais passer tout mon matériel et je laisse les autres se débrouiller après moi. Je consigne ici ce souvenir avec quelques détails, comme leçon ; il vaut mieux froisser et même sacrifier les intérêts particuliers, dans les circonstances pressantes, que de compromettre les masses, et ne pas perdre son temps à des ménagements méticuleux. Dans une armée où l'état-major fait bien son service, on n'a point à employer de pareils moyens ; chacun à son tour passe avec ordre dans les défilés ; mais ici ce n'était pas le cas ; l'état-major général ne savait pas s'occuper de ces détails-là et on peut justement lui attribuer les désastres, auxquels le passage de cette rivière a donné lieu le lendemain.

Me voici donc installé sur la hauteur, près de Lindenau. L'action durait encore, mais la retraite était prononcée, au moins pour tout ce qui n'était pas en ligne ; l'écoulement avait lieu sans interruption et il était évident que l'on ne se battait plus que pour gagner la nuit et abandonner ensuite Leipzig. La consternation était grande, mais une porte était ouverte pour le retour en France, il n'y avait point de désordre et l'honneur de l'armée était sauf ; c'était autant de motifs de consolation. Le soir et pendant la nuit, les batteries de l'artillerie de la Garde qui avaient fait feu se rallièrent à moi et, dès le lendemain matin, nous vîmes défiler les troupes qui venaient de quitter Leipzig. Bientôt tout mon matériel se mit en route pour aller coucher à Mark-Ranstadt ; mais, avant de partir, je fus chargé de la mission de détruire le pont le plus rapproché de Lindenau, dès que les dernières troupes l'auraient passé. Le pont n'avait qu'une seule arche ; vite je fis établir des fougasses sur les reins, on les chargea, on déposa le saucisson et l'on recouvrit le tout, en attendant que le moment fût venu de mettre le feu. Ce moment, qui pouvait être éloigné, malheureusement se présenta bientôt. Une explosion annonça que le pont de l'Elster, le plus près de Leipzig, venait d'être détruit, ce signal devait me servir de règle pour la destruction du mien. Effectivement quelques troupes passèrent encore, puis, au bout d'une demi-heure, il ne s'en présenta plus. J'appris que le premier pont avait été rompu, pendant que plusieurs corps considérables étaient encore sur l'autre rive de l'Elster, celui de Poniatowski et un autre, et que cette déplorable circonstance, en arrêtant le mouvement rétrograde de ces corps, les avait livrés à l'ennemi. Le bulletin de cette bataille a redit et la fin malheureuse du vaillant prince Poniatowski et les désastres qui ont été la conséquence de la coupable insouciance de l'officier général du Génie qui, chargé de faire sauter ce pont, laissa un caporal sapeur juge du moment où l'exécution de cet ordre devait avoir lieu. Ainsi l'héroïque résistance des Francais qui devait avoir pour résultat de ne laisser à l'ennemi aucun trophée, tant de sang versé dans ce noble but, les ordres prévoyants de l'Empereur ne servirent à rien ; 60 pièces de canon et 22,000 hommes furent pris sous les murs de Leipzig. L'étoile de Napoléon avait pâli ; il était mal secondé ; plus rien ne lui réussissait ; le nombre prodigieux des ennemis acharnés à sa poursuite et à le circonvenir pour empêcher son retour en France ; l'épuisement presque total de munitions ; le découragement du soldat, tout commandait la retraite sur le Rhin ; aussi, à partir de ce jour, eut-elle lieu sans que l'armée s'arrêtât.

Le 20, nous traversâmes les champs de Lutzen. Mais quel contraste ! En allant, ils nous avaient vus fiers de la victoire et brillants d'enthousiasme ; aujourd'hui, ils nous revoient tristes et mornes. Le bruit de la foudre avait fait place au silence le plus profond : le souvenir de la gloire dont l'armée s'y était couverte rendait l'actualité de sa position plus fâcheuse.

Le même jour, on passe la Saale à Weissenfels ; ce passage était important, l'ennemi pouvait nous y précéder et nous le disputer. De là à Erfurt, il me reste peu de souvenirs ; notre marche était rapide, l'apparition fréquente de Cosaques sur notre flanc gauche la rendait circonspecte et serrée.

Le 23, de bonne heure, j'arrive à Erfurt ; j'emploie cette journée et celle du 24 de la manière la plus active à réapprovisionner en munitions les batteries et le parc de la Garde, qui en étaient presque dépourvus. Installé à la citadelle, près du commandant Borson qui en commandait l'artillerie, j'y fis successivement monter tous les caissons vides, je complétai aussi tout le matériel en outils et rechanges de toutes espèces, et ne descendis en ville que lorsque cette opération fut entièrement terminée, heureux de voir les batteries de la Garde en mesure de rentrer en ligne, et de rendre de nouveaux services que la position critique pouvait réclamer d'un instant à l'autre et rendre très importants.

Le 25, nous quittâmes Erfurt. Gotha, Eisenach, Vach, Hunefeld, Fulœ, Schlutern et Langensebold sont les principales villes que nous traversâmes. Rien n'arrêta notre marche jusqu'au 30, malgré les difficultés que présentaient certains défilés et malgré les efforts des Cosaques, qui cherchaient continuellement à nous inquiéter. A propos des Cosaques, je me rappelle que, certain jour, débouchant d'une forêt et faisant route avec le général Semélé, nous en vîmes près de nous, sur notre gauche, un assez gros parti menaçant la route. Le général Lefèvre-Desnouettes, qui nous flanquait, les observait et marchait en échangeant avec eux des coups de carabine. Leur attaque pouvant devenir sérieuse, je fis serrer mon artillerie et tenir deux pièces prêtes à faire feu. Ils nous inquiétèrent ainsi pendant une heure ; c'est la seule fois qu'ils se soient présentés un peu en force sur le point où je me trouvais. Du reste, la conduite qu'ils nous faisaient était profitable à l'ordre et à la célérité de la marche ; l'on ne voyait ni traînards, ni maraudeurs.

Le 29, nous arrivons tard et nous couchons à Langensebold. L'armée bavaroise et une division autrichienne (environ 45,000 hommes) nous avaient devancés à Hanau et nous barraient la route de Francfort. La circonstance était grave, c'était le moment le plus critique de la retraite, mais il n'y avait pas à reculer, il fallait passer sur le corps de ces nouveaux ennemis, et l'Empereur, sauf sa Garde, avait peu de troupes sous sa main. L'indignation et l'exaspération contre de Wrède et les Bavarois étaient à leur comble et devaient tenir lieu du nombre : sous leur inspiration, la fusillade s'engage, le 30 au matin, dans la forêt qui précède Hanau et au débouché de laquelle l'ennemi nous attendait. On arrive à ce débouché ; là commence une lutte terrible, dans laquelle l'artillerie de la Garde est d'abord engagée et à laquelle participent successivement tous les corps de la Garde. Des prodiges de valeur signalent cette journée à jamais mémorable, où l'artillerie de la Garde joua le premier rôle. Il se fait un carnage affreux des Bavarois ; la route s'ouvre et devient libre ; l'armée est ainsi vengée de leur honteuse défection et de l'audacieuse prétention de leur chef.

Pendant que cette scène se passait, j'étais non loin de là, dans la forêt, avec ma réserve, attendant avec une vive anxiété le résultat de cette horrible lutte. La journée me parut longue : la position des acteurs de ce grand drame me semblait préférable à la mienne : enfin, à la nuit, je fus tiré d'impatience. Chacun coucha sur le terrain où il se trouvait ; l'ennemi qui s'était retiré dans Hanau évacua cette ville ; et, le lendemain matin, nous nous acheminâmes sur Francfort. En traversant le champ de bataille, l'œil ne se reposait que sur des cadavres.

Je ne m'arrêtai à Francfort que pour y coucher. Mon artillerie fut parquée dans l'intérieur, sur une promenade. Le 1er, je continuai ma route sur Mayence ; arrivé, à la nuit, au bourg de Hochstett, sur la rivière Nida, je trouvai les pontonniers occupés à réparer le pont qu'une division ennemie avait brûlé. Ainsi toutes les mesures avaient été prises par nos anciens et perfides alliés, les Bavarois, pour empêcher notre retour en France ; nous devions voir jusqu'à quelques lieues de Mayence des traces de leurs projets et de leur présence, et tout nous indiquait combien l'armée eût été compromise, si, devancée à Hanau, seulement de quelques heures, et par des têtes de colonnes, elle l'eût été d'un jour par le corps bavarois tout entier. Assurément notre rentrée en France par Mayence fût devenue impossible.

Arrêté au milieu des rues, avec tout mon matériel, sans aucun dégagement pour pouvoir le faire parquer, je passai là presque toute la nuit à attendre que le pont fût réparé, ce qui fut pénible pour tout le monde, attendu qu'il faisait un froid piquant, qu'on ne pouvait faire de feu, et que j'avais défendu qu'on s'introduisît dans les maisons.

Enfin, à notre grande satisfaction, nous repassâmes le Rhin et nous entrâmes à Mayence, le 2 novembre au matin, cinq mois après avoir quitté cette ville. Mais que les temps étaient changés ! Au mois de mai précédent, c'était, sinon avec satisfaction que j'avais passé le Rhin, du moins avec une sorte de fierté et d'enthousiasme. Les succès de l'armée à Lutzen, son entrée récente à Dresde, la rapidité de sa marche, malgré la supériorité numérique de l'armée ennemie, tous ces prodiges étaient pleins d'avenir, dans ma pensée, et du plus riant avenir. Nous marchions à la conquête de la paix ; il était permis, après un aussi éclatant début, d'espérer que nous ne reviendrions pas, sans l'avoir conquise. Hélas ! au lieu d'elle, c'est la guerre que nous ramenions ; c'est une invasion qui nous menace ; notre pauvre patrie doit être bientôt inondée par ce débordement d'Allemands, Prussiens, Suédois, Russes qui a failli nous engloutir.

CHAPITRE XVII

1813-1814.

Séjour à Mayence. — Général de brigade. — Metz. — L'ennemi passe le Rhin. —Bataille de la Rothière. — Combat de Lesmond. — Combat de Montereau. — Arcis-sur-Aube. — Capitulation de Paris. — Abdication de l'Empereur.

En un instant, Mayence fut épouvantablement encombré de nos débris. Rues, maisons, hôpitaux, tout fut rempli, et, de quelque côté qu'on tournât les yeux, l'aspect était affligeant. L'Empereur y établit son quartier général et la Garde y resta. Une nouvelle organisation de mon matériel m'occupa beaucoup pendant plusieurs jours.

Pendant ce temps de repos, je vis beaucoup le général Neigre; nos relations de service nous rapprochaient, non moins que notre vieille amitié. Je vis aussi fréquemment le colonel Imbert, directeur d'artillerie, en qualité de collègue, et puis parce qu'il avait un état de maison. Sa femme avait une réputation dans l'artillerie de femme jolie, aimable, et aimant les plaisirs. Du reste, j'ai conservé peu de souvenir de ce temps; habitué à des émotions de tous les jours et à une activité de corps et d'esprit à laquelle les circonstances passées avaient laissé peu de repos, je m'explique comment les premiers moments d'un état de calme, qui contrastait si fort avec le précédent, ont pu produire dans mon esprit ce vague de pensée qui ne laisse pas de traces pour les choses indifférentes, ou même ordinaires de la vie.

Cependant l'Empereur réorganisait l'armée et sa Garde. Content de ma position, ne songeant pas même que je pusse en changer, je n'aspirais à rien et restai parfaitement indifférent au résultat du travail qui se faisait, lorsque, le 6 novembre, je reçus ma nomination au grade de général de brigade, et au commandement du régiment d'artillerie à pied, vieille Garde.

Je pus à peine en croire mes yeux et relus deux fois ma lettre d'avis, pour me convaincre que je n'étais sous l'influence d'aucune fascination ; et l'émotion que je ressentis fut aussi profonde que ma surprise. Stupéfié tout d'abord, ce ne fut qu'après quelques instants que je me livrai à la joie. Etre nommé général et de plus à un magnifique commandement, dont je cumulais le traitement avec celui de général ; et, cette double faveur, l'obtenir quand il y avait à peine trois mois que j'avais été fait commandeur de la Légion d'honneur, tout cela était prodigieux, et m'inspirait un légitime orgueil. Depuis six ans et demi j'étais dans la Garde, l'Empereur me connaissait, je pouvais croire devoir cette insigne faveur à une inspiration de sa bienveillance particulière ; néanmoins j'en attribuai le principal mérite au général Drouot, quoiqu'il ne m'en ait jamais rien dit, et je lui vouai un sentiment profond de reconnaissance.

Quelques jours après, vers le 15 novembre, je reçus l'ordre de me diriger sur Metz, avec mon régiment et tout son matériel. Le typhus régnait à Mayence et faisait des ravages effrayants, dans les hôpitaux surtout ; je ne fus pas fâché de m'éloigner de ce théâtre de mort.

Arrivé à Metz, le 30 novembre, je logeai chez M. Lardemelle, garde-magasin des vivres. C'était un homme riche, ayant une bonne maison, un grand étalage, et surtout une femme excellente, faisant parfaitement les honneurs. Je n'ai eu qu'à me louer de leurs bons procédés et de leur obligeance, au milieu des embarras que je leur causais, et je leur consacre ici avec plaisir quelques lignes de reconnaissance.

Le général Dulauloy, qui commandait toute l'artillerie de la Garde, étant parti pour Paris, je me trouvais avoir le commandement, par intérim, de cette même artillerie, et, comme elle était dispersée sur divers points, mes occupations devinrent assez nombreuses pour m'empêcher de réaliser le projet que j'avais conçu d'aller passer quelques jours à Besançon, près de ma femme. Ma bonne fortune se chargea de me dédommager de cette contrariété ; tous les biens devaient m'arriver à la fois : j'avais certainement pris mon parti de l'obligation de rester, lorsque je reçus un mandat de 10,000 francs, délivré à mon nom par ordre de l'Empereur et payable de suite. J'étais fort à court d'argent, eu égard aux dépenses que j'étais obligé de faire en ma nouvelle qualité. Cette somme me vint admirablement à propos. C'était pour moi comme la pluie de manne pour les Israélites dans le désert ; j'acceptai avec transport cette rosée bienfaisante.

L'époque de la Sainte-Barbe approchait et l'on avait conservé jusque-là, dans l'artillerie, l'antique usage de célébrer cette illustre Patronne ; non certes dans un esprit de dévotion, mais parce que sa fête était l'occasion d'une réunion générale de tous les officiers d'artillerie, résidant dans un même lieu, réunion où dans un banquet commun se resserraient tous les liens de confraternité, de famille, et où se retrempait en quelque sorte l'esprit du corps. Nous étions alors nombreux à Metz, tant de l'artillerie de la Garde que de la ligne, mais c'était la Garde qui prédominait ; ce fut donc elle qui fit les dispositions et les honneurs de la fête. Pour mon compte, j'invitai, entre autres, le lieutenant-général Ruty que je priai de nous présider. La réunion fut gaie, malgré le malheur des temps, bruyante, surtout cordiale. Elle eut lieu au-dessus d'un grand café, place de la Comédie, dans une salle décorée convenablement pour la circonstance.

J'avais laissé ma voiture, dite coupé, à Reims ; mes relations avec La Fère, d'où je recevais quelques convois de matériel et de chevaux, me permirent de la faire venir. Comptant passer l'hiver à Metz, je faisais mes dispositions en conséquence. La suite n'a malheureusement pas justifié mes prévisions.

Pendant cet état de choses, mon service m'appela à Verdun, où j'avais de l'artillerie à la citadelle : je profitai de l'occasion de ma présence dans cette ville, célèbre pour la finesse de ses bonbons, pour en rapporter une corbeille, d'un choix distingué, à mademoiselle Lardemelle, jolie personne, d'une douzaine d'années : je lui devais cette politesse en retour de toutes celles que je recevais chez son père ; mon procédé fut apprécié.

Je m'endormais dans les douceurs d'un repos dont rien ne me laissait entrevoir la fin, voyant souvent les généraux Curial, Ruty, Neigre, les familles Valette, Dumas, Guerrier, etc., et organisais l'emploi de mon temps, de manière à ne point m'ennuyer pendant l'hiver, lorsque, certain matin (c'était, je crois, le 25 décembre), madame Lardemelle, qui était de Colmar, et qui venait de recevoir une lettre de sa famille, me fit prévenir que l'armée autrichienne avait passé le Rhin à Bâle et se dirigeait sur Belfort et l'Alsace, et que la population du Haut-Rhin était dans la plus grande anxiété et dans des transes épouvantables. Cette nouvelle me consterna ; je me figurai déjà que les communications entre Metz et Besançon allaient être interceptées, Besançon bloqué et toute correspondance avec ma femme impossible. Après une longue hésitation, je me décidai à l'envoyer chercher et, aussitôt, je lui expédiai un domestique à franc étrier, pour lui faire connaître mes intentions. Le 1er janvier 1814, j'eus la douce satisfaction de l'embrasser, ainsi que mes enfants, et de me trouver en famille.

Pendant ce temps, on avait appris le passage du Rhin sur plusieurs autres points ; l'ennemi s'avançait de tous côtés, sans éprouver de résistance un peu sérieuse ; l'invasion était prononcée. Ainsi, à peine la campagne de 1813 était-elle terminée, que déjà on en commençait une nouvelle. Avant de m'occuper de 1814, je ne puis m'empêcher de jeter un coup d'œil rapide et rétrospectif sur les événements de cette mémorable et désastreuse campagne, et sur les singulières vicissitudes qui l'ont signalée.

L'esprit humain peut à peine concevoir par quels efforts surnaturels une armée qui, en janvier 1813, ne consistait plus qu'en une poignée d'hommes déguenillés, découragés, sans discipline, sans armes, formés par petits groupes qui représentaient des régiments, des divisions, des corps d'armée ; armée, qui n'était plus qu'un fantôme, a pu sortir de cette espèce de néant, en quelques mois, et paraître de nouveau, dès le mois de mai, sur la scène des combats, nombreuse, belle, reconstituée complètement en matériel d'artillerie, bien approvisionnée, pleine d'ardeur et d'enthousiasme, prête enfin à cueillir de nouveaux lauriers. Les succès à Lutzen et à Bautzen furent brillants et excitèrent une surprise et une admiration générales. Ils étaient pleins d'avenir, mais bientôt les ruses de la diplomatie enrayèrent le char de la fortune de l'Empereur et ce char, arrêté, dut se briser sous les coups multipliés et trop bien concertés de l'astuce, de la perfidie, de la trahison et de la multitude des ennemis.

L'héroïque résistance de l'armée, aux journées de Dresde et de Leipzig, journées où la valeur française se surpassa et fit voir qu'elle n'était pas moins redoutable dans la défense que dans l'attaque, et où nos armes acquirent une nouvelle gloire, ne fit que retarder la chute de ce char et la rendre plus terrible; il fallait des miracles pour qu'elle produisît de meilleurs résultats.

La journée de Hanau rendit toute son énergie au lion, fut désastreuse pour l'armée bavaroise et confirma cette maxime *qu'il faut faire un pont d'or à l'ennemi qui fuit :* mais elle n'eut point d'influence sur les événements postérieurs, le mal était déjà consommé. Ainsi, le grand homme, qui présidait à nos destinées, venait de faire une seconde et cruelle épreuve de l'inconstance de cette fortune, qui lui avait été si fidèle jusqu'avant l'incendie de Moscou. Et maintenant, où nos revers devaient-ils s'arrêter? quelles en seraient les conséquences? C'était ce que nul esprit ne pouvait prévoir; c'était sous l'influence de ces tristes idées que je voyais s'ouvrir une nouvelle campagne.

Chaque jour, de nouvelles troupes passaient à Metz, se dirigeant sur l'intérieur : c'était un mouvement rétrograde et de concentration prononcé; et pourtant, je ne recevais aucun ordre. Le 15 janvier, le maréchal-duc de Raguse, dont le corps d'armée formait l'arrière-garde, établit son quartier général à Metz. Je n'avais plus de temps à perdre; il fallait que je susse ce que mon artillerie deviendrait. J'allai prendre ses ordres; il me parut étonné que je n'en eusse pas encore reçu et m'ordonna de partir le lendemain, avec tout ce qui était sous mon commandement, et de me diriger sur Châlons.

Mes dispositions furent bientôt faites, et, après avoir songé au service, je m'occupai du départ de ma femme, de mes enfants, de mon ménage enfin. J'ai déjà dit que j'avais fait venir mon coupé de Reims; ma femme, de son côté, m'avait amené ma calèche : rien ne fut donc plus facile que d'organiser ce départ.

Avant d'aller plus loin, et puisqu'il vient d'être question du maréchal Marmont, je dois dire qu'il m'en coûtait d'aller chez lui. Je l'avais connu dans l'intimité, et peut-être trop à fond, lorsqu'il n'était encore que capitaine, attaché à l'état-major du général Dieudé, lors du blocus de Mayence. Je l'avais revu, quatre ans après, à Milan; mais il était alors général de brigade, commandant en chef l'artillerie de l'armée d'Italie, et Sa Grandeur ne m'avait pas reconnu, ou plutôt n'avait pas voulu me reconnaître. Blessé profondément d'un orgueil si déplacé envers moi qui, certes, ne songeais guère à abuser de notre ancienne intimité et qui étais plutôt d'un caractère à l'oublier, pour ne plus voir en lui que mon général, je résolus de ne l'aborder, dans aucune circonstance, à titre de courtoisie; et, fidèle à cette résolution, jamais, depuis ce temps, je n'avais été le saluer, bien qu'en maintes circonstances mon service dans la Garde m'eût rapproché de lui, et que je me fusse bien aperçu qu'alors il me reconnaissait. Pour cette fois, obligé de lui parler, je voulus au moins que ce fût le plus brièvement possible. En me voyant arriver, il s'écria d'un air satisfait : « Ah! général Boulart, il y a bien longtemps que nous ne nous sommes vus! » Sans être détourné de mon but par cette entrée en matière, je lui contai immédiatement mon affaire, et, aussitôt que j'eus reçu ses ordres, je pris congé de lui. C'est la dernière fois que je l'ai abordé. Il y avait de l'enfantillage à moi d'en user ainsi avec un maréchal d'Empire ; aussi ne rapporté-je pas ce fait pour m'en glorifier, mais seulement comme peignant un des principaux traits de mon caractère.

Mais je reviens à mon sujet.

Ma femme, partie le 17 janvier, arriva à Châlons en trois jours : son voyage fut pénible; il faisait très froid, une neige épaisse couvrait les routes, et il y avait un tel encombrement partout qu'elle put à peine trouver à se loger. Repoussée de Verdun, le premier jour, elle fut obligée de continuer sa route, pendant la nuit, jusqu'à un village où elle trouva un abri dans une chambre, déjà occupée par des dragons, qui lui offrirent de la partager avec eux. Le malheur trouve presque toujours des gens compatissants : une Anglaise, établie dans ce village avec son mari, (on se rappelle qu'à cette époque il y avait à Verdun une nombreuse colonie de prisonniers anglais), ayant appris la détresse de ma femme, vint obligeamment lui offrir ses services et son logement. Madame Boulart, qui ne pouvait alors marcher qu'avec des béquilles, par suite d'une maladie du genou, l'ayant remerciée, cette dame si bonne voulut au moins lui faire compagnie pendant quelque temps, et lui offrit du vin de Bordeaux pour son repas. Je suis loin de contester ce qu'il y a de bon dans les dames françaises ; mais, je le demande, y en aurait-il beaucoup qui en eussent fait autant ? Y en a-t-il beaucoup qui éprouvent à un tel degré le besoin d'obliger ?

A Châlons, ma femme s'installa dans le logement qui m'était destiné : les auberges étaient si pleines qu'elle ne put y être reçue. C'était chez une dame Poirier, veuve, habitant seule avec sa fille une petite maison où tout respirait l'aisance. Cette dame reçut ma femme avec aménité et de très bonnes façons, et c'était à elle d'autant plus méritoire, quoiqu'elle ne pût pas faire autrement que de la loger, qu'elle n'était nullement affectionnée à la cause de l'Empereur. Du reste, les bons services ne sont jamais perdus. Quelques années après, à Strasbourg, j'eus l'occasion d'accueillir avec politesse la fille de cette dame, devenue femme de M. de Villarsy, officier supérieur d'artillerie, et de lui être utile, ce que je fis avec empressement, dans un sentiment de réciprocité et de reconnaissance.

De ma personne, devançant ma troupe d'un jour, j'arrivai à Châlons, le 20 au soir, fort tard. Je croyais trouver ma femme à l'auberge où je lui avais dit de descendre, et, à mon grand désappointement, il me fallut encore courir la ville pour la trouver. Les embarras que je traînais à ma suite me faisaient redouter de loger dans les maisons particulières, et surtout d'arriver tard ; et précisément, ce soir-là, tout le monde était couché lorsque je me présentai. Le plaisir de me retrouver en famille fit vite passer un peu de contrariété.

Le lendemain, j'appris que Châlons était le point de concentration de toutes les troupes qui venaient, soit de la frontière, soit de l'intérieur ; que l'Empereur était attendu prochainement et qu'il fallait nous disposer à partir, sous quelques jours, pour rentrer en ligne. Dès ce moment, je résolus d'envoyer ma femme et tout son train chez mon père, à Reims. Là, elle devait attendre les événements ; d'ailleurs, la ville étant grande ouverte et un peu en arrière, il me semblait que c'était là qu'elle devait avoir le moins de mauvaises chances à courir. Ce projet s'exécuta en effet, et je fus rendu tout à fait à mes soins militaires.

L'Empereur arriva, le 24, et, dès le 25, la Garde partit pour Vitry. Elle se dirigea ensuite sur Saint-Dizier, dans un petit village près de la Marne, avec la cavalerie du colonel Exelmans, et je renouvelai connaissance avec ce général que je n'avais pas vu depuis Rome, fin de décembre 1798, où il était alors capitaine aide de camp du général d'artillerie Eblé : j'ai retrouvé avec plaisir en lui un bon camarade, dont les honneurs n'avaient pas changé les mœurs. Ce même jour, je reçus mon ami le chef de bataillon Renaud, dont l'artillerie se trouvait parquée près de la mienne, et je lui fis partager ma chambre. Nous ne nous endormîmes pas, sans avoir longuement conversé sur le malheur de notre position, et sur ce que l'avenir avait de vague et de lugubre. Je n'étais certes pas rassuré ; il ne fallait qu'ouvrir les yeux pour juger de la gravité du mal ; mais les pressentiments de mon pauvre ami allaient plus loin que les miens : il manquait de cette confiance dans l'Empereur que je n'ai pas perdue tout à fait jusqu'au moment de sa chute, quoique je ne visse pas trop comment il pourrait se tirer de là ; il était, enfin, fortement démoralisé. Je rappelle ces circonstances, toutes minimes qu'elles soient, parce qu'elles peignent l'état d'inquiétude et de découragement des esprits à cette déplorable époque.

Le caractère particulier de la campagne, qui s'ouvrait contre un ennemi qui s'avançait sur tous les points à la fois, et assez nombreux pour présenter partout des masses considérables, était de n'avoir point de plan. L'Empereur allait, ce qu'on peut dire, au jour le jour ; il ne prenait conseil que des rapports qu'il recevait ; c'était là où il puisait ses inspirations, c'était après les avoir reçus qu'il improvisait ses déterminations. On en voit de fréquents exemples pendant cette courte campagne.

C'est ainsi que, changeant brusquement de direction à Saint-Dizier, l'armée passa la Marne et se porta sur Troyes, que menaçait le gros de l'armée austro-russe. Par cette marche, l'Empereur comptait aussi tomber sur les derrières de Blücher, dont une partie de ce corps venait de passer à Saint-Dizier, pour opérer sa réunion avec l'armée principale. Effectivement, il rejoignit ce dernier corps et le débusqua de Brienne, après un combat sanglant, qui n'empêcha pas Blücher de faire la jonction qu'il projetait. L'armée, pour arriver à Brienne, eut à passer par Montierender et Maizières, à travers un pays de bois et de marais, dont les chemins étaient affreux, défoncés, et offrirent à l'artillerie bien des difficultés. A Montierender, je passai la nuit dans une maison, où l'on vint faire le logement du duc de Raguse pour le lendemain, à la pointe du jour. Cette circonstance hâta mon départ, parce que je voulais, par les raisons déjà dites, éviter de me rencontrer avec ce maréchal.

Pendant les deux jours de repos que la Garde eut à Brienne, en attendant que le pont de Lesmond, qui avait été rompu et qui se trouve sur la communication de Brienne avec Troyes, fût rétabli, Schwarzenberg se rapprocha de notre armée, et force fut de recevoir la bataille. Le 1er février, attaqué sur toute la ligne en avant du village de la Rothière, qui a donné le nom à la bataille, l'Empereur dirigea de suite sa jeune Garde sur la Rothière.

J'avais en ce moment quarante-huit bouches à feu sous mes ordres, et je m'acheminais avec cette masse énorme d'artillerie vers la Rothière; je n'étais plus même qu'à trois ou quatre cents toises de ce village, où j'avais été précédé par l'infanterie de la Garde, lorsque tout à coup j'aperçois, sur ma gauche, à la distance d'un quart de lieue, un mouvement extraordinaire qui avait l'apparence d'un grand désordre et d'une fuite précipitée. Vite, j'ordonne qu'on quitte la route pour se mettre en batterie; mais une longue file de fourgons des équipages, qui occupait précisément le côté gauche de la route et qui était arrêtée, apporte beaucoup d'obstacles et de lenteur à ce mouvement. Cependant, la masse des fuyards s'approchait de moi avec rapidité; je voulais les arrêter en les soutenant par les feux de mon artillerie : un instant perdu pouvait leur être funeste et faire enlever toute mon artillerie. J'étais donc dans un grand émoi et me multipliais autant que possible. Heureusement, je parviens à avoir quelques pièces en batterie, avant que les fuyards arrivent jusqu'à moi, et la vue de cette artillerie les arrête et les rallie. Je n'ai point à faire feu en ce moment : l'ennemi n'était point sur leurs talons, et j'eus le temps de mettre toute mon artillerie en batterie.

Toutes les autres parties de la ligne ayant été obligées à faire un mouvement rétrograde, par suite de cette trouée, le point où j'étais devint comme le centre du ralliement. L'Empereur y vint et s'y tint pendant quelque temps. Ainsi, je contribuai, par le mouvement que je fis faire à mon artillerie, à arrêter le désordre, et j'épargnai probablement à l'armée un plus grand désastre. C'est, je crois, le service le plus signalé que j'aie rendu dans toute ma carrière militaire ; mais il passa inaperçu. Dans les temps de malheur, on se tire d'affaire comme on peut, et l'on s'occupe peu des causes qui ont fait échapper à un danger, quand on ne fait que passer de ce danger à un autre, et que c'est tous les jours à recommencer. D'ailleurs, je suis obligé de dire qu'en tout cela le hasard a joué le plus grand rôle, et qu'en prenant des dispositions qui ont été si heureuses, je ne songeais guère qu'à défendre et sauver mon artillerie.

Dans cette position, j'échangeai quelques coups de canon, puis, la nuit venant, le feu sur ce point se réduisit à des tiraillements, qui durèrent encore longtemps et me firent perdre et blesser quelques hommes. Le général Drouot et le colonel Henrion entre autres, qui se trouvaient au milieu de mes pièces en amateurs, y reçurent chacun une balle qui heureusement ne les blessa que très légèrement.

Sur notre droite, et à droite du village de la Rothière, la fusillade se continua plus vive, malgré la nuit. J'y conduisis 2 pièces de 12 que je plaçai en avant de notre ligne et sur la ligne même des tirailleurs. La mitraille, lancée par ces deux canons, fit ralentir successivement l'activité de la fusillade et, au bout d'une heure, je les ralliai. L'adjudant-major Henraux et deux canonniers furent blessés.

Le feu ayant tout à fait cessé de part et d'autre je rentrai à Brienne, avec mon artillerie. Là, j'appris que l'artillerie de la Garde avait été sabrée et avait perdu deux batteries dans la déroute que j'ai rapportée plus haut.

Après trois heures de repos, mon artillerie se mit en route sur Lesmond où elle arriva et passa l'Aube au point du jour. Je m'arrêtai un peu plus loin, sur la hauteur et près du moulin à vent de Lesmond et je fis mettre en batterie. C'est une position défensive magnifique : nous échangeâmes quelques coup de canon contre l'avant-garde des ennemis, et, après que nos dernières troupes eurent passé l'Aube, je leur laissai cette position et vins coucher à Piney.

Le lendemain, de bonne heure, j'arrivai à Troyes avec la

jeune Garde. Mon beau-frère Hubert, dont le régiment, vieille Garde, se trouvait là, vint me voir aussitôt : il y avait déjà longtemps que nous ne nous étions rencontrés, et chaque fois que cela arrivait, c'était une fête pour tous les deux.

Je n'avais jamais vu Troyes qu'en passant et j'en avais une pauvre idée. Cette fois, j'y restai deux jours et je n'en fus pas plus émerveillé : des rues étroites et tortueuses, des maisons bâties en bois, tout ce qui distingue les villes antiques, et rien de beau d'ailleurs, voilà ce que j'ai vu. Il est vrai que j'étais alors sous l'influence de préoccupations qui ne me permettaient pas de parcourir cette ancienne capitale de la Champagne en voyageur observateur.

Le 5, toute la Garde se mit en marche dans la direction de Bar-sur-Seine. Nous pensions d'abord que c'était un mouvement offensif et nous nous en réjouissions, car, avec l'Empereur, l'agression avait toujours du succès et souvent des résultats brillants inattendus ; mais nous vîmes bientôt que ce n'était qu'une feinte démonstration ; nous revînmes coucher à Troyes.

Le lendemain 6, nous nous remîmes en route, mais sur Nogent; cette fois, le mouvement rétrograde était prononcé, et provoqué par la marche de Blücher sur Paris, en descendant la Marne.

Je m'arrêtai pendant quelques heures au village des Grès, et j'y étais établi de manière à y coucher, lorsque je reçus l'ordre de partir de suite pour Nogent. Se mettre en route à dix heures du soir, pour passer la nuit sur les chemins et au froid, est une chose à laquelle je n'ai jamais pu m'accoutumer, je pris donc mon parti d'assez mauvaise grâce. Tout grognant et enveloppé de mon manteau, je sors de ma chambre pour monter à cheval, mais, au moment où je crois descendre la première marche de l'escalier, je tombe du premier étage dans la cour, au milieu de décombres et de pierres de construction : l'obscurité de la nuit m'avait empêché de voir que le palier de l'escalier n'avait point encore de garde-fou, et quelle était la direction de l'escalier. Ma surprise fut grande dans ce court trajet ; heureusement, je tombai sur mes jambes, sans rencontrer de pierre, et j'en fus quitte pour un grand ébranlement de ma machine.

Le 7, j'arrivai d'assez bonne heure à Nogent et je ne vis pas, sans certain plaisir, de nombreuses meules de foin dans les prairies qui bordent la Seine ; cela devait assurer la subsistance des chevaux de mon matériel qui, depuis quelques jours, n'étaient pas régulièrement nourris et qui d'ailleurs étaient assez fatigués. La sollicitude d'un officier d'artillerie ne saurait être trop grande à cet égard, car les chevaux sont ses jambes ; sans eux, il ne peut rien, et par eux il peut rendre les services les plus éminents.

Je restai trois jours à Nogent, pendant lesquels l'Empereur, ayant obtenu des renseignements sur la marche de Blücher sur Paris par la vallée de la Marne et par Montmirail, se porta, aussi rapidement qu'on pouvait le faire dans cette saison et par des chemins horribles, sur cette dernière ville, menant avec lui toute sa Garde, infanterie et cavalerie, avec une partie de l'artillerie seulement, et une partie de l'armée. C'est dans cette expédition, dont l'inspiration rappelle les belles époques de l'Empereur, qu'il surprit le corps de Blücher à Champaubert et qu'il le battit complètement là, à Montmirail, à Château-Thierry et à Vauchamps, les 10, 11 et 12.

Cependant l'armée principale, ou l'armée austro-russe ayant attaqué Nogent et Bray et étant parvenue à passer la Seine, les corps qui lui étaient opposés, et dont je faisais partie, furent obligés de se retirer successivement sur Provins, Nangis, Guignes et Brie. J'allai même jusqu'à Charenton, car la masse de matériel, que j'avais avec moi et qui se composait encore de 30 bouches à feu et du parc de la Garde, ne pouvait qu'embarrasser et être compromise, en restant trop près des corps d'armée, qui d'ailleurs avaient leur artillerie.

Pendant tous ces mouvements, et tout le temps de ma séparation d'avec la Garde, je recevais les ordres du lieutenant-général Ruty, qui avait pour sous-chef d'état-major le major Saint-Cyr. Rien n'était plus détaillé que les ordres et instructions qu'il m'adressait ; c'était toujours par plusieurs pages et, ce qu'il y avait de plus drôle, c'est qu'ils ne me parvenaient jamais que quand l'exécution en était presque achevée, attendu que, sur un ordre verbal en quelques mots, qui n'avaient pas besoin de développement pour que je les comprisse, je commençais par me mettre en route. Je n'ai jamais conçu cette importance des écritures entre chefs qui se quittent pour se retrouver quelques heures après, sans avoir autre chose à faire qu'à suivre les grandes routes; c'est une dérision, et un étrange abus de la faculté d'écrire. Et cependant, le général Ruty était, sans contredit, un homme de haute capacité. Était-ce chez lui défiance des autres et prétention de tout prévoir, mieux qu'un autre n'eût pu faire? Était-ce habitude de s'envelopper des formes, afin de mettre à couvert sa responsabilité? Quoi qu'il en soit, cette méthode me paraissait ridicule, et, avec la dixième partie de ce qu'il m'a écrit, mon service n'en eut pas été moins bien.

Cette retraite me coûta cher, en ce qu'elle fut pour moi l'occasion de la perte d'un cheval, perte qui eut lieu d'une manière extraordinaire et piquante. C'était en sortant de Provins; il était 10 heures du soir, et la nuit était froide. Après avoir mis mon artillerie en marche sur Nangis, je veux marcher un peu à la queue de la colonne, pour me réchauffer, avant de regagner la tête; j'en fais la proposition à mon bon camarade le colonel Lignim et, d'accord, tous deux, nous remettons nos chevaux aux canonniers d'ordonnance qui nous suivent, et nous voilà trottinant. Au bout d'un quart d'heure, suffisamment réchauffés, nous pensons à remonter à cheval, l'ordonnance est là sur mes talons, mais il dort et mon cheval n'est plus à côté de lui: le malheureux avait un peu trop bu à Provins, le sommeil s'était emparé de lui et, dans cet état, les rênes avaient coulé de son bras. Qu'on se figure ma surprise! Je crie, je gronde, je le renvoie en arrière à la recherche du cheval, je dépêche d'autres canonniers en avant dans le même but, et, en attendant, je gagne à pied et à grand'peine la tête de la colonne, dans l'espoir d'y retrouver mes autres chevaux; mais, nouveau désappointement, mes domestiques ont emmené ceux-ci en avant avec les fourriers chargés de faire le logement: je suis donc obligé de faire le reste de la route à pied jusqu'à Nangis. Chemin faisant, on me rapporte qu'on n'a pu retrouver mon cheval; je commence alors sérieusement à craindre qu'il ne soit perdu et j'en suis péniblement affecté, car c'était pour moi, y compris le harnachement, grand uniforme, une perte de 1,800 francs.

En arrivant à Nangis, je placé à la porte de la ville un canonnier en permanence, avec la consigne d'examiner tous les chevaux qui entreraient et d'arrêter le mien s'il se présentait; plus tard je fais signaler cette perte à l'ordre de l'armée; tout cela est inutile, mon cheval a disparu définitivement; c'est le commencement des nombreux et durs sacrifices que cette désastreuse époque m'a imposés.

Cependant les succès brillants, obtenus par l'Empereur sur Blücher, ayant refoulé les Prussiens sur Châlons, ce chef infatigable revint en grande hâte rejoindre la portion de l'armée qu'il avait quittée à Nogent et qui, quoique défendant le terrain pied à pied, se trouvait déjà à Guignes.

La Garde le suivait ; elle arriva à Guignes le 17 et il était temps, car, sans ce renfort, l'ennemi se fût probablement établi dans cette ville, ce jour-là. Dès cet instant, l'armée reprend l'offensive ; elle culbute l'avant-garde ennemie et la mène tambour battant jusque sur les hauteurs de Montereau. Le lendemain 18, elle attaque vivement l'ennemi, et, après un combat opiniâtre et sanglant, elle l'oblige à repasser en désordre de l'autre côté de la Seine. C'est dans cette dernière circonstance que l'Empereur, qui s'était porté au château de Surville, d'où l'on dominait parfaitement et la ville et le pont, pointa lui-même sur l'ennemi, dont les masses en fuite encombraient le pont, les pièces d'une de mes batteries que j'avais fait établir sur une terrasse, à côté du château. Cette promptitude de fuite, ce désordre, cet encombrement d'hommes qui se pressaient sur le pont, cette participation de l'Empereur au pointage des canons, qui témoignait assez qu'il n'avait pas oublié son premier métier, tout cela formait un tableau pittoresque que l'ivresse de la victoire rendait plus ravissant encore et que je me rappelle toujours avec un nouveau plaisir. Ainsi, à travers tous nos maux, il y avait encore quelques lueurs de bien.

L'Empereur passa la nuit dans cette position et nous bivouaquâmes dans les jardins du château.

Le 19, nous traversâmes Montereau ; mon artillerie fut établie sur la route de Nogent, et, de ma personne, je logeai dans une auberge, qui fait le coin de la rue du pont et de la route de Nogent. Je rappelle cette circonstance pour l'intelligence de ce que je vais rapporter. La fille de l'aubergiste, personne de vingt ans environ, grande, jolie, et d'une physionomie douce, nous raconta, pendant le dîner, qu'une vingtaine de soldats ennemis, s'étant réfugiés dans l'auberge et cachés dans la grange, pendant la déroute du 17, elle en prévint des soldats français et les fit aposter à la porte de derrière, sur la route de Nogent, pour qu'ils les tuassent, à mesure qu'ils sortiraient ; puis, elle alla engager les réfugiés à s'évader par la porte de derrière, les assurant qu'ils n'avaient rien à risquer, ce qu'ils firent, ne se doutant pas du piège dans lequel ils allaient tomber. Cette action donne la mesure de l'exaspération qui animait alors la population de ces contrées ; elle prouve encore jusqu'où peut aller l'exaltation des femmes.

Effectivement, à cette époque, nombre de Champenois traquaient les ennemis dans la campagne et venaient livrer à l'armée les prisonniers, dont ils ne s'étaient pas débarrassés, et cette espèce de guerre rendait l'ennemi très circonspect.

Le 20, nous prîmes la direction de Troyes, en passant par Bray, où nous couchâmes, Nogent et Châtres, petit village près de Méry, où l'on s'arrêta jusqu'à ce que l'ennemi eût été chassé de cette ville, dont il brûla le pont. La neige tombait à gros flocons, le canon grondait, la flamme ravageait Méry ; toutes ces circonstances à la fois attristaient les esprits, lorsqu'on annonça que le prince de Lichtenstein était arrivé du quartier général ennemi et avait été reçu par l'Empereur. De suite, on supposa qu'il apportait des propositions de paix, car l'esprit est prompt à croire ce qu'il désire, et l'espoir de voir la fin prochaine de cette interminable et déplorable lutte vint dérider nos figures.

En effet, le prince allemand venait faire des ouvertures à Napoléon de la part du congrès de Châtillon et il paraît qu'à cette époque les exigences étant plus modérées que précédemment, l'Empereur aurait pu mettre de suite fin à la guerre et combler les vœux de l'armée et de la France ; mais la défaite récente de Blücher, les succès obtenus à Nangis et Montereau avaient en un instant réveillé toutes les illusions de l'Empereur et rehaussé ses prétentions : il crut qu'il tenait de nouveau la fortune, parce qu'elle lui avait souri un instant, et, pour n'avoir pas su céder à temps, il perdit tout et sacrifia la France. O irrésistible fatalité !

Nous partîmes donc, le 23, et arrivâmes le soir devant Troyes. Les portes en étaient fermées, l'ennemi faisait mine de résister et un instant il fut question de le prendre de vive force, mais l'Empereur, qui voulait ménager cette ville, préféra attendre et, le lendemain, les portes nous furent ouvertes : l'ennemi l'avait évacuée pendant la nuit.

Je me rappelle que, chemin faisant, de Châtres à Troyes et marchant à la tête de ma colonne, ralentie par un soldat du train qui était devant moi et dont l'allure était trop paresseuse, je voulus le pousser du pied par derrière et que la pointe de son sabre, dont le fourreau manquait de bout, m'entra dans le cou de pied, ce qui me fit boiter pendant plusieurs jours. Ainsi, je fus puni par où j'avais péché. Que ne l'avais-je prévenu plus poliment !

L'Empereur nous quitta de nouveau, le 26, pour aller à la poursuite de Blücher, qui s'avançait encore une fois sur Paris par la vallée de la Marne, et dont la marche éprouvait peu d'obstacles. Il n'emmena qu'une partie de l'artillerie de la Garde et je restai à Troyes avec l'autre partie.

Le 2 mars au soir, on vint me dire que l'armée devait se retirer et évacuer Troyes, le lendemain matin : cependant, je n'avais point d'ordre. Là, comme à Metz, on m'avait oublié ; je fus obligé d'aller trouver le lieutenant-général Sebastiani pendant la nuit, pour prendre langue et savoir que faire. Je ne le connaissais pas ; je vis un petit homme, à l'œil noir et vif, à chevelure noire, longue et bouclée, aux façons aisées et tranchantes, à l'air coquet et grand seigneur, je lui demandai ses instructions, et, le lendemain de grand matin, je me mis en route sur Nogent. La retraite se continua ensuite par Provins, Bray et Guignes ; mais elle s'opéra lentement et avec plus de circonspection que la première fois : on avait à craindre les partis de Cosaques, je fus quelquefois obligé de faire pour la nuit des dispositions défensives.

Pendant ce temps, Blücher, pour échapper à l'Empereur, repassait la Marne à La Ferté-sous-Jouarre et se portait sur Soissons et Laon. Alors eurent lieu les affaires de Craonne, de Laon et de Reims, dont il n'entre point dans mon plan de donner les détails, puisque je n'y ai point pris part, mais à l'occasion desquelles je donnerai un souvenir de regret et d'attachement à deux capitaines de l'artillerie de la Garde, dont l'un, M. Boisselier, blessé mortellement à Craonne, est venu mourir à Reims ; et l'autre, M. Guerrier, a été tué à Reims, à l'attaque de la porte de Paris. J'affectionnais particulièrement ce dernier, à cause de ses bonnes qualités et parce que je connaissais beaucoup sa famille qui était de Metz.

Après ces affaires, l'Empereur partit de Reims avec la Garde pour se diriger sur Plancy et Méry : il avait pour but de tomber sur les derrières de l'armée de Schwarzenberg, qui déjà était à Provins. Il rallia à lui, pour cette expédition, l'artillerie qui était sous mes ordres ; en conséquence, le 17 mars, je quittai Guignes pour me rendre à Meaux et là, je reçus des ordres pour me porter sur Plancy, où j'arrivai le 19, à marches forcées, sans qu'il me soit possible de me rappeler les lieux par où je passai, tant j'étais préoccupé de notre position actuelle. Je sais seulement que je suivis, en partant de Meaux, la rive gauche de la Marne, en remontant cette rivière jusqu'au pont de La Ferté-sous-Jouarre ; que, ce pont étant coupé, je n'ai pu entrer dans cette ville et qu'ensuite je pris la route de Montmirail.

J'ai appris depuis que ma femme, qui était partie d'Epernay le 18, avait couché le lendemain à La Ferté, et qu'ainsi, ce même jour, nous avions passé à environ quatre lieues l'un de l'autre. Nous ignorions tous deux cette circonstance, nous n'avons conséquemment pu en être impressionnés dans l'instant : et pourtant son souvenir nous a toujours présenté de l'intérêt, à ma femme et à moi. Ainsi, quand une occasion de bonheur nous échappe, tout n'est pas perdu : après les regrets, on aime encore à jouir en imagination du plaisir qu'on aurait pu avoir.

J'eus de la peine à arriver près de Plancy, le 19 au soir, très tard. Les chevaux de mon artillerie étaient harassés et mon matériel formait une très longue queue, mais ils n'étaient point encore appelés à se reposer.

Schwarzenberg avait eu le temps de repasser la Seine, avant que l'Empereur marchât sur lui ; on était seulement arrivé à Méry assez à temps pour prendre quelques bagages et un équipage de pont, et pour mettre le désordre dans son arrière-garde ; et l'Empereur, dont le projet avait été déjoué, s'était immédiatement dirigé sur Arcis, dans le but de manœuvrer sur le flanc droit de l'ennemi, de le déborder et de menacer ses communications, ce qui paraissait devoir le déterminer à la retraite.

Je fus donc obligé, après quelques heures de repos qui me servirent à rallier tout ce qui était resté en arrière et à refaire un peu mon attelage, de me remettre en route sur Arcis. Cette route longe la rive droite de l'Aube ; elle était très mauvaise et défoncée ; ma marche fut lente ; j'arrivai pourtant d'assez bonne heure sous Arcis. Une canonnade très forte se faisait déjà entendre au delà de la ville et il y avait toute apparence que mon tour viendrait d'y prendre part.

J'avais passé une nuit blanche, j'étais fatigué, refroidi et conséquemment dans cette fâcheuse disposition d'esprit qui accompagne toujours le malaise, quand arrive à cheval le colonel Lallemand qui, sans préambule aucun, m'annonce que ma mère est morte. Je fus à la fois atterré de cette nouvelle et indigné de l'inconcevable brusquerie, je puis dire même brutalité, avec laquelle un de mes camarades, un homme avec qui j'étais lié d'amitié, me l'apprit.

Le même colonel m'annonça en même temps que le général Drouot était allé visiter ma femme, à Reims, et l'avait déterminée de se rendre à Paris pour y attendre les événements ; en conséquence elle était partie avec le quartier général, et arrivée à Epernay, sous la protection de l'artillerie de la Garde, elle s'était dirigée sur la capitale : cette dernière communication m'affranchit d'un grand souci.

La canonnade durait toujours et formait un feu roulant, dont le bruit se rapprochait ; nous étions sur le qui-vive et prêts à monter à cheval, lorsque je reçus l'ordre de partir de suite pour Sommepuis.

C'était d'un mauvais augure : jusque-là, on avait battu Blücher en détail, mais Schwarzenberg n'avait pas été entamé notablement : l'échec de Montereau n'était rien pour une armée aussi nombreuse que la sienne, qui était en définitive l'armée principale, l'armée dont tous les événements dépendaient. L'obligation de reculer devant elle, dans l'exécution d'un mouvement stratégique pendant lequel l'Empereur ne s'attendait pas à la rencontrer, manœuvrant sur le même terrain que lui, était significative et la direction que nous prenions l'était plus encore. Aussi la consternation fut-elle grande et, à partir de ce jour-là, le découragement s'empara des esprits. Où irait-on ? Quel serait le dénouement d'une lutte si disproportionnée, où le rapport entre les combattants des deux côtés était comme dix à un ? Le champ ouvert aux conjectures était vaste, mais aucune n'était rassurante.

Quoi qu'il en dût arriver, et malgré le profond chagrin que me causait la mort de ma mère, comme j'étais fatigué et tout à fait accablé, je pris à Sommepuis quelques heures d'un repos qui me fit grand bien.

Le 22, avant la pointe du jour, on partit pour Vitry-le-François. On passa la Marne, près de cette ville, sur un pont fait avec des voitures agricoles et qui était peu solide, ce qui demanda beaucoup de précautions.

La ville était occupée par les Russes, on la laissa à gauche et gagna ainsi la grande route de Saint-Dizier, où l'on fit une longue halte, pendant laquelle l'Empereur s'approcha de la place et en fit la reconnaissance. Son intention était de l'attaquer et, dans ce but, j'avais reçu l'ordre de tenir prêtes mes batteries de 12, circonstance qui me retint pendant trois heures, dans la boue, sur la route, à un quart de lieue de la place, boute-feux allumés ; mais, soit qu'il ait trouvé les remparts en trop bon état de défense, soit qu'il ait écouté les avis de ses généraux qui regardaient cette entreprise comme imprudente et trop téméraire, dès que la fin du jour arriva, il fit remettre l'armée en marche sur Saint-Dizier. Ce soir-là, je m'arrêtai et couchai à Farémont. Ce village était encombré, mais ce n'était pas le lieu d'être exigeant, je m'estimai heureux de trouver un abri, un petit coin et un peu de paille.

Le 23, nous arrivâmes de très bonne heure à Saint-Dizier, puis, changeant tout à coup de direction à droite, nous allâmes repasser la Marne tout près de là et suivîmes la route de Vassy. Le lendemain, l'armée était à Doulevent, quand elle reçut l'ordre de rétrograder sur Saint-Dizier. Ce mouvement s'exécuta rapidement ; il y eut un engagement de cavalerie assez vif et à notre avantage, avant d'arriver à Saint-Dizier ; on chassa l'ennemi de la ville et quelques troupes furent dirigées sur Bar-le-Duc. Il n'y eut alors qu'un bruit dans l'armée, c'est que nous allions opérer en Lorraine, rallier les garnisons des places fortes et intercepter les grandes communications de l'ennemi sur Mayence et Strasbourg.

Il y avait encore de l'esprit chevaleresque dans l'armée, mais c'était dans les rangs inférieurs ; les gros bonnets ne se souciaient plus de la vie aventureuse et ne s'en cachaient pas d'ailleurs, car partout, excepté peut-être devant l'Empereur, on parlait assez librement sur la situation des affaires. Néanmoins, on peut dire que cette dernière conjecture ne plaisait pas généralement, malgré les résultats prodigieux que les stratégistes enthousiastes promettaient, si elle se réalisait.

Mais bientôt les incertitudes cessèrent pour faire place à des inquiétudes plus graves. Le 27, on reprit la route de Doulevent ; des dangers pressants, disait-on, menaçaient la capitale. Tant d'allées et de venues ; tous ces mouvements contremandés, presqu'aussitôt que commencés ; les tergiversations, cette fluctuation sur le parti à prendre, de la part d'un homme chez qui la rapidité de détermination et d'éxécution était caractéristique, annonçaient suffisamment les difficultés de la position et achevèrent de décourager ceux qui avaient encore conservé quelque confiance, et j'étais de ce nombre.

A Doulevent, nous reçûmes l'ordre de nous porter à marches forcées sur Paris. L'infanterie de la Garde, toujours leste et infatigable, eut bientôt précédé mon artillerie et je m'acheminai, comme je pus, avec un nombreux matériel, péniblement traîné par des chevaux exténués, et n'ayant pour escorte qu'un bataillon d'infanterie, à travers un pays, où l'on pouvait à chaque pas rencontrer des partis ennemis.

Le 29, je couchai sur la rive gauche de l'Aube, près du pont de Doulencourt, que je fis garder avec soin. Néanmoins, nous étions toujours sur le qui-vive, j'étais très inquiet, je pris peu de repos. Je profitai de cette halte pour me débarrasser de quelques caissons que je ne pouvais plus traîner ; j'en fis jeter les poudres à l'eau et on les brûla ensuite ; une heure avant le jour, nous étions déjà en route.

A Troyes, nous apprîmes que l'ennemi était sous Paris, que l'Empereur devait établir son quartier général à Fontainebleau et que c'était là que nous devions le rejoindre ; nous n'y fîmes qu'une courte halte, il me tardait de m'éloigner de cette grande ligne de communication de l'ennemi avec ses derrières.

A Villeneuve-l'Archevêque, je fis faire une nouvelle et assez longue halte, et le hasard me fit loger chez un monsieur portant mon nom. Malgré notre bonne volonté, nous n'avons pas pu nous reconnaître comme parents, bien qu'il me soit évident que tous les Boulart du monde sortent de la même souche.

Nous passâmes ensuite à Sens, Pont-sur-Yonne et Moret ; mais j'étais sous le poids de si grandes préoccupations que je ne me rappelle ces villes et toute cette route que comme un rêve : que n'ai-je pu oublier les jours qui ont suivi, comme ceux-là !

Enfin le 1ᵉʳ avril, au matin, je défilai dans Fontainebleau avec tout mon matériel, soulagé d'avoir pu arriver sans mauvaise rencontre. J'établis mon parc le long de la forêt, près de la route de Paris, et je logeai en ville.

Je trouvai tout le monde dans la plus grande consternation et fus vite mis au courant de l'état des choses à Paris. L'Empereur, se voyant de nouveau au milieu de sa Garde, paraissait vouloir tenter un coup de main sur la capitale et ce projet, qui ne convenait à personne, nous tint un instant dans l'anxiété. Il n'y avait plus d'enthousiasme et le dévouement était refroidi, car on en trouve peu dans les cas désespérés ; c'était une espèce de sauve-qui-peut politique ; l'Empereur fut dissuadé et cette tentative n'eut pas lieu.

Cependant, il fallait couvrir le quartier général ; la Garde alla prendre position entre Fontainebleau et Essonne, en arrière de la position occupée par le corps du duc de Raguse, et je m'y rendis aussi, après être resté quatre jours à Fontainebleau.

Des négociations étaient ouvertes, par l'intermédiaire du duc de Vicence, entre l'Empereur et les souverains alliés, et de leurs résultats dépendait aussi notre avenir ; aussi rien n'égalait notre impatience et notre avidité de nouvelles, et tâchions-nous d'être au courant, heure par heure, pour ainsi dire, de tout ce qui se passait. L'histoire redira la part que le prince de Talleyrand prit au dénouement de cette terrible crise ; elle dira comment ce roué politique, en haine de l'Empereur, sacrifia la France aux Bourbons qu'il n'aimait pourtant pas, et dont il savait bien qu'il ne pouvait pas être aimé lui-même.

L'armée ne comptait pas sur la générosité des souverains alliés, mais elle pouvait espérer que, satisfaits de l'humiliation de la France et de l'Empereur et vengés des nombreux affronts qu'ils avaient reçus, ils feraient encore, moyennant des garanties, une bonne part à ce dernier, imitant en cela les généreux exemples que l'Empereur leur avait donnés le premier. Aussi, l'abdication de Napoléon mit-elle le comble à sa consternation.

Alors se dessinèrent deux partis distincts, celui du roi de Rome et celui des Bourbons. Celui du roi de Rome, c'était la grande masse, c'étaient les chefs et les généraux qui avaient de la conscience, de la pudeur et qu'animaient encore un sentiment légitime de reconnaissance et d'admiration pour le grand homme auquel ils devaient tout, et qui les avait associés à sa grandeur, et ce sentiment d'honneur national que les malheurs ne doivent qu'exalter.

Chaque jour voyait de nouvelles défections; bientôt eut lieu celle du duc de Raguse. Je n'en rappellerai pas les circonstances; elles sont assez connues.

Dans le même temps, le général Dulauloy, qui commandait l'artillerie de la Garde, eut l'idée de rédiger, pour être envoyée au gouvernement provisoire, une adresse en style diplomatique et ambigu, approbative de ce qu'il ferait, et la soumit à la signature des officiers. On la rejeta à l'unanimité, à cause de son objet et parce qu'effectivement notre approbation ou notre soumission était chose indifférente et inutile.

Pendant ces malheureuses journées, détaché de toute intrigue, mais profondément affligé de la nature des affaires, je songeais sérieusement aux sacrifices qui allaient m'être imposés; je mettais les choses au pis, je me créais idéalement une nouvelle existence et je me préparais ainsi à la résignation, si même je n'étais déjà tout résigné.

Que se passait-il chez l'Empereur à cette époque? C'était un sanctuaire, où peu d'élus étaient admis à pénétrer et duquel bon nombre d'anciens élus commençaient déjà à s'éloigner, car la grandeur qui s'éteint n'a plus beaucoup d'amis; mais on peut conjecturer que son âme était livrée aux plus cruelles angoisses. On rapporte que, dans la nuit du 12 au 13, il s'empoisonna avec de l'opium, dont il portait toujours un petit sachet à son cou, depuis Moscou, mais que le poison ne produisit d'autre effet que de le faire cruellement souffrir. Je n'approuve point sa détermination, quoiqu'on dise qu'elle ait été fondée sur de grands exemples pris dans l'antiquité. Une telle mort n'était pas digne de lui. Sa grande infortune devait le rendre plus grand encore, il fallait qu'il sût la supporter alors, comme il l'a supportée depuis.

Le 12, on parla d'un traité du 11 avril, par suite duquel l'Empereur devait se retirer à l'île d'Elbe, avec une portion de sa Garde, et l'on demanda la liste des hommes de bonne volonté pour l'accompagner. Il s'en présenta en foule et beaucoup plus qu'il n'en fallait. J'organisai dans mon corps une compagnie de cent hommes, avec quatre officiers, du nombre desquels était le capitaine Raoul.

Cependant, les communications avec la capitale commencant à s'ouvrir, j'avais appris que ma femme et mes enfants y étaient arrivés bien portants, et qu'ils étaient impatients de me revoir.

Encouragé par l'exemple de nombre d'officiers généraux et supérieurs, qui étaient partis pour Paris depuis quelques jours, sous divers prétextes, mais probablement pour s'occuper des intérêts que créait pour eux le nouvel état de choses, je crus que je pouvais aussi faire ce petit voyage, dans le but naturel de visiter les miens, d'autant mieux qu'il était déjà question d'envoyer prochainement mon régiment à Vendôme, pour y cantonner, en attendant qu'il soit statué sur son sort ; je demandai donc un congé de quelques jours que j'obtins sans difficulté, et je partis, sans avoir assisté aux adieux solennels et si touchants que l'Empereur fit à sa Garde quelques jours après. Je regretterai toujours de n'avoir pas été témoin de cette scène si attendrissante, et de n'avoir pas mêlé, à cette occasion, mes larmes à celles que provoquèrent les dernières paroles du grand homme à ceux qui l'avaient suivi si longtemps dans ses beaux, comme dans ses mauvais jours, et dont il fallait se séparer à jamais.

Ainsi finit cette mémorable et désastreuse campagne, où l'Empereur retrouva cette inconcevable activité d'esprit et de corps qui le distingua si éminemment dans ses campagnes d'Italie, et, avec une poignée d'hommes, engagea une lutte brillante contre ces masses européennes conjurées contre lui, lutte dont les résultats eussent probablement sauvé la France, si les intrigues de l'intérieur et la démoralisation des principaux chefs de l'armée n'eussent secondé les armes de l'étranger !

Ainsi s'écroula cet Empire si glorieux, créé par le génie le plus extraordinaire qui ait jamais paru, empire dont l'existence a été celle d'un météore !

Ainsi finit la vie politique du grand homme, de cet être colossal, dont le plus grand tort a été de s'être cru appelé à devenir le maître du monde ! Erreur fatale ! car, *quidquid delirant reges, plectuntur Achivi.*

CHAPITRE XVIII

1814-1815

Séjour à Vendôme. — Rentrée à Paris. — Réception de Louis XVIII à Écouen. — Chevalier de Saint-Louis. — Besançon. — Nomination au commandement de l'École d'artillerie de Strasbourg.

Ici, commence pour moi une nouvelle ère, tout à fait distincte de la précédente ; ère difficile et laborieuse. Difficile ; dans ces temps d'orages et réactions politiques et religieuses, où il était impossible de n'être pas en butte aux passions haineuses, à l'envie, à la calomnie, à la suspicion pour les opinions et même pour les actions les plus inoffensives, et de n'être pas atteint par leurs traits perfides.

Laborieuse ; en effet, à part un petit nombre d'années de repos, ma vie avait été toute d'action, d'imprévoyance ; c'était la vie d'hommes enthousiastes du présent, et à qui l'avenir, quand parfois ils y donnaient une pensée, apparaissait sous le jour le plus riant. Il est si facile de nous faire illusion quand la fortune nous sourit et que la gloire nous enivre de ses prestiges !

Je n'avais pas tout à fait perdu mon temps, et mes loisirs avaient été le plus souvent consacrés à mon instruction : mais ces études n'avaient rien de suivi ; je m'y livrais un peu capricieusement quant au choix des matières, et le moindre dérangement en arrêtait le cours. En somme, je ne connaissais guère les parties du service de l'artillerie qui sont étrangères à la direction de cette arme en campagne.

Aujourd'hui que toutes mes illusions avaient cessé, peu rassuré sur le présent qui, dans l'hypothèse la plus favorable, ne me présentait que de très faibles avantages comparativement avec le passé, effrayé de l'avenir, obligé de me mettre à la hauteur des emplois auxquels mon grade devait m'appeler, j'avais beaucoup à faire. Comprenant ainsi ma position, une volonté soutenue me donna à la fois la force de faire face à toutes mes obligations, et la prudence et le tact nécessaires pour tenir tête aux réactions politiques, sans en être la victime.

C'est le 13 avril que je quittai mon corps pour aller à Paris. Je fis la route à cheval, accompagné d'un domestique et en complète tenue militaire, quoi que je connusse bien ce que mon costume avait de particulier au milieu des étrangers, dont il fallait traverser les camps pour arriver à Paris, et même au milieu de la capitale. J'aurais cru me déshonorer de m'abaisser à prendre l'habit bourgeois. Je devins en effet un objet de curiosité en traversant Paris ; dans ces rues où l'on voyait un si singulier mélange d'étrangers, j'avais l'air d'être étranger moi-même.

Dans cette circonstance, un sentiment profond m'affecta vivement; sentiment d'humiliation, à la vue de ces soldats, si souvent battus par nous, aujourd'hui les maîtres chez nous.

J'arrivai chez ma femme, l'âme navrée. Mes embrassements eurent quelque chose de plus touchant, je crois, que précédemment, lorsque nous nous revoyions, après une absence plus longue, car le malheur excite vivement les sympathies et provoque de doux épanchements. Nous nous comprenions, nos larmes se mêlèrent.

Mal à mon aise sur ce pavé souillé par la présence des étrangers, je me pressai de faire les préparatifs de mon départ et de celui de ma famille pour Vendôme, où mon corps devait arriver sous deux jours. Sur ces entrefaites, Monsieur fit son entrée solennelle à Paris, en qualité de lieutenant général du Royaume.

Enfin, le 15, nous nous mîmes en route dans le coupé qui avait amené ma femme à Paris, et serrés là-dedans comme des harengs en caque ; mes chevaux de selle suivaient. La route se fit sans autre incident remarquable que la rencontre, à Maintenon, de M. et madame de Malesherbes, qui descendirent dans la même auberge que nous et furent logés dans un appartement près du nôtre. Cette famille allait à Paris s'incliner devant le soleil naissant, et nous, nous fuyions au contraire le voisinage de ce nouvel astre. Elle était dans l'ivresse du bonheur, et nous étions dans la consternation. Comme les gens heureux, elle avait besoin d'épanchements, et à nous, c'était la taciturnité qui convenait ; leurs figures étaient radieuses, épanouies et les nôtres étaient mornes. Il fallut absolument que ces dames se rapprochassent de nous, et ma femme, qui était si douce, si bienveillante, les accueillit assez pour que nous n'ayons pu en être débarrassés qu'en partant. Du reste le nom respectable de M. de Malesherbes, l'esprit, les formes aimables et le tact de ces dames provoquèrent de notre part une juste réciprocité de bonnes façons, et répandirent quelque intérêt sur ces relations d'un instant. Singulière scène que celle du monde !

Le troisième jour, nous arrivâmes à Vendôme. Mon logement avait été fait chez un épicier, sur la place ; il était petit pour mon nombreux personnel ; j'y fus gêné et comme campé pendant quelques jours ; enfin, je trouvai à me mettre plus au large, par l'obligeance d'un de mes camarades.

A peine le nouveau Gouvernement était-il installé et déjà l'esprit de réaction et cette inquiétude vague, qui l'accompagne toujours, se faisaient sentir. Un jour, toute la ville fut en émoi ; des malveillants, disait-on, voulaient faire sauter mon parc. Une autre fois, c'était des canonniers qu'on se plaignait, de leurs propos, de leur mauvais esprit : c'était aussi un grand scandale de les voir toujours porter la cocarde tricolore. A ce sujet, le sous-préfet eut une conférence avec moi et me pressa beaucoup de faire prendre la cocarde blanche, prétendant que, jusque-là, l'élan et la manifestation du bon esprit de la population seraient comprimés. Ma réponse fut : « Je n'ai point d'ordres, et la force armée, essentiellement obéissante, ne peut point changer sa cocarde, sans que cela lui soit signifié par le chef de l'armée ou le ministre. »

On conçoit qu'une pareille situation était délicate et devait me mettre en froid avec ce premier chef de l'administration locale. Nous nous grimacions réciproquement des politesses, mais cet agent de l'autorité ne s'en tint pas là, il me dénonça au Gouvernement. Cependant, ne voulant point apporter de retard dans l'exécution de l'ordre relatif au changement de cocarde, lorsqu'il m'arriverait, j'en avais fait faire, et elles étaient prêtes à être distribuées. Effectivement, une demi-heure après la réception de l'ordre, toute la troupe sous mon commandement en était pourvue et toutes les cocardes tricolores avaient été rendues.

Ces tribulations, ces petits tiraillements, qui remplissaient mes jours d'ennuis, durèrent peu heureusement. Le 23, je reçus une lettre de service ministérielle, qui m'attachait au comité spécial qui était chargé de réorganiser le corps royal de l'artillerie, et le même courrier m'apporta l'ordre de me rendre à Paris, pour avoir à me justifier de l'accusation portée contre moi par le sous-préfet.

La mission que je recevais me fit grand plaisir et calma un peu l'indignation que me causait l'odieux procédé de ce fonctionnaire. Dès le lendemain, nous étions tous en route pour Paris. Cette fois, notre marche se fit tranquillement. J'éprouvais de la satisfaction de n'avoir plus la responsabilité du commandement d'une troupe, et d'être, en ce moment, chargé d'une mission qui devait me faire espérer que je ne manquerais point d'emploi dans l'avenir ; car, puisque je concourais à la réorganisation de l'arme, il était à supposer que je participerais aussi aux avantages de cette réorganisation. Dans cette disposition d'esprit, j'étais plus accessible aux distractions ; je donnai donc quelque attention à la belle flèche du clocher de la cathédrale de Chartres, et au château, ainsi qu'aux jardins de Versailles, que je visitai en passant et auxquels je payai un juste tribut d'admiration.

Dès le lendemain de mon arrivée à Paris, j'allai chez M. le Prince de Neufchâtel, qui avait alors la première dignité militaire, pour me justifier de la dénonciation qui pesait sur moi. Il m'écouta et me répondit de l'air d'un homme qui n'attachait point d'importance à cette affaire, et cela fut chose finie.

Le comité spécial dont j'étais membre était présidé par le général Sorbier ; le général Ruty en était rapporteur ; les autres membres étaient les généraux Dulauloy, Charbonnel, Neigre et Berge. Nos séances avaient lieu tous les jours, de onze heures à quatre heures, rue de l'Université. C'était journellement bien du temps enlevé à mes affaires particulières ; néanmoins je fis face à tout, non sans une grande fatigue.

J'avais sur les bras ma femme, sa sœur, deux enfants, trois domestiques ; il était pressant de sortir de l'hôtel et de me mettre en ménage. En peu de jours, j'y parvins ; j'arrêtai mon logement, rue Meslay, et nous fûmes enfin chez nous, dans les premiers jours de mai.

C'est pendant que je m'occupais de tous ces soins que je reçus une lettre de M. de Caulaincourt, grand écuyer de l'Empereur, portant avis que j'étais porté pour une somme de 50,000 francs sur l'état, annexé au traité du 11 avril, des personnes à qui l'Empereur avait fait des dons, au paiement desquels il avait affecté des fonds spéciaux.

Pendant ce temps, le roi Louis XVIII arrivait d'Angleterre par Lille, et le duc d'Angoulême de Bordeaux. Le roi s'arrêta au château d'Ecouen avant de faire son entrée à Paris, et y reçut les hommages de toutes les autorités diplomatiques, civiles et militaires de la capitale. Pour mon compte, j'y allai avec le général Evain, à qui j'offris une place dans ma voiture. L'affluence était grande, car, lorsqu'on est dans les eaux d'un torrent, force est de les suivre. L'empressement à faire la cour pour se donner des titres aux faveurs de la part des uns ; le besoin de conserver de la part des autres ; la curiosité, l'orgueil féodal triomphant, tous ces motifs, plutôt qu'un sentiment d'affection, réunissaient là une foule de gens qu'on n'avait jamais vus et qui étaient tout étonnés de se trouver coude à coude. Du reste, à l'air heureux et impertinent des uns, au rire grimacé, au maintien embarrassé, ou au ton sérieux et à l'air roide des autres, il n'était pas difficile de démêler quel sentiment les amenait. Il y avait là un grand fonds d'études pour l'observateur judicieux et désintéressé qui aurait voulu lire dans l'âme de tous les assistants.

Après un pêle-mêle assez long dans de vastes appartements et une cour, une porte à deux battants s'ouvre, c'était celle du sanctuaire. Une voix appelle un des grands corps de l'Etat et l'introduction commence. La même voix appelle successivement, et dans l'ordre des préséances, les autres corps, et chacun, prenant rang comme il peut, dans le corps dont il fait partie, suit exactement la file, arrive devant Sa Majesté, lui fait face et la salue. Le roi est assis ; sa tête est belle, sa physionomie heureuse et étonnée ; un petit chapeau à trois cornes et aplati couvre ses cheveux blancs ; son habit est bleu et de forme bâtarde, entre le bourgeois et le militaire ; il porte des épaulettes de colonel, toutes petites, comme on les portait au bon vieux temps ; enfin des guêtres de velours noir recouvrent de grosses jambes, ni plus ni moins informes que celles d'un éléphant ; le tout formant un ensemble peu imposant et encore moins majestueux. Un maître des cérémonies lui dit le nom et la qualité de la personne qui passe ; il incline la tête plus ou moins, car là tout est compassé, suivant les mérites, ou plutôt suivant les préférences ; et, parfois, il adresse un mot insignifiant, mais qui enivre toujours l'heureux pour qui les lèvres royales se sont ouvertes. A mon tour, j'arrive devant l'idole et je la salue, en y mettant toute la grâce dont je suis capable, mais un seul petit salut, qui voulait dire : « *Vale, te vidi* », ou « *C'est assez, je te devine* », répond à ma gracieuseté.

Deux jours après, le roi fit son entrée solennelle à Paris, par la porte Saint-Denis. J'étais peu empressé de voir cette cérémonie, j'étais encore trop abasourdi de ce qui se passait. Cependant, il y a de ces choses qu'il faut avoir vues, celles qui font époque, celles auxquelles se rattachent de grands souvenirs ou de grandes leçons de morale ; d'ailleurs, j'étais aise que ma femme et mes fils fussent témoins de cette solennité ; pour eux, c'était un spectacle tout comme un autre et, au moins, un spectacle nouveau. Je renonçai donc à faire partie du cortège et j'allai m'installer, avec ma famille, dans une maison de la rue Saint-Denis, où l'on m'avait offert des fenêtres. Le temps était superbe ; la foule était grande ; les fenêtres étaient pavoisées de drapeaux blancs, du premier au dernier étage, et garnies ou plutôt encombrées de femmes parées, comme en un jour de fête ; c'était déjà un coup d'œil curieux. Le cortège du roi était composé de troupes de cavalerie de toutes armes, dans une tenue parfaite et dans un ordre admirable, au milieu desquelles se trouvaient la voiture du roi, les grands, les ministres, et un nombreux et brillant état-major : rien n'y manquait enfin.

Le Roi était en voiture découverte avec Monsieur et Madame la duchesse d'Angoulême. Partout, de nombreuses acclamations et les gestes des dames qui, de toutes les fenêtres, agitaient leurs mouchoirs, l'accueillirent sur son passage. Il avait l'air d'être dans l'ivresse du bonheur ; Madame était sérieuse, et Monsieur, qui ne sait que sourire, souriait comme toujours.

Je ne pouvais pourtant pas rester en dehors du mouvement. Il me répugnait de faire des bassesses ; je m'en tins donc à être circonspect, prudent, et à me montrer de temps en temps, pour qu'on ne pût pas dire de moi : « Il boude. » Ainsi, j'allai quelquefois aux Tuileries, le dimanche, à l'heure de la messe, et je manœuvrai, mais toujours d'une manière décente et dont je n'eusse point à me faire de reproches.

Quelques jours après l'entrée du Roi à Paris, j'assistai à la séance royale des Chambres convoquées pour recevoir la Charte. M. de Pompières, député de l'opposition, assez connu, me donna un billet d'entrée.

A l'occasion de l'arrivée du duc d'Angoulême, je me réunis au cortège qui accompagna le duc de Berry pour aller au-devant de lui. Nous étions tous brillants ! Lorsque nous rencontrâmes le prince, sa voiture s'arrêta ; il descendit, embrassa son frère, salua tout le monde et monta à cheval.

Dans le même temps, le duc de Berry fit exécuter de grandes manœuvres de cavalerie. J'y allai en amateur. Le duc était, disait-on, le prince le plus militaire de la famille ; il avait de l'activité ; il se plaisait avec les militaires ; il y avait dans ses façons quelque chose de rond qui prévenait ceux-ci en sa faveur. J'étais aise de le voir de près et de le juger à l'œuvre. Malheureusement, je montais un cheval extrêmement vif et sellé à l'anglaise, genre de selle dont je n'avais pas l'habitude : je faillis être emporté ; et puis, j'étais d'un voisinage dangereux. Je ne restai donc pas sur le champ de manœuvres aussi longtemps que je l'aurais désiré, et cette course me servit à peu de choses.

Cependant, la commission, chargée de la réorganisation de l'arme de l'artillerie, continuait à s'occuper de cet objet. Ce n'était pas chose facile, car il y avait de nombreuses réductions à faire pour ramener l'effectif à ce qu'il devait être dans la nouvelle composition générale de l'armée, qu'on estimait devoir être de 240,000 hommes. Après avoir arrêté le chiffre de l'effectif à environ 15,000 hommes, on s'occupa d'en faire la répartition entre les différents services, ce qui conduisit aux résultats suivants :

1° A conserver 8 régiments d'artillerie à pied sur 9 ;

2° A réduire l'artillerie à cheval à 4 régiments, au lieu de 6, ce qui permettrait encore de lui faire servir en campagne le cinquième ou le sixième des batteries, proportion généralement suffisante ;

3° A réduire les 3 bataillons de pontonniers à 1 seul ;

4° A ne conserver que 12 compagnies d'ouvriers au lieu de 15 ;

5° A supprimer les compagnies d'armuriers ;

6° A n'avoir pour toutes ces troupes qu'un même cadre de compagnies, pour le pied de paix et celui de guerre, de manière que le passage du premier état au second se fît facilement, et sans préjudice pour le service, au moyen de la simple incorporation du nombre de servants nécessaires ;

7° A réduire le nombre des escadrons du train à 4, pour suffire seulement à l'exécution des grandes manœuvres dans les Ecoles où ils seraient placés, et aux mouvements et travaux d'artillerie dans ces Ecoles et dans les arsenaux. C'était réduire le train à presque rien, mais on était obligé de faire des sacrifices ; on était limité pour l'effectif : il n'y avait pas moyen de faire mieux. On regardait ces escadrons comme des cadres qui pourraient recevoir, en temps de guerre, un nombreux recrutement, et lui donner bien vite l'instruction nécessaire pour le service habituel du train ;

8° A fixer, pour l'artillerie à cheval et le train, le nombre des chevaux à la moitié du nombre des hommes, sous-officiers compris ;

9° A composer l'état-major général à peu près d'après les bases adoptées pour l'organisation de l'an XI. Ces bases étaient certainement trop larges, mais on voulait éviter de toucher à trop d'existences : il y avait trop d'intérêts à ménager. On ne manqua pas de raisons spécieuses pour justifier la conservation de ce qui était ;

10° A fixer le nombre et l'emplacement des Directions et des Ecoles. Celles-ci furent distinguées en grandes et petites. Les grandes Ecoles devaient recevoir un régiment d'artillerie à pied et un régiment à cheval, et les petites un régiment à pied.

La commission a ensuite réglé le mode de passage de l'état actuel à l'état de réorganisation ; et, comme il était impossible que tous les officiers et employés fussent placés dans les nouveaux cadres d'état-major et régimentaires, elle arrêta :

1° Qu'on proposerait pour la retraite tous ceux qu'une incapacité quelconque de service actif mettrait dans le cas d'y être appelés :

2° Que les emplois seraient distingués en emplois où le commandement ou les fonctions doivent être permanents, par la nature du service, et en emplois pour lesquels on peut sans inconvénients alterner d'année en année ; qu'après avoir pourvu aux premiers, il serait établi une liste des officiers et employés surnuméraires propres à y être appelés, à mesure des vacances ; enfin, que pour les emplois de la seconde catégorie, on y pourvoirait par le mode de l'alternat.

Ainsi, la commission ménagea tous les intérêts et satisfit à toutes les convenances, aussi bien qu'il lui fut possible, à travers les exigences de l'époque et les nombreuses difficultés qui résultaient de la grande différence de l'effectif de la dernière organisation avec celui de la nouvelle. Sa grande pensée a été de faire le moins de malheureux possible, et elle a marché vers ce but, en composant l'état-major avec une sorte de luxe qu'elle a cherché à justifier dans son rapport, mais que les nécessités du service ne justifiaient point réellement.

Dans les discussions auxquelles donna lieu un travail si compliqué, j'eus l'occasion de défendre les intérêts d'une classe d'officiers et d'obtenir gain de cause en leur faveur. Il s'agissait des capitaines en deuxième de l'artillerie de la Garde ; ils étaient nombreux et la plupart n'étaient capitaines que depuis plusieurs mois. On était d'accord qu'il fallait faire aux capitaines en premier l'application d'un décret impérial qui donnait aux officiers de la Garde le grade supérieur à celui dont ils remplissaient les fonctions dans la Garde, mais on contestait aux capitaines en deuxième l'application de cette faveur, qui paraissait exorbitante pour eux, qui naguère étaient lieutenants dans la Garde, qui n'étaient que les contemporains des capitaines en deuxième de la ligne, et qui effectivement n'avaient point d'antécédents qui les distinguassent de ces derniers. Nulle voix, hormis la mienne, ne s'éleva en leur faveur. Mais le droit était pour eux ; je ne pus les laisser sacrifier, quoique je reconnusse moi-même qu'en dehors du titre légal, ils avaient d'ailleurs, par leurs services, peu de titres à l'avancement. Ma voix fut écoutée, et tous ces capitaines devinrent chefs de bataillon, précieux avantage pour eux dans le présent, immense pour l'avenir.

Enfin, le travail de la commission, ayant été présenté au ministre, donna lieu à l'ordonnance royale du 12 mai, portant réorganisation de l'arme de l'artillerie. Par application de cette ordonnance, je reçus bientôt l'avis que mon classement me portait à être en non-activité, à partir du 1er octobre, pour être rappelé au service en 1815, suivant les dispositions de l'alternat, et que jusque-là je resterais attaché au comité.

Au commencement de juillet, je reçus la pénible mission d'aller licencier mon ex-régiment qu'on avait réuni à La Fère. Le mécontentement était grand dans l'ex-Garde et les têtes exaltées. Les canonniers ne demandaient pas mieux qu'on les renvoyât chez eux, mais ils se refusaient à être incorporés dans la ligne, quoiqu'on promît de leur allouer une plus forte solde que celle de la ligne et qu'on fît aussi des avantages aux hommes gradés. Dans les autres corps de la Garde, c'était le même esprit, la même opposition, et l'on craignait qu'il n'y eût connivence entre eux, et par suite un soulèvement concerté. Pour mener à bonne fin une opération aussi délicate, il fallait de la vigueur, mais aussi des ménagements, et surtout inspirer de la confiance. Avec l'aide de tous ces moyens, je réussis à enlever le départ du premier détachement, malgré une grande résistance, dont je triomphai, en arrêtant moi-même deux des plus mutins et les faisant conduire en prison ; en déterminant ensuite le mouvement, sans laisser aux autres le temps de la réflexion, et en conduisant moi-même ce détachement jusque hors de la porte de Laon. L'exemple une fois donné, le départ des autres détachements n'éprouva plus de difficultés. Je concevais les regrets de tous ces braves en se séparant les uns des autres ; j'en avais moi-même, car il m'en coûtait extrêmement de licencier une si belle troupe, au milieu de laquelle je vivais depuis sept ans, dont j'avais partagé les dangers et toutes les fatigues, que j'aimais et qui, en maintes circonstances, m'avait donné des preuves de son affection et de sa confiance. Mais que faire contre l'irrésistible nécessité !

C'est dans ces circonstances que j'appris par le *Moniteur* ma nomination de chevalier de Saint-Louis.

Je rentrai à Paris, le 16 juillet, ramenant avec moi dans ma voiture le marquis d'Hautpoul, ex-officier supérieur de l'artillerie de la Garde, maintenant officier des Gardes du Corps.

Après mon retour, il y eut convocation aux Tuileries des

chevaliers de Saint-Louis, récemment nommés, pour y être reçus chevaliers. Je m'y rendis et je fus reçu par le duc de Berry, en présence d'une foule de courtisans, qui avaient l'air de nous trouver fort honorés de cette insigne faveur.

Je continuai à suivre les séances du comité d'artillerie, où il ne se traita que des questions de détail qui se rattachaient à l'exécution de la réorganisation et d'assez peu d'importance. On me chargea de rédiger un mémoire sur les moyens de fortifier La Fère, de manière à en faire un place capable de résister à un coup de main : je connaissais parfaitement les localités ; il me fut donc facile de satisfaire à cette obligation. Je ne sache pas que depuis on ait donné aucune suite à ce travail, quoiqu'on eût pu, à peu de frais, remplir l'objet qu'on désirait, vu le grand parti qu'on peut tirer des eaux de l'Oise pour la défense de cette place.

Peu occupé au comité, j'avais tout le temps nécessaire pour songer à mes affaires particulières et me livrer à quelques distractions.

Au nombre des choses qui m'intéressèrent vivement, pendant ce séjour à Paris, je citerai une séance générale de l'Institut, à l'occasion d'une distribution de grands prix. Je ne me rappelle point ce qui s'y est dit, occupé que j'étais de demander les noms de toutes les illustrations académiques que je voyais réunies, et de chercher dans les physionomies des traits caractéristiques et distinctifs du génie. Le duc d'Orléans, alors lieutenant-général, assistait à cette solennité ; je le voyais pour la première fois ; il était connu par ses sentiments vraiment français et par la protection qu'il accordait aux sciences et aux arts ; à ces titres, je le contemplai avec d'autant plus d'intérêt.

J'allai aussi un jour visiter l'atelier de David. Il finissait alors son tableau des *Horaces et des Curiaces ;* il se prêta, avec une politesse parfaite, à nous expliquer cette grande et admirable composition, à nous placer de manière à la bien voir et à nous la faire examiner dans une glace, afin de mieux en apprécier les effets. Je ne sais ce qui m'intéressa le plus, ou la vue du tableau expliqué par son auteur, ou celle de ce grand peintre ; aucune arrière-pensée, concernant le David de 1793, ne vint troubler mon admiration.

Je ne m'étendrai point davantage sur les particularités de mon séjour à Paris, qui sont en dehors de mes souvenirs militaires. Si j'en ai rapporté quelques-unes, c'est pour ne point interrompre la chaîne des temps et la liaison de mes jours de repos et de non-activité avec ceux d'activité, et c'est ainsi que je continuerai à agir désormais.

Dans la dernière quinzaine de septembre, je m'occupai entièrement des préparatifs de notre départ.

Le 5 octobre, nous nous mîmes en route. J'étais si fatigué que j'écrivais à mon père, au moment de monter en voiture : « si c'était à refaire, je ne quitterais point Paris. »

Nous passâmes par Troyes, Langres, Gray et arrivâmes à Besançon, le 13. M. le lieutenant-général de Bourmont commandait la division et M. de Suy était préfet. Je me mis de suite avec eux sur un pied convenable et je n'eus qu'à m'en louer.

A quelque temps de là, Monsieur vint visiter Besançon. Son arrivée et sa présence donnèrent lieu à une explosion d'enthousiasme remarquable et à de très belles fêtes. Le maréchal Ney l'avait précédé, en sa qualité de gouverneur, et lui faisait les honneurs. Le bruit courut alors que le prince lui avait fait un accueil froid et on expliquait ainsi l'air soucieux et peu content de la physionomie du maréchal. Il n'est sorte d'extravagances que les dames de la ville, celles de la noblesse particulièrement, n'aient faites pendant le séjour du prince à Besançon. Il y avait du délire dans leur exaltation. Un grand cordon rouge, sale, laissé par Monsieur dans son appartement, fut vendu par un domestique à une marchande de modes qui le dépeça en mille pièces pour les mettre en vente et en fit un argent fou ; ces petits morceaux de ruban, placés sur le cœur de toutes ces dames, le faisaient palpiter de bonheur ; on les couvrait de baisers, on se les montrait ; ce nouveau talisman produisait l'effet d'un philtre.

Vers la même époque, je reçus une lettre du général Ruty, par laquelle il me prévenait qu'on me destinait au commandement de l'école de La Flèche et me demandait de lui répondre sans délai si cela me convenait, parce qu'aussitôt les ordres me seraient expédiés. Un pareil commandement était une bonne fortune ; aussi ne balançai-je pas à donner mon consentement, les solliciteurs étaient nombreux et toujours aux aguets. Ces pourparlers firent perdre du temps, ils en profitèrent et l'un d'eux obtint le commandement qu'on m'avait offert.

J'en fus très désappointé, mais je me consolai assez vite de cette contrariété, habitué que j'étais à n'être étonné de rien et à la résignation.

Il y avait alors un régiment d'artillerie à pied à Besançon et c'était le général de Montgenet qui commandait l'école. J'eus bientôt fait connaissance avec ce dernier et avec les officiers du régiment, et cela me fit un bon fonds de société. A l'occasion de la Sainte-Barbe, qui fut célébrée avec beaucoup de solennité, et dont le général de Montgenet me chargea de présider le banquet, parce qu'il ne pouvait pas y assister, je reçus, de la part de toute l'artillerie, des témoignages nombreux et non équivoques de l'estime et de l'affection qu'on me portait et cette expression flatteuse que ma position ne commandait pas, qui me parut partir du cœur, car elle était désintéressée, me fit éprouver un instant de bonheur. Ainsi, une conduite toujours honorable ne manque jamais de porter ses fruits et prépare à celui qui l'a tenue un avenir de jouissances et de doux souvenirs.

Vers la mi-janvier 1815, une lettre timbrée du ministère de la Guerre m'arrive. J'ouvre vite : c'était un ordre d'aller prendre le commandement de l'Ecole de Strasbourg, en remplacement du général Lepin, qui venait d'être appelé au ministère, comme chef de la division de la cavalerie.

Je n'ai pas besoin de redire tout ce que nous en ressentîmes de joie, ma famille et moi ; mes préparatifs de départ furent bientôt faits et, au bout de quelques jours, j'étais rendu à Strasbourg.

CHAPITRE XIX

1815

Séjour à Strasbourg. — Débarquement de l'Empereur. — Commandant de l'artillerie du cinquième corps d'armée. — Combat sur la Suffel. — Blocus de Strasbourg. — Licenciement de l'armée. — Insurrection des troupes. — Besançon.

Le maréchal Suchet était gouverneur à Strasbourg; le lieutenant-général Desbureaux commandait la division militaire; le général Meyer de Schanensée le département; M. de Kergariou était préfet. Les colonels d'artillerie Alpy, Laurent et Marilhac étaient à la direction, au premier régiment à pied et au troisième à cheval; le lieutenant-colonel Lefrançais, un de mes anciens camarades de la Garde, était au premier régiment à pied. Je fus bien accueilli partout, mais j'eus surtout à me louer des politesses et des bons procédés du colonel et de madame Alpy, ainsi que de leur empressement à m'être utiles. Le colonel s'était mis à ma disposition, corps et biens.

Madame la générale Valée réunissait, tous les soirs, une société choisie qui devint la mienne et fut la base de celle que je me formai plus tard.

J'avais là un grand et beau commandement, mais point d'antécédents analogues, point d'archives, point de traditions; néanmoins, je me sentis la force d'y faire face et je m'étudiai dès lors à m'en tirer, non seulement bien, mais avec honneur.

Je passai des revues, j'assistai aux diverses instructions, j'observai tout avec une attention particulière, afin de pouvoir ensuite donner à mon service un mouvement uniforme, réglementaire et qui me fût propre; et il y avait beaucoup à faire pour y parvenir, car alors les régiments d'artillerie avaient été tout nouvellement réorganisés et étaient composés de compagnies, que l'état de guerre avait tenu dispersées pendant longtemps; chacun y avait apporté ses habitudes différentes et invétérées. Ajoutez à cela que l'époque était délicate, à cause de la défiance dans laquelle on commençait à être les uns des autres, et de l'état de suspicion où était notamment l'artillerie, corps dont on avait conservé malgré soi les éléments et où l'on n'avait pu introduire que peu d'intrus.

Tandis que je me vouais ainsi tout entier à mon service, un orage violent me menaçait, et voici à quelle occasion : j'ai déjà dit que, lors de la reprise de Reims sur les Russes, en 1814, le général Drouot, alors aide de camp de l'Empereur, était allé visiter ma femme. Il lui arriva dans cette visite de dire à ma femme qu'il désirait être le parrain du premier enfant qu'elle aurait et de recevoir d'elle la promesse que, le cas échéant, cette charge lui serait imposée. Dès le mois de juin suivant, la grossesse s'étant manifestée, je m'empressai d'en écrire au général, qui était alors à l'île d'Elbe avec l'Empereur. Je me doutais que ma lettre serait décachetée, mais elle n'avait rien de séditieux, et ne contenait que l'expression de mon amitié, d'une amitié déjà ancienne, dont le langage ne devait donner lieu à aucune arrière-pensée. Néanmoins, la faire partir fut une imprudence.

Un jour, je reçus une lettre de Paris, par laquelle le général Valée me prévenait que j'allais être mis en réforme, parce que je causais trop, que le comité s'était jugé trop faible pour prévenir ce malheur, mais qu'il me portait tout l'intérêt que je méritais et, que, choisissant bien son temps, il parviendrait à me faire rentrer en grâce; qu'il fallait donc me résigner et prendre patience. Naturellement, je fus d'abord atterré par un avis aussi inattendu, mais, docile aux conseils du général Valée, et plein de confiance dans un avenir plus heureux, j'attendais avec calme la communication officielle de cette inique décision, lorsque les cent voix de la Renommée nous apprirent la nouvelle du débarquement de l'Empereur. « Je suis sauvé », me dis-je. Effectivement, rien ne m'arriva; ce n'était plus le moment de faire des mécontents.

Le moment venu, chaque corps fit son adresse ; je rédigeai celle de l'état-major de l'artillerie, et toutes furent expédiées au premier inspecteur-général de l'arme, le général Sorbier, qui les reçut précisément le jour de l'entrée de l'Empereur à Paris. Déjà le maréchal, ne pouvant plus retenir l'élan général, avait fait prendre la cocarde tricolore ; le mouvement était donc commencé; nos adresses d'enthousiasme et d'adhésion le complétèrent, pour ce qui nous concernait.

A partir de cette époque, on ne s'occupa plus que de préparatifs de guerre. Je fis la reconnaissance de tous les ouvrages de la place pour en arrêter l'armement ; le lieutenant-colonel Lefrançais, qui m'accompagna pendant toute cette opération, m'aida beaucoup à la conduire à bien. Je reçus aussi l'ordre de faire armer les places du Haut et du Bas-Rhin et je mis aussitôt en mouvement le personnel d'artillerie, nécessaire pour l'exécution de cette mesure, en même temps que je pris toutes les autres dispositions qui s'y rattachaient.

Sur ces entrefaites, arrivèrent le général Valée pour prendre le commandement supérieur de l'artillerie dans le gouvernement du maréchal Suchet, et le général Lepin pour commander l'école d'artillerie. Je passai au commandement de l'artillerie du 5ᵉ corps d'observation qui se forma à Strasbourg, sous les ordres du général Rapp.

Dès les premiers jours de l'arrivée de l'Empereur à Paris, j'avais écrit au général Drouot pour le prier de me faire donner le commandement de l'école de La Flèche, qui m'avait été promis et que je regrettais toujours de n'avoir pas eu ; ou de me faire rentrer dans l'artillerie de la Garde, si, comme je le supposais, on en formait une nouvelle. Je préférais de beaucoup la première destination, car j'avais peu de confiance dans l'avenir et je ne me souciais guère de me lancer, à corps perdu, dans les chances de la lutte qui allait s'engager. Ces désirs ne furent pas satisfaits.

Je quittai à regret l'hôtel de l'Ecole pour faire place au général Lepin qui allait arriver, et j'allai m'installer, rue du Jeu-des-Enfants, dans un logement garni assez mesquin. Je n'avais point d'aide-de-camp ; je demandai le capitaine en second Fernel, du 3ᵉ d'artillerie à cheval et, de suite, on le mit à ma disposition.

L'équipage d'artillerie du corps d'observation fut arrêté par le ministre de la Guerre, comme il suit :

2 batteries de 12 ; 8 canons ; 4 obusiers. ⎫
6 batteries de 8 ; 24 canons ; 12 obusiers. ⎭ 48 bouches à feu.

avec un approvisionnement et demi en munitions, c'est-à-dire 14,000 coups de canon et de 100 cartouches d'infanterie, environ, par homme, le tout servi par deux compagnies à cheval et six compagnies à pied, environ 620 hommes, et conduit par 694 hommes du train et 1,350 chevaux du train ou de poste. Je poussai l'organisation de cet équipage, hommes, chevaux, matériel, et, le 28 avril, j'étais en état d'entrer en campagne.

Pendant que tant de soins m'occupaient, de nouveaux ennuis vinrent un instant troubler mon repos. Il fut question que le général Valée, qui était déjà investi d'un grand commandement, aurait aussi celui de l'artillerie du 5ᵉ corps d'observation où j'avais été nommé. Si cela arrivait, que deviendrais-je ? Cette pensée me fatiguait, car j'avais beaucoup de chances à courir. Heureusement la question fut décidée en ma faveur.

Enfin le 17 mai, le nombre des gardes nationaux arrivés à Strasbourg, Schlestadt et Neubrisach (il y en avait environ 20,000), permettant de leur confier la garde de ces places, l'armée se mit en campagne, forte de 25,000 hommes, formant trois divisions d'infanterie sous les ordres des généraux Rothenbourg, Albert et Grandjean, et une division de cavalerie sous le général Merlin. J'ai déjà dit que l'artillerie était composée de 48 bouches à feu.

Le général Rapp commandait en chef. Le colonel Schneider était son chef d'état-major.

Le général Maureilhan commandait le génie.

M. Sartelon était intendant en chef.

Le colonel Marilhac était mon chef d'état-major.

L'armée se porta sur Lauterbourg et Vissembourg, appuyant sa droite au Rhin et sa gauche aux Vosges, en avant de ces places. Le grand quartier général s'établit d'abord à Haguenau et ensuite à Vissembourg, et moi, de ma personne, je m'établis successivement à Haguenau et Soultz avec ma réserve.

Ce mouvement n'avait encore rien d'offensif; c'était un mouvement de pure politique, pour prendre une position d'expectative ; car nous ne savions encore rien des intentions de la coalition et on disait même qu'il y avait un commencement d'intelligence entre la France et l'Autriche.

Toutefois, je fis employer ce temps d'incertitude aux manœuvres de batterie et, par des revues que je passai dans les cantonnements de Lauterbourg, de Vissembourg et de Wœrth, je m'assurai que mes ordres avaient été exécutés et que les batteries manœuvraient assez bien pour pouvoir se présenter à l'ennemi.

A Haguenau, je fus logé chez un M. Rosey, ancien employé des finances, ayant un bon état de maison et qui me procura quelques distractions.

A Soultz, M. Tiran de Bury, ex-capitaine d'artillerie, homme riche, m'offrit une maison agréable et un joli logement. De ce dernier endroit, j'allai plusieurs fois visiter, à une lieue de là, à Beckelbrünn, l'établissement de MM. Lebel et Mabru, où l'on exploite des mines de bitume. Je connaissais ces messieurs, l'un comme frère, et l'autre comme oncle du chef de bataillon Mabru ; ce voisinage me fut chose agréable, d'autant plus que je trouvais dans ces messieurs conformité d'opinion avec moi et que, dans les tristes circonstances où nous étions, c'est se soulager que de pouvoir s'épancher.

J'examinai aussi avec détail les salines de Soultz qui appartiennent au gouvernement ; l'eau salée est puisée à 100 pieds de profondeur, au moyen de pompes foulantes et aspirantes, puis élevée encore à une assez grande hauteur et ensuite dirigée sur des fagots d'épine et traitée par les moyens connus. M. de Bury, le locataire, faisait environ 1,000 kilogrammes de sel par semaine.

Ainsi, à la veille d'une grande catastrophe, mes jours s'écoulaient aussi doucement et aussi rapidement que possible.

Le 19 juin, la victoire de Fleurus nous fut connue. L'action n'était pas décisive, mais un si brillant succès, au début de la campagne, était d'un excellent augure, réveillait l'espoir et réchauffait le courage ; il n'en fallait pas davantage pour nous faire désirer d'aborder l'ennemi et de fournir aussi notre part de coopération à l'affranchissement de la France.

Dans la nuit du 20 au 21, on me réveille; c'est un ordre de

me rendre de suite au quartier général qu'on m'apporte. J'imagine aussitôt qu'il s'agit de prendre l'offensive et de se concerter à cet effet; je donne des ordres à mon chef d'état-major pour qu'on se tienne prêt à partir et je me mets en route. J'arrive chez le général en chef, à la pointe du jour, impatient d'apprendre de nouveaux succès : déjà tous les officiers généraux y étaient réunis, mais, au lieu de figures épanouies, je ne vois que des visages consternés, et, en place de succès, j'apprends les désastres de Waterloo. Il s'agissait de prendre un des trois partis : attaquer, attendre sur la défensive, ou se retirer, et c'était pour cela que le général en chef avait convoqué les généraux. On fut unanimement de l'avis de la retraite, mais on n'était pas d'accord s'il fallait l'opérer sur Strasbourg ou sur Saverne, pour la continuer de là sur Phalsbourg et l'intérieur, mouvement par lequel on convergeait sur Paris. Ce dernier parti paraissait le meilleur, l'autre pourtant lui fut préféré et la retraite ordonnée en conséquence. Dans cette circonstance, il était facile de voir le découragement et l'abattement produits par cette malheureuse nouvelle, et de juger que chacun donnait son opinion sous l'influence de cette fâcheuse impression et d'arrière-pensées de convenances et d'intérêts particuliers. La partie était jugée perdue sans remède, de là absence d'énergie, démoralisation complète.

En se retirant sur Strasbourg, on mettait l'armée à l'abri de toute entreprise sérieuse contre elle, on se mettait en position d'attendre les événements : c'était le parti que commandait une politique timide, mais non celui que dictaient les devoirs militaires et les intérêts de la France. J'étais inspiré par ces dernières considérations, mais la peur est contagieuse, et à partir du moment où je vis chez les autres ce découragement, cet abandon de principes, je tombai moi-même dans l'abattement, mon zèle s'enfuit, je remplis mes devoirs avec défiance et sans inspiration.

Le mouvement rétrograde commença le 24 juin. L'ennemi nous suivit et il y eut un léger engagement du côté de Schwabsburg, qui ralentit notre marche.

Le 27, l'armée prit position autour de Strasbourg, et particulièrement sur la Suffel, la droite à Mundolsheim, le centre à Suffelweyersheim, la gauche à l'Ill.

Le 28, les Wurtembergeois, sous le commandement du

prince royal de Wurtemberg, attaquèrent sérieusement cette position, qui fut mal défendue au centre, à défaut de dispositions, et l'enlevèrent. J'ai perdu là 5 pièces de canon, 55 hommes et 73 chevaux tués, blessés ou pris.

La prise de Suffelweyersheim fut pour ce malheureux village la cause d'une horrible catastrophe. Un coup de fusil avait été tiré du clocher du village, pendant l'action, probablement par un paysan : pour en tirer vengeance et probablement pour faire un exemple, le prince de Wurtemberg ordonna que le village fût brûlé, et l'exécution de cet ordre eut lieu avec un raffinement inouï de barbarie. Des vedettes étaient placées tout autour du village, pendant l'incendie, et empêchaient les malheureux habitants de se sauver, en sorte qu'ils étaient forcés d'être témoins de la destruction de ce qui leur appartenait, sans pouvoir rien sauver. Et c'est au dix-neuvième siècle, au centre de la civilisation européenne, qu'un pareil ordre a été donné, et par un prince destiné à régner ! Et pourtant on proclamait hautement que ce n'était point à la population, mais à l'Empereur qu'on en voulait ! Quelle matière à tristes réflexions, dégradantes pour les hommes du pouvoir surtout !

Après cette affaire, l'armée prit position dans les villages d'Hohenheim, Bischeim et Schiltigheim, et entre ce dernier village et le grand cimetière. La division Grandjean fut placée à Illkirch. On couvrit les trois premiers villages par des retranchements, et on fortifia le cimetière. L'ensemble de cette position, dont la droite s'appuyait au Rhin et était couverte par un grand bâtiment retranché, situé à l'extrémité de la Ruprechtsau, formait comme un vaste camp retranché, où l'armée était parfaitement à l'abri de toutes mauvaises chances, et pouvait attendre les événements avec toute sécurité.

Mais, si, sous ce rapport, l'armée n'avait rien à désirer, sa position était très fausse et difficile sous le rapport des subsistances. L'approvisionnement de blocus ou de siège de la ville de Strasbourg avait été calculé et formé pour la garnison et les habitants, dans la supposition que la place serait abandonnée à elle-même ; on n'avait pas imaginé qu'une armée qui devait tenir la campagne, et, en cas de revers, se replier sur l'intérieur, viendrait, contrairement à sa destination, se mettre sous la protection du canon de la place. La nécessité de la nourrir devait donc diminuer les ressources de l'approvisionnement d'une manière sensible et pouvait plus tard compromettre gravement la conservation de ce boulevard. Or, le gouverneur de la place, le lieutenant-général Sémélé, militaire énergique, plein du sentiment de ses devoirs et qui croyait son commandement tout à fait indépendant du général en chef, se refusait à admettre l'armée au partage des vivres de la garnison. De là, des négociations un peu aigres et de la mésintelligence entre les deux chefs. Cependant, le Gouverneur sentait que l'armée ne devait pas en souffrir, et, désespérant de parvenir à l'éloigner de ses murs, en prit son parti et l'armée vécut. Elle reçut de mauvaises viandes, ou de la viande salée, et encore la ration en fut-elle bientôt réduite, mais elle resta sans solde.

Aux ennuis de notre position et aux inquiétudes qui nous accablaient, car nous étions sans nouvelles de l'intérieur, vinrent heureusement se mêler quelques distractions. La population de Strasbourg est très promeneuse ; la présence d'un camp et l'exécution de retranchements, tout près d'elle, excitant sa curiosité, les promeneurs désormais se dirigèrent de ce côté. La saison était belle et les soirées longues ; ce ne fut bientôt qu'une procession, depuis la ville jusqu'au village de Hohenheim, et, chaque jour, cette procession se renouvelait. Pour ma part, je reçus de nombreuses visites d'hommes et de dames et l'humble logement que j'occupais à Schiltigheim en fut souvent encombré. Les quelques familles que je connaissais en ville m'en amenaient d'autres et, pendant plusieurs jours, je me fatiguai à conduire ce monde dans les travaux et partout où la curiosité le poussait. Je reçus entre autres M. Jean Debry, alors préfet du Bas-Rhin, et Madame ; j'avais connu cette famille intéressante à Besançon, il y avait de longues années, je la revis avec un grand plaisir, et je la fréquentai beaucoup jusqu'à son départ de Strasbourg pour la terre d'exil.

Les Wurtembergeois furent bientôt remplacés, dans leurs positions devant Strasbourg, par un corps d'armée autrichien, et peu après, ceux-ci le furent par des Badois. Les corps remplacés s'acheminaient de suite vers l'intérieur. Ces mouvements donnèrent lieu à deux fortes reconnaissances de notre part, ayant pour but de suspendre ou retarder la marche des ennemis et de constater s'ils étaient en force vis-à-vis de nous. Ces reconnaissances se firent, les 5 et 9 juillet, la première sur le village de Mittelhausberg, la deuxième sur le même village et sur Oberhausberg. Cette dernière fut poussée avec une grande vigueur, sans autre résultat que de nous convaincre que la ligne ennemie était fortement gardée.

Pendant que ceci se passait, nous ne recevions ni lettres, ni gazettes de l'intérieur. Le prince de Schwarzenberg et le général autrichien Vachau en firent passer deux fois, en même temps qu'ils demandaient un armistice, mais elles parurent suspectes; on n'eut pas égard à leur demande. D'un autre côté, nous apprenions quelquefois, par les habitants de la campagne, qui parvenaient très difficilement jusqu'à nous, des nouvelles extraordinaires; ainsi, disait-on, les armées ennemies avaient éprouvé de graves échecs en Lorraine, à Laon, près de Paris, et un mouvement révolutionnaire avait eu lieu dans la capitale. Pour sortir de ces incertitudes fatigantes, le conseil des généraux assemblés crut enfin convenable d'accorder un armistice de cinq jours, à la condition que nous pourrions envoyer un officier à Paris pour prendre connaissance des événements. Mais cette convention empêcha de le conclure.

Le 10, à trois heures après midi, des salves d'artillerie dans le camp ennemi annoncent une réjouissance. Un officier parlementaire arrive : « C'est sans doute, me dis-je, pour annoncer l'entrée des armées ennemies à Paris. » Et, le cœur gros et l'âme profondément affectée de ce pressentiment, je cours au quartier général. Effectivement, j'y apprends que l'ennemi est entré à Paris, le 7.

Le 12, on annonça, par l'ordre du jour, qu'il serait tiré vingt-et-un coups de canon pour célébrer les avantages obtenus en Lorraine et en Champagne; on ne disait pas quels étaient ces avantages. Le 13, le bruit s'accrédita que les Prussiens et les Anglais avaient été chassés de Paris avec une très grande perte; qu'une armée française devait coucher le même jour à Baccarat, et que les Empereurs devaient repasser le Rhin. D'où venaient ces nouvelles? Personne ne pouvait le dire; cependant, elles étaient accueillies par la crédulité. Pour moi, je n'y eus pas confiance un seul instant, et j'avais raison; car, deux jours plus tard, le général en chef, me parlant à cœur ouvert, après déjeuner, me dit ce qu'il savait de la rentrée de Louis XVIII à Paris, du renvoi de Dambrai et de Blacas, et de la nomination de M. de Bruge à la police, de M. de Talleyrand à l'emploi de premier ministre, de Clarke à la guerre et de Choiseul à la marine.

Cette communication demi-confidentielle ne m'apprenait rien à quoi je ne fusse préparé, et pourtant j'en fus frappé.

Le 19, le général en chef reçut les moniteurs et les gazettes jusqu'au 11 ; à partir de ce jour, il n'y eut plus de nouvelles fabriquées, les illusions cessèrent pour tous. Les gazettes étaient pleines de belles promesses, à l'occasion desquelles je fis les réflexions suivantes que je retrouve dans mes notes : « Puissions-nous les voir se réaliser ! Sans cela, point de tranquillité, point de bonheur dans l'avenir. Je ne puis me défendre de craindre. Je suis anéanti de tout ce qui arrive. J'erre à l'abandon, pour n'être point distrait et concentrer toutes mes pensées dans les événements présents et leurs conséquences probables ; j'y cherche quelque chose de riant ou au moins de consolant, et je ne trouve pas. »

Le 20, on est convoqué pour midi chez le général en chef ; son aide de camp, M. Marnier, venait d'arriver de Paris et lui avait apporté des instructions du ministre de la Guerre, le maréchal Saint-Cyr. Le général en chef donne communication de la dépêche, par laquelle le ministre annonçait que le Roi avait repris les rênes du gouvernement, et engageait le général à envoyer sa soumission et son adhésion, en son nom et au nom de l'armée. Cette communication donna lieu à une discussion épouvantable entre le général en chef et le général Séméle. J'ai déjà dit que ce dernier, en qualité de gouverneur, se croyait indépendant du général en chef ; en conséquence, il ne se croyait pas lié par les ordres que celui-ci venait de recevoir, et paraissait vouloir ne pas se soumettre à leur exécution, pour ce qui regardait les troupes sous ses ordres. Il finit pourtant par céder.

On convint d'envoyer un colonel par division, sous les ordres du général Molitor, pour porter à Paris l'adhésion, ou plutôt la soumission de l'armée, et le général en chef négocia aussitôt un armistice de dix jours, temps supposé nécessaire pour l'aller et le retour de nos commissaires, qui se mirent en route le 21.

Le 23, le général en chef ordonna aux chefs de corps de se pourvoir de cocardes blanches, pour les distribuer quand l'ordre en serait donné. Cet ordre fut ébruité et causa de l'agitation dans l'armée. La désertion, qui avait commencé à se manifester, devint plus fréquente. Pour arrêter ce mal, on fusilla deux déserteurs arrêtés ; et, en effet, cela calma cette funeste disposition, sans pourtant y mettre entièrement fin.

Cependant, nous restions toujours sans communication avec l'intérieur; aucune lettre ne nous parvenait. Le général en chef entra en pourparlers avec le prince de Hohenzollern pour que les lettres, qu'on arrêtait journellement au quartier général ennemi, fussent envoyées à Strasbourg, et, le 29, nous eûmes le bonheur de les recevoir. Toutes les lettres étaient de vieille date et avaient été décachetées.

Le 30, un prétendu aide de camp de Monsieur arrive aux avant-postes avec des dépêches du gouvernement. Cet aide de camp improvisé était un intrigant s'il en fut, homme connu à Strasbourg, où il était marié. Par suite de ces dépêches, le drapeau blanc est arboré le même jour, et, le lendemain, on prend la cocarde blanche, tout cela sans bruit. En ville, il y a eu peu d'empressement pour porter cette dernière ; il a fallu plusieurs jours pour décider les récalcitrants.

Dès le 14 août, nous reçûmes la nouvelle ordonnance sur l'organisation de l'armée, en même temps que des instructions pour le licenciement de l'armée actuelle.

Le même jour, la partie de mon artillerie, qui n'était point affectée à la défense du camp retranché, quitta Schiltigheim pour aller s'établir à la Ruprechtsau; on craignait quelque tentative de l'ennemi pour passer l'Ill et s'emparer de ce vaste et productif terrain, qui est comme le jardin de la ville; mais ces craintes s'étant bientôt dissipées, je rentrai en ville avec mes batteries. Cette fois, j'acceptai un logement chez M. Prost. ex-banquier, riche capitaliste, demeurant sur le Breuil, à qui j'avais été recommandé par un de ses amis de Besançon, M. Marquiset. Ce M. Prost était un homme considéré ; nous avions chez lui des moments d'épanchement intéressants, et je passai dans sa société d'aussi doux instants qu'il était possible, dans ces temps de pénible mémoire. Je fis chez lui la connaissance de M. Humann.

Cependant on s'occupait sans relâche, dans les corps, de préparer le licenciement. Il paraissait évident que, pour l'exécution de cette mesure, il fallait que le blocus cessât, et nous

nous en réjouissions tous, car il devait en résulter le réapprovisionnement de la ville en denrées fraiches et aussi plus de sécurité ; néanmoins il n'en fut rien. Un général autrichien, M. Wolkmann, vint s'établir en ville ; l'état-major français dut se concerter avec lui pour régler le départ et la marche des hommes licenciés, et il devait viser les feuilles de route.

Le moment du départ des premiers détachements approchait ; il était fixé au 4 septembre, mais une difficulté grave se présentait, c'était de payer à chacun ce qui lui était dû et on manquait de fonds. Personne, bien entendu, ne voulait se mettre en route sans cette condition ; il n'y avait qu'une voix à cet égard, la troupe était disposée à la mutinerie et il ne paraissait pas possible d'échapper à une explosion de mécontentement, si l'on ne s'exécutait.

Effectivement, l'orage éclata, le 2 septembre, et se développa si rapidement qu'il fut impossible à l'autorité de s'en rendre maîtresse. Cette insurrection militaire, si extraordinaire, si remarquable par l'esprit d'ordre qui y présida, par le calme imposant qui l'accompagna, par l'à-propos et la sagesse des mesures prises par les insurgés, pour arriver à leur but, sans le dépasser et sans sortir des bornes d'une exigence juste, cette insurrection mérite d'être rapportée avec quelques détails. Je consigne donc ici les notes que j'ai rédigées, à son occasion, dans les jours qui l'ont suivie, lorsque j'étais encore rempli des impressions que j'en avais reçu.

Lorsqu'on apprit à l'armée du Rhin les événements désastreux de la journée de Mont-Saint-Jean, cette circonstance, les renforts considérables que l'armée ennemie qui lui était opposée recevait, les mouvements qu'elle faisait sur notre gauche, enfin l'approche des Russes déterminèrent le général en chef à faire retirer son armée sous les murs de Strasbourg, pour appuyer cette place, dont la garnison ne consistait qu'en 6,000 hommes environ de gardes nationales, disposés à la désertion, et pour recevoir elle-même un appui de cette place.

Sans doute, au premier coup d'œil, 18,000 hommes, sur lesquels le gouverneur ne comptait pas pour la consommation de ses approvisionnements, durent l'effrayer et il put ne pas voir sans inquiétude l'arrivée d'un renfort qui semblait devoir l'affamer et diminuer sensiblement la durée de la défense ; mais les événements prirent dans le nord une marche si rapide et si effrayante que, dès le commencement du blocus, on pouvait présumer que la lutte ne serait pas longue et que le gouverneur pouvait raisonnablement prendre son parti au sujet de l'augmentation considérable de consommations qui résultait de la présence de l'armée. Au lieu de cela, il nous regarda comme des étrangers, qui lui étaient à charge plutôt qu'utiles ; il s'arrogea le commandement suprême dans la place, contre les dispositions des règlements et des ordres écrits qui investissaient le général en chef du commandement supérieur, partout où il était ; il vint avec regret et de mauvaise grâce au secours de l'armée et n'accorda rien qu'après bien des prières. Sans doute, il avait de bonnes intentions, il est assez dans les principes d'un gouverneur de ménager sa troupe, les habitants et les provisions ; mais, à moins d'espérer que sa rigueur déterminerait le général en chef à aller chercher ailleurs avec son armée un pays plus hospitalier, ce qu'on a quelques raisons de penser, il était plus simple qu'il nous regardât de suite comme des défenseurs de la place et qu'il fit ses dispositions en conséquence, sans y mettre de répugnance et de mauvaise volonté. Cette situation avait quelque chose d'humiliant, qui déplut bientôt à toute l'armée. Les généraux engagèrent le général en chef à prendre le commandement qui lui appartenait, mais celui-ci, homme bon, mais faible, n'était pas fâché que le gouverneur, homme de mérite d'ailleurs, s'occupât exclusivement de tous les soins administratifs. Il trouva donc plus simple de ne point se rendre aux conseils et aux vœux des généraux. Dès ce moment, il y eut deux partis marqués, celui de l'armée, celui de la place. Lorsqu'il s'est agi de payer la troupe, ce fut bien pis, il fallut attendre longtemps pour gagner ce procès, c'est-à-dire pour obtenir une semaine, et encore les payements se faisaient si peu régulièrement et avec tant de réserve qu'on eût dit que le gouverneur sortait l'argent de sa poche. En vain pressait-on le général en chef et le gouverneur de prendre des mesures pour avoir des fonds, avant que le ministre vînt leur en ôter le pouvoir ; en vain leur représentait-on que l'officier et le soldat étaient dans le plus grand dénuement et vraiment malheureux, et que des percales et tabacs, appartenant au gouvernement, leur offraient une ressource de plusieurs millions, dont ils pouvaient disposer pour venir à leur aide, ces représentations, ces conseils restaient sans effet. De là un nouveau sujet de mécontentement, qui s'accrut davantage, lorsqu'on diminua la ration de viande et qu'on donna de la viande salée.

Enfin la nécessité fit loi, on voulut faire de l'argent en vendant des tabacs, ou en faisant un emprunt, en nantissement duquel on offrait des tabacs pour deux fois la valeur de l'emprunt. Le commerce à qui on s'adressa, peu confiant et peu disposé à se dessaisir de ses fonds, et le Directeur des droits réunis tachèrent de gagner du temps, l'un en négociations, l'autre par des protestations, et firent si bien que les communications se rétablirent, avant que rien n'eut été exécuté et que le ministre mit opposition à tout ce qu'on voulait faire. Ainsi la faiblesse et le peu d'accord des deux chefs prolongèrent l'état de misère de l'armée. Cependant le mal était à son comble; on chercha à l'apaiser, en faisant un emprunt forcé, moyen moins régulier et plus vexatoire pour les citoyens que la vente projetée des tabacs, et en annonçant qu'on payerait une quinzaine à tout le monde; mais les payements se firent si lentement et avec tant de difficultés que l'aigreur et le mécontentement n'en furent pas diminués. Sur ces entrefaites le gouvernement envoya 400,000 francs en traites et on termina ces interminables payements. Dans le même temps, arrivèrent l'ordre et les instructions pour le licenciement de l'armée; on prépara cette opération, mais ce qu'on ne prépara point, au moins d'une manière qui présentât aucun résultat, c'est le moyen de payer la troupe.

A l'époque du 1ᵉʳ septembre, il était dû aux officiers deux mois de solde et cinquante jours aux soldats, et il y avait peu d'argent en caisse. On fit connaître que le 58ᵉ régiment, qui devait partir le 3, recevrait quinze jours de solde pour les officiers et cinq jours pour la troupe. De quel secours pouvait être un si modique payement pour des hommes endettés, dans le besoin, et ayant une route plus ou moins longue à faire? Le 2, à huit heures du matin, plus de 500 officiers de toutes armes se rassemblent dans l'ouvrage à corne de la Finckmatt, rendez-vous qu'ils s'étaient donné. De là ils se rendent chez le général en chef et lui remettent une déclaration écrite, que si, eux et la troupe, ne reçoivent point la solde qui leur est due jusqu'à ce jour, et s'il n'est permis à chaque soldat d'emporter son fusil et cinq cartouches pour sa sûreté personnelle, ils resteront dans Strasbourg. La déclaration était d'un style impératif et inconvenant, elle déplut au général en chef. Sa réponse fut emportée, dure et trop peu mesurée dans une circonstance semblable, où il s'agissait plus de calmer et de concilier les esprits que de les brusquer. On va jusqu'à dire qu'il leur fit entendre qu'il les mettrait à la raison, que les Autrichiens n'étaient pas loin. Les officiers se retirèrent, plus aigris que jamais, et firent probablement connaître aux sous-officiers leur mécontentement et leur ressentiment. A neuf heures, tous les sous-officiers, qui s'étaient réunis près de la citadelle, vont à leur tour chez le général en chef. Ils ne sont pas mieux reçus que les officiers, se retirent, vont sur la place d'armes, y forment le cercle, conviennent de tout ce qu'ils vont faire et se séparent pour se rendre dans leurs quartiers respectifs. La générale bat aussitôt de tous côtés et, à dix heures, la troupe en armes, 17 pièces attelées, les canonniers aux pièces, les dragons à cheval, tout se met en route pour aller occuper la place d'armes, les postes de la ville, les remparts, la place du palais, l'arsenal, les établissements militaires, les hôtels du général en chef, du général commandant la division militaire et du Gouverneur, la maison du receveur, enfin tous les points où il convient de mettre de la troupe et du canon. Avant midi, chacun était à son poste, sans qu'il ait paru qu'aucun officier s'en fût mêlé. La gendarmerie, le 10ᵉ léger, le 7ᵉ de chasseurs à cheval et les pontonniers, qui étaient restés étrangers à ce mouvement, contenus par leurs officiers, furent enfin obligés de se prononcer, parce que des pièces d'artillerie et des détachements de toutes armes allèrent les y forcer.

En vain des officiers supérieurs et autres, car tous n'étaient pas également mal intentionnés, avaient voulu arrêter ces mouvements dans leur origine, partout ils avaient été méconnus, repoussés et leur vie compromise. Dans cette affreuse disposition des esprits, un rien pouvait provoquer le carnage, alors le mal eût été à son comble. « *Per scelera sceleribus tutum est iter* », les officiers durent donc céder à cette lutte inégale. Les généraux eux-mêmes, réunis chez le général en chef, furent d'avis qu'au lieu de mettre à ce mouvement une opposition inutile, il fallait attendre et voir ce que voulaient les insurgés.

Pendant que ceci se passait, la municipalité s'était assemblée ;

le maire se rendit chez le général en chef et chez le gouverneur et il fut convenu que la ville ferait tous ses efforts pour payer la troupe, attendu qu'il n'y avait point d'autre moyen de la ramener à l'ordre. De leur côté, les insurgés nommèrent, parmi les sous-officiers, un général en chef, un gouverneur, un chef d'état-major, des chefs d'arme, etc., et envoyèrent des députations à la mairie, au général en chef et au gouverneur, pour leur faire connaître que leur volonté expresse était d'être soldés ; qu'à cette condition la plus grande tranquillité régnerait en ville. Ils fixèrent le temps dans lequel ils voulaient que les fonds fussent faits, sinon passé telle heure, le général en chef, le gouverneur devaient être conduits à la citadelle, et, après telle autre heure, le conseiller faisant les fonctions de préfet, le Maire et les autres généraux y seraient conduits à leur tour, et il serait statué ultérieurement sur leur sort. Ces conditions furent accompagnées de toutes sortes de mauvais procédés, d'insultes et de menaces envers le général en chef. Il fut gardé à vue dans son hôtel et les officiers généraux et autres qui y entraient ne pouvaient plus en sortir qu'avec beaucoup de prières et d'humiliations. Prisonnier moi-même près de lui pendant un assez long temps et témoin de l'acharnement que le soldat mettait à l'isoler et à le séparer des officiers qui s'étaient ralliés à lui et de toutes les formes révoltantes qu'ils employaient à cet effet, j'aurai éternellement horreur de ces odieuses scènes.

Bientôt les fonds fournis par les particuliers les plus riches furent versés chez le payeur et, vers trois heures après midi, les payements commencèrent. Les insurgés établirent un de leurs chefs à la caisse et furent mis constamment au courant de tout ce qui s'y versait et de ce qui se payait. Lorsqu'un état était soldé, l'argent était conduit par une escorte de toutes armes chez l'officier payeur du régiment, auquel l'argent appartenait, et un poste restait à la porte. Défense fut faite de faire le prêt à qui que ce soit, avant que tous les corps eussent été soldés ; enfin aucune des précautions que peuvent inspirer la défiance la plus outrée et la prudence ne fut oubliée.

Le soir, des députés insurgés allèrent à la mairie pour prévenir que la retraite se battrait à sept heures, que tout individu, trouvé dans la rue après la retraite, serait arrêté, et pour demander que chaque citoyen eût une lanterne allumée devant sa maison. Toutes ces dispositions furent exécutées ponctuellement, les patrouilles multipliées à pied et à cheval, qui n'avaient pas cessé de courir la ville pendant le jour, continuèrent pendant la nuit, chaque soldat resta à son poste et la nuit se passa tranquillement.

Le 3, les payements continuèrent, les postes furent relevés et les patrouilles se firent avec le même ordre que la veille. La solde de la troupe fut payée d'assez bonne heure ; il avait été convenu que celle des officiers le serait en traites. Mais les quartiers-maîtres ayant refusé ces papiers, il fallut recourir à un nouvel emprunt. Cette circonstance ne fait point honneur aux officiers et retarda le rétablissement de l'ordre. Les citoyens de Strasbourg s'exécutèrent de nouveau avec empressement et le 4, vers midi, tout était payé. A 2 heures, les différents postes d'infanterie et de cavalerie se rendirent de toutes parts sur la place, s'y formèrent en colonne serrée et défilèrent au commandement d'un de leurs chefs et aux cris de : « Vive le roi ! » Ils s'étaient procuré un drapeau blanc, qu'ils reçurent dans leurs rangs, en battant aux champs et avec les cérémonies d'usage. A mesure que les troupes eurent défilé, elles prirent le chemin de leurs casernes et l'ordre fut entièrement rétabli. Leur général en chef, qui était un sergent du 7e léger, (nommé Dalousy), se rendit chez le comte Rapp et, les larmes aux yeux, il lui fit ses excuses, disant n'avoir accepté le commandement que pour prévenir les excès auxquels la troupe pouvait se porter et pour faire régner l'ordre. Le général en chef, avec sa bonté ordinaire, lui pardonna et lui dit qu'il le prenait sous sa protection. Le moment d'ailleurs n'était pas opportun pour faire justice des coupables.

Pendant tout le temps que l'insurrection dura, l'autorité des officiers généraux, supérieurs et autres, fut tout-à-fait méconnue ; on leur manqua d'égards, de respect, et plusieurs furent maltraités. Les soldats ne reconnaissaient que leurs nouveaux chefs et exécutaient les consignes qui émanaient d'eux avec une rigueur et une exactitude extraordinaires. Le général en chef eut particulièrement à se plaindre de beaucoup de vexations. Un scélérat le mit en joue et plusieurs fois les baïonnettes furent croisées sur lui. Le général commandant la division militaire fut mis au secret et ne put recevoir personne.

Peut-on concevoir qu'avec un semblable oubli des devoirs

les plus sacrés, il ait d'ailleurs régné en ville le plus grand ordre? Le service des gardes, des patrouilles, des postes, la surveillance au dehors, tout cela s'est fait parfaitement. Les insurgés ont été jusqu'à faire mouvoir une batterie d'artillerie, qu'ils ont envoyée à Schiltigheim, parce que l'ennemi donnait quelque inquiétude de ce côté, et, pour donner ce mouvement à toute cette machine, il ne paraissait que des sous-officiers ! Les chefs s'étaient établis au bureau des logements, sur la place d'armes ; c'est là que tout aboutissait, c'est de là que tous les ordres partaient. Toutes leurs dispositions avaient un caractère régulier et imposant qui ne laisse point douter que quelques militaires d'un rang supérieur ne les aient dirigés, ce qui donnait les plus vives inquiétudes pour l'avenir. On ne voyait pas comment finirait une rébellion qui compromettait gravement tous ses auteurs et dont les fils étaient si bien tissés.

Le général autrichien Wolkmann, qui était à Strasbourg, avait reçu d'eux une députation ; ils lui rendaient beaucoup d'honneurs, leur chef avait soupé avec lui, et avait eu des relations avec le prince de Hohenzollern ; tout faisait donc craindre qu'il ne fût question de la remise de la place aux ennemis et l'alarme était grande en ville. La division Rothenbourg, qui était à Schiltigheim, et une partie de la division Grandjean qui était du côté d'Illkirch, ne prirent heureusement aucune part à cette révolte. Les généraux et les officiers purent contenir la troupe, mais on l'ignorait en ville : la rebellion paraissait s'étendre également au camp, et cette croyance ajoutait à nos craintes pour la ville.

Dans une circonstance aussi difficile il est à remarquer que l'esprit de parti ne s'est point montré. Un seul cri de : Vive l'Empereur ! a été entendu, et celui qui le proférait a été de suite battu et maltraité par ses camarades.

Un cocher du général en chef, ayant maladroitement renversé un fifre avec sa voiture, en revenant du fourrage, reçut deux coups de baïonnette dont il mourut.

Les causes qui ont amené cette insurrection ont été suffisamment développées et les effets assez détaillés, mais, ce qui n'a pas été dit, c'est la part que les officiers y ont prise : leurs propos, leurs conseils ont encouragé la troupe longtemps à l'avance. Cependant, lors de la crise, quelques-uns, vraiment dévoués à l'ordre et à la discipline, se montrèrent pour rétablir l'un et l'autre; moi-même, je fus de ce nombre, mais partout les baïonnettes se croisèrent sur nous, et le moindre acte de violence ou de rigueur de notre part eut certainement coûté la vie à celui qui se le serait permis, tant les têtes étaient montées et les volontés unanimes.

Le général en chef était surtout l'objet de leur animadversion, parce qu'il n'avait pas montré assez d'énergie pour procurer à l'armée les fonds nécessaires à sa solde, et à cause de la mauvaise réception qu'il leur avait faite, le matin de l'insurrection, quand leurs réclamations étaient si légitimes et si dignes d'intérêt. Je tiens d'un chef d'escadron de l'état-major général que, lorsque le général en chef est sorti de chez lui, malgré les gardes, pour aller sur la place du palais, un officier du 10ᵉ léger a dit à des soldats de son corps: « Tuez-le, tuez-le, c'est un brigand ».

On a vu aussi, pendant la nuit, des officiers faire des visites de postes, et d'autres, habillés en bourgeois, se mêler parmi les soldats; et la voix publique a signalé un colonel d'état-major, comme l'âme de l'insurrection.

D'après cela il me paraît évident que, si les officiers n'ont point participé en apparence à cet étrange événement, beaucoup au moins y ont pris une part mystérieuse. Au reste, faut-il leur en faire un crime? n'est-ce pas à leur coopération, ou plutôt à leur bonne direction, qu'on doit la prompte et heureuse issue d'un désordre qui pouvait avoir des conséquences fatales? Et puis, en définitive, jugeant les choses après l'événement, ne peut-on pas se poser cette question? Les fauteurs de cette insurrection avaient-ils bien tort? Si jamais acte criminel fut excusable, n'est-ce pas celui-là? Quoi! on veut licencier une armée, sans lui payer ce qui lui est dû; et cette armée accepterait un semblable congé, sans mot dire? Il n'y a point de vertu humaine capable d'une telle résignation, quand il s'agit de masses, et quand ces masses ont à pourvoir à des besoins présents et à venir, et à payer des dettes, et tous les officiers en avaient.

Du désespoir à la violence, il n'y a qu'un pas: le pas a été franchi, mais voyons ce qui s'en est suivi. A part les rigueurs odieuses et indignes de soldats français, exercées sur le général en chef et un petit nombre de chefs, l'ordre le plus parfait a régné partout ; jamais le service militaire n'a été plus ponctuellement exécuté, les portes mieux gardées, la police de la ville mieux faite ; un seul cri séditieux s'est fait entendre, et a été aussitôt réprimé ; la politique est restée étrangère à ce qui s'est passé ; le but une fois atteint, tout est rentré immédiatement dans l'ordre, la soumission fut complète.

Un usage aussi modéré de la force, après un long mécontentement et dans les circonstances politiques où nous nous trouvions, est vraiment digne de remarque et sans exemple dans l'histoire des insurrections.

Les corps qui ont pris part à cette levée de boucliers sont : le 18ᵉ de ligne, qui gardait la citadelle ; les 7ᵉ et 10ᵉ régiments d'infanterie légère ; les 57ᵉ et 58ᵉ de ligne ; les sapeurs, les pontonniers, les canonniers, les ouvriers, le train, le 7ᵉ chasseurs à cheval, le 11ᵉ régiment de dragons, un détachement du 19ᵉ et la gendarmerie.

Rien ne s'opposant plus au licenciement, le départ des licenciés commença le 6, et se continua sans interruption. Chaque jour un régiment se mettait en route, formant divers détachements, suivant toutes les directions.

A partir de ce moment, je fus à peu près libre de partir moi-même, mais j'avais mon matériel à remettre à l'arsenal, mes chevaux à vendre et ma solde arriérée et courante à toucher. Je m'occupai activement de tous ces soins, et le 24, n'étant plus retenu par rien, et ayant reçu l'ordre du général en chef de me rendre à Besançon pour y attendre ce qui serait statué par le ministre sur mon sort, je me mis en route dans ma calèche, attelée des deux chevaux de voiture que j'avais conservés.

CHAPITRE XX

1815-1816

Séjour à Besançon. — Epoque des catégories. — Commandant de l'Ecole
d'artillerie de Strasbourg.

L'obligation de traverser les postes ennemis, leurs cantonnements, et d'aller dans certains lieux faire viser ma feuille de route par les commandants autrichiens, me rendit ce voyage triste. J'éprouvai, pour la première fois, combien est dure la condition du vaincu, condition que j'avais vu tant de fois imposer aux autres, sans me douter qu'elle fût d'un poids si lourd et sans savoir tout ce que l'humiliation, qui y est attachée, a de pénible. Enfin, au bout de cinq jours, je fus rendu aux embrassements de ma femme et de mes enfants, qui vinrent à ma rencontre jusqu'à la hauteur de la tuilerie de Palente.

Une circonstance particulière rendit à Besançon ma position difficile et me donna beaucoup d'ennuis ; ce fut la présence du général Allix à la citadelle, comme prisonnier d'état. Le général avait été arrêté, à cause du rôle joué par lui dans les Cent-Jours, et transféré dans cette forteresse. Je le connaissais d'ancienne date et nous avions toujours eu ensemble de bonnes relations. Aussitôt qu'il sut que j'étais en ville, il pria M. le préfet de m'engager à aller le voir. Effectivement, celui-ci s'acquitta de cette commission et mit de l'insistance pour que je me rendisse aux désirs du général, m'assurant que cela ne me compromettrait en aucune façon.

J'allai donc voir le général Allix et j'y retournai ensuite, tous les quatre ou cinq jours. Nos entretiens s'étendaient un peu à tout, même à la politique, mais roulaient particulièrement sur l'artillerie. Homme d'imagination, auteur d'un système d'artillerie de campagne dont il avait fait l'application à l'artillerie de l'armée de Westphalie, enthousiaste obstiné de ses idées, il savait forcer l'attention. Du reste, je dois dire que beaucoup de ses idées étaient bonnes et m'offrirent de l'intérêt. Mes visites étaient donc longues; elles finirent par devenir suspectes. On s'en offusqua, et, pour y mettre fin, l'on me dénonça comme ayant été d'un dîner chez le général, où l'on avait chanté des chansons contre le Roi. Or, rien de cela n'était vrai. Il ne me fut pas moins difficile de me justifier, mais enfin j'y fus forcé et cela était dur. Il ne me fut pas moins pénible de ne pouvoir confondre mon délateur en face, et le faire punir, comme il le méritait. Telle était la morale de l'époque.

Outre mes visites, j'avais encore d'assez fréquentes relations avec le général par l'intermédiaire de son domestique : son cheval était dans la même écurie que les miens; j'étais chargé de lui procurer des livres; enfin j'étais comme son homme d'affaires en ville. Ce n'était pas prudent au milieu des espions qui nous surveillaient, mais avec un homme si actif d'esprit, si entreprenant, et aussi tenace, il n'était guère possible de s'arrêter juste au point où il fallait; d'ailleurs il était malheureux et persécuté.

Un jour, ce diable d'homme se met en tête de tâcher de s'évader de la citadelle et de se réfugier en Suisse. Il monte sur les remparts, examine la hauteur des rochers, étudie les lieux, et, sans être effrayé par les difficultés presque insurmontables que présentent les escarpements, il arrête son projet d'évasion. Aussitôt, il m'en fait part avec de l'encre sympathique, en me priant d'aider son domestique à lui procurer ce qu'il lui fallait, comme déguisement, cordages, gros clous, etc. Effrayé de cette communication, je dis au domestique que je n'interviendrais en rien dans ses achats et que je l'engageais même à ne pas se présenter chez moi avec les objets achetés, afin de ne donner aucun soupçon aux agents de police qui pouvaient nous surveiller.

Quelques jours après, je montai à la citadelle : le général était pourvu de tous les moyens de fuir; il s'était déjà exercé à descendre le long d'une corde, et me donna une répétition de cet exercice, dans sa chambre. Il devait, une des nuits suivantes, mettre son projet à exécution, et son domestique était déjà parti.

Je ne puis pas redire dans quelle anxiété cela me tint pendant plusieurs jours. Je m'attendais, à chaque instant, à apprendre son évasion et à être arrêté, à cette occasion, comme prévenu de l'avoir favorisée ; et je craignais au moins que cette circonstance ne me portât préjudice pour être réemployé. Dans ces temps de réaction, il n'en fallait pas davantage.

Enfin un incident particulier ayant retardé son départ et le gouvernement lui ayant donné le choix de rester prisonnier, ou d'être transporté au-delà du Rhin, autrement dit, expatrié, il s'arrêta à ce dernier parti. Désormais, libre de soucis, je trouvai ma position plus supportable, quoique je n'aie pas été tout à fait quitte de tracasseries, d'ennuis et surtout d'inquiétudes sur mon avenir.

C'était la fameuse époque des catégories. Les militaires, suivant ce qu'ils avaient fait dans les Cent-Jours, étaient classés par une commission nommée *ad hoc*, et, de leur classement, devait dépendre leur mise en activité. Or, je ne devais pas être bien classé ; je me plaçais moi-même dans une des dernières catégories ; j'avais donc peu d'espoir de ce côté : mais je me disais : « Presque tous mes collègues de l'artillerie et les colonels de l'arme ont été aussi compromis que moi ; on ne peut pas nous remplacer tous à la fois ; cette spécialité me sauvera. »

En attendant, je vivais beaucoup en famille. Cette existence a toujours été dans mes goûts ; heureux celui qui, dans les temps difficiles, peut avoir la ressource du foyer domestique ! Il est peu de maux qu'on n'oublie, ou au moins qui ne s'atténuent, au milieu de sa femme et de ses enfants, surtout avec une résignation comme celle que j'avais, et dont voici un exemple : « S'il m'arrive que je ne sois pas employé — écrivais-je à mon père — je suis déterminé à manger ma retraite à la campagne, et cela n'a rien qui m'effraie ; je crois au contraire que j'y saurais trouver de l'agrément. Quelque sort qui me soit réservé, si nous pouvons en jouir tranquillement et sans aucune secousse, je me trouverai heureux. »

Je ne redirai point les détails de ma vie d'alors ; ils n'offriraient que des répétitions et peu d'intérêt ; rien de saillant n'est venu en couper la monotonie, la régularité. Aucun plaisir un peu vif, aucun mouvement de gaîté n'en a distrait l'ennui et ne m'a arraché momentanément au sérieux de mes réflexions.

Cependant, la commission épuratoire des officiers ne se pressait pas de faire connaître ses décisions ou plutôt le résultat du classement, dont elle était chargée. Rien ne transpirait de ses jugements; ses opérations étaient entourées d'un mystère inquiétant. Rien n'égalait mon ennui et le besoin que j'avais de voir mon sort décidé.

Enfin, le 22 février 1816, je reçois une lettre de service pour aller commander l'école de Strasbourg. Ma joie est extrême et partagée par toute ma famille. Ma position change brusquement, c'est une rentrée en grâce, mon avenir m'apparaît sous des couleurs riantes, je renais au bonheur.

Mes préparatifs de départ sont bientôt faits; je prends congé de mes quelques amis; enfin, au bout de huit jours, je me mets en route, emportant les témoignages les plus flatteurs de regret.

Ici s'arrête ma relation. Tout ce qui s'est passé depuis est trop près de moi pour avoir besoin d'être écrit, et puis quelles lignes aurais-je à écrire!

FIN

INDEX ALPHABÉTIQUE

DES NOMS CITÉS DANS L'OUVRAGE

A

Abattucci, 6, 24.
Aboville (d'), 119, 207, 221, 224, 229, 234, 236.
Abeille, 198.
Acton, 89.
Albert, 341.
Albiot, 82.
Allix (général), 31, 358, 359.
Alpy, 338.
Andreossy, 9.
Anthouard (d'), 239.
Arancey (d), 128.
Ardent, 20.
Ardouin, 19.
Aubert, 82, 111.
Aubonne (d'), 120.
Augereau (général), 28.
Augustin, 212.

B

Bagration, 61.
Bavid, 206.
Bardenet (général), 72.
Bardinot (colonel), 54.
Baron, 69.
Baulny (de), 123.
Baville (général), 119.
Beaufranchet, 93.
Beauharnais (général), 5.
Beaumont (capitaine), 44.
Bellegarde, 81.

Benningsen, 166, 167, 168.
Berge, 134, 328.
Bernadotte, 295, 296.
Bernard, 98.
Berthier, 35, 58, 74, 207, 239.
Bessières (maréchal), 136, 156, 159, 203, 206.
Bisch, 297.
Bizard, 212, 214, 215, 216.
Blacas, 346.
Blacke, 199.
Blücher, 293, 309, 313, 315, 317, 319.
Bodelin, 207.
Boisselier, 226, 317.
Bombelles (de), 91.
Bonafosse, 173, 183, 239, 240.
Bonaparte, 15, 28, 67, 68, 74, 76, 124, 170.
Bonaparte (Jérôme), 174, 176.
Borson, 299.
Boyer, 176, 177.
Bourgeot, 31.
Bourgoing, 293.
Bourmont, 236.
Boussaroque (lieutenant), 77.
Bruge (de), 346.
Brune, 81.
Brunswick (duc de), 139.
Buache, 20.
Bureau, 28.
Bureau de Puzy, 120.
Bury (de), 342.

C

Cachardi, 136.
Cambray (général), 55, 56.
Carmejane, 13, 27.
Caroline (reine), 85, 89.
Caron, 157.
Caulaincourt, 322.
Championnet, 36.
Chanteclair (de), 234.
Charbonnel, 281, 328.
Chaumerot, 112, 113.
Chauveau, 161.
Choiseul (de), 347.
Claparède, 214.
Clarke, 347.
Cligny, 59.
Clermont (de), 2.
Clermont-Tonnerre (de), 194.
Cobenzel (comte de), 81.
Coll' Angeli, 42, 43.
Colli (général), 63.
Cottin, 207, 220, 234, 238, 249, 256, 260, 278, 304.
Couin, 160, 171, 180, 191, 192, 196, 207, 239, 274.
Curial, 215, 216, 242.
Czernischeff, 220.

D

Dalousy, 354.
Damas (baron de), 90, 91.
Dambray, 346.
Dammartin (général), 29.
Damotte, 115.
David (peintre), 335.
Davout, 223, 225, 250, 261, 271, 272, 273, 277.
Dardogner, 114.
Debelle (général), 35.
Debry, 119, 133, 345.
Delattre (chef de bataillon), 70.
Delélée, 120, 131, 176, 177, 236, 280.
Delzons, 265.
Demanel, 31, 35, 53.
Demarçay, 79, 80, 81, 82, 84, 110, 116, 117.
Depautre, 9.
Desaix, 19, 76.
Desbureaux, 338.
Desmarets, 3.
Dessirier, 131.
Dessoles, 199.
Desvaux, 31, 79, 236, 237, 270.

Dieudé (général), 14, 15, 18, 307.
Digeon, 28, 156, 161, 171, 174, 188, 207.
Doguereau, 28, 161, 171, 175, 176, 177, 204, 205, 207.
Dombrowski (général), 56, 63.
Dornier, 115.
Dorsenne, 142.
Dorsner (général), 19.
Drouot, 191, 193, 207, 220, 221, 224, 229, 230, 236, 238, 272, 281, 285, 303, 311, 319, 339, 340.
Dubuard (marin), 177, 178.
Duhesme (général), 111.
Dulauloy (général), 31, 84, 85, 86, 87, 89, 91, 92, 93, 113, 284, 303, 322, 328.
Duroc, 126, 141, 288.

E

Eblé (général), 26, 35, 36, 54, 281, 284.
Eggerti (capitaine), 231.
Eugène (prince), 271.
Evain, 278, 329.
Excelmans, 36, 309.

F

Fantin, 5, 22.
Faultrier, 114.
Faultrier (colonel), 78.
Felix, 50.
Ferino (général), 7.
Fernel, 341.
Flamand, 207.
Floch, 58.
Florin, 10.
Folard, 183.
Fontou (de), 8, 234.
Fouché (général), 150, 225.
Fourcy, 161, 173, 174.
Foy, 31, 116, 122, 123.
François, 115, 117.
Frœlich, 63.
Frederich, 253.
Fuchs, 12.

G

Gassendi, 117, 127.
Gervais (chef de bataillon), 19.
Godet, 59.
Godoï, 186.
Gorais, 118.
Gourgaud, 150.

Grandjean, 341, 344, 355.
Greiner, 161, 204, 205, 212, 223, 229.
Griois, 81, 284.
Grouchy, 63.
Guardia (chef de bataillon), 28, 29.
Gudin, 250.
Gueriot Saint-Martin, 115.
Guerrier, 317.
Guillou, 293.
Gusson (docteur), 108.

H

Hautpoul (d'), 183, 234, 256.
Hazard, 5, 7.
Haxo (général), 9.
Henrion, 207, 208, 212, 220, 311.
Henraux, 311.
Heudelet, 278.
Heymès (colonel), 10.
Hoche (général), 9.
Hœnckel von Donnersmarck, 110.
Hortet, 239.
Hubert, 207, 239.
Humann, 348.

I

Imbert, 302.

J

Jacques, 126.
Jarlot, 263.
Joubert (général), 59, 60, 64.
Jourdan (général), 15, 79.
Julien (chef de bataillon), 54.
Junot, 184.

K

Kalkreuth, 164.
Kergariou (de), 338.
Kirgener, 270, 288.
Klié (lieutenant), 59, 69.
Kutusoff, 275.

L

Lablassière, 5, 7.
Lacombe (de), 232.
Lafond, 161, 173.
Lallemand, 2, 278, 281, 282, 319.
Lannes, 137.
Laplace (de), 3.
Lardemelle, 303.

Lariboisière, 14, 155, 160, 162, 171, 173, 190, 194, 196, 198, 204, 206, 221, 233, 234, 236, 281.
Lasalutte (général), 180.
La Tour (lieutenant-colonel de), 77.
Laurent, 338.
Lebas, 8.
Lebel, 136, 152, 342.
Lecurel, 120.
Ledoux, 132.
Lefèbre-Desnouettes, 299.
Lefèbre (maréchal), 142, 148, 159, 164, 274.
Lefrançais, 212, 215, 218, 219, 277, 338, 340.
Legriel, 115, 147, 149, 192.
Legros (capitaine), 6.
Lemercier (capitaine), 202.
Lemoine (général), 36.
Le Noury, 85, 92, 130.
Lepin, 337, 340.
Lestocq, 166.
Levaillant de Beauvent, 161, 173.
Lichtenstein (prince de), 327.
Liotey, 119.
Louis (prince), 138.
Lucchosini (marquis), 139, 141, 142.
Lusignan (de), 62, 63.
Lyautey (Hubert), 228, 274.

M

Mabru, 82, 83, 111, 342.
Macdonald, 55, 56.
Maillard, 183, 185, 192, 276.
Maillard de Lescourt, 287.
Maillot (capitaine), 18.
Malesherbes, 327.
Mancel, 287.
Marcus, 122.
Marguerie, 279.
Marilhac, 161, 338, 341.
Marmont, 14, 15, 18, 76, 78, 117, 306, 307, 310, 322.
Marnier 317.
Marquiset, 348.
Martin (lieutenant), 41, 42, 43, 225.
Massena, 72, 75, 216, 219, 224.
Mathieu-Dumas, 89.
Maubert (colonel), 96, 97, 98.
Maureilhan, 341.
Médard, 196.
Melas, 73, 74, 76.
Ménard (lieutenant-général), 119, 121.

INDEX ALPHABÉTIQUE

Merlin, 341.
Metternich, 287.
Meyer de Schauensée, 338.
Michaux (général), 10.
Miollis, 82, 85.
Miquel-Perrier (colonel), 59, 64, 70.
Mœllendorf (maréchal de), 139.
Moisson, 82.
Molitor, 347.
Moncey, 190, 191, 193, 194, 196, 198, 204.
Montebert (de), 183.
Montgenet, 337.
Montrichard (général), 56.
Moore, 206.
Morand, 155.
Moras (de), 120.
Moreau (général), 20, 56, 60, 64, 81, 177, 199, 225, 228, 291.
Moroy, 11, 12, 14, 18.
Mortier, 264.
Murat, 84, 188.

N

Navelet, 85, 93, 134.
Neigre, 14, 302, 304, 328.
Ney, 197, 198, 204, 206, 271, 272, 274, 336.
Neufchâtel (prince de), 254, 328.
Norvins (de), 163, 178.

O

Olivier (général), 55, 56.
Oraison (général d'), 119.
Ordinaire, 120.
Orléans (duc d'), 335.
Ott, 56, 74.
Oudinot, 148, 149, 150, 151, 153, 155, 159, 163, 167, 225, 275.

P

Pailhou, 149.
Pautinier, 253.
Pellegrin, 237, 284.
Pelletier, 10.
Perignon (général), 63.
Pernety, 134.
Pertusier, 214.
Philippe, 12, 13, 14.
Pierson, 31.
Pichegru (général), 8, 14, 15.
Pignatelli, 91.
Pion des Loches, 239.

Planson, 275.
Platoff, 266.
Plerch (M. et Mme), 12.
Pommereul, 224, 234.
Pompières (de), 331.
Poniatowski, 298.
Préval, 73.
Prost, 348.

R

Raoul, 323.
Rapp, 133, 213, 266, 340, 341, 354.
Rasc (de), 120.
Ravel (général), 5, 8.
Renaud, 155, 214, 309.
Ricci, 81.
Rœs, 12.
Roi de Rome, 322.
Roquebert, 208, 209, 210.
Roquefert, 115.
Rosey, 342.
Rostopchin, 265.
Rothenbourg, 341, 355.
Roussel (général), 136.
Ruffin (général), 151, 153.
Rutia (général), 56.
Ruty, 304; 313, 314, 328, 336.

S

Saint-Cyr, 14, 17, 18, 61, 62, 63, 64, 347.
Saint-Cyr (major), 313.
Samson, 14.
Sartelon, 341.
Savary, 149.
Say (préfet), 336.
Schneider, 341.
Schwarzenberg, 318, 319.
Sébastiani, 317.
Sémélé, 70, 71, 299, 345, 347.
Senarmont, 167.
Seroux (général), 105, 130.
Servoix, 234.
Sezille, 96, 102, 104.
Sirodot, 31, 85, 87, 89.
Songis, 133, 134, 136, 148, 155, 214, 219, 220, 236.
Sorbier, 236, 243, 271, 273, 279, 284, 328, 340.
Souchotte, 161.
Soult, 91, 203.
Souwarow, 56, 61.
Späth, 131.

Spikernaël, 120.
Spoll, 44.
Stockli, 201.
Suchet, 72, 73, 338, 340.

T

Talleyrand (prince de), 322, 346.
Termot (capitaine), 9.
Therrin, 161, 173.
Thurreau (général), 24.
Tiran de Bury, 342.
Tormasow, 275.
Tournemine, 287.
Travaillot, 120.

V

Valée, 115, 339, 340, 341.
Vatrin, 56, 95, 96, 99, 100.
Vandamme, 290.
Vély, 11.
Verdurenne (Mme), 11.

Verrières (capitaine), 9.
Vialet (lieutenant), 77.
Viantès (de), 120.
Victor (général), 56.
Villantroys (colonel), 76.
Villarsy, 308.
Villemaury (de), 123.
Villeneuve (de), 198.
Villot, 144.

W

Witgenstein, 275, 276.
Wolf, 10, 11.
Wrède (de), 226, 299.

Z

Zastrow (marquis), 141.
Zazoncheff, 276.
Zévort, 5, 7.
Zœger, 22.

FIN DE L'INDEX ALPHABÉTIQUE

TABLE DES MATIÈRES

CHAPITRE PREMIER (1793-1798). — Prise des lignes de Wissembourg. — Déblocus de Landau. — Blocus de Mayence. — Passage du Rhin. — Traité de Campo-Formio. — Formation de l'armée d'Angleterre 1

CHAPITRE II (1798-1799). — Séjour à Douai. — Armée de Naples. — Blocus et combat d'Aquila. — Retraite. — Bataille de la Trébia. — Bataille de Novi. — Rentrée en France 31

CHAPITRE III (1799-1800). — Séjour à Avignon. — Passage du général Bonaparte. — Duel. — Retour à l'armée d'Italie 65

CHAPITRE IV (1800-1801). — Armée d'Italie. — Séjour à Milan, Turin et Mantoue. — Armée d'observation du Midi. 72

CHAPITRE V (1801-1802). — Florence. — Rome. — Naples. — Ile d'Elbe. — Siège de Porto-Ferraio. — Rentrée en France. . . . 84

CHAPITRE VI (1802-1806). — Séjour à Metz et à Thionville. — Duel. — Mission à Nancy. — Proposition pour un sabre d'honneur. — Besançon. — Artillerie à cheval. — Légion d'honneur. — Députation à Paris. — Fêtes du couronnement. — Distribution des aigles. — Retour à Besançon. — Chef de bataillon. — Mariage. — Départ pour la Grande-Armée. 110

CHAPITRE VII (1806). — Augsbourg. — Bamberg. — Bataille d Iéna. — Entrée à Berlin. — Marche sur la Pologne. — Varsovie. — Pulstuck. — Retour à Varsovie. 133

CHAPITRE VIII (1807). — Combat d'Ostrolenka. — Nomination dans la Garde. — Officier de la Légion d'honneur. — Prise de Dantzig. 147

CHAPITRE IX (1807-1808). — Batataille de Friedland. — Entrevue de Tilsitt. — Retour à Berlin. — Séjour à Hanovre. — Retour en France. — Séjour à La Fère. — Passage à l'armée d'Espagne . . 165

CHAPITRE X (1808). — Départ pour Bayonne. — Entrée en Espagne. — Madrid. — Insurrection du 2 mai. — Retraite sur Vittoria 183

CHAPITRE XI (1808-1809). — Prise de Logrono. — Revue de l'Empereur. — Rentrée dans la Garde. — Sommo-Sierra. — Prise de Madrid. — Valladolid. — Retour en France. 198

CHAPITRE XII (1809-1810). — Campagne de 1809 en Allemagne. — Vienne. — Passage du Danube. — Bataille d'Essling. — Bataille de Wagram. — Nomination de major dans la Garde. — Paix de Vienne. — Retour en France. — Séjour à La Fère. 211

CHAPITRE XIII (1810-1812). — Mariage de l'Empereur. — Baron de l'Empire. — Ordre de départ pour la campagne de 1812. . . . 233

CHAPITRE XIV (1812). — Campagne de Russie. — Passage du Niemen. — Vilna. — Witepsk. — Prise de Smolensk. — Valoutina. Viazma. — Bataille de la Moskowa 238

CHAPITRE XV (1812-1813). — Incendie de Moscou. — Retraite. — Bataille de Malo-Jaroslawitz. — Smolensk. — Combat de Krasnoë. — Passage de la Bérésina. — Vilna. — Kœnigsberg. — Posen. — Retour à La Fère 258

CHAPITRE XVI (1813). — Campagne de 1813. — Bataille de Dresde. — Commandeur de la Légion d'honneur. — Bataille de Leipzig. — Combat de Hanau. — Rentrée à Mayence. 284

CHAPITRE XVII (1813-1814). — Séjour à Mayence. — Général de brigade. — Metz. — L'ennemi passe le Rhin. — Bataille de la Rothière. — Combat de Lesmond. — Combat de Montereau. — Arcis-sur-Aube. — Capitulation de Paris. — Abdication de l'Empereur. 302

CHAPITRE XVIII (1814-1815). — Séjour à Vendôme. — Rentrée à Paris. — Réception de Louis XVIII à Ecouen. — Chevalier de Saint-Louis. — Besançon. — Nomination au commandement de l'École d'artillerie de Strasbourg 325

CHAPITRE XIX (1815). — Séjour à Strasbourg. — Débarquement de l'Empereur. — Commandant de l'artillerie du cinquième corps d'armée. — Combat sur la Suffel. — Blocus de Strasbourg. — Licenciement de l'armée. — Insurrection des troupes. — Besançon. 338

CHAPITRE XX (1815-1816). — Séjour à Besançon. — Epoque des catégories. — Commandant de l'Ecole d'artillerie de Strasbourg. 353

FIN DE LA TABLE DES MATIÈRES

ÉMILE COLIN — IMPRIMERIE DE LAGNY

Vient de paraître

MÉMOIRES MILITAIRES
DU GÉNÉRAL
BARON DELLARD

Sur les guerres de la République et de l'Empire

Un beau volume in-8º carré

OUVRAGE ORNÉ D'UN PORTRAIT DE L'AUTEUR

Prix : 7 francs 50

EN VENTE

HISTOIRE
DE
L'ÉMIGRATION
Par ERNEST DAUDET

Ouvrage couronné par l'Académie Française

TROIS VOLUMES IN-8º CARRÉ. PRIX : 18 FRANCS

TOME PREMIER : **Les Bourbons et la Russie**
TOME DEUXIÈME : **Les Émigrés et la Seconde Coalition**
TOME TROISIÈME : **Coblentz (1789-1793)**

Chaque volume se vend séparément 6 francs

ÉMILE COLIN — IMPRIMERIE DE LAGNY

www.ingramcontent.com/pod-product-compliance
Lightning Source LLC
Chambersburg PA
CBHW070439170426